Critical Conversations
in Philosophy of Education

다문화시대

대화와 소통의 교육철학

Wendy Kohli 편저

곽덕주 · 김상섭 · 나병현 · 유재봉 · 한기철 공역

학지사

Critical conversations in philosophy of education
by Wendy Kohli

The Part3 has been omitted from Korean translation and it is available in original edition in English.

역자 서문

이 책은 1995년 미국에서 처음 출간되었다. 요즈음처럼 모든 것이 하루가 다르게 변화하고 최신의 외국 저서들이 빠르게 수입되어 한국어로 번역되는 세상에 출간된 지 10년도 훨씬 넘은 책을 이제야 번역하여 낸다는 것은 여간 쑥스러운 일이 아니다. 더구나 이 책을 처음 번역하기 시작했던 때는 역자들의 대부분이 외국 유학생활에서 막 돌아와 한국에서의 교육철학적 작업의 성격에 대해 함께 고민하기 시작했던 2003년 초였다는 것을 기억하면 더욱더 그러하다. 그러나 2010년 현재 한국사회에서 이 책의 번역본을 출간하는 것에 대하여 다음과 같은 이유로 특별한 의미를 부여할 수 있을지도 모르겠다. 이 논문집은 1980년대 초반에 불어닥치기 시작한 포스트모더니즘의 바람을 흠뻑 맞은 영미 교육철학계 학자들이 이후 10여 년간 포스트모더니즘이 교육철학 연구에 미친 영향을 주제별로 성찰한 글을 모은 것이다. 그리고 역자들이 보기에, 이 책이 출판될 당시 미국의 교육철학자들이 지각한 학문으로서의 교육철학이 직면한 도전과 문제의식은, 현재 한국의 교육철학자들이 지각하고 있는 교육철학과 15여 년이라는 시간 간극을 훌쩍 뛰어넘어 상당히 유사해 보인다.

20세기 중반 이래 영미 교육철학계를 지배해 왔던 분석적 교육철학이 1980년대 초반 이후 포스트모더니즘의 영향하에 퇴조함에 따라 다양한 교육철학 방법이 등장하기 시작하였다. 이것은 먼저 영미 교육철학자들 사이에 교육철학의 학문적 정체성과 전문성에 대한 의구심을 심화시켰다. 뿐만 아니라 포스트모더니즘 교육철학 담론에서 사회적 · 정치적 이슈에 대한 관심이 증대되자 정치적 · 사회적 입장에 차이가 있는 교육철학자들 간에 교육적 문제에 대한 합의나 소통의 어려움을 야기하였다. 다시 말하면, 포스트모더니즘 영향을 받은 1세대 영미 교육철학자들 간에는 교육철학적 작업의 학문적 정체성과 의의에 대한 위기 의식이 고조되어 갔다. 이러한 위기 의식은 오늘날 한국의 교육철학자들이 느끼는 위기 의식, 즉 하나의 독립된 학문 분야로서의 교육철학의 학문적 정체성에 대한 회의와 많이 닮았다. 한국의 교육철학자들은 서로 경쟁하는 영미권, 유럽권, 동양권의 연구 전통 영향하에 학문 내적으로는 다양한 교육철학적 연구 전통과 방법의 공존이 하나의 공유된 학문적 정체성의 확립을 어렵게 한다고 느낀다. 다른 한편, 학문 외적으로는 사회 전반에 팽배한 기술공학적 효율성의 추구로 교육철학적 작업의 성과가 교육의 이론과 실천의 개선에 어떤 의미 있는 기여를 할 수 있는지 의심하고 또한 의심을 받는다고 느낀다.

그리하여 영미 교육철학자들의 글을 모은 이 논문집은 학문적 · 문화적 · 시대적 사조의 전환기에 직면한 위기의식에 대한 하나의 집단적 대응으로서, 오늘날 한국의 교육철학자들이 모색해야 할 '새로운 방식의 교육철학하기'의 성찰에 많은 시사점을 줄 수 있을 것으로 보인다. 사실 이 책에 실린 논문들은 이러한 우리의 도전적 모색에 도움을 주는 다양하고 깊은 통찰로 가득 차 있다. 또한 이 책은 비록 영미 연구 전통에 한정된 것이긴 하지만, 교육철학을 본격적으로 공부하기 시작하는 교육철학도에게 좋은 입문서 또는 안내서로의 역할을 할 수 있을 것이다. 현재 국내에는 포스트모더니즘 맥락하의 교육철학하기에 대한 체계적인 입문서가 거의 부재한 실정이다. 이 책은 다양한 철학적 전통과 노선의 교육철학 텍스트를 인용하고 활용하며 교육철학의 전통적인 주제들을 새로운 방식으로 다루고 있어서 이러한 국내 실정에서 부족하나마 유용한 대안적 입문서 역할을 할 수 있을 것이다. 다시 말하면, 이 책은 한국의 교육철학자나 교육철학도에게 '새로운 교육철학하기'의 좋은 사례를 보일 것이다. 이렇게 기대하는 이유는 다음과 같다.

첫째, 이 책의 저자들은 '교육의 목적'이나 '지식과 합리성' 문제, '도덕교육' 등 전통적인 교육철학적 주제에 대하여 논의하면서도 이 주제를 다루는 방식에 있어서는 각자 다양하고 새로운 접근 방법을 의식적으로 시도하고 있다. 물론 이러한 접근 방법의 차이는 해당 주제에 대하여 저자들이 취하는 철학적 · 교육적 입장의 차이와 밀접한 관련이 있다. 그러므로 독자는 글을 읽어 나가면서 이 책의 저자들이 해당 주제에 대한 자신의 입장을 어떤 방법으로 전개시키고 발전시켜 나가는지를 하나의 철학적 방법의 사례로 간주하며 보다 의식적인 글 읽기를 할 필요가 있다. 이것은 새로운 교육철학하기 혹은 교육철학적 글쓰기에 대한 우리의 시야를 넓혀 줄 것이라고 믿는다.

둘째, 이 책에 등장하는 거의 모든 철학적 논의는 개념적이고 이론적인 논의에 그치는 것이 아니라, 그 개념과 이론이 구체적인 교육 현실과 어떻게 관련될 수 있는지, 특히 교실 장면에서의 구체적인 교육 실천과 관련되는 방식으로 생생하게 기술하고 있다. 그리하여 교육철학적 논의가 지니는 실천적 관련성과 함의에 의문을 품고 있는 이들에게는 교육철학적 작업의 실천적 의미와 의의를 부각시키는 한편, 교육철학의 실천적 선회에 관심을 갖고 있는 많은 한국의 교육철학자에게는 교육철학적 개념이 구체적 맥락 속의 실천적 상상력과 만날 때 어떤 생명력을 가질 수 있는지 예시해 준다.

셋째, 이 책에서는 각 주제에 대하여 세 편의 논문을 소개한다. 첫 두 논문은 해당 주제에 대하여 각기 다른 입장을 취하고, 세 번째 논문은 앞서 소개된 두 입장에 대하여 대화적으로 말을 걸며 논의해 나가는 대화적 담론의 형태를 취한다. '편저자 서문'에서 편저자가 고백하듯이, 이것은 미리 의도되고 기획된 구성 방식이다. 이러한 구성을 통하여 편저자는 한 가지 주제에 대하여 상이한 철학적 입장이 '정당하게' 있을 수 있음을 보이고, 이 차이는 대화 단절의 원천이 아니라 오히려 이 차이를 중심으로, 그리고 여기에서 출발하여 보다 자유롭게 확장되고 풍요로워질 수 있는 교육철학적 담론의 가능성을 탐색하고자 한다는 것을 알 수 있다.

그리하여 이 책은 독자로 하여금 교육철학하기의 다양한 방법을 맛보게 하는 방식으로 포스트모더니즘 맥락하에서 영미 교육철학 연구의 동향과 담론을 소개한다고 볼 수 있다. 그리고 역자들은, 특히 교육철학에 입문하는 한국의 교육철학도들을 염두에 두고, 이러한 소개와 안내를 돕기 위하여 한 가지 주제를 다루는 매 장의 시작과 끝에 '도입'과 '생각해 볼 문제'를 추가하였다. 도입에서는 해당 주제가 영미 교육철학의 전체 연구 동향에서 차지하는 위치와 의의를 기술함으로써, 독자가 이어서 소개되는 세 편의 논문을 구체적인 연구 맥락과 실천적 관심 속에서 이해할 수 있도록 하였다. 그리고 생각해 볼 문제에서는 해당 장의 주제 및 내용과 관련한 질문을 몇 가지 제시함으로써 소개된 논문 세 편의 논지에 대한 독자의 이해를 돕고, 이것을 우리의 맥락 속에서 재구조화하는 것을 돕고자 하였다.

이 책은 원래 세 가지 큰 제목하의 세 영역으로 나뉘어 있다. '교육철학은 무엇으로 간주되는가?' '정전(正典)에 대한 그리고 정전으로부터의 변주' '정전의 확장 및 극복'이 바로 그것이다. 그러나 이 한국어판에서는 첫 번째와 두 번째 영역만을 완역하여 옮기고 세 번째 영역은 전혀 포함시키지 않았다. 역자들이 세 번째 영역을 포함시키지 않기로 결정한 이유는 번역 분량이 지나치게 방대해진다는 기술적인 이유도 있었지만, 보다 중요하게는 이 영역에서 다루는 주제들, 즉 문화, 예술, 정체성, 타자성, 성, 몸, 권력 등 전통적인 교육철학적 테마를 넘어서는 대안적 주제들은 아직 한국 독자에게 많이 생소할 것이라는 실질적인 이유도 있었다. 그러나 우리가 이 책의 번역을 처음 시작한 시점 이래로 많은 세월이 흘러 이제 이러한 주제들도 한국의 교육철학 담론에 종종 등장하는 것을 발견한다. 그리하여 이 주제들은 앞으로 젊은 교육철학도들로부터 각광을 받을 수 있는 교육철학의 대안적 주제들로 예상되기 때문에 이 영역도 언젠가 완역하여 출판할 수 있기를 기대해 본다.

마지막으로, 교육철학서라는 비인기 도서의 번역을 선뜻 허락해 준 학지사의 김진환 사장님께 고마운 마음을 전하고, 어려운 철학적 내용을 여러 번 꼼꼼히 읽으며 인내심을 갖고 기다려 준 학지사 편집진에게도 깊은 감사의 마음을 전한다.

역자를 대표하여

2010년 8월

곽덕주 씀

편저자 서문

대화적 담론의 맥 짚기

Wendy Kohli

전환과 변혁의 과정 속에 있는 철학

이 책은 사상의 발전에 있어 다툼이 심한 오늘날, 이미 권위가 인정된 교육철학자들과 우리 분야를 부분적으로나마 대표한다고 볼 수 있는 떠오르는 젊은 학자들을 대화의 자리로 초청하고 있다. '모(母)학문'인 철학과 마찬가지로 교육철학은 최근 몇십 년 동안 몇 번의 고비를 겪어 왔다. 언어적 선회, 분석적 선회 그리고 지금은 포스트모더니즘으로의 선회가 바로 그것이다.[1)] 일반적으로 철학자들이 '철학의 종말'이라는 선언과 이것이 자신들의 철학적 작업에 함의하는 바를 감수해 온 것처럼,[2)] 교육철학자로 불리는 우리도 유사한 도전, 즉 우리가 오랫동안 간직해 온 도덕적, 정치적, 심미적 그리고 인식론적 헌신에 대한 도전에 그렇게 대처해 왔다. 예를 들어,

---

1) 클리브 벡(Clive Beck)은 『교육이론(*Educational Theory*)』(1991, Summer, 41(3))에서 이를 '선회(turn)'가 아니라 '되돌아옴(return)'이라고 제안한다.

2) 예를 들어, 케네스 베인즈(Kenneth Baynes)와 그의 동료들이 쓴 『철학 이후: 종말이냐 변혁이냐?(*After Philosophy: End or Transformation*)』(Cambridge: MIT Press, 1987)를 참조하라.

우리의 개념에 영향을 미치는 인종, 젠더(gender) 그리고 계급 등에 저항하는 태도 없이 '이성적 인간'에 대한 일반화를 더 이상 요구할 수 없고, 우리가 논의하고 있는 '우리는 도대체 누구인가'라는 질문 없이 개념화 작업을 하고 있는 '우리'에 대하여 더 이상 어떤 주장도 할 수 없다.

왜 '대화'인가

이러한 도전으로 인해 지적 개방성과 호기심, 상호 존중을 희생해 가면서까지 우리가 방어해 온 전문적이고 개인적인 신념과 이에 대한 헌신이 종종 드러난다. 이 책의 편저자로서 나는 처음부터 이 책의 저자들로부터 서로의 차이를 넘어 대화적 형식 속에 상호 참여하는 것을 통하여 이 세 가지 자질, 즉 지적 개방성과 호기심, 상호 존중을 이끌어 내는 데에 힘을 기울였다. 사실 이것이야말로 이들이 이 프로젝트에 참여하는 조건이었다. 각 저자들은 '상대의 논의가 지닌 약점을 발견'하거나 '올바로 고치도록' 훈련된 철학적 경향성을 극복하기 위하여 '상대의 급소'를 좇지 않도록 최선의 노력을 기울일 필요가 있었다. 이는 그들에게 기대하는 것이 '자신의 학문적 기준을 낮추거나' 학문적 위엄을 포기하거나 비판적 성찰을 버리는 것이 아니라, 오히려 다른 관점에서 보려고 하거나 이러한 차별적 관점이 우리 분야에 기여할 수 있는 공헌에 대해 마음을 열도록 노력하는 것임을 의미한다. 대화에 대한 나의 헌신은 내 신념의 일부를 분명히 드러내는데, 그것은 바로 합의가 아니라 이해를 위한 가능성에 대한 나의 신념이다. 이것은 쉬운 일이 아니었다. 왜냐하면 이러한 상이한 입장은 기본적으로 '철학' 혹은 '교육철학'이 무엇인가 하는 근본적인 질문에 대하여 서로 모순적이고 경쟁적인 생각을 전제로 하고 있기 때문이다.

내가 헌신하고 있는 또 하나의 분야는 교육철학 분야에서의 사회적 포용과 배제의 이슈다. 교육철학이 학문적으로 전문화되어 온 과정은 언제나 특정 관점이 우리 분야의 담론과 정체성을 지배해 온 과정이었다. 여러 개의 관점이 항상 공존했다고 하더라도 그것은 자주 지배적인 담론의 주도적 영향에 의해 타격을 입었다. 많은 사람이 너무나 오랫동안 대화에 참여하지 못하고 주변에 밀려 나와 있다고 느꼈거나 '클럽의 일부'가 아니라고 느끼는 상황에 놓여 있었다. 이것은 여성 학자들, 특히 서구 철학이 가정하는 근본적 전제에 의심을 품는 여성주의자들에게 두드러진다.

그러나 자신의 정당한 자리를 찾고자 분투하는 여성 교육철학자들의 눈에도 이제는 다양한 노선의 여성주의 및 비판이론 교육철학의 영향이 가시화되었다. 우리 분야는 더 이상 아리스토텔레스주의나 프래그머티즘 혹은 분석철학 등 어느 한 가지 노선의 사상과 동일시될 수 없게 되었다. 그리하여 보다 많은 손실과 보다 많은 기회, 그리고 아마도 보다 많은 혼동이 불가피해졌다.

우리 분야의 특징을 보여 주는 요소에 대해 성찰하는 교육철학자들은 다음과 같은 당혹스러운 질문에 직면하곤 한다. 교육철학적 작업은 어떤 작업으로 간주될 수 있으며 왜 그러한가? 교육철학자로 간주될 수 있는 사람들은 누구이며 왜 그러한가? 어떤 요구가 있을 때 포스트모더니즘 맥락에서 교육철학이 존재할 수 있는가? 이러한 질문에 깊이 스며 있으면서 동시에 이 질문들 못지않게 도발적인 다음과 같은 질문에도 직면한다. 지식이 특권화될 수 있다면 어떤 지식이 그럴 수 있고 또 그래야 하며, 그 이유는 무엇인가? 누가 다른 방식의 담론보다 추론적이고 이론적인 담론을 더 특권화하는 입장에 있으며, 이것은 왜 그러한가?

이러한 질문들이 비록 혼란을 야기하더라도 우리가 하는 작업의 성격과 목적에 대하여 새롭게 바라보는 기회를 제공할 것이고, 이렇게 함으로써 보다 다양한 목소리가 이 대화에 참여할 수 있게 될 것이다. 물론 이 대화를 통해 합의에 이르게 되리라고 기대하기는 어렵다. 오히려 우리가 원하는 것은 생생하게 살아 있는 지적 교류이며, 그 안에서 자주 제기되는 동일한 철학적 주제에 대한 상이한 관점들이 드러나기를 기대한다. 이러한 종류의 대화를 통하여 건강하고 생명력이 넘치는 교육 이론화 작업이 일어날 수 있는 토양과 조건이 형성될 수 있을 것이다.

이 대화에는 누가 참여하고 있는가

획일화된 목소리를 억제하려는 노력의 일환으로 이 책에는 폭넓은 지적 · 정치적 견해뿐 아니라 여러 세대와 여러 나라의 문화를 대변하는 목소리가 포함되어 있다. 우리 분야에서 활동하는 학자들의 배경에 비추어 보다 높은 비율의 여성 및 유색 인종 저자들을 포함하고 있다. 뿐만 아니라 정체성과 관점을 상호 연관시키는 방식으로 학자나 주제를 분류하지 않으려고 노력하였다. '여성주의'의 자리는 없다. 처방된 '마르크스주의자'의 입장도 없다. 나는 다양한 유형의 사려 깊은 학자들로 하여금 교육철학자들이 한동안 열중해 왔던 특정 주제들에 대하여 자신의 입장을 피력하고 그 생각을 공유하도록 부탁했다.

이 책은 앞으로 계속될 대화, 부분적이고 불완전한 대화를 위한 공론의 장을 제공한다. 우리 분야가 '죽어가는(moribund) 것'[3)]을 막기 위하여 대화를 위한 조건이 성장과 재생을 자극하도록 만들 필요가 있다. 만약 우리가 더 포용적으로 되지 않는다면, 그리고 우리가 지닌 차이에 대하여 더 이상 교육받지도 않고 이해할 수도 없다면, 다원적인 가치가 풍미하는 이 세상의 시급한 문제에 대하여 주목하지 않는다면, 개인적으로나 집단적으로 무엇이 문제가 되는지 우리 스스로에게 물어보아야만 한다.

---

3) 이 말은 교육과정 이론에서 자주 인용되는 논문에서 나왔다. 조셉 쉬압(Joseph Schwab)이 쓴 「실천적인 것: 교육과정을 위한 언어(The Practical: A Language for Curriculum)」라는 논문의 첫 문단에서 그는 "교육과정 이론은 죽어가고 있다."라고 선언한다. 『학교 평가(School Review)』(1969-70, 78: 1-23) 참조.

이 책의 구조

이 책은 세 영역으로 나뉘어 있다. 첫 번째 영역에서는 '교육철학은 무엇으로 간주되는가?'라는 질문을 다룬다. '정전(正典)에 대한 그리고 정전으로부터의 변주'라고 이름 붙여진 두 번째 영역은 교육철학자들에게 언제나 중요했던 다섯 가지 주제를 중점적으로 다룬다. 교육의 목적, 합리성과 이성, 도덕·윤리 교육, 지식 그리고 정치가 바로 그것이다. 세 번째 영역에서는 교육철학 담론의 주변부에서 중심 무대로 옮겨 간, 현재 주목받고 있는 아이디어들을 탐색함으로써 정전을 확대하고 해체한다. 이러한 것들에는 '문화, 예술 그리고 표상' '차이, 정체성 그리고 타자성' '생태학' '성, 젠더 그리고 몸' '권력과 이해'가 있다.

각 영역에서는 한두 명의 저자가 제3의 학자가 대화적 토론자가 될 것이라는 것을 알면서 주어진 주제에 대해 논의한다. 이 논문집의 모든 글은 이 책의 출판을 위해서 그리고 이러한 대화적 의도를 갖고 특별히 저술되었다.

이 대화에 함께 동참하느냐, 이 대화를 계속 이어 가고 이것을 열려 있도록 하느냐, 그리고 이 대화에 자신의 목소리를 보태느냐 그렇지 않느냐는 이제 독자에게 달려 있다.

차 례

⊙ 역자 서문 _ 3
⊙ 편저자 서문 _ 9

제1부 교육철학이란 무엇인가

도 입 … 22

_01 무엇을 교육철학이라고 볼 것인가 … 31

_02 교육철학의 담론 … 67

_03 새천년을 눈앞에 두고 … 83

사회적 병리의 지속에 관한 논의 _ 85
포스트모더니스트의 계몽주의 전통에 대한 공격 _ 88
포스터모더니즘은 개혁의 길을 제시할 수 있는가 _ 91
교육철학의 역할 _ 94

제2부 교육의 목적

도 입 … 98

_04 국내 안정을 위한 교육 …105

사회 영역의 가정화 _ 108
사회 영역의 가정화를 반대하는 네 가지 주장 _ 112
교육 영역의 가정화 _ 117
결 론 _ 121

_05 프래그머티즘: 교육의 목적과 삶의 의미 … 125

에덴동산과 타락 _ 127
성장과 의미 _ 131
듀이와 궁극적 의미 _ 137
프래그머티즘의 한계 _ 142

_06 그들로 하여금 번성하게 하라 … 155

본 질 _ 155
목적 또는 목적들? _ 156
학교교육 _ 156
처음부터 시작하기 _ 159
우리는 상처받고, 우리는 치유한다 _ 160
가상적인 모습 _ 160
대부분의 현실적인 모습 _ 161
하나의 소묘에 그침 _ 162
폭력: 개인적 폭력과 구조적 폭력 _ 163
폭력에 대해 반응하기 _ 164
폭력이 발생하는 곳 _ 165
치유를 위한 교육 _ 167
국내 안정 _ 168

7C가 아닌 5C _ 168
말할 수 없는 것에 대한 인정 _ 169

제3부 합리성과 이성

도 입 … 174

_07 합당한 의심: 교육목적으로서의 이성에 대한 포스트모던적 옹호를 지향하며 … 183
합리성에 대한 포스트모던적 비판 _ 184
합리성과 합당성 _ 188
합당성의 네 가지 덕목 _ 197
교육목적으로서의 합당성 _ 208

_08 해방적 합리성을 위한 교육 … 219
투자와 신념: 복원된 이성의 비판적 기초 확립 _ 220
이성과 합리성에 대한 여성주의적 비판 _ 222
이성, 차이, 억압 _ 228
이성, 감성, 의사소통 _ 230
결론: 이성과 합리적 행위를 위한 교육 _ 233

_09 이성의 재인식 … 241
교육적 이념으로서의 합리성 옹호 _ 241
이성의 내재성과 초월성 _ 245
이성과 감성 _ 250
결 론 _ 256

제4부 도덕적 삶을 위한 교육

도 입 … 262

_10 포스트모더니즘, 윤리성 그리고 도덕교육 … 271

포스트모던적 윤리성에 대한 견해 _ 271

도덕교육을 위한 몇 가지 시사점 _ 279

_11 배려와 도덕교육 … 287

배려윤리와 그 원천 _ 287

도덕교육의 요소 _ 292

철학적 이슈 _ 301

_12 도덕교육 영역의 확장 … 309

사회적 · 문화적 맥락 _ 310

정신적 맥락 _ 318

개인적 맥락 _ 320

제5부 불확실한 시대에서의 지식과 확실성

도 입 … 328

_13 우리 안의 이방인을 위하여: 자기 인식과 문화적 인정 그리고 교육철학 … 335

_14 교육철학에서 서사의 문제: '불확실한' 지식에 관한 여성주의적 시각 … 361

_15 지식과 확실성: 여성주의, 포스트모더니즘, 다문화주의 … 393

스톤에 대하여 _ 394
아씰라에 대하여 _ 400
결 론 _ 410

제6부 공공생활을 위한 교육

도 입 … 414

_16 공공생활을 위한 교육 … 423

교육과 학교교육, 공교육과 사교육: 전통적인 목소리 _ 426
공공생활을 위한 교육: 1980년대의 목소리 _ 427
공공생활을 위한 교육: 1980년대의 관점 _ 431
전통의 극복: 교육과 성, 그리고 공교육 _ 441
결 론 _ 445

_17 시민교육 … 449

학교교육 및 교육의 내용과 목적 _ 451
학교교육은 변혁적/혁명적일 수 있는가 _ 463
결 론 _ 465

_18 시민교육: 장애 요인과 기회 요인 … 469

시민교육의 장애 요인에 대한 두 견해 _ 470
장애 요인 명료화하기 _ 471
장애 요인, 사회악, 비관주의 _ 474
기회 요인과 민주적 성향 _ 475
교사와 민주적 성향 그리고 공공생활 _ 480

⊙ 찾아보기 _ 485

제1부

교육철학이란 무엇인가

도 입

_01 무엇을 교육철학이라고 볼 것인가

_02 교육철학의 담론

_03 새천년을 눈앞에 두고

도 입

'교육철학이란 무엇인가?'라는 질문은 교육철학에 입문하려는 사람에게 그 전체 윤곽을 그려 주는 것이기도 하고, 교육철학자들에게는 시대와 사회의 변화에 비추어 교육철학이 무엇을 해야 하는가를 해명하도록 요청하는 질문이기도 하다. 이 질문은 교육철학 활동을 하는 사람에게 끊임없이 제기되는 것으로서, 피상적인 수준에서건 근본적인 수준에서건 교육철학의 정체성을 확인하게 한다.

교육철학은 무엇이며, 또한 무엇으로 보아야 하는가? 이에 대한 명확한 대답은 누구에게도 쉽지 않다. 학자마다 교육철학을 정의하는 방식이 다르며, 시대와 사회의 변화에 따라 교육철학의 역할은 다르게 규정된다. 그러므로 우리는 교육철학의 개념을 기술적으로 정의하기보다는 규범적으로 정의할 수밖에 없는 것처럼 보인다. 여기서는 '오늘날 교육철학이 무엇이어야 하는가?'라는 규범적 관점에서 교육철학을 규정하고 있는 미국의 세 교육철학자—그린(Maxine Greene), 파인버그(Walter Feinberg), 필립스(D. C. Phillips)—의 견해를 중심으로 교육철학의 성격을 논의해 본다.

세 교육철학자의 견해에 앞서, 전통적으로 받아들여 온 교육철학의 성격에 대해 언급하는 것이 도움이 될 것이다. 보는 관점에 따라 약간 다를 수 있겠지만, 1980년대 이전까지 교육철학은 크게 두 가지 흐름을 가지고 있었다. 하나는 '전통적 혹은 규범적 교육철학'이라고 부를 수 있는 것으로서, 실재 세계와 보편적 가치를 근본적으로 탐구하고 그것의 교육적 함의를 이끌어 내는 것이다. 다른 하나는 '분석적 교육철학'이라고 부를 수 있는 것으로서, 교육에서 사용되고 있는 주요 개념을 분석하고 정당화하는 활동이다. 전자가 세계 그 자체를 탐구하여 영원히 변치 않는 본질인 실재에 토대를 둔 보편적 지식과 항구적인 가치를 제시하는 데 비해, 후자는 전통적 혹은 규범적 교육철학에서 제시해 놓은 개념이나 이론을 분석하여 그에 들어 있는 논리적 가정이나 함의를 밝히고 정당화하는 일을 한다.

이상의 두 교육철학의 흐름은 교육철학의 성격과 방법 면에서 상이하지만, 모두 이성, 합리성, 논리성을 중시하는 '계몽주의 유산' 아래 있다는 점에서는 동일하다. 이하에서 다룰 그린, 파인버그, 필립스의 논의는 결국 '교육철학의 계몽주의 유산을 어떻게 볼 것인가?'와 관련된 세 가지 입장이라고 볼 수 있다. 엄밀히 말하면 파인버그와 필립스의 글은 그린의 글에 대한 토론 내지 비평적 성격을 띠는 것이지만, 그럼에도 불구하고 교육철학의 계몽주의 유산에 대한 나름의 관점을 제시하고 있다. 그것은 각각 그린의 '사회 · 정치 철학적 담론', 파인퍼그의 '제도적 담론', 필립스의 '사상적 · 철학적 담론'으로 부를 수 있다.

그린은 기본적으로 비판주의 철학과 포스트모더니즘의 관점에서 계몽주의 유산을 비판적으로 논의하고 있다. 비판주의 철학의 관점에서 그녀는 지금까지 교육철학에서 당연한 것으로 받아들여 왔던 자아, 합리성, 자유, 정의, 평등, 권리, 권력 등의 정당성에 문제를 제기하며, 이러한 것들의 개념과 주장 속에 들어 있는 가부장적이고 식민주의적인 요소를 비판한다. 포스트모더니즘의 관점에서 그녀는 이러한 개념과 주장에 대해 지금까지 소외되거나 간과되었던 다양한 입장을 적극적으로 반영해야 한다고 주장한다. 내용의 측면에서 보면, 결국 그린은 교육철학이 자아, 합리성, 자유, 정의, 평등, 권리, 권력 등에 관한 담론 속에서 이루어져야 하는 것으로 보는 셈이다.

그린은 지금까지 이러한 담론들을 지배해 온 계몽주의적 요소를 타파하기 위해 '해체와 갱신'의 방법을 제시한다. 해체는 우리의 언어와 사고 속에 들어 있는 여러 형태의 대립구도, 가령 흑/백, 남/여, 인지적/감성적, 직설적/은유적 등과 같은 것, 그리고 이러한 것의 토대를 제공하는 체제의 전복을 의미한다. 그러한 대립구도는 어느 한쪽이 우위에 있다는 위계구조 또는 지배−종속의 관계를 전제하고 있다. 우리가 진(眞)・선(善)・미(美)・성(聖)이라고 믿고 있는 언어와 개념 속에는 이러한 위계구조, 계몽주의적 전통과 가부장적・식민지적 요소가 들어 있다. 그러므로 여러 담론 속에 들어 있는 부적절한 요소를 비판하고 타파하는 해체의 작업이 요청되며, 나아가 해체된 바탕 위에 비지배적인 방식으로 담론을 재구성하고 갱신해 나가는 일이 필요하다.

물론, 그린이 계몽주의 전통에 대해 비판적 입장을 견지하고 있지만, 현실적으로 오랫동안 우리의 언어와 사고를 지배해 온 합리주의 원칙에서 자유로울 수는 없다. 말하자면, 계몽주의는 매력과 함정을 동시에 가지고 있으며, 교육철학자는 어느 하나를 포기할 수 없는 딜레마 상황에 놓여 있는 것이다. 이러한 상황에서 교육철학자가 감당해야 할 역할은 크게 두 가지다. 하나는 소극적인 역할로서, 우리 전통의 상당 부분을 차지하는 수많은 계몽주의 유산의 텍스트를 폐기하지 않고 사용하되, 그러한 텍스트 속에 나타나 있는 다양한 담론 가운데 인종차별주의, 성차별주의 등과 같은 부적절하거나 잘못된 위계구조를 반영하고 있는 부분을 드러내고 그것을 고발하고 비판하는 일이다.

다른 하나는 적극적인 역할로서, 메를로퐁티(Maurice Merleau-Ponty)가 말한 '세계를 보는 방법을 재학습'하는 것이다. 이 일은 오랜 세대를 거치면서 공유되어 온 간주관적인 것을 여러 부류의 사람들과 더불어 성찰하여 다양한 목소리와 관점을 배우는 것을 의미한다. 여기에는 지금까지 교육자들이 거의 주목한 적이 없는 영역, 가령 생명, 환경, 여성, 어린이 등의 목소리에 주의를 기울이는 것이 포함된다. 세계를 보는 방법을 재학습하는 것은 개인적인 일일 뿐만 아니라 세대 간의 일이기도 하다. 교육철학자는 우리 교육의 전통과 역사 속에 들어 있는 침묵, 왜곡, 질곡에 주목함으로써 계몽주의적 전통을 비판하고 극복하도록 하며, 세계를 새롭게 이해하고 변화시켜 나갈 수 있도록 해야 한다. 이러한 그린의 입장은 오크쇼트(Michael Oakeshott)가 말한 다양한 공적 전통을 이해하기 위해 '인류의 위대한 대화에 참여하는 것'을 단순히 확대해 놓은 것 이상이다.

그린이 자유, 권리, 정의 등 사회철학적인 이념에 관한 비판적 반성을 촉구하면서 거시적 차원의 교육철학의 틀을 제시하였다면, 파인버그는 교육의 현실을 실질적으로 개선하는 일과 그와 관련된 제도적 차원의 교육 실제를 탐구하는 활동을 강조하였다. 그린이 계몽주의적 유산 아래에 있는 철학적 담론의 부적절성을 비판하고 해체하는 일에 관심을 기울인 나머지 '교육에 관심을 가진 철학자'와 '교육철학자'의 구분을 간과하였다면, 파인버그는 그들 간의 차이를 명백히 하고 있다.

파인버그에 따르면, 교육철학은 근본적으로 '교육제도에 관한 철학'이다. 즉, 그것은 교육활동을 추구하기 위해 설립된 교육제도들의 실제에 관한 탐구활동이다. 이러한 교육제도를 대표하는 것으로 '학교'를 들 수 있으며, '학교교육(schooling)'은 그러한 교육제도 속에서 이루어지는 교육을 지칭하는 한 가지 표현에 불과하다. 이 점에서 교육철학이 '교육제도에 관한 철학'이어야 한다는 파인버그의 주장을 우리는 '학교교육 담론' 혹은 '제도적 담론'이라고 부를 수 있다.

교육철학에 있어서 학교교육 담론 혹은 제도적 담론은 자아, 합리성, 자유, 정의, 평등, 권리, 권력 등에 관한 담론(사회 · 정치 철학적 담론) 못지않게 중요하다. 교육을 위해 의도된 제도와 실천이 없었다면, 현행 교육철학 영역은 존재하지 않을 것이기 때문이다. 물론, 제도적 실천 활동에 대한 언급 없이도 교육문제에 관한 철학적 탐구가 가능하다. 예컨대, 우리는 제도적 실천 활동들과 상관없이 지식의 성격, 마음의 본질, 도덕성 등을 탐구할 수 있다. 그러나 이러한 것들이 제도적 맥락을 떠나서 탐구될 때 그것들은 각각 인식론, 심리철학, 윤리학 등과 같은 순수철학의 담론 내에서 다루어질 수 있을 뿐이다. 이러한 담론이 제도적 실천의 맥락에서 논의될 때, 비로소 교육철학이 된다. 이 점에서 듀이(John Dewey)가 모든 철학을 교육철학과 동일시한 것은 잘못이다. 마찬가지로, 그린의 '사회 · 정치 철학적 담론'이 실지로 그러한 담론이 이루어지고 있는 제도와 무관하다면, 그 주장은 기껏해야 교육철학 담론의 한 측면이거나 교육에 관심을 가진 철학에 불과하다.

교육철학은 '철학적 담론'과 '제도적 담론'의 두 기준을 모두 충족시켜야 한다. 교육철학은 무엇보다도 철학적인 방식으로 주어진 문제를 논의하여야 한다. 예컨대, 교육의 심리적 · 사회적 현상을 기술하는 것은 교육과학이라고 할 수는 있어도 교육철학이라고 부를 수 없다. 반대로 어떤 활동이 아무리 엄밀한 철학적인 논의방식을 포함하고 있더라도 교육제도나 교육실제와 무관하다면, 그 활동은 철학일 수는 있어도 교육철학은 아니다. 그러므로 교육철학은 반드시 교육제도와 관련된 활동이어야 한다. 파인버그가 제시하고 있는 '교육제도에 관한 철학적 탐구활동'으로서의 교육철학은 교육철학자의 활동과 순수철학자나 교육에 관심을 가진 철학자의 활동을 명백히 구분해 낸다. 그 차이는 하는 일의 성격과 그 일이 이루어지는 담론 면에서 나타난다.

교육철학이 여타의 학문과 상이한 담론을 가진다고 해서 그들 간에 공통점이 없다고 볼 필요는 없다. 철학자나 교육철학자는 비록 관심사는 다를지라도, 정의, 평등 등 교육의 주요 개념을 분석할 수 있으며, 플라톤의 『국가(*The Republic*)』, 루소의 『에밀(*Emile*)』과 같은 중요한 텍스트를 공유할 수 있기 때문이다. 교육철학자의 일이 교육제도에 관한 탐구라고 해서, 교육철학자가 다루는 모든 문제가 교육제도와 직접적으로 관련되거나 학교가 이상적인 교육공간이라고 볼 필요도 없다. 교육목적, 교육평가, 교육정책에 관한 문제들은 교육실제와 직접적으로 관련되지 않을 수 있으며, 교육철학자는 탈학교론과 같은 학교교육에 대한 비판적 논의를 할 수도 있다. 그럼에도 그러한 주제들은 교육철학자의 관심사다. 그러한 주제들은 제도적 측면의 교육을 철학적으로 논의하는 일을 포함하거나 현존하는 교육제도에 관한 반성적 작업이기 때문이다. 그러므로 교육철학은 교육활동들이 이루어지는 제도적 영역을 개선하거나 그에 대해 비판적 검토를 하는 학문으로 볼 수 있다. 이 점에서 해체는 비판적 철학의 방법을 포함하기는 하지만, 그것은 기껏해야 교육철학의 한 측면에 불과하다고 할 수 있다.

그린의 거시적이고 이념적인 '사회 · 정치 철학적 담론'에 대해, 파인버그는 미시적이고 실천지향적인 '제도적 담론'을 제시함으로써 교육철학의 성격을 분명히 하였다. 파인버그와는 달리, 필립스는 다시 거시적이고 이념적 담론을 강조한다는 점에서 그린의 입장과 일맥상통하나, 그 구체적인 내용 면에서는 정반대의 '사상적 · 철학적 담론'을 제시한다. 다시 말해서, 필립스는 교육철학이 무엇인가에 대해 직접 대답하기보다는 그린이 비판하고 있는 계몽주의를 옹호하고, 그녀의 교육철학 토대를 이루고 있는 포스트모더니즘을 비판한다.

필립스에 따르면, 그린이 생각하는 '진정한 해방'이라는 사회와 교육의 목적을 성취하기 위해서는 계몽주의 유산이 해체되거나 폐기되어서는 안 된다. 오히려 필립스는 계몽주의 유산이야말로 사회와 교육을 진정으로 해방시킬 수 있다고 본다. 필립스가 보기에, 계몽주의 유산의 해체를 주장하는 그린의 주장은 계몽주의 전통에 대한 오해에서 비롯된 것이다. 그 오해는 두 가지다. 그중 하나는 계몽주의의 전체 모습을 제대로 이해하지 못했다는 것이다. 계몽주의는 이해하는 데에만 수 세기가 걸렸고, 그것이 교육과 사회 · 정치적 삶에서 실현되려면 더 많은 시간이 소용된다. 다른 하나는 계몽주의를 그것을 신봉하는 인간이나 실행에서 생기는 문제와 혼동했다는 것이다. 계몽주의 전통 아래에 있는 근대사회에 부정의(不正義)와 다른 사회병리 현상들이 여전히 나타나고 있다는 사실이 계몽주의 그 자체에 대한 도전을 의미하지는 않는다. 아무리 좋은 인간의 이상도 그것을 실천에 옮기는 과정에서 문제가 발생하게 마련이다. 예컨대, '평화의 왕'의 종교인 기독교는 실지로 박해, 종교재판, 종교전쟁과 같은 비평화적이고 잔인한 모습으로 나타나기도 하였다. 그러나 그것이 기독교의 본질이 아닌 것처럼, 계몽주의의 문제는 그 자체의 문제라기보다는 그 이념을 실현하는 과정에서 발생한 것으로 볼 수 있다. 그런데 그린은 이러한 치밀한 논의 없이 "서구 철학의 억압적 측면은 일차적으로 남성 중심주의와 식민주의에서 유래"한다고 섣불리 주장한 것이다.

필립스는 계몽주의 전통에 대한 그린의 비판을 재검토하는 데서 나아가, 그린의 주장이 의존하고 있는 포스트모더니즘을 비판한다. 포스트모더니즘은 료타르(Jean Francois Lyotard)가 말한 "거대담론에 대한 회의"를 그 핵심으로 한다. 그것은 근대과학의 인식론적 주장을 정당화하기 위해 수세기 동안 발전시켜 온 담론을 부정하는 것이다. 필립스에 따르면, 포스트모더니즘은 겔너(Ernest Gellner)의 표현을 빌려 "일시적인 문화적 유행"에 불과한 것으로서, 논쟁의 여지가 많다. 논쟁의 여지가 많은 주장을 토대로 교육철학적 주장의 결론이나 함의를 제시하는 것은 위험하다. 이렇게 할 때, 포스트모더니즘은 '구원의 길을 비추는 빛이 아니라 파멸의 길로 이끄는 이정표'가 된다. 료타르의 주장이 옳다는 것을 주장하기 위해서는 그것을 입증할 만한 또 다른 거대담론을 제시해야 하며, 그의 주장이 일관성을 가지려면 자신이 제시한 거대담론도 회의의 대상이 되어야 하는 문제가 발생한다. 이러한 문제는 회의주의자나 상대주의자들이 가질 수밖에 없는 딜레마다. 그린의 문제는 료타르의 회의주의를 사회 · 정치 철학 영역의 정당화 논의에 동일하게 적용한 데서 생긴 것이다.

교육철학자의 일이 전통적인 신념과 주장들을 우리가 살고 있는 시대와 사회 · 정치적 상황에 비추어 재검토하는 일이라고 본 점에서 필립스의 입장은 그린과 다르지 않다. 차이점이 있다면, 사회적 문제의 원인을 다르게 진단함으로써 교육철학을 위한 함의를 다르게 제시한다는 점이다. 그린은 오늘날의 문제가 계몽주의 사상의 전반적 파탄에서 기인한다고 보고, 교육철학이 해야 할 일은 다름 아닌 그러한 계몽주의 유산을 해체하고 갱신하는 일로 본다. 이에 비해, 필립스는 사회병리 현상이 계몽주의 그 자체에서 비롯된 것이 아닌 만큼, 오히려 오랜 세월에 걸쳐 발전시켜 온 계몽주의 유산을 계승하여 살아 있는 지적(知的), 사회·정치적 이상들을 일상의 삶 속에서 구현하도록 해야 한다고 주장한다. 필립스가 보기에, 교육철학은 계몽주의와 같은 사회·정치적 이상을 제시하는 철학내용을 일상의 삶에서 구현하도록 교육하는 것이다.

생각해 볼 문제

1. 언어(혹은 개념)와 세계의 관계를 어떻게 보느냐 하는 문제는 교육의 성격을 규정하는 데 있어서 매우 중요하다. 그에 관한 한 가지 대표적인 견해는 "세계에 대한 사고는 언어를 통해서밖에 할 수 없다."는 로티(Richard Rorty)의 입장이다. 이러한 입장을 비판 또는 정당화하라.

2. 교육철학자와 교육에 관심을 가진 철학자가 하는 일은 얼핏 보기에 비슷한 것 같기도 하고 다른 것 같기도 하다. 두 활동의 공통점과 차이점을 살펴보고, 그러한 활동을 구분하는 것이 교육철학 행위를 하는 데 주는 함의는 무엇인가?

3. 오늘날 교육철학을 하는 사람은 우리가 원하든 그렇지 않든 간에 포스트모더니즘의 영향 아래에 있다. 포스트모더니즘의 양상이 다양하지만, 그린은 해체의 관점에서 논의하고 있다. 교육철학에 있어서 포스트모던적인 해체가 주는 의미와 한계는 무엇인가?

4. 이성과 지적 전통을 강조하는 계몽주의 유산은 오랫동안 교육(철학)의 주류를 차지해 올 정도로 상당한 영향력을 끼쳐 왔다. 그러나 최근에는 그러한 '계몽주의 기획(Enlightenment project)'을 타파해야 한다는 목소리가 주류를 이루고 있다. 계몽주의에 대한 평가가 어긋나 있는 현실에서 자신의 입장을 개진해 보고, 계몽주의가 교육에 주는 공과는 무엇인지를 면밀히 검토해 보라.

5. 교육에서 '학교교육'이 차지하는 위치는 상반된다. 오크쇼트는 학교교육을 교육의 전형으로 보고 그에 도전하는 시도를 '교육말살기도'로 보는 반면, 장상호는 학교교육을 교육과 동일시한 것이 교육의 본질을 잃게 된 주 원인으로 본다. 이와 관련하여, 파인버그는 교육철학을 교육제도와 관련된 실제를 탐구하는 행위로 본다. 교육에서 학교교육이 차지하는 위치를 어떻게 보아야 하며, 파인버그 입장이 교육철학을 규정하는 데 주는 의미와 한계는 무엇인가?

6. 교육철학의 개념은 학자마다 다양하다. 또한 교육철학이 시대와 사회의 변화에 어떻게 반응해야 하는가에 대한 입장도 다양하다. 1부에서 제시되고 있는 교육철학에 관한 그린, 파인버그, 필립스 입장을 비교 · 논의하고, 자신이 생각하는 교육철학은 무엇인지를 밝혀 보라.

_01

무엇을 교육철학이라고 볼 것인가

Maxine Greene

비평가이자 철학자인 시수우(H. Cixous)가 1992년도 옥스퍼드 앰네스티 강연회에 연사로 초청받았을 때, 그녀의 머릿속에는 자유를 박탈당한 전 세계 수백만의 사람들이 즉각 떠올랐다. 그들은 바로 앰네스티 국제기구 창립 배경이 된, 고문받고 사라져 간 사람들이다. 많은 서양의 철학자들과 마찬가지로, 그녀 역시 한동안 당연한 것처럼 받아들여 왔던 인간의 주제, 즉 자유, 사회정의, 평등에 대한 정당성이 상실되고 있음을 잘 알고 있었다. 그녀는 기존 기준들을 지키려는 욕망과 더불어, 이에 대한 포스트모던적 회의와 의문의 수긍이라는 갈등 속에 있는 자신을 확인하고 있었다. 그녀는 초청을 수락한 후, 오늘날 전통 규범과 원칙들에 대해 제기되고 있는 질문들을 검토하였다.

과연 다른 사람에게 양도 불가능한 자아라는 것이 존재하는가? 인간을 '무엇인가에 매어 있고, 독특하고, 인지와 동기가 다소 통합된 소우주, 즉 역동적인 의식의 중추' 로 파악하는 서양철학의 다양한 관점과 실재를 허용하는 입장은 오늘날에도 옹호할 수 있을까?(Geertz, 1983) 만일 18세기 권리(rights)의 이데올로기에 의해 규정된 자아가 존재하지 않는다면, 우리는 누구의 자유를 보호하려고 그토록 노력하고 있는 것인가? 아무튼 '자아'와 '자유'는 지금까지 사용해 왔던 것과 동일한 것인가?

> 나는 이러한 질문들이 누구를 향하고 있는지에 대해 자문해 보았다. '철학자'를 향한 질문들인가? 만일 나 '자신'을 향해 던진 질문이라면, 나는 자유와 자아에 대해서 무슨 말을 해야 하는가?
>
> 표현의 자유, 의견의 자유 등의 가치와 결합되어 온 자아에 대한 서양철학의 모든 요소들이 해방효과를 가지고 있고, 또한 가져왔다는 점을 지적해야 하지 않을까. 그러나 그러한 철학이 예기치 못했고 동시에 예상할 수도 없었던 측면에 의해 손상되었다는 점도 지적해야 하는 것은 아닌가라는 의문이 들었다. 그것은 다름 아닌 남성 중심적이고 식민주의적인 언어 유형에 사로잡힌 억압적인 측면이다. 그래서 만일 내가 이러한 철학을 단순히 옹호하는 작업을 하게 된다면, 권리를 주창하는 철학의 항구적인 가치를 강조하면서 동시에 권리가 대변하는 진보의 한계와 부당함을 부각시키는 일, 말하자면 건설하면서도 해체하고, 찬양하면서도 비판하는 것과 같은 두 가지 일을 동시에 해야 할 필요는 없을지도 모른다(Cixous, 1993: 201-202).

인권에 대한 정의(定義)는 흔히 권리를 소유하고 있는 자율적이고 다소간 추상화된 자아의 존재를 상정하여 왔다. 소유의 개념 자체는 이미 특정한 형태의 권력(power)과 동시에 일체의 의존성에 대한 부인(否認)을 함의한다. 인권을 이렇게 정의하는 경우에 자아는 여성성 혹은 종속성으로 대변되는 타자(others)의 개념에 적대적이거나 배타적인 의미를 포함하는 듯하다. 서양철학의 억압적인 요소들은 주로 남성중심주의와 식민주의에서 비롯된다는 견해에 모든 사람이 동의하는 것은 아니다. 그러나 권력이 담론 실제(discourse practice)가 조직되는 방식에 영향력을 행사해 왔다는 점은 의심의 여지가 없다. 푸코(Michael Foucault)가 지적한 바, 대부분의 담론행위는 그가 "진리의 체제(régime of truth)"(Faucault, 1980: 131-133)라고 지칭한, 사회제도에 붙박여 있는 규칙과 관례에 의해 통제된다. '권리의 철학(philosophy of rights)'—배타적 담론의 오랜 역사 속에서도 감히 이 용어를 사용한 사람은 거의 없었다—과 관련된 논의조차 이들 규칙과 관례의 통제로부터 자유로울 수 없다. 그러므로 교육과 학교에 관한 주요 담론 내용은 성장, 탐구행위, 발달, 마음의 습관과 같은 것들에 한정될 수밖에 없다.

교육철학자들 역시 자신의 신념을 표현하고자 할 때, 문화다원주의가 상당히 주목받는 이 시대에서조차도 서양철학의 '항구적 가치'로 알려진 주장들에 빠져들기도 하며, 그와 동시에 많은 서양철학의 단점이나 맹점, 부족한 점 등을 지적해야 한다는 의무감에 시달리고 있다. 시수우가 경험했던 긴장, '건설하고 해체할' 필요가 있다는 의식, 현재 지나치게 표준적 혹은 '서양 중심적'인 것이라고 불리는 '해방의 효과'에 대한 기억들, 이 모든 것이 오늘날 '교육철학이란 무엇인가?'라는 질문과 관련이 있다. 대부분의 사람들은 "자연의 거울"(Rorty, 1979)로서의 철학의 개념, 객관주의 관념, 지식이 어떠해야 한다는 우리의 생각에 대한 권위 있는 정초(定礎)에서의 확신 등으로부터 멀어지고 있다는 것을 인정할 것이다. 철학의 어느 분야를 전공하고 있든 간에, 우리 대부분은 의사소통과 간주관성, 사회를 통합시키는 언어의 역할을 매우 중시한다. 어떤 점에서 우리는 비트겐슈타인(Ludwig Wittgenstein)이 말한 언어 게임이나 "삶의 형식"(Wittgenstein, 1968)과 같은 개념에서 철학을 하고 있다. 주지하다시피, 그것들은 서로 다른 규칙에 의해 지배되고 있지만, 서로 만나는 지점에서 하나의 조직을 형성하며, 이 조직은 선험적 진리를 내세우는 포괄적 · 초월적인 모체(matrix)

를 대치한다.

이것은 우리가 학교에서 학생들에게 규범적 질서를 가르칠 때 그것의 토대가 되는 객관적으로 존재하는 구조 개념과는 상당히 다르다. 그러나 자유와 정의, 평등과 같이 이론적으로 파악된 원리들에 대한 헌신을 포기하는 것 또한 여전히 어려운 일이다. 마찬가지로, "계몽주의 기획(Enlightenment Project)" (Horkheimer & Adorno, 1972)의 문제점들에 대해 잘 알고 있음에도 불구하고, 우리는 여전히 진보나 휴머니즘과 관련되어 있는 이성의 이상주의적 표현들에 매료된다. 그것들은 규제적 규범(regulatory norms)으로 혹은 실현되지 않은 가능성으로 끊임없이 우리의 관심을 유도한다. 구조가 해체되고 회의론과 절망이 교차하는 순간에, 그것들은 무엇이 이미 성취되었고, 무엇이 장차 성취되어야 하는지를 암시해 주는 어둠 속의 섬광 같은 것이다.

우리 시대의 많은 작가와 예술가들처럼, 시수우는 누군가를 부당하게 투옥하는 것은 보편적인 원리로 간주되는 정의에 위배되는 것이라고 보고 그에 반대하는 논쟁을 폈다. 많은 사람들은 이슬람 과격주의 정당인 파트마(fatma) 당이 주장하는, 소설가 샐먼 루시디(Salmon Rushdie)에 대한 테러의 '이유'에 대해 반대한다. 많은 교육철학자들은 교육을 "사회적 목적을 향해 진보적인 성장을 이루도록 개인의 역량을 충분히 발휘하게 하는 것"으로 파악하는 듀이(Dewey, 1916: 115)의 입장을 충실히 따르고 있다. 물론, 그 견해가 보편성을 지닌다고 말할 수 없을지도 모른다. 그러나 듀이(John Dewey)를 추종하는 많은 사람들이 보기에, 교육자의 '직업정신'으로서 '보다 온전하고, 보다 자유로우며, 보다 건설적인 인간 서로 간의 유대와 상호교섭'에 대한 확신을 조성할 수 있다고 믿지 않는다면, 그것은 교육이라는 개념이 담고 있는 뜻을 제대로 파악하지 못한 것이다. 나아가, 듀이는 그러한 상호교섭의 목적이 국가 간의 반목과 적의를 극복하는 것이라고 보았다.

지력(知力)의 사용과 사회적 화합의 가능성에 대한 이러한 확신은 다분히 계몽주의 전통에 뿌리를 두고 있다. 심지어 이 확신은 이성의 시대(the Age of Reason)가 지닌 특징이라고 할 수 있는 총체적 세계관과 관련 있는 '메타 담론(metanarrative)' 혹은 거대담론을 연상시키기도 한다. 이 세계관은 일체의 질문들을 예견하고 그 질문들에 대하여 사전에 결정되어 있는 일련의 해답을 제시하는 것으로 이루어져 있는 견해, 즉 진보가 계속 이루어질 것이라는 견해를 가리킨다(Lyotard, 1984). 그러한 담론에 따라 움직이고 흔히 그것에서 행위의 동기를 제공받을 때, 우리는 어쩔 수 없이 합리성에 대한 논의와 함께 그러한 담론에 결과적으로 기여했던 억압적인 목적들을 상기하게 된다. 과학과 마찬가지로, 이성도 지배적이고 억압적인 성격을 띨 수 있으며, 상황의 특수성에 관계없이 어떤 형태의 사회적 문제에 대해서도 '최선의 해답'이 이성으로부터 나온다고 여겨질 때 특히 그러하다. 툴민(Stephen E. Toulmin)은 18, 19세기를 되돌아보면서 "인간 이성의 가장 독특한 표현으로 추앙받았던" 계산능력과 그에 비해 "명정(明淨)한 사고활동을 저해하는 요소로 간주되어 거부되었던" 인간의 정서적 삶을 대비시켜 논의한 바 있다(Toulmin, 1990: 134). 듀이도 참과 거짓의 의미에 대한 이성의 '독점적 판결권'에 대해 경고하면서 "의미의 영역은 그보다 훨씬 광범위하며 …… 훨씬 절실하며 풍요로운 것"이라고 지적한 바 있다(Dewey, 1958: 410).

합리성이 독점적 판결권을 가졌다는 것보다 더욱 심각한 문제는 말할 것도 없이 합리성의 변질이다. 즉, 합리성이 테크놀로지와 결합하고, 자기성찰을 게을리하며, 가치문제를 도외시함으로써 도처에서 도구적 합리성으로 변질된 것이다. 도구적 합리성이 단지 관료주의와 사회공학뿐만 아니라, 히로시마의 원폭투하, 나치의 유대인 학살, 베트남에서의 대량 살상, 그리고 심지어 (다른 관점이기는 하지만) 스탈린의 강제수용소마저 합법화하는 데 어떻게 이용되어 왔는지 우리는 잘 알고 있다. 주지하다시피, 과학이나 과학적 방법은 도구적 합리성과는 다른 범주에 속한다. 그리고 우리는 이론적 과학과 그것의 응용 사이의 관계에 대해 성찰하는 것이 '교육철학'의 한 부분이 되어야 한다는 것 역시 잘 알고 있다. 필립스(D. C. Philips)는 과학의 여러 영역에서 방법과 이론의 다양성에 관해 논의하던 중, 현대의 과학철학은 "새로운 현상을 점진적으로 드러내 보이는 연구 프로그램의 중요성, 연구의 기본가정 밝히기, 엄격한 비판을 주고받는 일 등을 강조한다."(Philips, 1981: 255)라고 말한 바 있다. 교육이론 및 교육연구 내에서도 비판이 다양하게 제기되는 만큼, 이 점을 염두에 두는 것이 중요하다. 과학이 의학, 심리학, 환경, 그리고 때로 사회정책 결정 등에 공헌하고 있다는 점을 간과할 수 없다. 또한 교육철학자들은 과학에 대한 여성주의적 접근(Keller, 1985), 가령 '여성주의 경험론'과 '여성주의 인식론'(Harding, 1986: 136-162) 등에 주목할 필요가 있다. 과학의 예측 가능성 및 조직들과 다원성·다중해석·우연성·관계성, 그리고 미하일 바흐친(Mikhail Bakhtin)이 사회적 삶의 "카니발"(1981)이라 불렀던 것 사이에는 만성적인 불협화음이 존재한다. 여성주의와 인본주의 사상에 의해 풍부해지고 확장된 언어와 방법이 자유, 인간적 표현, 자애로운 공동체의 성장을 옹호함에 따라 덜 오염될 수 있는지에 대해서는 여전히 의문이 남는다.

하지만 우리 전통의 상당 부분을 차지하면서 수많은 참고문헌과 직·간접적인 인용거리를 제공하는 장자크 루소(Jean Jaques Rousseau), 임마누엘 칸트(Immanuel Kant), 토머스 제퍼슨(Thomas Jefferson), 존 스튜어트 밀(John Stuart Mill), 조지 허버트 미드(George Herbert Mead), 윌리엄 제임스(William James), 존 듀이(John Dewey), 파울로 프레이리(Paulo Freire) 등의 텍스트 또한 도외시할 수 없다. 우리는 '예견하지 못했고' 또 '예견할 수 없었던' 사실 때문에 이러한 텍스트들이 평가절하되는 것을 막을 수 있는가? 우리는 자신이 의존하고 있는 텍스트들을 폐기하지 않고서 어떻게 대부분의 담론에 들어 있는, 가령 인종차별이나 성차별 등과 같은 부적절한 것을 고발할 수 있겠는가? 그것들은 폐기처분되어야 하는가? 그리고 다시 시작해야 하는 것일까? 나다니엘 호손(Nathaniel Hawthorn)의 소설 〈지구의 대학살(Earth's Holocaust)〉이 떠오른다. 그것은 세상에 쌓여 있는 '하찮은 구시대 유물'을 태워 버리기 위해 아메리카 대초원에서 벌어지는 큰 모닥불에 관한 이야기다. 사람들은 왕관부터 제복, 총 그리고 포도주 통에 이르기까지 모든 것을 불 속에 집어던진다. 마침내 그들은 서적과 팜플렛, 즉 "지금껏 살아 있는 지성인들을 무겁게 짓눌러서 그 어떠한 효과적인 자기표현도 할 수 없도록 해 왔던 죽은 자들의 사상명에"까지 집어던지기 시작한다(1969: 200). 이 소설의 마지막 부분에서 호손은 범죄와 비극이 없어지려면 우선 인간의 마음이 정화되어야 한다고 지적한다. 그러나 "우리가 만일 지적 유희 혹은 충동 수준에 머무른 나머지, 단지 건성으로 잘못을 파악하여 교정한다면, 우리의 모든 성취는 물거품이 될 것이다."(1969: 209)

이 소설은 후기 실증주의를 암시하는 내용을 담고 있고, 나아가 다중언어 게임의 시대에까지 이르고 있다는 점에서 죽은 권위의 무게(weight of dead authorities)를 전달하고 있다. 그것은 또한 벌판 위에 타오르는 거대한 불길보다 '살아 있는 지성'의 '자기 노력'이 '하찮은 구시대 유물'에 대한 보다 신뢰할 만한 치료약이라는 것을 시사하고 있다. 호손은 사람들이 개념적 사고를 잘하게 될수록 파괴하거나 배제하고 무시해도 괜찮다는 느낌을 갖게 된다는 것을 명백히 밝히고 있다. 동시에 그는 추상적인 형태의 형식적인 이성으로는 인간의 병폐를 치유할 수도, 실존적인 문제를 해결할 수도 없다는 점을 분명히 한다. 만일 교육의 영역에서 교사와 학생들 사이에 자유롭고 풍성한 대화가 생겨나고, 해체하고 새롭게 기술(記述)하려는 진지한 노력이 이루어지려면, 사람들은 자신이 살아온 상황에서 출발하여 가능한 한 여러 방향으로 시야를 넓혀야 한다. 이제 교육철학자들도 이와 동일한 사태에 놓인 존재, 그리고 공동체에 능동적으로 참여하는 존재, 즉 과거로 거슬러 올라가면서도 미지의 것을 향하여 앞으로 나아가는 존재로서 자신의 정체성을 확립하지 않으면 안 된다. 이 말은 표준적 텍스트를 다루되 그것을 우리 자신의 것으로 만드는 것이다. 즉, 우리를 현재의 상태로 규정한 텍스트들, 말하자면 분석적이고 논리적인 텍스트, 경험적인 것, 언어학적인 것, 현상학적인 것들을 참고하는 동안조차도 해당 표준을 확장하고 다양하게 해야 한다는 것을 의미한다(Archambault, 1965; Green, 1971; Hirst, 1965; Peters & Hirst, 1970; Phillips, 1981; Scheffler, 1943; Soltis, 1981). 어떠한 목록도 제안 이상의 것이 될 수는 없다. '교육철학 텍스트로 간주되는 것'을 만들어 내기 위해서 교육철학자들은 스스로 텍스트의 상호 관련성을 찾고, 마음의 지평을 넓히며, 그들의 전통을 구성하고 또 재구성해야 한다. 이러한 구성, 해석, 반성 작업을 통해 질문들이 다양해질 것이다. 질문을 제기하고 질문하기를 즐겨하는 철학자들은 존재하는 어떤 문이라도 열 수 있게 될 것이다.

엘리자베스 비숍(Elizabeth Bishop)은 〈일월의 첫날(January First)〉이라는 시에서, 한 해의 문을 열면서 '또 한 번 이 세계의 실재를' 발명해 내야만 하는 일에 관해서 쓰고 있다. 시의 끝 무렵에서 그녀는 다음과 같이 말한다.

> 네가 눈을 떴을 때,
> 우리는 또 한 번,
> 시간과 시간들의 발명품들 사이를 걷고 있을 것이다.
> 우리는 외양들 사이를 걸을 것이며
> 시간과 그것의 변형을 목격하게 될 것이다.
> 아마도 우리는 새해 첫날의 문을 열게 될 것이고
> 그런 다음 알려지지 않은 것들의 세계로 들어가게 될 것이다(1983: 274).

비숍이 묘사한 바를 진지하게 받아들인다면, 우리는 어쩌면 인간으로서 그리고 교육철학자로서 우리 스스로의 자기형성(bildung; self-formation)을 탐색해야 할 수도 있다. 앞에서 열거한 학자들은 대개 자기형성의 본보기이거나, 반대로 그것을 혐오한 사상가들로 꼽힐 수도 있다. 우리는 그들을 본보기로 받아들이거나 반대로 그들의 사상을 거부함으로써, 우리 스스로를 정의하고 재정의하는 일을 반복한다. 우리 대부분은 처음에는 우리가 읽었던 것들의 핵심인 '가부장적' 요소(시수우가 '남성중심주의적'이라고 지칭한 것)를 의식하지 못하였다. 이제는 우리가 잘 알고 있듯이, 이 '가부장적'이라는 수식어는 종종 우리로 하여금 많은 철학적 주장들, 심지어 가끔 가장 엄밀한 분석에서조차 그것의 핵심 혹은 초점을 깨닫게 하는 데 사용되어 왔다. 여성주의 비평가들의 주장에서 볼 수 있는 것처럼, 그것은 곧 논리의 규칙, 일면성(linearity), 그리고 (경우에 따라서는) 넓게 보아 기법적 규칙에 해당하는 것들을 철저하게 따르는 의사소통의 양식을 가리킨다. 초연함과 자율에 가치를 두는 사상가들은 '훨씬 더 배타주의적인' 태도를 가지며, '그들'과 '우리' 사이에 존재하는 상호 의존성에는 관심을 기울이지 않는다(Belenky et al., 1986: 4). 바로 그와 같은 지식의 양태와 존재 방식이 도구적 합리성의 토대와 근원을 제공하였다고 해도 전혀 틀린 말은 아닐 것이다. 이것은 교육철학이 탐구해야 할 또 하나의 주제라고 할 수 있다. 그와 같은 방식으로 사고하는 사람들이 보기에, 법칙에 따라 이루어지는 '중립적인' 인지활동이 세계에 관한 현실주의적 표상들에 의거한다고 주장하기 쉬운 중대한 계기가 될 수 있다. 이러한 형태의 인지활동의 예를 탐색하는 과정에서 버틀러(J. Butler)는 걸프 전쟁과 그와 연계되어 등장하는 머리 여럿 달린 '공상적 존재'에 대한 찬양을 예로 든다. "이 공상적 존재는 자신의 세계를 독단적으로 재단하는데, 그 몸체에 붙은 얼굴들은 어떤 면에서 중동지역 지도를 향해 어렴풋이 도열해 있는 퇴역 장성들의 얼굴이며, 그 가운데에서 연설을 행하고 있는 존재의 얼굴은 중동지역 전체의 크기와 맞먹거나 그보다 훨씬 큰 모습으로 그려진다. 어떤 의미에서는 바로 이것이 제국주의자의 실체에 대한 묘사이며 제국주의적 행위 그 자체에 대한 시각적 비유인 것이다." (1992: 10)

우리는 버지니아 울프(Virginia Woolf)의 소설 『등대로(*To the Lighthouse*)』에서 묘사된 상호작용에 관해 생각해 볼 수도 있다. (물론, 소설은 논쟁하지 않는다. 소설은 서술하고 묘사하며, 은유와 간접적인 방식으로 설명한다.) 소설의 첫 부분에서 램지 부인은 등대로 가는 것에 대하여 어린 아들에게 말하고 있다.

> "그래, 물론이지. 내일 날이 좋다면 말이야."라고 램지 부인이 말했다. 그리고 이어서 "그렇지만 너는 종달새만큼 아침 일찍 일어나야 할 거야." 하고 말했다. 이 말을 듣자, 아들은 마치 그 탐험이 곧 이루어지기라도 할 것처럼 특별한 즐거움을 느꼈다. …… "그러나" 하고 그의 아버지가 응접실 문 앞에 멈추어 서서 말했다. "내일은 날이 좋지 않을 게다." …… 그가 말하는 것은 모두 진리였다. 항상 옳았다. 그는 결코 틀릴 수 없었다(1962: 3-4).

램지 씨는 평소에 추상적 기호(때로는 알파벳 문자)를 사용하여 사고하는데, 그는 자신이 아내와는 달리 실재를 정확하게 표현하고 있다고 확신한다(이 점은 그의 화난 어린 아들도 확실하게 믿고 있다.). 앤드류는 화가인 릴리에게 자기 아버지가 하는 일에 대해 설명할 때 이렇게 말하고 있다. " '당신이 거기 없을 때에는 …… 그때에는 식탁을 생각해 보세요.' 그래서 릴리는 램지 씨의 일을 생각할 때면 지금은 배나무 등걸에 놓여 있는 깔끔한 식탁을 항상 바라보았다……." (1962: 26) 사실, 그는 자기가 믿는 것들을 실재하는 것으로 만들어 내는 종류의 정신(mind)을 가지고 있다. 다시 말하면, 그것은 원칙상 자기 아내의 슬픈 우유부단함, 어린 아들의 절망, 정원의 긴 그림자, 자신의 육체적 삶에 대한 감정 등을 거의 다 배제해 버린다. 우리가 램지 씨를 남성성의 '진수'를 대표하는 사람으로 보는가 그렇지 않은가에 상관없이, 그러한 사고방식이 직관, 상상, 감정, 은유적인 것 등을 배제하거나 부차적인 것으로 치부하게 된다는 점은 명확하다. 사물을 이러한 방식으로 파악하는 사람은 특정한 인식의 유형에만 사로잡혀 사물의 부분만을 인식할 따름이다. 이러한 엄밀성, 배타성, 추상성 등은 자유, 인권뿐만 아니라 교육에 관한 담론에 영향을 미칠 수밖에 없다.

시수우가 '식민주의적'이라고 부르는 것에서도 마찬가지다. 식민주의 사고는, 그 자신을 합리성과 기법이라는 '제1세계' 유형과 동일시하고 그것을 지배적인 것으로 내세움으로써, '적절한' 해결책을 가진 '정당한' 방식을 강요해 왔다. 또한 많은 경우에 '미개발' '원시적' 그리고 사실상 퇴보하는 것으로 간주되어 왔던 것들을 왜곡하고, 무시하거나 이국적인 것으로 치부하기까지 해 왔다. 이는 미국에서 원주민 문화를 어떻게 대해 왔는가 하는 점을 상기하기만 해도 알 수 있다. 에드워드 사이드(Edward Said)가 "오리엔탈리즘"(1978)이라는 항목으로 분류한 문화개념을 검토하기만 해도 알 수 있다. 다른 누구보다 사이드는 "정치적인 것과 무관하고 중립적인 것처럼 보이는 문화에 관한 학문조차도 제국주의 이데올로기와 식민주의적 실천이라는 매우 치욕스러운 역사와 관련 있음"을 여러 차례 지적하고 있다(1992: 41). 우리는 표면적으로 중립적이고 격리되어 있는 것을 객관적이고 공평하고 분석적이며 합리적인 것으로 받아들여 왔다. 그러한 견해를 활용하면서 그와 상반되는 언어와 사고의 습관을 알아채지 못해 온 것이다. 예컨대, 우리는 중동 사람들을 타자로 간주하고, 여전히 그들을 '인류는 한 가족(the family of man)' 이라고 부르는 것에서 배제시키고 있다.

물론, 우리가 오랫동안 '유럽 중심적인' 표준에 사로잡혀 왔다는 것을 조금씩 깨달음으로써, 우리 중 일부는 유럽 중심적인 실천과 사고 속에서 식민주의적 흔적을 민감하게 의식했다는 것을 인정한다. 그렇지만 아직도 대다수의 사람들은 가야트리 스피박(Gayatri Spivak)이 말하는 남자의 이야기가 아닌 "대안적 역사(alternative histories)"(1990: 269)를 공감하기는커녕 이해하기조차 어렵다고 느낀다. 우리는 우리의 역사를 고쳐 쓰려고 하면서도 정작 개인주의의 성장에 관한 토니 모리슨(Toni Morrison)의 견해를 쉽게 따르지는 못한다. 그녀는 "홀로 고립되고 불평을 하는 인간이라는 미국인의 원형"과 결합한 "개인주의는 결속력 있고 강인한 아프리카인의 출현에 따른 하나의 반응이었다."(1992: 45)라고 쓰고 있다. 모리슨의 주장에 따르면, 절대 권력에 대한 생각은 노예의 출현 혹은 백인들이 비로소 자신과의 차이를 가늠할 수 있었던 '속박되고 부자유하고 저항적인 흑인'의 등장과 더불어 촉발되었다. 그녀가 볼 때 신세계의 백인, 즉 "미국적 아담은 자율성, 자신감 그리고 흔히 자유와 연관된 특성을 가진 타자"라는 측면에서 의도적으로 구성한 것이다. 다시 말해서, 그러한 특징들이 미국인이 된다는 것의 패러다임을 형성하게 된다면, 미국으로 새로 유입되는 많은 사람들을 비롯하여 대부분의 세계 시민들은 영구히 주변부에 머무를 수밖에 없을 것이다.

교육과정, 혹은 어떤 지식이 전달할 가치가 있으며 어떤 형태로 전달해야 하는가에 대한 문제를 숙고할 때, 우리는 그러한 지식을 구성하는 일과 해체하는 일을 동시에 하는 것이 가능한가라는 질문을 제기할 수 있다. 교육철학자들 사이에서 지식은 공유된 세계에서 삶을 함께 살아가는 사람들 간에 발생한 하나의 사회적 구성물이라는 점에 대해 어느 정도 합의가 이루어져 있다. 지식은 개인들 간의 상호작용과 그것의 축적에서 유래하는 것일 수도 있지만, 그와 동시에 공적 지식체계라고 여기는 것들에 참여하는 데서 오는 것일 수도 있다. 우리 대다수가 주지하고 있듯이, 토니 모리슨, 버지니아 울프, 존 듀이의 저작들 속에 그려진 사회적 실재는 구성된 것이며, 우리는 심지어 실재라고 불리는 것조차 해석된 경험으로 이해될 수 있다는 식의 사고방식에 익숙해져 있다.

슈츠(A. Schutz)가 지적한 것처럼, 지식의 자양분이 되는 해석은 주관적이고 상식적인 이해의 양식에서 출발한다(1967: 22-23). 그러한 이해의 양식은 우리 선조나 동시대인들이 활용해 온 도식(schemata)들에 의해 점차 구조화되고 유형화된다. 제대로 알고 있는 사람이건 방관자이건 간에, 모든 사람이 흔히 표준적인 것으로 혹은 주어진 것으로 당연히 여기는 것들은 따지고 보면 오래전부터 해석되고 구성되어 온 것이다. 그것들은 특수한 의미체계, 담론, 사회적 세계 속에서의 위치 등과 우연한 관계를 맺어 왔으며 지금도 그러하다. 이러한 사실을 인식하는 것은 종종 충격적인 경험이 된다. 우리가 참이라고 믿고 있는 것이나 심지어 선(善)이나 의(義)라고 믿고 있는 것을 형성하는 데 가부장적 혹은 식민적(혹은 국가주의적, 제국주의적, 지역주의적) 언어가 영향을 끼쳐 왔다는 사실을 알게 되었을 때, 많은 교사들은 충격에 휩싸인다. 그와 동시에, 한때 확고하고 표상할 수 있는 것으로 보였던 세계에서 언어의 지시에 도전한다는 것도 대단히 어렵다. 오늘날 우리가 너무나 잘 알다시피, 우리는 종종 비교 불가능한 다양한 언어 게임(Wittgenstein, 1968)을 하고 있을 뿐이다. 우리는 자문해 본다. 역사라고 하는 삶의 형식에 연관된 언어와 예술, 화학, 윤리, 경제를 규정하는 언어들 간의 교차점은 어디에 있는가? 이 모든 것은 세계로 나아가 사물의 현상을 파악하는 인간의 의식에 대한 이해와 어떤 관련이 있는가? '자유' '성장' '학습' '의미' '탐구' 등과 같은 단어를 들먹이는 것이 무슨 의미가 있는가? 우리는 어떻게 게임이나 텍스트, 담론으로부터 생생한 삶이 이루어지는 실제 세계로 나아갈 것인가?

기의(signified)가 개연적이거나 불확실한 문제로 남아 있는 반면에, 우리가 확신할 수 있는 것은 기표(signifier)라고 부르는 것(의미 있는 발성이나 종이 위에 새겨진 의미 있는 표식)일 수밖에 없다는 가능성에 이제야 익숙해지고 있다(Barthes, 1967; Lacan, 1977; Gates, 1988). 우리의 담론이나 사고에서 기표들이 각각 상이한 모습으로 존재한다는 사실을 점차 깨달아 가고 있는 것이다. 우리가 기표에 우선권을 부여하고 단어들이 그 어떤 객관적 세계가 아니라 다른 단어들을 지칭하고 관련되어 있다는 사실을 깨닫게 될 때, 그 의미는 확장되고 풍부해진다. 일반적 위계구조와 마찬가지로, 의미의 위계구조는 점점 더 터무니없는 것이 된다. 만약 문화가 부분적으로 토론의 그물망, 상호 교차하는 텍스트나 담론, 혹은 코드의 총체로 이해될 수 있다면, 우리는 쓰거나 말하는 대화(conversation) 속으로 젊은이들을 입문시킨다는 생각을 다시 시작하게 된다. 오크쇼트가 진술한 대로, 아마도 이러한 대화는 "원시의 숲 속에서 시작되고, 여러 세기를 거치면서 점차 정교화되어 왔다. …… 적절하게 말해서, 교육은 이러한 대화의 기술과 거기에 참여하는 정신을 기르는 성년식이다. 이 성년식을 통해서 우리는 다양한 목소리들을 인지하고, 적절한 발언을 구별해 내며, 대화에 합당한 지적·도덕적 습성을 획득하게 된다. 결국 이러한 대화는 인간의 모든 행위와 발화의 위치와 성격을 부여해 준다."(1962: 198-199)

이러한 주장은 최근 교육철학 논의에서 광범위하게 인용되어 왔다. 그러나 이것이 현재의 상황에서도 타당하려면, 문화가 그러하듯이 훌륭한 대화도 비판과 반성을 통해 변형되기 마련이라는 것을 염두에 두어야 한다. 특히, 오늘날 교육철학자의 관심을 끄는 것은 다원성과 다원화의 문제다. 우리는 '인류'나 '아동' 혹은 심지어 '이러한 대화의 참여' 등에 대해 막연하고 추상적인 개념을 더 이상 동원할 수 없다. 우리는 사람들을 각각 다원성과 독특성의 원칙, 즉 어떤 사람도 다른 사람의 복제물이 될 수 없다는 관점에 비추어 고려하도록 요청받고 있다. 그와 동시에 우리는 정체성의 원천이 되는 상이한 문화와 문명의 가치와 힘에 대해 인정하는 것을 배우고 있으며, 그로부터 우리의 정체성들이 확립된다. 우리는 역사적인 과거와 그러한 과거를 연구한 많은 유산에 대한 우리의 생각을 변화시키고 정교하게 하고 있다. 동시에 우리는 동질적인 전체에 동화되지 못하는 언제나 새로운 구성원으로 이루어져 있지만, 지금껏 한 번도 시도된 적이 없는 사회 개념을 향해 노력하고 있다. 이런 상황에서 '다양한 목소리들을 인식할 수 있도록' 배운다는 것은 지금까지 교육자들이 거의 주목한 적이 없는 영역, 즉 지구상의 수많은 나라로부터 모든 종류의 생명체에 이르기까지 주의를 기울이는 것이다. 우리는 추방과 배제 그리고 단념의 소리를 인식하도록 요청받고 있다. 우리는 이전에 결코 없었던 모든 부류의 여성과 남성 그리고 어린이의 목소리에도 주목하도록, 그리고 이질적이면서 때로는 야만적일 정도로 불평등한 그들이 영위하는 삶에조차 의미들을 부여할 수 있도록 힘을 실어 줄 것을 요청받고 있다. 메를로퐁티(Maurice Marleau-Ponty)에 따르면, 우리는 "숙명적으로 의미를 지향하게 되어" 있다. 그리고 "진정한 철학은 세계를 보는 방법을 재학습하는 데 있다."(1967: xx) 그러한 세계, 즉 '실재'가 다양하게 해석된 경험으로 이해되는 한, '보는 방법을 학습하는 것'은 (분명 교육자들에게는) 바로 간주관성 그 자체, 그리고 초심자들이 재학습하고 변화하기 위해 함께 모일 가능성을 다른 사람들과 더불어 성찰하는 방법을 배우는 것을 의미한다. 철학자의 의무는 모든 사람들로 하여금 그들이 주의를 기울이는 방식, 취하게 되는 관점, 명명하는 법, 돌보는 법, 관심사 등에 대해 생각하도록 돕는 일을 포함할 것이다.

오늘날에는 세계를 유의미한 것으로 구성하는 것이나, 다양하고 종종 단언적인 형태의 텍스트들을 구축하고 보는 것만으로는 불충분하다. 철학자들은 그와 동시에 해체의 필요성을 인식하고 있을지도 모른다. 해체는 개념의 명료화, 존 패스모어(John Passmore)가 명명한 "비판적-창의적 사고"(1972: 36), 피터스(R. S. Peters)가 묘사한 "인간의 탁월성"이라고 불릴 만한 "마음의 특질"에 대해 우리가 이전에 배워 왔던 것을 보완하기 위한 지적 노력이다. 자크 데리다(Jacques Derrida)에 따르면, 해체는 "고전적 형태의 대립구도를 전복시키고 그 체제를 전반적으로 퇴치하는 일을 실천"(1982: 329)하는 것이다. 그가 의미하는 해체는 곧 우리의 언어 속에 구축되어 우리의 생각을 형성하는 여러 대립구도들, 가령 흑/백, 남/녀, 인지적/감성적, 직설적/은유적 등에서 볼 수 있는 것처럼 한쪽이 다른 한쪽에 비해 우위를 점하고 있는 이원적 대립구도들을 드러내는 일이다. 데리다는 이러한 체제를 위계구조를 지닌 일종의 이성중심주의(logocentrism)로 묘사하고 있다. 이성중심주의는 우리가 너무도 빈번하게 쓰는 글의 핵심 속에 모종의 중심, 본질, 고정된 원리가 자리 잡고 있다는 것이다. 그것이 위계구조를 지니고 있다는 말은 용어들 간에 지배–종속의 관계가 형성되고, 지배하는 용어가 종속되는 용어를 타자로서 배제한다는 것을 의미한다.

성경까지 거슬러 올라가 보면, 그러한 위계구조의 기원은 아담의 갈비뼈에서 태어난 이브 이야기에서 찾아볼 수 있다. 그리고 우리는 모리슨이 극화한 대립구도 속에서도 그러한 위계를 발견할 수 있다. 그녀는 백인의 타자, 즉 백인이 배제해야 할 것으로 규정된 흑인에 관해 말하고 있다. 데리다는 로고스(logos)와 체계화된 것, 추상적인 것과 보편적인 것 등이 가지는 특권을 타파하고자 한다. 그는 존재, 중심과 같은 개념들을 문제화하고, 유동성과 과정을 향한 움직임인 탈중심화를 허용하고자 한다. 물론, 여기에는 논란의 여지가 있다. 그러나 데리다는 '세계를 보는 방법을 재학습'하는 것과 동일한 방식으로 우리 자신과 우리의 텍스트를 바라보는 새로운 방법을 제시하고 있다.

이 모든 사실을 고려해 볼 때, 무엇을 교육철학으로 볼 것인가? 우리는 교육철학을 새롭게 구축하거나 혹은 이를 해체할 수 있는가? 아니면 지금까지의 것들을 고스란히 보존할 수 있는가? 이에 우리는 한나 아렌트(Hannah Arendt)가 생각했던 일종의 '공동세계(common world)'를 형성하는 방안을 찾을 수도 있다. 그녀의 글을 읽어 보자.

> 교육은 우리가 세계를 책임질 수 있을 만큼 충분히 사랑하는지를 결정하는 기준이다. 아울러 교육은 갱신(更新), 즉 우리의 후손이나 젊은 세대가 등장하지 않고서는 피할 수 없는 그러한 파멸로부터 이 세계를 구할 것인지를 결정하는 기준이다. …… 그녀는 계속해서 말

> 하길, 교육이란 또한 우리의 아이들을 이 세계로부터 추방하여 그들 자신의 생각대로 내버려 두지 않을 정도로 그들을 충분히 사랑하는지를 결정하는 기준이다. 다시 말해, 교육은 우리가 예측할 수 없는 어떤 새로운 것을 우리 아이들이 시도할 수 있도록 기회를 부여하여, 이 공동세계를 갱신하는 과업을 할 수 있도록 그들을 미리 준비시키는 것이다(1961: 196).

이에 대한 수많은 질문들이 제기된다. 철학자들은 그러한 '갱신'이란 개념을 유의미하게 하기 위해 무엇을 할 수 있는가? 그러한 다면적인 '공동세계'에서 해방 효과를 계속 갖도록 하는 표현의 자유와 사상의 자유라는 가치를 허용하기 위해 무엇을 할 수 있는가? 우리가 '예측할 수 없는 것'을 발견함에도 불구하고 어떤 영속적인 가치를 보존하는 민주적 철학을 어떻게 허용할 수 있는가?

민주적 철학의 몇몇 중요한 주제들은 아마도 시민권 운동, 여성주의 운동, 그리고 우리 속의 동성연애자, 장애인, 소외된 자들을 위한 운동들로부터 야기된 담론 안에서 구축되어 왔을 것이다. 하벨(Vaclav Havel)은 『올가에게 보낸 편지(*Letters to Olga*)』에서 다음과 같이 썼다.

> 오늘날 세계에서 '실존적 혁명'이 일어나고 있음을 보여 주는 그 어떤 명시적 징후가 있는가? 여러분이 소망을 향하여 열려 있다면, 당신은 다음과 같은 여러 사례에서 희미한 징후들을 확인할 수밖에 없을 것이다. 1950년대 이래 주기적으로 봉기되어 왔던 것과 같은 젊은이들의 운동에서, 순수 평화운동에서, 인권 보호를 위한 여러 가지 활동 속에서, 자유 쟁취를 위한 운동 중에서(단, 그것들이 한 가지 종류의 폭력을 다른 종류의 것으로 교체하는 단순한 노력으로 타락하지 않는 한) …… 환경운동 속에서, 위기에 빠진 세계에 대항하여 진정

> 한 의미 있는 공동체들을 구현하기 위하여 지속적으로 추구하는 모든 노력 속에서 말이다. 위기에 빠진 세계에 대항하는 공동체들은 단지 위기로부터 탈출하는 것이 아니라, 명쾌한 숙고와 언제나 진정한 믿음이 동반되는 겸손함을 가지고 세계 정부를 위한 책임을 떠맡기 위하여 그들의 모든 노력을 다하는 것이다(1988: 372).

하벨의 이 글이 10여 년 전에 감옥에서 쓰인 이후, 우리는 성공만큼이나 많은 실패의 사례들을 목격하여 왔다. 그러나 하벨이 말한 것은 여전히 공감할 만하다. 그 이유는 부분적으로 그가 전체주의적 시각을 회피하였고, 텍스트를 넘어 특수성을 지향하였으며, 공동체와 숙고와 책임에 대해 말하였기 때문이다.

여기에 오늘날 교육철학 수업의 한 영역인 도덕성에 접근하는 방법에 대한 함의가 담겨 있다. 그러나 유대와 참여, 돌봄 그리고 의무와 같은 다양한 경험을 모종의 규제적 규범을 키우려는 열망이나 민주주의를 규정하는 원칙을 체현하려는 열망과 서로 조화시키려는 것은 여전히 도처에서 문제점으로 드러나고 있다. 권력과 공공정책의 영역에서 우리는 아직도 '배려'에 바탕을 두는 여성주의적 윤리가 들어설 자리를 발견하지 못하였다(Noddings, 1984). 그리고 분명히 고려되어야 할 관심사 중의 하나는 타자의 "너"에 대해서 "나"임(Buber, 1970)이 의미하는 바를 아는 사람이 명료하고 원칙적인 행동을 할 수 있도록, 즉 "그것의 세계"(1970: 96) 속에서 물화되고 매몰되는 것을 거절할 수 있도록 공공의 공간을 변형하는 것이다.

부버(Martin Buber)의 고민은 그러한 매몰의 문제를 상대하는 일에 있었다. 그는 정치가와 사업가들의 위대함이라는 것이 그들이 인간을 대하는 방식에 따라 결정되지 않았던 것은 아닌지에 대해 묻는다. 질문의 핵심은 인간을 "모든 편의와 욕망의 중심에 놓고 이들 편의와 욕망을 계산하고 활용하는 일이 그들 인간 각자가 지닌 고유한 능력에 따라 이루어져야 한다는 것이다."(1970: 96) 요점은 인간이 유의미한 관계 속에서 서로를 대면한다는 것이다. 이를 위해 교실 내에서 (대화와 독서와 협동학습 등을 통해서) 그 토대를 준비하기 위해 노력하는 과정에서, 교육자들은 그것의 얼마나 많은 부분이 현재 쓰이고 있는 언어에 의해서—그 폐해는 학교 내에서 가장 심각하다—삐뚤어져 있는지를 깨달을 수밖에 없을 것이다. 학교가 테크놀로지에 대한 요구를 어떤 방식으로 충족시킬 수 있으며, 직업교육을 어떻게 수행할 것이며, 거기에 필요한 기능을 학생들에게 어떻게 훈련시킬 수 있는지에 대한 논의들은 끊임없이 있어 왔다. '산출(outcomes)'과 교수 프로그램 제작도구(curriculum tools), 그리고 능력을 학교교육의 핵심에 두려는 경향 또한 반복해서 제기되어 왔다. 우리는 젊은이를 스스로 사고하고 선택할 수 있는 잠재력을 지닌 '인격체'로 보지 않고 단지 '인적 자원'으로서만 언급하고 있다. 인간의 존엄성과 인권, 그리고 이성의 규칙에 대한 우리의 계몽주의적 열정은 생산과 효율성에 대한 집착은 말할 것도 없이, '과정-결과'의 도식으로 너무나 쉽게 빠져들고 말았다.

조셉 콘래드(Joseph Conrad)의 『어둠의 속(*Heart of Darkness*)』은 이제는 누구에게나 명백히 드러나는 식민주의적 색채로 이러한 문제들에 관해 언급하고 있다. 이 소설에서 말로는 아프리카의 야생지에 오랫동안 머물다가 이제 막 돌아왔는데, 템스 강에 정박한 돛단배에서 자기 회사의 간부들을 만나고 있다. 그는 변호사와 회계사, 회사 이사에게 지금은 영국의 땅이 된 그 야생지에 초기 로마인들이 최초로 상륙했을 때 틀림없이 느꼈음직한 그런 감정에 관해 말하고 있다. 그는 자기가 본 것들을 그들도 보았을 터인데, 그것은 '이해불가'였다고 말한다. 그런 다음 절규하듯 외친다. "잘 들어요. 우리 중 아무도 이와 같은 것을 똑같이 느끼지 못합니다. 우리를 지켜주는 것은 효율성, 즉 효율성에의 헌신입니다."(1952: 221) 그는 콩고 강을 따라 떠도는 상아 무역상들의 무차별적인 잔혹 행위, 밧줄에 함께 묶여 있는 원주민들, 그들의 대지에 대한 무자비한 유린 등에 대해 생각하고 있다.

그가 알고 있듯이, 효율성은 하나의 차폐막(screen)이 된다. 그것은 밀란 쿤데라(Milan Kundera)가 말한 "죽음을 가리기 위해 설치된" 여러 폭의 차폐막이 된다(1984: 253). 다시 말하면, 인간의 실존에 본질적으로 용납될 수 없는 한계를 벗어나는 모든 것을 제외시키는 것이다(1984: 248). 철학은 '지혜에 대한 사랑'을 추구하고 신비화와 미혹에 대항하여 투쟁해 오는 중에도, 전통적으로 장막을 깨뜨리는 일을 해 왔다. 오늘날에 와서 다른 점이 있다면, 그것은 기존의 정당화 원리나 기준점이 사라졌다는 것이다. 그러나 그러한 투쟁과 추구는 계속되고 있다. 콘래드는 "무(無)에 대한 대항 장벽"으로서 가치의 필연성에 관해 말하였다. 자신의 삶이 죽음을 향해 가는 것으로 의식하는 많은 실존주의자들은 필수불가결한 것으로서 자신을 선택하는 것에 관해, 혹은 사르트르(Jean Paul Sartre)의 경우에서 적어도 하나의 사례를 볼 수 있듯이 자기 자신을 선택하는 것에 관해 마치 인류 전체를 위한 것처럼 저술하고 있다. 가치는 절대적 기반이 없을지도 모른다. 그러나 반역 행위, 주도권 잡기, 결핍 채우기 등은 가치를 창출해 낼 수 있다. 사르트르에 따르면, 우리는 상황을 초월하도록, 우리가 장차 되려고 하는 어떤 존재를 스스로 지향하도록 규정되어 있다. "우리가 기획(project)이라고 부르는 것이 바로 이것이다."(1963: 91-92) 이 기획, 즉 철학하기와 젊은 세대에게 가르치기라는 기획을 시작할 때, 우리는 아직까지 존재하지 않았던 것을 향해 문을 여는 프락시스(praxis)를 발전시킨다. "비상과 도약인 동시에 거부와 실현인 그 기획은 그것을 초월한 바로 그 움직임에 의해 거부된 초월적 현실을 유지하고 폭로하는 것이다. 따라서 앎은 프락시스의 한 계기이며, 심지어 가장 근본적인 것이기도 하다."(1963: 92) 가르치는 것이 우리의 기획이고, 가르치는 것이 필요와 결핍(문맹, 교화당하기 쉬움, 아둔함 등)에 반응하는 것이라면, 교사를 통해 창출된 프락시스는 무의미에 대항하여 일종의 장벽을 쌓는 것이다. 즉, 그것은 이 세계에 가치를 제시하는 것이다.

가치를 찾는 것은 의미를 찾는 것과 마찬가지로, 아렌트의 용어로 '지각

없는' 사람들에 의해 외면당할지도 모른다. 여기서 그녀는 아돌프 아이히만(Adolf Eichmann)의 재판에서 '사고의 부재'와 인습적인 언어의 사용을 염두에 두었다. 이를테면, "상투적인 글귀, 오래된 관용구, 관습적인 것에 대한 추종, 표준화된 표현 및 행동 등은 실재, 즉 모든 사건들과 사실들이 그 존재 자체를 통해 만들어진다는 사고에 대한 주장으로부터 사회적으로 우리를 차단시키는 승인된 기능을 갖고 있다." (1978: 4) 우리 대부분이 알고 있듯이, 접힌 차폐막을 펼치는 것은 언어만이 아니다. 크리스타 볼프(Christa Wolf)의 『사건: 오늘의 뉴스(*Accident: A day's News*)』에서 어느 독일 여성 화자(話者)는 "편안한 삶에 대한 대다수 사람들의 소망, 높은 단상 위에 있는 연설자와 흰 가운을 입은 사람을 쉽게 믿는 경향" (1989: 17)에 대해 곱씹어 본다. 확실히 이러한 형식의 맹목적인 동조는 교육철학자의 직접적인 관심사다. 화자의 절망감은 부분적으로 다음과 같은 두 가지 실제 사건에서 비롯되었다. 하나는 체르노빌 원전에서 누출된 방사성 낙진이 자신이 살고 있는 독일 마을에까지 퍼지고 있다는 것이고, 다른 하나는 그녀의 오빠가 예측할 수 없는 상황에 처하여 생명을 다투는 복잡한 뇌수술을 받고 있다는 것이다. 우리가 이것을 읽노라면 맥락의 중요성이 떠오른다. 그것은 오늘날 교육철학의 '연구활동'에서도 특히 중요하다. 소설의 말미에서 화자는 『어둠의 속』을 떠올린다.

> 그가, '계획' '효과'와 같은 개념으로부터 자신을 어떻게 자유롭게 하는가 하는 문제는 가장 힘든 일이다. 그러나 오늘날은 이것으로 충분하다. 그 작가는 회한의 의미를 알고 있었다. 그는 생각에만 머물지 않고 자신이 속해 있는 그 문화의 어두운 부분으로 방향을 잡아 나갔다. 아무 두려움도 없이 어둠의 심장부로……. 이런 식으로 이 사람은 나에게 말을 걸어온다. 하지만 대단히 부끄럽게도 나는 그의 작품에서 '증오'와 '사랑'과 같은 단어를 찾으려는 기대를 좀처럼 할

> 수 없었다. 그 대신에 나는 '탐욕'이라는 단어를 찾곤 했다. 탐욕, 탐욕, 탐욕 ……(1989: 108).

이 이야기 속에서, 화자는 집안일을 하고 있었다. 그녀는 딸에게 전화를 걸어 공해에 관하여 이야기하고, 부엌에서 놀고 있는 손자에 관하여 묻기도 한다. 병원으로부터 무슨 소식이 오는가를 두려움에 떨며 기다린다. 눈물이 있고, 흉흉한 꿈과 추억이 있다. 그리고 끝내 "오빠, 이 세상과의 하직이 그 얼마나 어려운 일인가요."라며 울부짖는다. 아마 그녀를 옭아매며, '계획'이나 '효과'와 같은 단어들을 거부하도록 하는 것은 바로 한 여자로서의 삶의 환경일지도 모른다. 그러나 일상화된 사려 깊지 못함과 거부를 '흰 가운을 입은 사람들'에 대한 의존성과 연계하는 것은 반드시 여성적 경향이라고 말할 수 있는가? 그리고 비록 핵물질 유출로 심하게 오염되고 손상되었지만, '이 세상'에 대한 마지막 애착은 구출, 정화 그리고 특별한 종류의 보호를 요구한다. 그것은 그녀가 손에 찻잔을 들었을 때나 발로 부드러운 흙을 밟았을 때 느끼는 것처럼, 반드시 여성적인 것이라고 말할 수 있는가? 아니면 그것은 배울 수 있는 일종의 흥미나 관심사인가?

콘래드가 기술하는 상아 사냥, 이데올로기 그리고 행진곡의 중압감을 피부로 느낄 정도로 생생하게 환기시켜 주는 쿤데라의 '대행진', 볼프에게 복합적으로 뒤엉킨 화젯거리를 제공해 준 체르노빌 원자력발전소의 사고 등, 이 모든 것은 가부장적이고 식민적인 사고가 초래하는 실제적이고도 구체적인 결과를 보여 주고 있다. 그것들은 언어의 유형과 연관되어 있을 뿐만 아니라 주의 깊은 독자라면 볼 수 있는 현실과도 뒤엉켜 있다. 역설적이게도 주의 깊은 독자들은 비실제적이고 상상적인 세계, 즉 소설 속에 등장하는 가상의 세계를 동원함으로써 그러한 세계를 파악한다. 소설의 관점과 사태를 경험의 대상으로 삼을 때 그들이 점차적으로 의식하게 되는 것은 그저 다른 텍스트의 흔적들만은 아니다. 사르트르가 말했듯이, 문학의 소재는 "비록 언어를 매개로 하여 형성되지만 결코 언어 안에 갇혀 있지 않다." 독자는 언제나 작가가 언어를 수단으로 하여 드러내는 것을 (물론, 작가가 이끄는 것의 도움을 받아) 창안해 내고, 언어를 넘어서서 비추어 주는 것을 "하나의 종합적인 형식"(1949: 41-44)으로 그려 내야 한다. 우리가 그려 내는 것은 상상력이라는 자극을 통해 생겨나는 의식적 사태다. 즉, 우리는 독일의 한 여류작가 말로나 1920년대에 그녀가 할렘으로 가는 길에서 본 제비꽃을 떠올린다. 말하자면 우리는 그들에게 우리의 삶을 투사하게 된다. 그들이 경험상으로는 진짜가 아니라는 것은 분명하다. 즉, 그것들은 강이나 길가 혹은 들판에서 발견되는 것이 아니라 오히려 상상하고 지각하고 판단하는 의식 활동에 의해 창조된 것이다. 적어도 언어를 넘어설 것을 요구받는다면, 한편으로는 우리가 투사한 세계 그리고 다른 한편으로는 삶으로 겪을 수는 있지만 재현될 수는 없는 물질적 세계인 현실 사이에 존재하는 간극을 경험하게 된다.

사르트르가 지적한 바 있듯이, 앞에서 언급한 것과 같은 소설들은 흔히 이 세계가 인간의 자유를 요구하고 있다는 점을 들어 우리의 자유에 호소한다. "그리고 만약 내게 주어진 이 세계가 부정의로 가득 차 있다면 그것은 나로 하여금 그 부정의들에 대해서 냉담한 태도로 관조하게 하기 위한 것이 아니라, 나의 분노로 그것들을 움직이게 함으로써 그것들이 지닌 부정의의 본질, 곧 결코 묵인되어서는 안 될 악용을 폭로하게 하기 위한 것이다."(1949: 62-63) 리차드 로티(Richard Rorty)와 그의 동료들은 우리에게 불쾌감을 주는 것, 교정이 필요한 것들에 대한 우리의 판단에 기초가 되어야 할 권위가 존재하지 않는다고 말한 바 있다. 로티에 따르면, 그 어떤 경우에든 이 세계에 대한 우리의 사고는 언어를 통해서만 이루어질 수 있다.

> 마치 우리가 신체를 발달시키고 강화하고 키우기 위해 신체를 사용하는 것처럼, 우리는 언어를 비판하고 확대하기 위하여 언어를 사

> 용할 수 있다. 그러나 우리는 언어가 가리키는 여타 대상과의 관련 속에서 혹은 언어를 수단으로 성취하고자 하는 다른 목적과의 관련 속에서, 전체로서의 언어를 결코 볼 수 없다. 예술과 과학, 그리고 이들에 대한 반성과 통합으로서의 철학은 그러한 확대와 강화의 과정을 구성한다. 그러나 특정한 진술이 진리가 되게 하는 것, 혹은 특정한 행위나 태도가 좋거나 합리적인 것이 되도록 하는 것이 무엇인가를 말함으로써 '언어가 이 세계와 어떤 방식으로 관련되는지'를 설명하려는 시도로서의 철학은 이 관점에서 보면 불가능하다(1982: xix).

우리는 이러한 견해를 진지하게 받아들이는 동시에, 시수우의 앰네스티 강연이 기부금 증대, 죄수에게 보낸 편지, 정부 기구에 대한 저항 등과 같은 실질적인 결과를 가져왔다는 점을 명심하고 있다. 그녀가 했던 것과 같은 주장들(혹은 교육철학자로서 우리들의 주장)이 대중의 공분을 불러일으키든, 알베르 까뮈(Albert Camus)의 소설 『페스트(*The Plague*)』(1948)에 나오는 것처럼 공범이 되기를 거부하는 결의에 동참하도록 호소하든, 또는 공동체의 구성원이 공유하는 일련의 신념 체계에 호소하든 간에, 그러한 주장들은 오크쇼트가 묘사하고 있는 대화를 단순히 확대하는 것 이상이라고 우리는 믿고자 한다. 이렇게 말한다고 해서, 이와 같은 진술의 용례가 보편적 지시설을 인정한다는 것을 의미하는 것은 아니다. 그것들은 퍼트남(Hilary Putnam)이 말한 "출처 불명"인 것이 아니다(1981: 49-50). 그것들은 상황적 존재들을 통해 발설되었으며, 그들이 하는 말은 다른 사람들의 주의를 끌어내는 요청, 즉 주도권을 행사하고 치유하고 교정하도록 하는 일련의 행위에 대한 요청과 같다. 그리고 그렇게 함으로써 가치를 창출하는 것이 바로 철학의 핵심적인 관심사다.

모종의 단일한 정당성의 원천을 찾거나 단일한 표준이나 규범에 눈을 돌리는 것은 오늘날 우리 주변에 두드러진 이질성과 차이를 무시하는 것이다. 사실, 단일 논리적으로 생각하는 태도는 오늘날 철학에서 언제나 설명되는 것이 아닌 논리학의 다원성, 국지적 담론, 특정한 작은 이야기(소서사) 등을 간과하는 것이다. 이런 상황에서 합의는 어떤 것일까? 유의미한 합의 혹은 "모든 사람이 인정할 수 있는 보편적 관심"에 대한 인식을 이끌어 가리라고 위르겐 하버마스(Jürgen Habermas)가 기대했던 그러한 의사소통 행위는 어떠한가?(1987: 235) 료타르(Jean Francois Lyotard)와 한스 게오르그 가다머(Hans Georg Gadamer), 그리고 아마 현대 교육철학자에게는 실천적 판단 혹은 서사의 다양성과 복잡한 언어 게임을 고려하는 '실천지(phronesis)'로의 전환도 있을 수 있다. 어떤 이(Gadamer, 1981: 80)는 '실천지'를 같은 지역공동체에 속해 있으면서 서로를 존중하는 사람들 사이의 대화와 연관시킨다. 시수우는 다소간 비슷한 관계를 염두에 두고 시에 눈을 돌린다. "불행을 공유하고 서로 이방인이 됨으로써 사람들과 시인은 내면의 고향을 다시 건설한다."(1993: 207) 그러면서 시수우는 오늘날 어떤 교육철학이 핵심적인 주제로 안내할 수 있는지에 대해 질문한다. 그녀는 어떻게 감옥이 아주 찬란한 자유에 대한 생각, 즉 '자유로울 의무'를 불러오는지에 대해 언급한다. 그리고 다음과 같이 말한다. "자유로운 우리가 과연 지구상에 자유의 영역을 확장시키는 데 기여하며, 그러한 책임을 지고 있는가? 우리 자신에 대한 냉대와 타인에 대한 두려움으로부터 벗어나기 위해 과연 수용소, 감옥, 전쟁 같은 것들이 필요한가? 우리는 우리의 행운을 망각하고 있지는 않은가?"(1993: 219)

현대 교육철학을 어떤 방식으로 규정하든지 간에, 그것은 논리적이거나 경험적인 해결과는 무관한 기묘한 질문으로부터 시작되어야 한다. 그것이 어떤 양식을 취하든지 간에, 다양한 인간들이 긴밀히 관련되어 있는 복잡한 상호교섭의 맥락에서 규정되어야 한다. 비록 형이상학적 극단으로 확장하거나 혹은 개념의 명료화에 한정할지라도, 이 같은 작업은 인류 유산을 전달하는 중첩되는 제도들—공립학교, 지방이나 중앙 정부의 관료제도,

다양한 공동체, 대학—의 틀 안에서 자리매김된다. 많은 경우에 그것들은 교육적 담론들이 가장 빈번하게 일어나는 지역 공간에서 대부분 정교해진다. 혹자는 비판적 사고에, 혹자는 개인의 선택과 헌신에, 혹자는 사회적 또는 정치적 저항에 초점을 둘 것이다. 그리고 드물게는 많은 사람들이 '세상의 패배자들'로 치부하는 상대주의나 무정부주의와 대항하기 위하여 옹립한 체계에 초점을 두는 사람도 있을 것이다(Yeats, 1959: 186). 우리 가운데 더러는 우리가 실지로 철학하고 있는 이 상황을 해석학적 상황으로 인식하게 될지도 모른다. 그 상황은 우리가 수년간 그것들의 의미를 깨닫기 위해 씨름해 왔기 때문에 대체로 친숙하다.

우리는 누구나 할 것 없이 우리가 영위해 온 삶의 배경과 오랜 세월 동안 형성된 선입견에 비추어 우리에게 유용한 전통을 만드는 데 참여해 왔다. 우리가 겪은 체험의 지평들은 조금씩 확장되어 왔다. 가다머가 쓰고 있듯이, 지평이란 "특정한 관점에서 보이는 모든 것을 포괄하는"(1975: 315) 시계를 의미한다. 점점 더 많은 관점들이 제시되고 우리가 점점 폭넓게 세계를 봄에 따라, 오늘날의 많은 다른 사람들처럼 보편적인 관점이나 객관적인 근거의 성립 가능성을 거부한다면, 바로 우리의 삶을 통해 형성된 자신의 관점이 결정적인 위치를 차지하게 된다. 관점이라는 개념을 일단 인정하고 나면 어느 누구도 세계의 어떤 위치로부터도 보편적인 시각을 가질 수 없다는 사실을 인식하게 된다. 우리는 다만 측면들과 윤곽들을 본다. 반면에 이정표나 역사연구 또는 단편소설 등에 드러나는 총체적인 전망은 언제나 성취되어야 할 과제로 우리 앞에 놓여 있다. 상상력이 갖는 위대한 힘 중의 하나는 바로 그러한 성취의 가능성을 여는 것이다. 그것은 아직 존재하지는 않지만 존재할 수도 있는 전망들을 밝혀 준다. 상상력은 현실이라는 창을 통해 우리를 굴레로부터 해방시킴으로써 대안적인 실재를 볼 수 있도록 한다. 우리가 순수하게 형식적이고 추상적인 것과 결별할 수 있듯이, 우리는 또한 경직되고 물화된 것과도 결별할 수 있다. 시인 스티븐스

(Wallace Stevens)는 상상력과 실제가 맺는 관계를 깊이 숙고한 뒤 〈합리주의자(rationalists)〉라는 시에서 다음과 같이 쓰고 있다.

> 사각의 모자를 눌러 쓴 합리주의자
> 사각의 방에서 생각을 하네.
> 마루를 바라보며
> 천장을 쳐다보며
> 직각삼각형 속으로
> 들어간다.
> 직사각형이나 원뿔,
> 반달 같은 동선이나 타원을
> 그리려 할 때면
> 중절모를 쓰려고 할 것이네
> 합리주의자는(1954: 75).

반달의 타원은 대체가 아니라 확대다. 심지어 반달을 한 번 쳐다보도록 제안하는 것만으로도 고정되고 일상적인 울타리를 넘어서 시야가 확 트인 창을 열고 세상을 바라보게 해 준다. 중절모를 쓴 합리주의자의 모습을 그려 볼 때, 합리주의자도 다른 사람들 못지않게 고착되고 미리 결정되거나 본질에만 빠져 있는 존재로 이해되어서는 안 된다는 것을 암시한다. 합리주의자는 사각모를 쓸 수 있듯이 중절모도 쓸 수 있다. 실제로 그럴 뿐만 아니라 또한 그렇게 되고 있다.

우리는 언어와 권력과 정체성에 대한 담론으로부터 시작하였고, 어찌 보면 거기서 끝을 맺는다. 다양성과 상대주의에 대한 해결되지 못한 질문들과 함께, 그리고 퇴색해 가는 공적 영역에 살고 있는 사람은 누구이며 그것을 지배하고 있는 것은 누구인가에 관한 고통스러운 질문들과 함께 우리의 대화는 종결된다. 모든 사람들에게 구속을 깨뜨리고 공허한 처방과 인습에 도전할 능력을 갖게 할 필요가 있다. 그리고 그와 동시에 다양한 사람들이 참여할 수 있고, 그러한 참여를 통해 자신들의 기획과 정체성을 확립해 갈 수 있는 공동체를 만들 필요가 있다. 우리 사이에 담화가 어떤 합의에 이르든 간에, 우리의 삶에 어떠한 결론이 있을지의 여부에 대해 우리 스스로가 결정할 수 있는 부분은 없다. 로티에 따르면, 삶은 "새로 엮어 가야 하는 관계들로 이루어진 시간에 의해 매일 연장되어 가는 그물과 같다."(1989: 42-43) 늘 더 짜야 할 것들이 있다. 삶이라는 그물은 영원히 미완성인 채로 존재한다.

그물망 아이디어는 정체성의 변화가 일어나는 시대에 새로운 질서와 새로운 의사소통 양태를 창출하며, 이전에 보지 못했던 포괄성을 지향한다는 점을 곰곰이 생각할 때 그 중요성이 커진다. 무엇을 교육철학으로 볼 것인가에 관해 생각할 때, 우리가 하고자 하는 것은 동질성과 이질성을 확인하는 것이며, 가능한 한 대화를 통해 그 일을 하는 것이다. 다원화와 다양한 타자와 함께 변화하는 자아의 관계에 관한 수많은 논의 속에서, 관계의 그물망에 관한 한나 아렌트의 말은 새로운 의미를 보여 줄 수 있다. 그녀는 행위와 담화(speech), 인간의 "주체를 드러내는(agent-revealing)" 능력, 그리고 우리의 수많은 관심이 생겨나는 사물의 세계에 관해 다음과 같이 쓰고 있다.

> 이러한 관심은 문자 그대로 존재-사이(inter-est), 즉 사람들 사이에 놓여 있는 어떤 것이며, 따라서 사람들을 서로 관련시키고 묶어 줄 수 있다. 대부분의 행위와 담화는 이러한 중간 영역과 관계있는데, 중간 영역은 각 집단마다 달라지며, 그래서 대부분의 말과 행위는 말하고 행위하는 주체를 드러낼 뿐만 아니라 세상의 객관적 실재에 관여하고 있다.

> 이렇게 주체를 드러내는 일은 가장 '객관적인' 교섭을 포함한 모든 관계를 통합하는 요소이기 때문에 주체의 관심에 따라 드러나는 물리적이며 세속적인 중간 영역은 전혀 다른 중간 영역에 의해 중첩되고 뒤덮여 있다. 이 전혀 다른 중간 영역은 행위나 말로 구성되어 있으며 사람들(men)이 상호 간에 직접적으로 행위하고 말할 때 생긴다. 이 두 번째 주관적 중간 영역은 구체적으로 파악되지 않는데, 그곳에는 딱딱하게 굳어 구체적으로 만져지는 대상이 없기 때문이다. 행위하고 말하는 과정은 최종 생산품과 같은 결과물을 남기지 못한다. 그러나 이 중간 영역은 이러한 실체성이 없음에도 누구나 볼 수 있는 사물의 세계만큼 실재적이다. 우리는 이 실재를 인간관계의 '그물망'이라고 부른다(1958: 182-183).

그녀에 대한 비판도 일리가 있다. 아렌트는 men이라는 말을 사람 전체를 일컫는 일반적 개념으로 사용하고 있는데 이는 사려 깊지 못한 것이다. 그녀는 심지어 '중간 영역'에도 존재하는 가부장적 지배에 관해 거의 주의를 기울이지 않았으며, 바깥 세계에서 일어나는 일에 영향을 미치고 아마 변형시키기도 하는 그것을 사적 세계에서 만날 가능성이 거의 없다고 보았다. 바깥 세계의 사람들은 다른 사람들 앞에 '자신이 알고 있는 최상의 모습으로' 자신을 드러낼 수 있다. 그럼에도 아렌트는 인간을 그들의 다양성 속에서 독특한 관점을 지닌 하나의 인격, 즉 새로운 시작에 관여하고 끝없는 과정 중에 있으며 본질주의를 거부하는 인격적 주체로 파악하였다. 행위에 연루될 때 그들의 행위, 그들의 시작은 기존의 그물망에 빠지게 된다.

아렌트에게 있어 각 개인의 출현과 새로운 시작 상황은 신참자의 독특한 삶의 이야기로 나타나면서 동시에 그녀가 접촉하고 있는 사람들의 삶의 이야기에 영향을 끼치는 새로운 과정에 들어서게 한다. 이야기는 행위의 결과다. 그러나 최종적인 결과가 무엇이든지 간에, 그것의 작가가 될 수 있는 사람은 아무도 없다. 다시 말해, 우리는 과정 내지 진행 중인 교류로서 대화에 늘 접하고 있다. 그것은 때로 이야기를 떠받치면서 어떠한 고착화도 고려하지 않은 상상의 대화이기도 하다. 그러한 과정에 점차 많은 사람들이 참여하면서 공동세계가 생긴다. 이러한 공동세계는 언제나 갱신 및 존재의 끊임없는 재생으로 인해 쉽게 영향을 받는다. 비록 그 세계는 여러 관점, 즉 많은 지평들의 융합(fused horizons)으로 구성되어 있는 것은 틀림없지만, 다면적 세계 또는 지극히 포괄적인 세계로 드러날지도 모른다. 다양한 의미는 상호 결합되어 있으면서 때로는 섬세하게 빛을 받아들이는 그물망들의 모든 차원을 부각시키는 가운데 나타날 것이다.

혼란은 극복될 수 없다. 관점과 선택, 심지어 대화에 미치는 권력의 영향도 피할 길이 없다. 어떤 지식은 '실격되는' 반면에 다른 지식은 엘리트적인 것이 되어 왔다는 푸코의 권력/지식 개념은 여전히 교육철학자들에게 도전이 된다. 푸코는 과학주의와 실증주의 그리고 사회과학과 자연과학에서의 혼란에 반대하기는 했지만, 제도화의 타락이라는 이유 때문에 형식적 지식의 요구까지도 제거하고자 하지는 않았다. 그가 관심을 가졌던 연구계획은 경험-실증주의적 이원론에 있지 않았다. 그가 실제로 한 일은 "모종의 참된 지식 혹은 과학과 그 대상을 구성하는 독단적인 생각이라는 이름 아래, 지식을 걸러 내고 위계화하고 질서 있는 일종의 통일된 이론체계의 요구에 대항하여, 국지적·불연속적·비합법적 지식에 대해 관심을 가지라고 요구하는"(1980: 83) 것이었다. 그는 그토록 많은 지식이 기대 왔던 위계구조에 반대하면서 국지적이고 소수이면서 민중적인 그리고 억압당한 지식을 다시 활성화하려 하였다. 푸코는 "지금도 작동하고 있는 사회적·경제적·문화적 헤게모니 형식"(1980: 113)으로부터 진리의 권력을 분리하기를 원하였다.

그것은 이미 폐기된 수많은 '박식(erudition)'의 문제가 아니다. 그렇다고 위계적이거나 지배적인 인식의 포착 문제도 아니다. 그것은 또 다시 건설하고 해체하는 일이다. 사려 깊지 못함과 무관심에 전율하였던 아렌트에게 그토록 소중하였던 모종의 사려 깊음을 획득하는 문제인 것이다. 그녀는 독자들에게 "우리가 무엇을 행하고 있는지 생각하라."(1958: 5)고 열정적으로 독려하였다. 그것은 이미 푸코가 해 온 주장, 즉 문제와 질문에 비추어 사유하라는 것과 많은 면에서 동일하다. 푸코에 따르면 다음과 같다.

> 사유(thought)란 특정 행위 속에 내재하면서 그 행위에 의미를 부여하는 것이 아니다. 어느 편인가 하면, 사유란 이 같은 행위 혹은 반응의 방식으로부터 한발 물러나 행위 방식을 자신의 사유대상으로 드러내고, 행위 양식의 의미, 조건, 목적 등에 대해 질문하는 것이다. 사유란 자신의 행위로부터 격리되는 활동이고, 그것을 대상화하여 문제로서 성찰하는 것과 관련된 자유인 것이다(Rabinow, 1984: 388).

사유, 의미의 추구, 자유 그리고 관심은 무엇을 교육철학이라고 할 것인가에 대한 최종적인 결론을 제공해 주지 않는다. 이 모든 주제는 감지된 가능성에 대한 열정, 곧 우리의 시적·예술적 열정에 의해 통합되어야 한다. 주체로서의 우리 스스로를 사유하는 것에서 나아가 타자와 주변 사물이 지닌 형태와 소리에 대해 끊임없이 관심을 기울임으로써, 우리는 삶에서의 무감각과 도피처로 회귀하려는 것에 저항할 수 있을 것이다. 우리는 우리가 살고 있는 삶과 우리가 처한 상황이 어떠한지를 분명히 인식하여야 한다. 이는 교육철학자로서 우리가 공유한 관점을 토대로 이 세계를 이해하고 다양한 이야기들에 귀 기울임으로써 이 세계를 서서히 변화시켜 나가는 일에 참여하기 위해 필수 불가결한 것이다.

참고문헌

Archambault, R. (1965), ed. *Philosophical Analysis and Education*. (New York: The Humanities Press).

Arendt, H. (1961). *Between Past and Future*. (London: Faber and Faber).

Arendt, H. (1978). *On Thinking*. (New York: Harcourt, Brace Jovanovich).

Arendt, H. (1958). *The Human Condition*. (Chicago: The Chicago University Press).

Bakhtin, M. (1981). *The Dialogic Imagination*. (Austin: The University of Texas Press).

Barthes, R. (1967). *Writing Degree Zero*. (Boston: Beacon Press).

Belenky, M. F., Clinchy, B. M., Goldberger, N. R., Tarule, J. M. (1986). *Women's Ways of Knowing*. (New York: Basic Books).

Bishop, E. (1983). *The Complete Poems*. (New York: Farrar Straus and Giroux).

Bordo, S. (1990). "Feminism, Postmodernism, and Gender-Scepticism," in L. J. Nicholson, ed., *Feminism/Postmodernism*, pp. 133-156 (New York: Routledge).

Buber, M. (1970). *I and Thou*. (New York: Charles Scribner's Sons).

Butler, J. (1992). "Contingent Foundations: Feminism and the Question of 'Postmodernism'," in J. Butler and J. W. Scott, eds. *Feminists Theorize the Political* (New York: Routledge), pp. 3-21.

Camus, A. (1948). *The Plague*. (New York: Alfred A. Knopf).

Cixous, H. (1993). "We Who Are Free, Are We Free?" *Critical Inquiry*, Winter 1993, 19(2): 201-19.

Conrad, J. (1952). "Heart of Darkness," in *Three Great Tales*. (New York: Modern Library).

Derrida, J. (1982). *Margins of Philosophy*. (Chicago: University of Chicago Press).

Dewey, J. (1931). *Art as Experience*. (New York: Minton, Balch & Co.).

Dewey, J. (1916). *Democracy and Education.* (New York: The Macmillan Co.).

Dewey, J. (1958). *Experience and Nature.* (New York: Dover Publications).

Dewey, J. (1954). *The Public and its Problems.* (Athens, OH: The Swallow Press).

Foucault, M. (1980). *Power/Knowledge.* (New York: Pantheon Books).

Freire, P. (1970). *Pedagogy of the Oppressed.* (New York: Herder and Herder).

Gadamer, H.-G. (1975). "Hermeneutics and Social Science," in *Cultural Hermeneutics* 2: 306-315.

Gadamer, H.-G. (1981). *Reason in the Age of Science.* (Cambridge, Mass.: MIT Press).

Gates, H. L. (1988). *The Signifying Monkey.* (New York: Oxford University Press).

Geertz, C. (1983). *Local Knowledge.* (New York: Basic Books).

Gilligan, C. (1981). *In a Different Voice.* (Cambridge: Harvard University Press).

Green, T. F. (1971). *The Activities of Teaching.* (New York: McGraw-Hill).

Habermas, J. (1971). *Knowledge and Human Interests.* (Boston: Beacon Press).

Habermas, J. (1987). *The Philosophical Discourse of Modernity.* (Cambridge: MIT Press).

Harding, S. (1986). *The Science Question in Feminism.* (Ithaca: Cornell University Press).

Hartsock, N. (1987). "Rethinking Modernism: Minority vs. Majority Theories," *Cultural Critique* (7), pp. 187-206.

Havel, V. (1988). *Letters to Olga.* (New York: Dodd Mead).

Hawthorne, N. (1969). "Earth's Holocaust," *The Portable Hawthorne*, ed. M. Cowley (New York: Viking Press).

Hirst, P. (1965). "Liberal Education and the Nature of Knowledge," in R. D. Archambault, ed. *Philosophical Analysis and Education* (London: Routledge and Kegan Paul).

Horkheimer, M. and Adorno, T. W. (1972). *Dialectic of Enlightenment.* (New York: Seabury Press).

Irigaray, L. (1985). *Speculum of the Other Woman.* (Ithaca: Cornell University Press).

Keller, E. F. (1985). *Reflections on Gender and Science.* (New Haven: Yale University Press).

Kundera, M. (1984). *The Unbearable Lightness of Being.* (New York: Harper and Row).

Lacan, J. (1977). *Ecrits.* (London: Penguin Books).

Lyotard, J-F. and Thebaud, J. L. (1985). *Just Gaming.* (Minneapolis: University of Minnesota Press).

Lyotard, J-F. (1984). *The Postmodern Condition.* (Minneapolis: University of Minnesota).

MacIntyre, A. (1981). *After Virtue.* (Notre Dame: University of Notre Dame).

Merleau-Ponty, M. (1964). *The Primacy of Perception.* (Evanston: Northwestern University Press).

Merleau-Ponty, M. (1967). *Phenomenology of Perception.* (New York: The Humanities Press).

Morrison, T. (1992). *Playing in the Dark: Whiteness and the Literary Imagination.* (Cambridge: Harvard University Press).

Nietzsche, F. (1967). *On the Genealogy of Morals.* (New York: Vintage Books).

Noddings, N. (1984). *Caring: A Feminine Perspective on Ethics and Moral Education.* (Berkeley and Los Angeles: University of California Press).

Oakeshott, M. (1962). *Rationalism and Politics And Other Essays.* (London: Methuen).

Passmore, J. (1972). "On Teaching to be Critical," in *Education and the Development of Reason*, ed. R. F. Dearden, P. H. Hirst, and R. S. Peters. (London: Routledge & Kegan Paul).

Peters, R. S. and Hirst, P. (1970). *The Logic of Education.* (London: Routledge and Kegan Paul).

Peters, R. S. (1967). *Ethics and Education.* (Glencoe, Ill.: Scott, Foresman).

Phillips, D. C. (1981). "Post-Kuhnian Reflections on Educational Research," in

J. S. Soltis, ed., *Philosophy and Education* (Chicago: University of Chicago Press).

Putnam, H. (1981). *Reason, Truth, and History.* (New York: Cambridge University Press).

Rabinow, P., Ed. (1984). *The Foucault Reader.* (New York: Pantheon Books).

Rorty, R. (1989). *Contingency, Irony, and Solidarity.* (New York: Cambridge University Press).

Rorty, R. (1982). *Consequences of Pragmatism: Essays 1972-1980.* (Minneapolis: University of Minnesota Press).

Rorty, R. (1979). *Philosophy and the Mirror of Nature.* (Princeton: Princeton University Press).

Said, E. (1978). *Orientalism.* (New York: Pantheon Books).

Said, E. (1992). *Culture and Imperialism.* (New York: Alfred A. Knopf).

Sartre, J-P (1956). *Being and Nothingness.* (New York: The Philosophical Library).

Sartre, J-P (1949). *Literature and Existentialism.* (New York: The Citadel Press).

Sartre, J-P (1963). *Search for a Method.* (New York: Alfred A. Knopf).

Scheffler, I. (1943). *Reason and Teaching.* (Indianapolis: Bobbs Merrill).

Schutz, A. (1967). "On Multiple Realities," *Collected Papers I, The Problem of Social Reality.* (The Hague: Martinus Nijhoff).

Spivak, G. C. (1990). *The Post-Colonial Critic.* (New York: Routledge).

Stevens, W. (1954). "Six Significant Landscapes," *The Collected Poems of Wallace Stevens.* (New York: Alfred A. Knopf).

Toulmin, S. (1990). *Cosmopolis.* (New York: The Free Press).

Wittgenstein, L. (1968). *Philosophical Investigations.* (New York: Oxford University Press).

Wolf, C. (1989). *Accident: A Day's News.* (New York: Farrar, Straus, and Giroux).

Woolf, V. (1962). *To the Lighthouse.* (London: Everyman's Library).

_02
교육철학의 담론

Walter Feinberg

그린(Maxine Greene)은 교육철학이 권리, 자아, 합리성, 권력에 관한 담론 속에서 이루어져야 한다고 하면서, 해체와 갱신을 강조하는 분석틀을 제공하고 있다. 이러한 담론을 전개하면서 그녀는 오늘날 철학자와 교육철학자들이 마땅히 강조해야 할 가장 중요한 문제들을 제기하고 있다. 즉, 어떻게 서양의 전통적 권리개념이 위계구조와 지배를 강화하지 않고 갱신을 이끌어 낼 수 있는가다. 문제를 약간 달리 말하면, 계몽주의 전통의 지혜를 깨달을 수 있는 발전단계에 도달하지 못한 타자들(others)을 억압해 온 서양의 백인 남성 부르조아 계급에 의해 만들어진 권리개념을 사용하지 않으면서 인권개념의 해방적 요소를 주장할 수 있을 것인가다. 비록 그린은 이러한 권리개념과 그에 유착되는 '양도 불가능한 자아' 에 대한 시수우(H. Cixous)의 상반된 태도에 공감하지만, 시수우와 마찬가지로 권리개념을 완전히 포기하는 것을 주저하는데, 이 점은 내가 보기에 옳다.

이러한 딜레마 상황하에, 그린은 교육철학자의 주요 역할이 '텍스트 자체에 대한 거부 없이 다양한 담론 속에 내재하는 부적절성(인종차별주의, 성차별주의)을 드러내는' 방식을 찾는 것이라고 믿는다. 텍스트는 '논리의 규칙, 일면성, 그리고 (경우에 따라서는) 일련의 기법적 통제에 의해 철저하게 규제된' 가부장적 의사소통의 표현이다. 그것은 건강하고 생산적인 인간관계를 특징짓는 자유로운 흐름과 상상적이고 자발적인 대화를 제한한다. 권리담론은 진지한 논의를 방해한다. 『등대로(*To the Lighthouse*)』에서 나타나는 아버지는 실재의 해석자와 진리의 최종 심판자가 되고, 그렇게 함으로써 권리담론은 다소 가부장적이게 된다. 권리담론이 "'정당한' 방식을 강요할 뿐만 아니라 '미개발' 되거나 사실상 퇴보하는 것으로 간주되어 왔던 것들을 왜곡하고, 무시하게 될 때" 그것은 식민적인 것이 된다.

철학자의 과업이 텍스트를 폐기하지 않고 언어의 부적절성을 고발해야 한다는 점에 덧붙여, 그린은 추가적 의무를 제안한다. 그녀는 메를로퐁티(Maurice Merleau-Ponty)의 말을 인용하여 진정한 철학이란 "세계를 보는 방법을 재학습하는 것이다. …… '보는 방법을 학습하는 것'은 (분명히 교육자들에게는) 간주관성 자체를 다른 사람들과 더불어 성찰하는 방법을 배우는 것을 의미한다. …… 철학자의 의무는 모든 사람들로 하여금 그들이 주의를 기울이는 방식, 그들이 취하는 관점, 명명하는 법, 돌보는 법, 관심사 등에 대해 생각하도록 돕는 일을 포함할 것이다."라고 말한다.

해체는 교육철학에 관한 수많은 담론의 분석틀을 제공하는 위계적인 이분법적 관계를 드러냄으로써 교육철학이 하는 일을 성찰하게 하는 중요한 도구다. 우리 사유가 얼마나 많이 위계적인 이분법, 가령 흑/백, 남성/여성, 이성/감성 등에 의해 통제되고 있는가를 드러냄으로써, 데리다(Jacques Derrida)가 말한 "고전적 형태의 대립구도를 전복시키고 그 체제를 전반적으로 대체하는 일"로 중요한 행보를 하게 된다. 그린에 따르면, 데리다는 이 같은 방식으로 "이성적인 것과 체계화된 것, 추상적인 것과 보편적인 것 등이 가지는 특권을 타파"할 수 있다고 믿는다.

메를로퐁티의 표현을 빌리면, 세계를 보는 방법을 재학습해야 할 의무는 개인적인 일일 뿐만 아니라 또한 세대 간의 일이다. 재학습의 의무가 세대 간의 일로 수행될 때에도, 그것은 교육에서 교육철학이 수행할 만한 역할을 암시하게 된다. 그린은 다음과 같은 한나 아렌트(Hanna Arendt)의 생각을 받아들인다. 즉, 교육은 아이들에게 "어떤 새로운 것을 시도할 수 있도록 하고" 그와 동시에 "공동세계를 갱신하는 과업을 미리 준비"할 수 있도록 물질적 · 정신적 · 지적인 후원의 일에 헌신하는 것이다. 그린은 이 말을 다음과 같이 해석한다. 교육철학은 다른 무엇보다 우리의 삶을 엮고 있는 전통을 되새기게 하지만 그와 동시에 전통이 제공하는 관점은 다른 모든 관점과 마찬가지로 부분적이고 불완전하다는 것이다. 이러한 방식으로 파악될 때 교육철학은 상상력을 자극하고 "아직은 없지만 있을 수 있는 것에 대한 전망"을 열어 주기 위한 가능성을 제공하게 된다. 그러므로 교육철학은 자기계발과 자기형성, 즉 우리의 전통과 역사에 들어 있는 침묵에 주목함으로써 여성, 유색인종 그리고 비서양인을 종속시키는 역할을 해 온 계몽적 전통을 극복하도록 요구하는 일에 관여한다.

이러한 통찰들은 그저 학술적이거나 추상적인 차원에 그치지 않고 학교와 여타 교육제도에 중대한 영향을 끼친다. 그것은 특정 민족이나 인종, 또는 특정 성을 위한 학교를 세우려는 많은 요구와 부합한다. 시카고 지역에 있는 아프리카계 미국인 사립학교인 기업학교(Corporate School)와 새로운 개념의 학교(New Concept School)는 학생들의 학업성취뿐만 아니라 아프리카인과 아프리카계 미국인의 이상에 뿌리를 내리고 있는 강한 종족적인 자부심을 길러 주는 데 성공적이었다는 평가를 받아 왔다. 여러 연구자는 여학교가 자신감, 단호함 그리고 유능함을 길러 주었다는 점에서 긍정적으로 평가하고 있다. 한 세기 이상 우리의 사고를 지배해 온 서구 중심의 철학을 거부하는 것은 다른 제도에도 영향을 미치고 있다. 박물관에서도 인류의 진보를 보여 주는 최적의 틀로서 당연시되어 온 야만과 문명이라는 이분법적 전시방법을 전면적으로 재검토해야 한다.[1] 그린이 제기한 주장은 이미 실현되고 있다. 교육철학자들이 해결해야 할 과제의 일부는 학술적인 논의와 개념분석에 더 익숙한 영역이 그린의 관찰에 의해 부각된 중요한 변화에 대해 할 수 있는 역할이 있는가라는 문제다. 나는 여기에 교육철학이 수행해야 할 중요한 역할이 있다고 주장하고자 한다. 그러나 이런 주장을 개진함에 있어서 나는 다른 논의에 초점을 맞추어 그린 교수의 교육철학개념 자체를 보완할 필요가 있다는 것을 보여 주고자 한다.

교육철학을 세대 간의 맥락에서 이해하는 그린의 관점은 타당하다. 교육학의 한 가지 중요한 임무는 세대 간에 발생하는 재생산과 단절의 요인들을 고찰하는 데 있다.[2] 교육철학은 세대와 세대 간에 지식과 기술과 감성이 재생산되는 과정을 반성적으로 분석하고 평가하는 역할을 수행한다.[3] 오늘날 교육에 관한 철학적 담론은 권리, 자아, 합리성 그리고 권력에 관한 담론의 맥락 속에서 이루어져야 한다는 것이다. 그러나 내가 보기에 그린이 기술하고 있는 담론이 '교육철학', 적어도 현재 우리가 알고 있는 '교육철학'을 대변하는 것이라고 볼 필요는 없다. 그것은 단지 교육에 관한 하나의 철학적 담론을 반영하고 있을 뿐이며, 교육철학 담론의 한 측면에 불과하다. 또 다른 측면으로는 교육할 의도로 만들어진 제도들에 관한 담론이 있다. 그러한 제도들을 지칭하기 위해서 우리는 학교교육(Schooling)이라는 용어를 사용할 수 있다. 그러나 이때 주의하여야 할 점은 형식화된 학교교육은 그러한 제도의 한 표현일 뿐이라는 점이다. 여기서 학교교육은 의도적으로 기획된 혹은 기대된 교육적 기능을 수행하는 제도를 포괄적으로 지칭하는 용어이며, 그러한 의미에서의 학교교육에 관한 담론은 권리, 권력, 자아에 관한 담론 못지않게 교육철학이라는 학문영역의 토대를 구성한다.[4]

명백하게 교육을 위해 고안된 제도와 실천이 없었다면 오늘날 우리가 이해하고 있는 교육철학이라는 전문영역은 존재하지 않을 것이다. 이렇게 말한다고 해서 제도적 실천활동에 대한 언급 없이는 교육적 문제들에 관한 철학적 탐구가 전혀 불가능한 것은 아니다. 지식의 성격, 가르치는 일의 특성, 도덕교육과 덕목의 본질에 관한 질문 등은 현재 이루어지고 있는 제도적 실천활동과 상관없이 제기될 수 있다. 그러나 이 질문들이 제도적 맥락을 떠나서 제기될 때, 그것들은 인식론이나 심리철학(philosophy of mind) 혹은 사회철학 등과 같은 순수철학의 담론 내에서 다루어질 수 있을 뿐이다. 이러한 담론은 제도적 실천활동을 중심으로 이루어지고 그러한 활동에 의해 안내될 때, 비로소 교육철학의 특징을 가지게 된다.

그러므로 교육철학은 제도에 관한 철학이다. 그것은 공식적으로 혹은 그에 준하는 방식으로 사람들을 교육하는 일에 종사하는 현실적인 조직들이 추구하는 목적과 확립된 제도의 실제에 대한 탐구활동이다. 철학과에서 교육철학을 다루지 않는 것은 바로 이 때문이며, 교육철학 조직—교육철학회—이 일군의 교육자들의 노력에 의해 만들어졌다는 사실 또한 이를 반영하고 있는 것이다.[5] 교육철학이 학교교육과 관련되어 있다는 점을 지적—학교교육에 있어서 탁월한 역량을 발휘하였던 그린 자신에게는 이 점을 상기시킬 필요가 없다—한다고 해서 교육철학자들이 다루는 모든 문제가 예외 없이 교사가 하는 일과 직접적으로 연관되어야 한다는 것을 의미하는 것은 아니다. 교육평가, 교육목표뿐만 아니라 교육정책과 같은 문제들은 교실에서 이루어지는 실제와 그다지 직접적으로 연관되지는 않지만, 교육철학을 하는 사람들에게 매우 중요한 관심 영역이다. 이 말은 또한 학교를 학습이 이루어지는 최상의 혹은 가장 적절한 공간으로 보아야 한다는 것을 의미하는 것도 아니다. 탈학교론은 비록 그다지 설득력이 있는 것은 아니지만, 논쟁을 불러일으킬 만한 중요한 시사점을 제공하고 있으며, 제도적 측면의 교육을 철학적으로 고찰하는 일의 한 부분을 차지한다. 탈학교에 관한 논의들이 철학적인 논의의 범주에 포함될 수 있다면 그것은 현존하는 실제와 제도적 논의 틀에 관한 주의 깊은 반성작업이기 때문이며,

그러한 논의들이 교육철학의 범주에 포함될 수 있다면 그것들이 진정한 학교에 관한 논의이기 때문이다. 이렇게 말한다고 해서, 교육철학을 하는 데 철학학위를 가진 사람이 교육철학학위를 가진 사람들에 비해서 반드시 불리하다는 의미는 아니다. 단지 확인하고자 하는 것은 학교교육의 실제와 그 밖의 교육제도들에 대한 논의들로 이루어지는 교육에 대한 철학적 논의가 교육철학의 논의 대상이라는 점이다. 이러한 의미에서 교육철학은 어쩌면 형이상학보다는 스콜라 철학에 가깝다. 그리고 교육철학은 교육활동의 향상을 통한 제도의 개선이라는 실제적인 목표를 가지고 있다. 그러나 스콜라철학과 달리, 교육철학은 그 출발점에서 개혁이나 혁명을 배제하지 않는다.

이러한 관점은 교육철학을 본질주의적으로 정의하는 것이 아니라, 현재 교육철학으로 규정되고 있는 실제의 활동을 기술하는 것이며, 교육철학 내부에 있는 사람이건 외부에 있는 사람이건 모두가 인정할 수 있는 역할을 규정하는 것이다. 이러한 규정이 정의로서의 역할을 하게 되는 것은 정의라는 것이 현재 진행 중인 실천과 관련된 모종의 기능을 수행하며, 그러한 실천을 유지시키는 제도와 완전히 분리될 수 없다는 점을 인정할 수 있기 때문이다. 아닌 게 아니라, 교육철학은 교육철학자들이 스스로 교육철학 활동을 하고 있다고 생각할 때 그들이 하는 일이라고 할 수 있다. 그러나 이러한 조작적 정의를 너무 심각하게 받아들일 필요는 없다. 만약 교육철학자들이 그들의 담론을 실제로 이루어지고 있는 제도와 관련짓지 않는다면, 교육철학자들의 담론은 인권, 권력, 자아에 관심을 두거나 혹은 지식과 지식의 전달 가능성을 이해하고자 하는 다른 형태의 철학과 그다지 차이가 없을 것이기 때문이다. 이 점에서 듀이(John Dewey)가 모든 철학을 교육철학과 동일시한 것은 잘못이다. 교육철학이 철학에서 제기하고 있는 흥미로운 질문 대부분을 똑같이 제기하고 있는 것은 사실이다. 그러나 그러한 질문에 대답함에 있어서, 교육철학은 실제로 이루어지고 있는 제도적 실제와 관련을 맺고 있다.

교육철학을 이러한 방식으로 기술하는 것은 미국 교육철학회의 역사와 실천이 가지는 중요성을 인정하는 것이며, 교육철학회 창립총회에서 "교사교육기관이나 그 밖의 교육기관에서 이루어지는 교육철학 강의"의 개선을 촉구한 로버트 브루스 라웁(R. Bruce Raup)의 주장을 포용하는 것이다.[6] 라웁이 교육철학에 있어 사범대학이 가지는 중요성을 지나치게 강조했건—내가 보기에 그러했다—아니건 간에, 더 중요한 점은 교육철학 분야를 두 가지 담론, 즉 철학적 담론과 제도적 담론이 교차하는 곳에 둘 필요가 있다는 지적이다. 사범대학과 교육대학은 제도적 담론을 견지하기가 더 적합하고 용이하나, 그렇다고 오로지 그러한 곳만이 가능한 것은 아니다.

비록 부분적으로 제시되기는 했지만, 내가 제시한 교육철학의 개념은 교육철학자의 활동을 철학자의 일이나 심지어 교육에 명백한 관심을 가진 철학자의 일로부터 구분해 낸다. 그 차이는 일의 성격에서도 드러날 뿐만 아니라 그 일이 이루어지는 담론 안에서도 나타난다. 교육철학자의 일이 학교나 기타 현행 교육제도 속에서 이루어지고 있는 실천활동에 관한 전문적인 담론에 속한다는 것은 그 분야에서 일을 평가하는 기준에 반영되어 있다. 철학공동체는 당연히 논의의 엄밀성과 독창성에 관심을 가지며, 그러한 관심은 교육철학자들도 마땅히 공유해야 한다. 그러나 교육철학자 공동체는 더 나아가 학교에서 이루어지는 실제적인 일과 쟁점들 혹은 현행 교육실제와 관련된 정책과 연구들에 관한 최신의 지식과 정보를 반영하는 데 관심을 가져야 한다. 이렇게 말한다고 해서 스스로를 철학자로 규정하고 있는 사람들이 학교의 실제에 관한 논문이나 책을 쓰고자 하지 않는다는 것은 아니며, 또한 교육철학자들이 학교에서 이루어지는 활동에 관해 잘 모르는 경우가 없다는 것을 의미하는 것도 아니다. 중요한 것은 교육철학에 대한 기대가 무엇이냐 하는 것이지, 그 기대를 잘 충족시킬 수 있는 사람이 단순히 그 분야의 내부자냐 아니면 외부자냐 하는 문제가 아니다. 다시 말하면, 철학자는 학교 실제에 관해 잘 모르는 경우에도 여전히 좋은 철학의 기준을 만족시킬 수 있지만, 교육의 실제와 연구에 관해 지속적으로 충분한 지식을 공급받지 못하는 교육철학자는 교육철학 분야의 기준을 만족시키지 못한다.

철학과 교육철학에서 다루는 상이한 담론들은 제각기 교육적 관심사를 탐색하는 방식에 영향을 끼친다. 그럼에도 양자 간에는 많은 공통점이 있다. 예컨대, 철학자와 교육철학자는 무엇을 교육으로 간주할 것인지, 교육이 교화(indoctrination)나 훈련 등과 어떤 점에서 구분되는지 등의 근본적인 질문들을 공통으로 다루기도 한다. 그러한 질문들은 지난 세대의 분석철학자와 교육철학자 사이에서 널리 다루어졌으며, 지금도 여전히 중요한 질문이다. 이러한 공통의 기반은 두 탐구 영역이 공유하고 있는 많은 텍스트와 주제에 반영되어 있다. 플라톤이 『국가(*The Republic*)』에서 논의한 정의, 루소(Jean Jaques Rousseau)가 『에밀(*Emile*)』에서 논의한 자유, 듀이가 『민주주의와 교육(*Democracy and Eduction*)』에서 시도한 민주주의 재건, 피터스(R. S. Peters)의 교육의 목적에 대한 탐구 등은 철학 수업과 교육철학 수업 모두에서 다루어질 수 있을 것이다. 게다가 최근의 여성주의, 마르크스주의, 포스트모더니즘의 영향은 철학과 교육철학 영역에서 공통적으로 감지되고 있으며, 상이한 지식 개념과 상이한 목적이 누구의 이익에 기여할 것인가 하는 새로운 관심을 두 분야에 제시하였다.

교육철학이 교육에 대한 철학적 관심과 구분되는 것은 경험적 교육연구자와 교육철학자의 작업 간에 존재하는 높은 수준의 상호 의존성이다. 교육철학자는 인간발달의 한계와 가능성을 이해하기 위해 종래의 경험적 연구결과들을 면밀히 검토해야 한다. 동시에, 제도철학의 종사자로서 교육철학자는 방법론적 체계가 교육담론을 임의로 제한하는 제도적 실제를 어느 정도까지 강화하는지에 대해 비판적으로 분석해야 한다. '권리담론'과 '제도적 담론'이 교차하는 곳은 바로 이 지점이다.

교육철학이나 의료철학과 같은 제도철학은 제도 내에서 수행되는 실천적인 지식과 복잡한 관련을 맺고 있다. 의료철학 분야에서 철학자는 간호사나 의사와 동일한 수준의 기술적인 수행능력을 가지거나 지식을 공유할 필요가 없다. 그러나 의료철학자는 보건의료의 조직과 구조, 특정한 의료시술의 활용 가능성과 혜택, 건강 및 질병과 관련된 일반적 개념 등에 대한 이해를 필요로 한다. 예컨대, 의료철학자가 보건의료의 공정한 분배에 관심이 있다면, 그는 제3세계 국가에 새로운 용수시설을 도입하는 것이 새로운 심장수술센터를 개발하는 것에 비해 상대적으로 어떤 이점이 있는지 알 필요가 있다. 두 경우 모두 나름대로의 단점과 이점이 있다. 그러나 용수시설은 많은 나라에서 절대 다수의 사람들의 필요에 부합하는 반면, 새로운 심장수술센터의 설립은 심장병이 심각한 문제가 되는 연령대 이상으로 생존할 만큼 부유한 소수의 사람들에게나 혜택이 있다. 의료철학자와 교육철학자 모두, 그린의 표현을 빌리자면 다른 가능성을 상상할 수 있는 능력이 필요하다. 그러나 이러한 상상력은 기나긴 과정의 한 단계에 불과하다. 제도철학은 대안적인 가능성에 견주어 현재의 실제를 평가하는 철학적 도구를 가져야 한다. 이것을 평가하는 데 정의, 공정성, 자율성, 독립성과 같은 개념들은 기존의 제도적 기준을 보는 관점을 제공해야 한다.

제도 내에서의 개념의 의미는 그것이 역사적으로 어떻게 사용되어 왔는가에 따라 확립된다. 그린이 이끌어 낸 권리에 대한 여성주의자들의 비판은 매우 강력하다. 그 이유는 권리라는 용어의 제도적 역사를 볼 때, 해방주의자와 비해방주의자 양 진영 모두에게 혼용되어 사용하고 있기 때문이다. 제도적인 의미가 여성주의자나 다른 비판적 학문과 마주치면, 역사적으로 형성된 의미들이 담론과 비평의 대상으로서 재구성되어 기존에 널리 인정받는 이해와 대립하게 된다. 제도철학으로서의 교육철학은 현존하는 제도의 실제와 현재의 의미에 직면한다. 게다가 그린이 지적한 바와 같이, 해체는 데리다가 "고전적 형태의 대립구도"라고 일컫는 지배와 복종, 전복의 구조를 규명하기 위한 도구를 제공한다.

해체주의가 비판적 방법과 철학을 포함하기는 하지만, 그것은 기껏해야 교육철학의 한 국면에 불과하다. 교육철학에서 제도적인 의미의 폭로는 하나의 보증수표를 제공한다. 그 수표는 재구성의 가능성이 있을 것이라는 점과 그러한 진지한 시도는 새롭고 비지배적인 방식으로 의미를 재구성할 것이라는 점에 관한 것이다. 이러한 제도철학의 국면에 들어서려면 "고전적 형태의 대립구도를 전복시키고 그 체제를 전반적으로 퇴치하는 일을 실천하라."라고 그린이 옹호한 바와 같이, 우리가 원하는 목적이 무엇인지 질문함으로써 해체주의의 한계를 드러내는 것이 중요하다. 만약 우리가 특정한 의견과 목적이 부당하게 침묵되어 온 모종의 관념의 영향하에 있기 때문이 아니라면, '흑/백, 남/여, 인지적/감성적, 직설적/비유적'과 같은 대립의식을 가져오는 것은 무엇 때문인가? 그러나 해체 자체는 재구성의 문제에 관해서 침묵하고 있으며,[7] 이것은 교육철학이 공유할 수 없는 침묵이다.

그린은 재구성의 딜레마를 웅변적으로 보여 준다.

> 이것은 우리가 학교에서 학생들에게 규범적 질서를 가르칠 때 그것의 토대가 되는 객관적으로 존재하는 구조 개념과는 상당히 다르다. 그러나 자유와 정의, 평등과 같이 이론적으로 파악된 원리들에 대한 헌신을 포기하는 일 또한 여전히 어려운 일이다. 마찬가지로, '계몽주의 기획'(Horkheimer & Adorno, 1972)의 문제점에 대해 잘 알고 있음에도, 우리는 여전히 진보나 휴머니즘과 관련되어 있는 이성의 이상주의적 표현에 매료된다. 그것은 규제적 규범(regulatory norms)으로든 실현되지 않은 가능성으로든 끊임없이 우리의 관심을 유도한다. 구조가 해체되고 회의론과 절망이 교차하는 순간에, 그것은 무엇이 이미 존재하며, 무엇이 아직 성취되어야 하는지를 암시해 주는 어둠 속의 섬광 같은 것이다.

재구성은 해체 작업에 활기를 넣어 주는 확정되지 않은 회의론이 그린이 "무엇이 아직 성취되어야 하는지"라고 표현한 것과 같은 생각에 대한 모종의 단초를 제공해 줄 것을 요구한다. 그러한 단초는 여성주의자나 해체주의자들의 통찰을 검토하거나 이 같은 통찰을 떠받치고 있는 보다 큰 기획을 탐색함으로써 확인될 수 있다. 회의주의에 대한 그린의 회의는 이 같은 기획의 성격을 밝히는 한 가지 방식을 제공하고 있다.

데리다가 "우리가 생각하고 이야기하는 방식"(만일 나[필자]라면, 느끼고 행하는 방식도 포함할 것이다.)과 깊은 관련이 있는 고전적 형태의 대립구도의 전복을 이야기할 때, 그는 아무런 방향성도 없는 마구잡이식의 거부를 제안하고 있는 것만은 아니다. 전복의 대상은 지배와 종속의 체계이기 때문에, 그가 틀림없이 찾고 있는 세계는 만약 이 같은 위계구조가 모두 제거되지 못한다면, 적어도 그것이 우리 담론구조에 무의식적이지만 결정적인 영향을 미치도록 당연시되지도 허용되지도 않는 그러한 세계다. 마찬가지로, 여성주의자들이 죽은 백인 남성의 아이디어를 거부할 때, 그 아이디어가 낡았다거나 백인 남성으로부터 유래되었다는 이유로 거부하는 것은 아니다. 오히려 그러한 아이디어를 관통하여 영속되고 있는 특권체계가 그들의 표현 양식 속에 녹아 있다고 느끼기 때문이다. 여성주의자들은 아이디어와 아이디어의 표현양식이 분리될 수 없다고 생각한다. 그들의 주장은 한 인간의 삶의 양식은 그가 표현하는 이상과 관련되어 있다는 것이다. 예컨대, 제퍼슨(Thomas Jefferson)이 평생 동안 노예들을 지속적으로 소유했다는 사실은 그가 인권선언문을 기초할 때 염두에 두었던 많은 인권개념이 어떠했는가를 말하여 준다. 해체주의자들의 회의 대상인 이 같은 특권체계를 확인하지 않은 채, 어째서 그중 하나가 아닌 이러한 대립구도를 전복시켜야 하는가 혹은 어째서 모든 종류의 대립구도를 전복시키는 것을 염려해야 하는가를 이해하는 것은 불가능하다. 이와 유사하게, 여성주의자의 관심 대상인 이 같은 특권체계를 확인하지 않고서는, 강요된 침묵과 자발적 침묵 사이의 차이를 간과하는 행동주의 패러다임 속으로 빠질 수밖에 없다. 하지만 만약에 이러한 특권체계를 확인하는 것이 이 같은 해체주의와 여성주의운동의 핵심 기획이라면, 그린이 단언한 "정의, 자유 그리고 평등과 같은 원리에 대한 우리의 헌신을 포기하지 말아야 할" 이유는 자명하다. 사실, 우리의 목표는 이러한 원리들이 피지배 집단을 해방시키는 데, 그리고 때때로 이와는 다른 방식으로 어떻게 오용되어 왔는가를 이해하는 데 수행한 역할을 보는 것이다. 이것은 백인 남성들의 저작에 대한 전적인 거부를 의미하는 것이 아니다. 오히려 이것은 종종 그들 스스로가 피억압자로서의 입장을 드러낼 수 있는 가능성, 그리고 그들 자신의 시대나 성에 대한 이미지, 규범, 개념적 구분을 통하여 스스로를 드러내는 방식을 차단한 통로를 모두 이해하기 위해 새로운 탐색을 하는 것을 의미한다. 이러한 기획은 또한 공적 담론 속에서 적극적으로 수용되지 못한 여성, 원주민, 유색인종 그리고 육체노동자의 아이디어를 부활시킬 것을 요구한다.

교실에서의 활동과 관계에 대해 관심을 가지는 교육철학자들이 자신이 취하고 있는 방향과 토대가 되는 원리들을 명확히 하는 것은 매우 중요하다.[8] 평화주의자인 어떤 사람은 어느 곳에서든지 차별은 잘못된 것이라고 믿기 때문에, 동성애자가 군대에서 부당하게 차별받지 말아야 한다는 사실에 동의할지도 모른다. 그러나 이러한 동의가 군대를 지지한다는 의미로 받아들여질 필요는 없다. 남학생들이 교실의 대화를 지배하는 경향을 염려하는 한 교사의 예를 들어 보자. 교사는 이러한 이유로 여학생을 남학생보다 먼저 호명하고, 망설이는 여학생이 손을 들 수 있도록 격려하고, 여학생이 말하는 동안 남학생들이 인내하도록 가르치기 위해 노력한다. 교사가 긍정적인 관점에서 여학생 편을 드는 이러한 편견에 대하여 교육철학자가 제시할 수 있는 상이한 이유들을 고려해 보라. 한 가지 이유는 우리 사회의 현찰가치의 확언성 놀이(the cash value assertiveness plays)와 관련이 있을 것이다. '아이들에게는 말이 아니라 행동으로 보여 주어야 한다.'는 격언은 여자아이건 남자아이건 간에 20세기 후반에 미국에서 자라는 아이들에게 좋은 충고가 아니다. 그러나 이 이유에 대해 확언성을 증진시키는 것은 전통적인 대립구도를 전복시키는 것이 아니라, 널리 퍼져 있는 기존의 사회 가치, 즉 확언성의 가치를 더욱 공고히 하는 것이다. 평화주의자처럼 확언성에 큰 관심을 기울이지 않는 교육철학자는 다른 이유들을 근거로 그 활동을 지지할지도 모른다. 즉, 여성들은 좋은 직업과 소득에 대해 동등한 권리를 가지고 있고, 사회에서 여성들이 이를 보장받기 위해서는 더욱 확언적일 필요가 있다는 것이다. 또 다른 그럴 법한 이유는 아이들이 수업에서 활발하게 토론에 참여할 때 더욱 많이 배울 수 있다는 것이다. 그러나 이것은 일반적인 원리로서 불충분해 보인다. 어린이들은 훌륭한 토론에 능동적으로 참여할 때 더욱 많은 것을 배울 수 있다. 여기에서 훌륭한 토론이란 사람들이 명료함과 진리를 추구하면서 또한 그러한 것의 추구가 합리적이고 위협적이지 않은 분위기에서 지속될 수 있도록 하는 관계의 질에 관심을 가지는 것을 포함한다.

침묵에 대한 관심을 가지는 데는 적어도 두 가지의 납득할 만한 이유가 있다. 첫째, 말하고 싶은 사람은 누구든 그렇게 할 권리를 가지고 있다는 점이다. 만일 다른 이들이 대화를 조직적으로 독점한다면 이 권리가 부정되기 때문이다. 그 이유는 말하는 내용의 질에 대해서는 별로 시사해 주는 바가 없지만, 전통적 권리주의가 진보적인 의제를 추진하기 위해 사용될 수 있는 방식에 관해서는 많은 것을 시사한다. 학교에서 체계적으로 침묵을 강요하는 것은 말할 권리에 대한 특별하고 가장 심각한 침해가 될 수 있다. 이는 그에 수반되는 장기적인 결과 때문에 여학생들이 결국 스스로 침묵하는 법을 배우게 되기 때문이다.

여학생에 대한 체계적인 침묵의 강요를 이와 같은 이유에서 반대하는 것은 권리에 대한 우리의 민감성이 어떻게 비판적 학문을 안내하는지를 보여주는 한 예가 된다. 이 맥락에서의 비판적 학문을 위해서는 권리에 대해서,

그리고 상이한 집단이 그것을 행사하는 일을 학습하는 과정에서 어떻게 이익을 보고 손해를 입는지에 대해서 보다 충분한 논의가 요청된다. 그러나 그러한 논의는 권리를 지닌다는 것이 무엇을 의미하는지, 또한 권리를 행사할 능력이 없는 것과 권리를 침해당하는 것을 동일시하는 일이 가장 적절한 때는 언제인지에 대해 다소간의 이해가 없이는 불가능하다. 여학생의 침묵에 대해 관심을 가지는 두 번째 이유는 여학생이 무언가 중요한 것에 관해 발언할 가능성이 있다는 점이다. 그러나 침묵은 그들의 그러한 견해가 가져다줄 이익을 거부하게 만든다는 점도 있다.

비록 침묵에 관심을 가지는 이유는 대략 두 가지 정도이지만, 이들에 대한 제도적 반응 간에는 상당한 차이가 있을 수 있다. 한 개인이 지니는 말할 권리와 그의 말을 경청하는 것에 대한 관심 사이에는 막대한 제도적 차이가 존재한다. 전자는 종종 치료적 행위, 즉 개인적 결함 때문에 또 다른 무엇을 성취하기 위한 하나의 단계로 취해지는 행위일 때가 많다. 후자는 상이한 관점들이 될 수 있는 한 많이 고려될 수 있다는 점을 확인하는 일을 통해서 명료성을 증대시키고 진리를 추구하는 일을 수월하게 하는 방법이 된다.

교육철학자들은 이 둘 사이를 구분하는 일에 관심을 가진다. 왜냐하면, 그들은 교육제도를 개선하는 일을 그 핵심으로 하는 실천활동에 종사하고 있기 때문이다. 또한 비록 침묵을 제거하는 일—인권과 관련된 이유에서든 진리와 관련된 이유에서든—이 아이들의 삶을 개선할 수 있다는 것은 사실이지만, 교육은 전자가 후자를 위해 봉사할 때 비로소 진보할 수 있다.

교육철학과 관련하여 제도와 실천활동이 갖는 한 가지 중요한 특징은 이것들로 인하여 우리의 담론이 단순한 논리적 가능성에만 머무는 한계를 극복할 수 있다는 점에 있다. 이 경우 우리의 담론은 현재 일어나고 있는 활동에 개입할 것을 요구한다. 하나의 제도적 실제를 (변하지 않는 자연 현상으로서가 아니라) 하나의 실제로 의식하게 된다는 것은 현재 일어나고 있는 것들을 그대로 내버려둠으로써 그 실제를 승인할 것인지, 아니면 그 실제를 변화시키는 방향으로 개입할 것인지 결단을 내린다는 것을 의미한다. 교육철학 논의는 현존하는 실제와 가능성의 맥락 내에서 그 틀이 형성된다. 이들 논의에는 역사적 · 사회적 요인들에 대한 설명이 제공되어야 하고, 적극적으로 고려되어야 한다. 이러한 점에서 현재 진행되고 있는 실제는 행위를 규제하고 우리의 규범적 담론에 틀을 제공하는 방식으로 존재한다. 교육철학은 학교를 포함한 교육제도들과 관련됨에 따라 현존하는 실제를 반영한다. 그러한 반영은 실제 속에 붙박여 있는 교육제도들의 목적에 관한 것이 가장 중요하다.

후 주

1. 이러한 통찰에 대해서 필드(Field) 박물관장인 Willard Boyd에게 감사를 표한다.

2. Walter Feinberg, *Understanding Education: Toward a Reconstruction of Educational Inquiry*, Cambridge: Cambridge University Press, 1983, pp. 147-74.

3. 같은 책.

4. 학교와 다른 교육기관들이 이를 지지하는 제도와 실제의 네트워크 안에 존재하기 때문에, 교육철학의 범위는 젊은이들의 교육에 영향을 미치는 대중문화 비평, 미디어, 경제적 실제를 포함하여 다방면에 걸쳐 있다.

5. 이 기관의 가장 유익한 역사를 알기 위해서는 James M. Giarelli and J. J. Chambliss, "The Foundations of Professionalism: Fifty Years of the Philosophy of Education Society in Retrospect", *Educational Theory*, Summer, 1991, 41(3): 265-74를 보라.

6. Giarelli and Chambliss., p. 268에서 재인용.

7. 나는 해체주의에 대해 언급함에 있어서, 해체주의가 Barbara Johnston의 작품에서 문학적 방법으로 엄격하게 사용된 것을 말하고자 하는 것이 아니다. 오히려 그것이 사회비평의 장치로 사용되었을 때의 한계점을 말하고자 하는 것이다. 물론, 이러한 경우의 극단적인 예는

Paul DeMan의 작품에서 발견할 수 있을 것이다.

8. 원칙에 입각한 사고와 관계적 사고 사이의 대립을 발견하는 것은 중요하다. 이러한 대립은 남성과 여성의 사고 차이를 특징짓기 위해 최근에 사용되어 왔는데, 그 차이는 논리적인 대립이 아니라, 다른 가능성이 있는 성 통념에 관한 실제에 붙박여 있는 것이다.

_03

새천년을 눈앞에 두고

D. C. Phillips

한 세기가 저물고 있다(혹자는 천 년을 마감한다는 것에 더욱 의미를 둘 것이다.). 이러한 경우는 항상 사람들에게 자신이 어디에 있으며 어디로 가고 있는지에 대해 성찰하도록 자극해 왔다. 그린(Maxine Greene)은 그녀 특유의 강력하고 암시적인 문장을 통해 새 시대로의 전환기에 교육철학이 무엇에 관한 것인가에 대해 재평가가 이루어져야 하는 지적인 맥락을 잘 묘사해 주고 있다.

그린의 설명은 참으로 '새천년 맞이에 걸맞은' 것이다. 지난 수십 년 동안 사상의 영역과 우리의 지적인 작업이 이루어지는 사회적 · 정치적 영역 양쪽에서 위대하면서도 파괴적이기도 한 변화들이 이루어져 왔다는 것을 그녀는 보여 주고 있다. 그리하여 이전에는 억압되었거나 대중에게 알려지기가 대단히 어려웠던 목소리들이 마침내 자신의 소리를 내게 되었다. 그리고 이러한 목소리들이 전달하고 있는 메시지는 사상과 개념, 논리적 가정, 사회적 실제 등의 기존 질서에 근본적인 도전장을 내민다. 그린은 우리에게 분명하게 말한다. 이제 우리의 과제는 수백 년의 계몽주의 전통 중 최선의 것을 어떻게 유지할 것인가, 그리고 (아마 별로 많지는 않겠지만) 계몽주의 전통의 잔여물과 새롭게 목소리를 내기 시작한 여성주의자나 (비서양 문화권의 학자들을 포함해서) 소수집단의 학자들에 의해 제시되는 통찰들을 어떻게 융합해 낼 것인가를 결정하는 것이다. 시수우(H. Cixous)와 마찬가지로, 그녀는 자신이 '기존 기준들을 지키려는 욕망, 포스트모던적 회의 그리고 의문들의 승인과 관련된 갈등 속에 빠져 있음'을 발견한다. 그리하여 그린은 교육철학을 하고 있는 우리들에게 엄청난 과제를 부여한다. 그 과제는 다음 두 가지 사실 때문에 결코 쉽게 이룰 수 없다. 하나는 교육철학 분야가 수적인 면에서 줄어들고 있다는 사실이고, 다른 하나는 교육철학이 훨씬 더 잘 정립된 시기에조차 (이 영역을 대표하는 목소리가 누구든) 사회에서 권력을 가진 사람들에게 결코 많은 영향력을 미친 적이 없다는 사실이다.

나는 우리가 살고 있는 폭풍우 같은 지적 · 사회적인 시대에 대해 그린이 묘사한 전반적인 그림에 수긍한다. 그러나 나는 이 그림을 다르게 해석한다. 나는 이 상황을 낡은 계몽주의 전통이 침식되고 다방면에서 새로운 것에 대한 요청이 이루어지고 있다는 관점으로 보기보다는, 오히려 계몽주의 전망을 활기차고 해방적인 방향으로 확장할 수 있는 잠재력을 가진 것으로 본다. 계몽주의 전망을 제대로 이해하는 것에만 수 세기가 걸렸고, 교육과 사회 · 정치적 삶에서 그것이 실현되려면 아마 더 오랜 세월이 걸릴지도 모른다(우리가 얼마나 더 오래 기다릴 수 있는가 하는 것은 또 다른 문제이며, 그린과 내가 의견의 일치를 보리라고 생각하는 부분은 해방의 변화는 빠르면 빠를수록 더 좋다는 것이다.). 나아가, 내가 그린과 의견을 더욱 달리하는 것은 나는 포스트모더니즘을 구원의 길을 비추는 빛이 아니라 파멸의 길로 이끄는 이정표로 본다는 점이다. 이러한 전체적인 입장에 대한 해결되지 않은 (그리고 어쩌면 해결될 수 없는) 긴장관계가 그린의 논문에 선명하게 표현되어 있다. 그녀와 내가 공유하는 사회적 · 교육적 목적을 달성하기 위해서는 그린이 낡은 계몽주의적인 (그리고 심지어 '가부장적인') 개념과 가치를 포용할 필요가 있다.

내가 논의해 가는 방식은 그린처럼 포스트모더니즘을 편애하는 사람들 대부분을 공감시키지 못할 것이다. 노리스(C. Norris)가 말한 대로, 오늘날 포스트모더니즘에 저항하는 사람들은 "대부분 단호하든 온건하든 간에 비난을 받거나 기껏해야 애정 어린 연민을 받는다."

> 아주 단순하게, 진리나 이성, 타당한 논증, 비평, 혹은 기타 '계몽주의적' 관념을 담은 말은 어떤 것이든 간에 한 사람을 희망 없는 후위세력으로 혹은 이미 퇴물이 된 신조(reed)의 최후 옹호자로 낙인찍기에 충분하다. 즉, 그 비참한 결과에 대한 증언이 사방에서 들려오고 그것의 사형선고가 임박했다는 소식이 건전한 사고를 가진 모든 사람에게 틀림없이 환영받게 될 것이다(Norris, 1993: 285).

이러한 부정적인 반응 중에서 선택을 해야 한다면, 나는 독자의 '애정 어린 연민' 을 받는 것에 만족해야 할 것 같다. 그러나 노리스의 주장은 내가 첫 번째 말하고자 하는 내용에 대한 훌륭한 소개라 할 수 있다.

사회적 병리의 지속에 관한 논의

인간의 이상과 지침은 그것이 사회적, 정치적, 도덕적 또는 종교적인 것이든지 간에, 실천에 옮길 때 종종 실패한다. '평화의 왕' 의 종교인 기독교는 종교재판, 박해, 잔혹한 종파 전쟁과 같은 비평화적인 증오로 이어졌으며, 어떤 맥락에서는 노예제도와 인종차별 정책을 지지하기도 하였다. 마르크스의 아이디어는 구소련 체제에서 오랫동안 고통받아 온 시민들에 의해 최근에 전복된 공산주의 체제의 토대를 제공하였다. 그러나 기독교와 마르크스주의는 그들의 이상 아래 자행된 잔혹한 일로 인해 논박을 받았거나 최소한 책임을 졌는가? 존 듀이(John Dewey)의 교육철학사상은 1950년대 10년간 진보주의 교육운동 말미에 명백히 과도하였지만, 그 점 때문에 반박을 받았는가? 이와 비슷한 경우로서, 자연환경보호의 이상은 고의적으로 그 이상을 강탈하려는 일부 산업주의자(서구의 후기 계몽주의에서뿐만 아니라)에 의해 무용지물이 되거나 퇴색되었는가?

이에 대한 한 가지 입장은 기독교, 마르크스주의, 듀이의 철학, 그리고 환경보호와 같은 이상이 이들이 초래한 결과에 대하여 비난받아야 마땅하다는 것이다. 반면, 또 다른 강력한 입장은 이들의 과오가 아이디어 자체에서 필연적으로 비롯된 것이 아니라, 이를 실행하는 과정에서 발생했다는 것이다. 과오를 범하기 쉬우며 종종 근시안적이거나 탐욕스러운 인간은 결코 완전하지 않은 사회조직 환경에서 일하면서 이상을 실제로 전환시키는데 실패했거나 혹은 이 모든 것을 방해하였다. 마르크스는 진정 스탈린과 공산주의 국가가 도를 지나친 것에 대해 책임이 있는가? 예수는 가학적인 종교재판에 대해 책임이 있는가? 이에 대한 대안적인 설명은 과학철학 분야에 종사하는 사람들에게는 친숙한 것이다. 이론이나 가설은 실험이나 관찰 수단에 의해 확인될 수 있는 모종의 결과로부터 연역함으로써 검증된다. 그러나 과학자들은 이러한 검사를 수행하기 위해서 보조 가정들을 이용해야 한다. 즉, 다른 이론과 자료, 계산결과, 설비와 화학약품 등을 이용한 실험실 연구 모두가 검사를 실시하는 것에 대해 일정한 역할을 수행해야 한다. 검사의 결과가 부정적이어서, 즉 예상된 결과가 얻어지지 않았다고 해서, 그 이론에 오류가 있다는 결론을 도출할 수는 없다. 문제점이 보조 가정들 중의 하나에 내재한 것일 수 있기 때문이다(과학의 역사에는 이 모든 것에 관한 무수한 예가 있다. 보다 심도 있는 논의를 위해 Phillips, 1987을 보라.).

여기에 그린을 비롯해 오늘날의 급진적 여성주의자와 포스트모더니스트 진영이 사용하는 논의양식을 평가하는 것과 관련하여 배워야 할 교훈이 있다. 그들이 지지하는 입장은 다음과 같다. 계몽주의 전통은 우리에게 의학을 포함한 근대 과학과 수학, 근대 기술(근대의 건강, 운송, 의사소통, 농업에 기여한)의 인상적인 지식체계(impressive corpus)를 제공하였다. 또한 계몽주의 전통은 개인의 정의와 자유의 이상을 제시하였으며, 이러한 이상은 미국의 권리 장전(Bill of Rights)에 구현되어 있다. 그러나 이러한 계몽주의 전통에는 결함이 있다. 전쟁이 사라지지 않았고, 근대사회에 여전히 불평등과 부정의가 남아 있으며, 여성과 소수인종, 성적 소수자들이 아직 완전한 평등을 누리지 못한 채 종종 극심한 차별을 받고 있기 때문이다. 그러나 이와 같은 그들의 논의가 타당하지 않다는 것은 자명하다.

인류 지성사(human intellectual history)의 모든 전통이 그렇듯이, 계몽주의 전통 또한 결함이 없는 것은 아니다. 그린과 다른 사람들이 지적한 문제들(이것은 진정한 그리고 심각한 문제들이다.)은 그러한 이상들을 실행에 옮기는 과정에서 그 방식의 결함 때문에 발생한 것으로, 또는 그 결함에 의하여 보다 잘 설명될 수 있는 것으로 이해될 수 있다. 그리고 그 이상들을 실행에 옮겨 온 혹은 옮긴다고 표방해 온 사람들의 결함에서 기인하는 것으로 설명될 수도 있다. 그린은 다른 설명의 가능성들을 심각하게 고려하지 않고 배제한 채 "서양철학의 억압적 측면은 일차적으로 남성중심주의와 식민주의에서 유래"한다고 믿는 것 같다. 이것은 비서양사회와 비식민주의 사회가 아프리카의 부족 공동체와 식민지 이전 시대의 아메리카 대륙만큼 억압적이었다는 사실을 무시하는 것이다.

아마도 문제의 근원은 그린이 기꺼이 인정하고자 하는 것보다 인간의 본성 깊은 곳에 있는지도 모르며, 계몽주의 시대 이래로 서구에서 널리 공표해 온 그러한 이상들을 아전인수 격으로 슬쩍 떠넘길 수 없는 것일지도 모른다. 물론, 여기서 우리가 어떤 진단을 내리느냐 하는 것은 우리 교육자들이 어떤 치유책을 채택할 것인가에 중요한 함의를 준다. 그린은 자신의 입장을 보여 주기 위해 일련의 의미 있는 사례들을 제시한다. 체르노빌의 재해, 이란 종교지도자들의 샐먼 루시디(Salmon Rushdie)에 대한 사형 선고, 미국 원주민 문화의 억압, 히로시마의 원폭투하, 나치의 유대인 학살 그리고 스탈린의 강제수용소 등은 모두 근대의 기법적 합리성(계몽주의의 유산 중 하나로서)에 결함이 있다는 증거로 제시된다. 이 입장에 맞지 않는 사실들은 간과된다. 지구상 도처의 부족 사회들은 서로 끊임없는 잔혹행위를 일삼아 왔다. 루시디는 서양의 이념을 거부하는 집단에 의해 비난받는 반면에, 그것을 따르는 사회에 의해서 보호받는다. 스탈린과 히틀러는 정신병적 괴물이며(비서양사회에서도 그런 괴물은 더러 있다.), 계몽주의 성향의 많은 영웅들은 이에 맞서 항거하였다. 계몽주의 이전 고대 세계에서는 정복당한 도시의 전체 인구가 때로는 무자비하게 학살되었으며, 윌리엄 윌버포스(William Wilberforce)와 같은 계몽적 인물은 원주민을 노예로 삼거나 부당하게 대우하는 것에 대해 극구 저항하였다. 합리주의적 계몽주의 방식의 철학자라고 부를 수 있는 버트란드 러셀(Bertrand Russell)은 평화주의적 반핵 주장 때문에 여러 번 감옥에 갇혔고, 존 로크(John Locke)와 같은 원조 계몽주의 사상가는 종교적 관용에 대해 유창하게 변론하였다.

그린과 나는 오늘날 지적 · 사회적 현상을 다르게 진단함으로써, 교육과 교육철학을 위한 함의도 다르게 제시한다. 그러나 이 중요한 문제로 들어가기 전에 다루어야 할 보다 중요한 문제, 즉 포스트모더니즘이 남아 있다.

포스트모더니스트의 계몽주의 전통에 대한 공격

앞선 논의에서 나는 그린과 다른 포스트모더니스트들이 지지하는 듯한 일련의 사유(思惟) 경향에 대한 비판을 제시하였다. 즉, 부정의(不正義)와 다른 사회병리 현상들이 지속되는 그 자체가 계몽주의 전통에서 나타나는 사회적 이상이나 지적인 도구의 타당성에 대한 도전을 의미하지는 않는다(이와 유사한 논점에 대해서는 Norris, 1993: 286을 보라.). 어떤 논평자들은 사회병리 현상이 왜 이러한 구조 안에 내재하는 방식으로 나타나는지를 설명하는 포스트모더니즘의 해석을 제안해 왔다. 그들은 포스트모더니즘이 부분적으로 "사회적 절망의 산물"이며 "환멸을 느낀 낙관주의", 즉 "어떤 이의 희망과 꿈이 실패로 끝나는 것을 보는 긴장이 다소 좌절에 대한 위축으로 이끌 수 있다."는 것을 반영한다고 지적한다(Rosenau, 1992: 11; 그녀는 이와 유사한 방식으로 포스트모더니즘을 진단하는 다른 작품들을 언급한다.).

나는 지적인 입장을 채택하게 된 배경 뒤에 놓여 있을 법한 심리적인 동기를 지나치게 추구하는 것이 비록 흥미 있을지는 모르지만, 큰 도움이 되지 않을 것이라고 생각한다. 그 대신 철학자로서의 우리의 역할은 이러한 지적인 입장 또는 구조를 뒷받침하는 이유나 근거에 초점을 두어야 한다. 리차드 로티(Richard Rorty)의 용어를 빌리면, 이것은 우리가 철학자로서 "인류의 대화"에 기여할 수 있는 독특한 부분이다(Rorty, 1979). 이제 포스트모더니스트들은 그린의 글에 반영되어 있는 일련의 논의를 제시한다. 즉, 그들은 데카르트에서 현재에 이르기까지 철학적, 특히 인식론적 계몽주의 프로그램이 상당히 잘못된 방향으로 진행되어 왔다는 것을 지적한다. 포스트모더니즘의 비평가인 어네스트 겔너(Ernest Gellner)는 다음과 같이 기술한다.

> 지식의 이론, 즉 인식론의 극복을 단정하는 것으로 이끄는 대안적이면서도 보다 흥미로운 입장이 있는데, 이러한 극복은 20세기 철학의 가장 위대한 성과로 찬사받는다. 그것은 비트겐슈타인(Ludwig Wittgenstein), 하이데거(Martin Heidegger), 로티 등의 사람들과 연관되어 있다. 인식론이 외재하는 실재의 지식을 추구하는 데 있어

> 서 마음이 직면하는 난점을 탐구하는 한, 사람들은 이러한 난점을 예리하고 철저하게 깨닫게 되는 움직임을 기대했을지도 모른다. 또한 실제로 이러한 난점을 일종의 흥을 돋우는 집단의 특성으로 바꾸기를 기대했던 사람들은 인식론을 환영할지도 모른다. 그러나 이것이 항상 그런 것은 아니다(Gellner, 1992: 37).

겔너는 같은 책의 다른 부분에서 그가 비판하였던 '흥미 있는' 반인식론적인 '입장'을 전개하는 데 도움을 준 이들의 목록에 라비노우(Paul Rabinow)와 푸코(Michael Foucault)를 추가한다. 이러한 모든 학자들은 그린의 글에서 긍정적으로 언급되고 있다는 점에서 주목할 만하다(겔너의 목록 중에서 그린의 글에 유일하게 누락된 학자가 료타르[Jean Francois Lyotard]다.).

철학자로서 우리는 파급 효과가 큰 반인식론적 입장에 대한 근거를 검토할 필요가 있다. 만약 인식론이 사멸한다면, 믿을 수 없을 정도의 방대한 사후 검토 활동(post-mortem)이 존재할 것이다. 겔너가 지적하였듯이, 인식론적 노력에 대해 회의적 논의들을 검토하는 대다수의 전문 철학자들은 포스트모더니스트들이 그에 대해 모종의 중대한 일을 해 왔다고 생각하지 않으며, 그들은 식지 않는 열정으로 인식론적인 작업을 계속한다. 이와 관련된 적절하고 흥미로운 사례가 최근의 백과사전적인 『인식론의 지침서(*A Companion to Epistemology*)』(Dancy & Sosa, 1992)에 나타나 있다. 이 책에서 료타르는 심지어 색인에도 등장하지 않으며, 로티의 반인식론적 글은 오직 두어 군데 매우 간략한 논의에 할당되어 있을 뿐이다. 또한 포스트모더니즘은 지나가면서 단지 한 번 언급되었을 뿐이며, '인식론의 사멸'이라는 주제는 500쪽이 족히 넘는 책에서 단지 세 쪽 반에 걸쳐 논의되어 있다. 그린과 같은 철학자들은 대부분의 계몽주의 전통의 철학자들이 매우 고집이 세며, 시야가 좁은 것을 지적할지도 모른다. 그러나 이러한 반응은 상대를 '심리학적으로 분석하는 것'이며, 이는 전통적인 철학자들이 포스트모더니스트의 반인식론적 논의에 반대하는 토대 혹은 근거를 검토해야 하는 필수적인 지적 과업을 회피한 것이다. 댄시(Jonathan Dancy)와 소사(Ernest Sosa)가 편집한 책에서 윌리엄스(Michael Williams)는 '인식론의 사멸'을 옹호하는 집단이 해결해야 할 문제들을 몇 가지 기술한다. 그는 인식론에 대한 우려가 '과장되어 온 것을 밝힐 것'인지 아닌지의 문제는 '더 지켜보아야 할 것'이라는 점을 인정한다. 그러나 그는 또한 1970년대에 널리 퍼진 이후에 "인식론의 사멸에 대한 소문이 점차 사라져 왔다."라고 보고하고 있다(Williams, 1992: 88을 보라.).

포스트모더니즘에 반대하는 나의 관점은 완벽한 것이 아니다(나는 분명히 이러한 경우를 보여 주려고 시도하지 않았다.). 오히려 나의 관점은 철학적인 면에서 볼 때, 포스트모더니즘은 논쟁의 여지가 많고, 그런 만큼 그 주된 주장은 비판받아 왔다는 보다 온건한 관점이다. 그러나 이 관점은 이러한 전통을 마치 성서의 지위를 가지는 것으로 간주하는 현대 교육이론가들의 저술 속에서는 결코 찾아볼 수 없는 것이다(불행하게도 이 저작목록에 그린의 글을 포함시키지 않으면 안 된다.). 여기에서 우리가 얻을 수 있는 교훈은 최악의 경우 몹시 의심스럽거나 기껏해야 주요 논쟁이 될 만한 전제를 토대로 하여 교육철학에 대한 완전한 결론을 이끌어 내거나 함의를 주장하는 데 있어서 신중할 필요가 있다는 것이다.

포스터모더니즘은 개혁의 길을 제시할 수 있는가

그린의 주장들이 제기되는 맥락과 관련하여 또 하나의 심각한 문제가 제기된다. 모르기는 해도, 이 문제는 결국 계몽주의 전통에 관해 그녀가 느꼈던 바로 그 긴장으로 연결된다(잠시 후에 언급하겠지만, 시수우와 마찬가지로 비록 그린은 계몽주의 전통을 식민주의적이며 온정주의적인 것은 말할 것도 없고

'지적 파산'으로 간주하고 있지만, 그녀 자신이 그것을 전적으로 단념하는 일은 불가능한 것이기 때문이다.).

이 문제를 명백히 하는 일은 포스트모더니즘이 "(정당화를 위한) 거대담론에 대한 회의"(Lyotard, 1984: xxiv)라는 료타르의 정의에서 시작된다. 료타르는 정당화를 위한 거대담론들, 즉 근대 과학의 인식론적 주장을 정당화하거나 혹은 보증하기 위해서 지난 200년 동안 발전시켜 온 설명들(다시 말하면, 근대 과학을 지식으로서 정당화하기 위해 제공되었던 설명들)을 모호하고 의심스러운 것으로 판단하였다. 이 주장을 입증하기 위해서는 료타르 자신이 일종의 거대담론을 제시하는 일은 불가피하며, 그의 주장이 일관성을 유지하기 위해서 결국 이 거대담론 또한 회의의 대상이 되어야 한다는 명백한 사실에 대해서 더 이상 거론하지 않겠다. 계몽주의 전통 자체에서도 이 문제들을 그냥 그대로 덮어 두려는 시도는 없었다. 비록 료타르가 주의를 충분히 기울이지 못하였지만, 인식론적 난점들에 대한 폭넓은 인식은 언제나 존재해 왔으며, 이 문제들은 대개 극복이 가능한 문제들로 간주되어 왔다. 뉴턴 스미스(W. H. Newton-Smith)가 제시하고 있는 상세하고도 광범위한 예에서, 우리는 현재의 과학이론에 대한 믿음이 합리적이라는 점을 보여 주는 제법 성공적인 시도들을 도처에서 발견할 수 있다(Newton-Smith, 1981).

그린과 시수우 등에게서 나타나는 문제는 이와 같은 '료타르류'의 회의주의가 사회정치적 영역과 도덕적인 영역의 정당화 논의에도 동일하게 적용될 수 있고, 또한 적용되어 왔다는 점이다. 인간의 권리, 의무, 책임, 종교적 관용, 인간의 존엄성, 민주주의의 가치 등과 같은 인류 전체를 그 적용대상으로 하는 일체의 장치들은 (앞에서도 언급하였듯이 이들을 실천에 옮기는 과정에서 발생한 명백한 결함들에도 불구하고) 이른바 '전체화(totalizing)의 성격을 지닌' 온정주의적이고 식민주의적인 계몽주의 전통의 산물이었다. 그렇다면 아마 이 모두는 포기되어야 하거나 혹은 회의적 검토 대상이 되어야 한다.

그러나 이 전통적 장치들을 폐기할 때 어떤 일이 일어날 것인가? 사람들에게서 권리나 의무 등을 제거하는 것을 과연 상상할 수 있겠는가? 그린이 이에 대해 부정적인 입장을 취할 것은 명백하다. 그러나 여전히 한 사람의 포스트모더니스트로서 그녀는 마땅히 우리의 도덕적 규준에 부여된 보편적 주장들에 대해서 극도의 신중함을 유지하여야 할 것이다. 그리고 그린은 개개인이 처한 사회문화적 여건 속에서 자신의 고유한 의미와 가치를 계발해 가는 개인을 존중해야 할 필요를 강조하고 있다. 그녀는 또한 우리가 다른 '언어 게임들', 혹은 비트겐슈타인이 말한 '삶의 형식들'을 존중할 것과 '개인의 정체성을 형성하는 데 토대를 제공하고 있는 여러 다양한 문화와 문명이 지니는 고유한 가치와 힘'을 인정하기를 원한다. 요컨대, 그린의 관점은 일종의 상대주의에 해당한다(기이한 일이지만, 그녀의 주장들 역시 그녀의 글을 읽는 독자 모두에게 보편적으로 적용될 것을 전제로 하고 있으며, 바로 이 점이 자신의 주장을 권고하는 상대주의자들이 불가피하게 갖게 되는 딜레마다.). 주의하여야 할 점은 이러한 상대주의가 결코 우연적인 것이 아니라는 점이다. 겔너도 지적하고 있는 것처럼, "포스트모더니즘 운동은 하나의 일시적인 문화적 유행에 불과하며 그것이 관심의 대상이 되는 것은 그것이 오늘날 현존하는 상대주의의 한 표현이기 때문이다."(Gellner, 1992: 24)

이러한 상대주의적 입장은 몇 가지 명백한 오류를 지니고 있으며, 이 점은 그린과 시수우의 관점이 왜 애매할 수밖에 없는지에 대한 설명을 제공한다. 예컨대, (내가 보기에 여성주의 포스트모더니스트들이 완전히 갈라지는 원인을 제공한 하나의 예로서) 우리는 여성의 할례를 시행하는 문화 집단의 권리를 존중할 수 있는가? 우리는 샐먼 루시디 사건에 대해서 혹은 지금도 중앙아프리카를 저렇게 참담한 모습으로 분열시키고 있는 부족 간의 증오와 갈등에 대해서 침묵을 지켜야 하는가? 확실한 길은 그것이 계몽주의의 유산이든 아니든, 인권 등과 관련된 우리의 전통적 신념에 기대는 방법이다. 이러한 문제가 비단 다른 문화권에서 인용된 사례에서만 생기는 것은 아니다. 왜냐하면, 우리 사회 내의 정책을 돌아보더라도 동일한 형태의 딜레마를 경험할 수 있기 때문이다. 다시 말하면, 우리는 우리 사회를 형성하고 있는 다양한 집단에게 보편적으로 적용되는 교육적 · 사회적 정책과 개입 활동을 지지하는 데 필요한 기반을 가지고 있거나, 아니면 우리는 그러한 '전체화'의 양식들, 특히 그것들이 (추측컨대) 식민주의적 · 온정주의적 기원(이 말이 어떤 의미로 사용되건 간에)에서 유래한 것이라면 그것들을 지양하는 상대주의자로 남거나, 둘 중 하나를 선택하여야 한다.

교육철학의 역할

이제 이러한 나의 논의(그리고 그린의 논의)가 교육자와 교육철학자로서의 우리의 역할에 주는 함의를 살펴볼 차례다.

이러한 논점에 대한 그린의 입장과 내 입장의 차이를 과장하고 싶지 않다. 왜냐하면, 우리가 더 깊이 추상화해 간다면, 교육철학자의 과제가 (철학적 신념을 포함한) 전통적인 신념의 목록들을 현재 우리가 살고 있는 지적 · 사회정치적 풍토에 비추어 다시 생각하고 재검토하는 일이라는 것을 우리 모두 주장하기 때문이다. 이러한 맥락에서 우리가 모든 신념을 의심해야 한다고 주장하는 사람들이 비단 포스트모더니스트만이 아니라는 점을 강조할 필요가 있다. 철학자는 회의적이며 다소 논쟁적인 혈통을 타고나서 그들이 통상적으로 하는 일이 언제나 그 시대의 견해를 비판적으로 검토하는 것이었다. 이는 소크라테스가 살던 (그리고 죽은) 때부터 러셀과 우리 동시대의 많은 철학자에 이르기까지 주류 서양철학의 역사가 보여 주는 바다 (나는 풍부하고 복합적인 계몽의 전통을 완벽하다거나 더 이상의 탐구와 토론을 허용하지 않는 것으로 간주하지는 않는다. 단지 나는 그것을 폐기할 필요가 있다거나 탐구를 새로 시작할 필요가 있다고 생각하지는 않는다는 것이다. 그것은 단조롭지 않고 생동감이 넘치는 전통이며, 전체적으로 철학의 궤도를 벗어나기보다는 궤도 안에 있다고 생각한다.).

나는 잘못된 그림을 덧칠해서 그린과 내 입장 사이에 구체적인 수준에서 존재하는 주요한 차이점을 얼버무리고 싶지 않다. 왜냐하면, 그린은 우리 시대의 절박한 문제들이 교육철학자에게 영향을 미치는 한 그것은 성격상 지적인 것, 즉 (기법적 합리성을 포함하여) 계몽주의 사상의 전반적 파탄에서 기인하는 문제들이라고 생각하는 듯하기 때문이다. 나는 우리가 감당해야 할 심각한 철학적 작업이 있다는 것을 인정하는 반면, 교육철학자가 사회에 대한, 그리고 사회를 에워싸고 있는 문제들을 감소시키기 위해 할 수 있는 일반적인 공헌에 대한 나의 주장은 그린의 주장과 확실히 거리가 있다. 사회정치적 맥락에서의 주요 과제는 철학적인 것이라기보다는 교육적인 것으로서, 철학적 내용을 좀 더 효과적으로 가르치는 일이다. 그리하여 우리가 발전시켜 오고 지켜 왔던 지적 · 사회정치적 이상들이 우리 학생들의 삶 속에서 더 많은 가치를 가지게 하는 것이다. 예컨대, 만일 우리 사회나 세계 속에서 (정책입안가를 포함하여) 사람들이 기분이 내킬 때마다 인권을 포기할 수 있다면, 강한 의미의 인권개념을 발전시켜 온 것이 우리에게 아무런 이익이 없다. 또한 비판적 합리성을 신봉하면서 미숙한 감정에 내맡기고 어리석은 이기심에 호소하는 첫 반론에 쉽사리 흔들리는 사람들을 길러 내는 것은 우리의 교육체제에 아무런 도움이 되지 않는다. 철학자들은 우리의 살아 있는 이상들(living ideals)을 만들어 내는 방법을 찾아야 하며, 그 이상들은 각 개인이 자신의 일상 활동에 충실하도록 할 것이다. 일상생활 속에서 계몽적인 인물이 되는 것은 결코 쉬운 일이 아니다. 그러나 적어도 우리 전통의 역사 속에는 우리와 우리 학생들이 본받을 만한 훌륭한 영웅이 있다.

참고문헌

Dancy, Jonathan, and Sosa, Ernest, eds. *A companion to Epistemology.* Oxford: Blackwell, 1992.

Gellner, Ernest. *Postmodernism, Reason and Religion.* London: Routledge, 1992.

Lyotard, Jean-Francois. *The Postmodern Condition: A Report on Knowledge.* Manchester: Manchester University Press, 1984.

Newton-Smith, W.H. *The Rationality of Science.* Boston: Routledge, 1981.

Norris, Christopher. *The Truth about Postmodernism.* Oxford: Blackwell, 1993.

Phillips, D.C. *Philosophy, Science, and Social Inquiry.* Oxford: Pergamon Press, 1987.

Rorty, Richard. *Philosophy and the Mirror of Nature.* Princeton, NJ: Princeton University Press, 1979.

Rosenau, Pauline. *Post-Modernism and the Social Sciences.* Princeton, NJ: Princeton University Press, 1992.

Siegel, Harvey. "Radical Pedagogy Requires 'Conservative' Epistemology," paper presented at the Annual Conference of the Philosophy of Education Society of Great Britain, Oxford, April 1994.

Williams, Michael. "Death of Epistemology". In Dancy, J., and Sosa, E., eds., *A Companion to Epistemology.* Oxford: Blackwell, 1992, pp. 88-91.

제2부

교육의 목적

도 입

_04 국내 안정을 위한 교육

_05 프래그머티즘: 교육의 목적과 삶의 의미

_06 그들로 하여금 번성하게 하라

도 입

'교육의 목적'이라는 주제는 '교육의 개념'이라는 주제와 더불어 전통적으로 교육철학 연구의 고유 영역으로서, 교육철학 분야가 다른 세부 교육학 분야나 교육의 실제에 직접적으로 공헌할 수 있는 특권적 주제로 여겨져 왔다. 교육철학 연구가 주로 학자들의 교육관을 다루는 '교육고전'이나 '교육사상' 연구(예컨대, '플라톤의 교육사상' '루소의 교육사상' 등)와 밀접한 관련을 갖는 이유도 바로 여기에 있다. 한편, 교육철학을 이른바 하나의 근대적 학문으로 정립시켰다고 평가되는 영미 분석철학 전통은 '교육의 목적'에 대한 논의 방식에 획기적인 길을 여는데, 그것은 바로 '메타적인' 방법이다. 이 방법은 '교육의 목적'이 무엇이 되어야 하는지에 대하여 직접적인 논의를 하기보다는 이 논의가 이루어지는 방식이나 개념적 전제에 관심을 가진다. 그리하여 '교육의 목적'이라는 개념 자체가 무엇을 의미하는지, 이것이 '교육의 개념'이나 '교육의 목표'와 개념적으로 어떤 차이가 있는지 등 '교육의 목적'을 둘러싼 유사 개념들과의 개념적 차이를 구분하거나, '교육의 사회적 목적' '교육의 개인적 목적' 등 다양한 교육의 목적을 범주화하는 작업에 몰두하는 경향이 있다.

그러나 1980년대 이후 포스트모더니즘의 영향하에서 교육의 목적에 대한 메타적인 논의는 교육의 실제에 거의 무용하다는 비난과 기술주의적(technicist) 교육관에 봉사한다는 비판 속에서 거의 사라지고, 교육의 실제적이고 이념적인 목적에 대한 논의가 번성하기 시작한다. 인간 해방, 자기 창조, 성장, 잘삶(living well), 자기 구원, 민주주의, 사회정의 등의 개념이 교육의 목적에 대한 논의에 자주 등장하며, 다양한 교육의 목적과 이에 대한 정당화 작업이 상호 경쟁하는 모습을 띠게 된다. 그러나 교육의 목적에 대한 이러한 포스트모던적 접근 방법은 교육의 목적이라는 것이 한 사회의 변화에 따라 변하고, 정치적으로 영향을 받을 뿐 아니라, 사회의 맥락에 따라 그리고 개인의 필요에 따라 달라질 수 있다는 사실을 드러낸다. 그리하여 전통적으로 교육의 목적에 대한 개념 및 그 개념의 '근거'와 '정당성'을 제공하며 교육학의 타 분야나 교육실제에 특권적 지위를 누리던 교육의 목적에 대한 철학적 담론은 점차 그 권위가 약화되는 결과를 낳는다. 그러면 교육의 목적에 대한 철학적 논의는 더 이상 무용한 것인가?

교육의 목적에 관한 철학적 담론은 세계의 본질과 목적에 대한 관심으로서의 형이상학과 밀접한 관련이 있다. 오늘날 교육연구에서 목격되는 교육 목적론의 쇠퇴는 포스트모더니즘 영향하의 형이상학의 운명과 관련이 있다. 포스트모더니즘은 세계의 본질과 목적에 대한 논의로서의 형이상학을 더 이상 믿지 않는다. 그러므로 목적론적 형이상학의 관점에서 교육을 정의하는 철학적 논의는 포스트모더니즘이 비판하는 본질주의적 논의에 빠질 위험성이 높다. 그러므로 포스트모더니즘 조건하에서 교육의 목적이 철학적으로 의미 있게 논의되기 위해서는 이러한 목적론적 형이상학이 지향하는 본질주의적 경향성을 피하면서도 교육의 실천 문제와 밀접히 관련되는 방식으로 이 주제를 다룰 필요가 있다. 역자들이 보기에 교육의 목적에 대한 철학적 논의가 여전히 의미 있게 다루어질 수 있는 방법으로는 최소한 다음 두 가지를 들 수 있다.

첫째, 포스트모더니즘 조건하에서 교육의 목적에 대한 논의는 이전의 분석철학적 접근이 수행했던 것처럼, 교육의 목적에 대한 다양한 범주를 개념적으로 구분하는 일에 여전히 종사할 필요가 있다. 즉, 교육의 '사회적' 목적과 '개인적' 목적, '학교교육'의 목적과 학교교육을 넘어선 '교육'의 목적, '자유교육'의 목적과 '직업교육'의 목적 등 다양한 범주와 양태의 교육이 지향하는 목적을 구분할 필요가 있다. 다만, 이러한 구분을 열거하는 데에 그칠 것이 아니라, 이 목적들이 특정한 교육적 실천 속에서 지향될 때 나타날 수밖에 없는 긴장을 개념적으로 분석하고 그 개념적 화해 방식을 모색할 필요가 있다. 예를 들면, 교육의 사회적 목적인 '사회정의'나 '민주사회의 시민'의 개념이 교육의 개인적 목적인 '개인의 행복'이나 '자기 구원'의 개념과 어떻게 모순되고 충돌할 수 있는지 분석하는 것을 통하여 좀 더 일관되고 실현 가능한 교육의 목적을 정립하고 제안하는 데에 공헌할 수 있다.

둘째, 교육의 목적이 사회적 맥락이나 개인적 요구에 따라 한 가지 이상일 수도 있다는 것을 전제로 하되, 교육의 목적을 하나의 공적 담론으로 논의하고자 할 때에는 우리 사회의 맥락에서 혹은 우리의 공교육 체제하에서 왜 특정 목적이 더 필요하고 긴급히 요구되는지 적극적으로 제안하고 이를 정당화하며 상호 경쟁하는 담론으로 발전시킬 필요가 있다. 예를 들면, 거부할 수 없는 현실적 흐름으로서의 세계화 과정 속에서 '자기 창조'라는 교육의 목적이 왜 '자기 구원'이라는 교육의 목적보다 더 설득력이 있는지 옹호할 수 있다. 혹은 포스트모더니즘이 초래하는 경향이 있는 상대주의와 허무주의가 지배하는 현실에서 '자기 구원'이라는 교육의 목적이 왜 '잘 삶'이라는 교육의 목적보다 더 시급히 요청되는지 정당화할 수도 있다. 교육의 목적으로 간주될 수 있는 이러한 개념들을 우리의 교육현실에 적합한 개념으로 재해석하고 발전시키는 것은 교육학적 담론의 언어를 다양화하고 깊이 있게 하는 데에 일조할 것이다.

이 부에서 소개되는 세 논문은 이러한 접근 방법의 범위 내에서, 포스트모더니즘 조건하의 교육 목적에 대한 철학적 논의가 어떤 모습을 취할 수 있는지를 하나의 사례로 보여 준다. 먼저 첫 번째 논문인 「국내 안정을 위한 교육」이라는 마틴(Jane Roland Martin) 교수의 논문을 살펴보면, 이 논문은 페미니즘의 관점에서 교육의 사회적 목적, 특히 '국내 안정(domestic tranquility)'이라는 교육의 목적을 정당화하고자 한다. 우리에게 다소 생소한 개념인 '국내 안정'이라는 것은 마틴에 따르면, 공적 영역의 안정 혹은 시민사회의 안정과 사적 영역의 안정 혹은 한 공동체나 한 가정의 안정을 동시에 아우를 수 있는 개념으로 소개된다. 'domestic'이라는 용어가 지닐 수 있는 개념의 상대성, 이중성을 분석적으로 탐색하며 사회의 '가정화(domestication)'를 국내 안정의 구체적 모습으로 옹호하는데, 이때 마틴은 당시 미국 사회와 가정에 팽배한 폭력의 문화를 겨냥하는 것처럼 보인다. 특히, 이 분석에서 인상적인 것은 '가정화' 개념이 '안정적 안식처'를 함의할 수도 있지만 '길들이기'를 의미할 수도 있다는 점에 착안하여, '온순하게 하는 일'과 '복종하게 하는 일'의 개념적 차이를 지적하며 '사회의 가정화'에서는 단지 전자만을 고수하도록 주장한다는 점이다. 즉, 그동안 교육에서 경시되고 무시되어 왔던 여성성과 여성의 문화를 긍정적 의미의 'domestic' 개념과 관련시키며 폭력이 난무하는 미국 사회와 가정을 치유할 수 있는 '시민교육'의 핵심적 특성으로 정당화하고 있다.

한편, 두 번째 논문인 「프래그머티즘: 교육의 목적과 삶의 의미」에서 니먼(Alven Nieman) 교수는 삶의 목적과 의미에 대한 목적론적이고 본질주의적인 경향을 피하면서 '삶의 의미 추구'를 하나의 교육의 목적으로 삼는 철학적 담론의 가능성을 적극적으로 모색하고 있다. 그는 먼저 '고정되고' '영구적인' 목적과 이상은 제거되어야 하지만, 여전히 삶의 목적과 이상을 추구하는 것은 교육의 중요한 목적이어야 한다고 강조하는 듀이(John Dewey)의 프래그머티즘에서 출발한다. 그러나 Nieman 교수는 우리에게 널리 알려진 네오프래그머티스트인 로티(Richard Rorty)에 의해 해석되는 듀이, 즉 반형이상학적 특성을 지니는 듀이의 프래그머티즘을 비판하며, 오히려 우리에게 별로 알려지지 않은 로커펠러(Steven C. Rockefeller)에 의해 해석되는 듀이, 즉 영적이고 종교적인 경험을 강조하는 후기 듀이를 옹호한다. 결국 니먼 교수가 제안하고자 하는 것은 형이상학을 거부하는 프래그머티즘의 자연주의적 세계 안에서 궁극적인 것에 대한 신비와 경이, 관심을 지속할 수 있는 교육의 가능성, 즉 형이상학을 거부하되 우리 안에 있는 형이상학적 욕구를 존중하고 이것에 대응하는 교육의 가능성을 모색하고 있다고 볼 수 있다. 니먼 교수는 듀이가 가진 민주주의의 대한 절대적 신념을 삶의 궁극적 의미나 목적의 추구와 연결될 가능성이 있는 개념적 고리로 가정하는 것 같다. 그리고 교육이 단순한 지력의 개발을 넘어서서 듀이가 말하는 "말할 수 없는 것을 음미하고 감상하는 능력"에 관심을 가질 때 이러한 교육이 가능할 것이라고 보고 있다.

세 번째 논문인 「그들로 하여금 번성하도록 하라」는 베네트(Philip W. Bennett) 교수의 논문으로 앞선 두 논문에 대한 논평이다. 베네트 교수는 마틴과 니먼이 둘 다 '학교교육'과 '교육'을 동일시하는 방식으로 교육의 목적을 논했다고 비판하며 이 두 가지 교육과 교육의 목적을 구분할 것을 요구한다. 그리고 자신은 학교교육의 목적에 치중하여 논의할 것임을 분명히 밝힌다. 그가 제안하는 학교교육의 목적은 대체로 자연주의적 교육관에 기초한 것같이 보인다. 그리고 학교교육, 특히 학교교육의 숨은 교육과정이 아이들의 자연스러운 성장과 발전을 어떻게 방해하며 이들의 영혼에 치명적으로 상처를 입히는 방법에 대하여 '억압' '차별' '폭력' 등의 용어로 묘사하고 비판하는 데에 많은 지면을 할애한다. 마지막으로 마틴이 말하는 사회에 난무하는 개인적 폭력이 어떻게 사회의 구조적 폭력과 연결되어 있는지, 니먼이 말하는 '음미하고 감상하는 능력'이 어떻게 학교교육 과정과 연계될 수 있는지에 대해 문제를 제기하며, 다양한 종류의 억압적인 교육문화 속에서 수많은 상처를 입고 있는 우리 아이들을 어떻게 치유할 수 있을 것인지, 치유를 위한 교육을 주장하며 끝을 맺고 있다.

위의 논문들에 공통적인 것은 각 저자가 추구하는 교육의 목적을 실제로 실현할 수 있는 교육적 실천이 구체적으로 어떤 모습을 띨 수 있는지(물론 충분히 묘사되거나 논의되지는 않았지만) 추가적으로 논의하고 있다는 점이다. 이것은 교육의 목적에 대한 철학적 담론 방식에 새로운 통찰을 제공한다. 최근 교육철학자들 사이에는 교육을 근대 공교육 체제의 일부로 보기보다는 전통적으로 내려오는 고유한 특성을 지닌 '하나의 실천(a practice)'으로 보고자 하는 흐름이 있다. 이들은 교육의 목적에 대한 담론을 1부의 세 논문처럼 교육의 특정 목적을 제안하고 정당화하는 방식으로 보기보다는, '좋은 교육적 실천'이 어떤 양태를 띨 수 있는지 그 실천의 양태를 다양하게 그리고 구체적으로 기술하는 방식으로 전개하고자 한다. 이러한 담론에서는 교육고전이나 문학, 예술로부터의 다양한 문화적 자료와 사례가 인용되고 활용되는 경향이 있다. 이와 같이 교육의 목적에 대한 철학적 담론은 기존 논의 방식에 대한 성찰을 포함한다는 의미에서 다른 세부 교육학 분야에서의 교육목적론 논의와 차별화된다고 볼 수 있다.

생각해 볼 문제

1. 마틴 교수가 '사회적 가정화(domestication)' 개념을 분석할 때 강조하고 있는 '온순하게 하는 일'과 '복종하게 하는 일'의 개념적 차이를 논의해 보아라. 그리고 그 개념적 차이를 실례를 들어 설명해 보아라.

2. 니먼 교수가 말하는 '단순한 지력의 개발'과 '(말할 수 없는 것을) 감상하고 음미하는 능력의 개발'의 차이를 어떻게 이해하였는가? 각자 먼저 나름대로 설명해 보고 듀이의 개념적 구분을 참조하여라.

3. 세 학자의 '교육의 목적'에 대한 철학적 논의 방식의 특징을 각각 기술하고 그 장단점을 제시해 보아라.

4. 현재 시급히 요청되는 우리나라 학교교육의 목적은 무엇이어야 한다고 생각하는가? 왜 그렇게 생각하는지 정당화해 보아라.

_04

국내 안정을 위한 교육

Jane Roland Martin

피터스(R. S. Peters)는 비일관적이라는 이유로 교육의 목적과 관련한 문제에 대하여 염려하였다.[1] 나는 다른 이유로 교육의 목적 문제에 대하여 염려한다. 최소한 미국에서는 교수 방법이 시간과 공간에 따라 다양할 필요가 있다는 것, 그리고 교육과정이 변할 수 있다는 것을 당연하게 받아들이는 반면, 종종 교육의 목적은 항상 어디에서나 동일해야 한다고 가정한다. 그리고 이 목적이 주로 개인을 위한 목적, 즉 개인의 발전과 관련되어 있다는 것 또한 당연하게 받아들인다. 내가 여기에서 국내 안정을 교육의 전반적인 목적으로 제안할 때,[2] 보편성에 대한 주장을 하고 있는 것은 아니다. 국내 안정은 다른 나라에서도 적절한 교육 목적이라고 확신하지만 미국이 아닌 다른 나라를 대표하여 말할 의향은 조금도 없다. 더욱이 국내 안정을 이루기 위해서는 개개인이 특정 방식으로 사고하고 행동하도록 배울 필요가 있다는 것을 한순간도 부인하지 않지만, 나는 이 문제를 전체적인 목적, 즉 개인의 발전보다는 사회의 상태와 관련이 있는 목적으로 다루고 있다.

이렇게 하는 동안 나는 이것이 개인들을 위한 일련의 목적으로 환원될 수 있는지 아닌지 하는 문제에 대해서는 대답하지 않은 채 남겨 둘 생각이다.

역사가들은 미국 헌법을 만든 이들이 확보하고자 한 목적의 목록에 국내 안정이 포함된 것은 대체로 셰이즈(Daniel Shays)의 반란*에 의한 폭동의 두려움 때문이었다는 의견에 동의하는 듯하다.[3] 높은 세금과 이자율, 떨어지는 농장의 가격, 압류, 그리고 빚을 갚을 수 없는 이들의 투옥 등에 좌절한 매사추세츠 주의 농부들은 1786년 여름, 그것을 입법화하는 조치에 항의하기 시작했다. 이 항의는 가을과 겨울까지 이어지면서 비록 유혈사태는 거의 없었지만 무장봉기로 발전했다. 1787년 2월 셰이즈와 그의 무리들은 봉쇄되었지만, 새 헌법의 초안을 쓴 사람들은 (매사추세츠 주가 아니라면 버지니아 주 혹은 뉴햄프셔 주에서의) 그 이상의 반란에 대한 두려움으로 몸을 떨었다. 강한 정부의 개념을 채택한 것은 부분적으로는 셰이즈와 매사추세츠 주의 빚에 시달리는 농부들 때문이었다. 헌법 전문에 '국내 안정에 대한 절'이 포함된 것은 의심의 여지없이 이것 때문이라고 설명될 수 있다. 그러나 헌법학자들이 우리에게 말해 주는 것처럼, 초안자들이 채택한 단어는 1787년의 직접적인 관심보다 더 오랫동안 생존하여 우리에게 내려오고 있다.[4] 그리하여 우리는 헌법이 작성되던 당시 국내 안정에 관한 절이 가진 중요성이 무엇인지 그리고 지금 그것이 우리에게 의미하는 것이 무엇인지 물어볼 필요가 있다.

우리 건국의 아버지들에게 국내 안정에 관한 절은 단지 반란을 막는다는 것 이상의 의미가 있었음에 틀림없다. 왜냐하면, '국내(domestic)'라는 용어는 이중적인 메시지를 전달하기 때문이다. 그것이 '시민적' 안정을 의미했다면 그들의 관심은 단순히 정부의 안정을 확보하는 데에 있었다고

---

*역자 주: 셰이즈의 반란은 1786~1787년 미국 매사추세츠 주 중서부에서 일어난 무장봉기로서 이 봉기를 이끈 미국혁명 퇴역 군인인 다니엘 셰이즈(Daniel Shays)의 이름을 본땄다. 이 반란의 가담자는 대부분 빚과 세금에 허덕인 가난한 농부들이었다.

결론 내릴 수 있을 것이다. 한편, 외국의 방해와 내부의 혼란이 이 안정을 위협할 수 있다는 것을 암시할 때 그 용어는 새 국가를 특별한 관점에서 보게 한다. 한때 영국이 식민지 개척자들의 고향이었다면, 이제 미국이 그들의 고향인 것이다.

지난 20여 년 동안 '국내'에 대한 개념은 다소 자세히 검토되어 왔지만 이 '국내' 개념이 지니는 상대성은 좀처럼 주목받지 못하였다는 사실은 놀랄 만하다. 상대성이라는 말로 내가 말하고자 하는 것은 사람들이 국내 영역으로 받아들이는 것이 그 사람의 관점에 따라 다양하다는 것이다. 그리하여 헌법의 초안을 쓴 이들이 암묵적으로 국제적 관점을 택하며 미국 자체를 국내 영역으로 바라본 반면, 다시 말하면 오늘날 학자들이 공공적 혹은 시민적 영역으로 부르는 것이 그들에게는 국내 영역이었던 반면, 최근의 학문적 견해는 국내 영역을 한 문화 혹은 한 지역 안으로 한정 짓는다.

'국내' 개념의 상대성에 주목하는 것과 국내 영역으로서의 시민적 영역에 대한 초기 국가 건립자들의 전망이 교육과 관련하여 이론적 · 실천적 의미가 있다는 것을 보이는 것은 별개의 일이다. 더욱이 한 가지 관점에서 보면 국내 영역과 공공적이고 시민적인 영역이 상호 대조되는 개념이지만, 또 다른 관점에서 보면 공공적이고 시민적인 영역이 곧 국내 영역이라고 말하는 것은 국내 영역이 무엇을 의미하는지 그 내용을 말하지 않는다면 아무런 의미가 없다. 나는 단지 확장된 의미로서 국내 영역의 개념을 명확하게 하는 방식으로 국내 안정에 대한 우리 건국의 아버지들의 관심을 심각하게 받아들이는 일이 얼마나 중요한지 보일 것이다. 그러나 내가 논의를 진행시켜 감에 따라 다음의 논점이 명확해지기를 바란다. 즉, 국내 영역에 대한 우리 자신의 전망을 건국의 아버지들의 전망에 비견할 수 있는 것이 되도록 확장시켜 나간다면, 우리는 또한 안정에 대한 그 건국의 아버지들의 이해 방식을 20세기 후반의 삶의 현실에 맞는 것이 되도록 확장시킬 수 있어야만 한다는 것이다.

사회 영역의 가정화

비록 'domestic'이라는 용어의 의미가 문맥에 따라 변할 수 있다 하더라도 오늘날 우리는 이 용어를 일차적으로 가족이나 집, 가정과 관련시키고 있다. 그리하여 'domestic'의 개념을 확장할 때 나는 우리 국가가 어떤 형태의 안식처가 되기를 원하는지, 우리 국민이 어떤 모습의 가족 구성원이 되었으면 하는지를 묻게 된다. 하지만 논평자들이 간과하는 또 다른 'domestic' 개념이 있다. 가축에 대해서 잠시 생각해 보자. 서양의 문화 의식에 따르면 가축은 단순히 우리의 집 안이나 농가 마당에 살도록 우연히 초대된 착하고 유순한 존재가 아니다. 그들은 길들여진 존재, 즉 타고난 그들의 난폭함이 훈련으로 다듬어지거나 제거되도록 잘 길러진 짐승들이다. 길들이는 과정에 대한 고전적 이야기는 동물에 대한 것이 아니라 여성에 대한 것인데, 셰익스피어는 여기에서 길들인다는 것은 온순하고 순종적이게 만드는 것이라고 말한다. 셰익스피어가 『말괄량이 길들이기(*The Taming of the Shrew*)』라는 작품에서 'domestic'이라는 말을 직접 사용하지 않았을지는 몰라도 페트루치오가 케이트를 길들이는 과정은 모든 '가축화(domestication)'의 특징을 보인다. 페트루치오는 제1막에서 케이트와 결혼하기로 결심할 때 포효하는 사자, 화난 멧돼지 그리고 울부짖는 수말의 이미지를 불러일으키며 호소하는 한편, 이 연극의 마지막 장면에서는 페트루치오의 친구들과 케이트를 야생고양이에 비유하는 하인 앞에서 자신의 매와 사냥개를 길들이는 데 20크라운으로 내기를 건다면 그의 부인을 길들이는 데는 이것의 20배를 걸 것이라고 장담한다.

'케이트 길들이기'가 무엇을 예고하는지 페트루치오에게 물으면 그는 "평화와 사랑과 평온한 삶, 그리고 장엄한 지배와 질서 정연한 우위를 예고하며, 요컨대 그것이 바로 감미롭고 행복한 삶이 아닌가?"라고 대답한다.[5]

다시 말하면, 그것은 가정의 평온을 예고한다. 개인적인 가정생활에서 페트루치오의 우위가 결과적으로 케이트를 행복하게 만들지는 알 수 없는 일이다. 그러나 한 가지는 분명하다. 남편에 대한 그녀의 복종은 공공적 성격의 우리 사회가 그대로 닮고자 하는 '가정적 평온'의 한 측면이 아니다. 성적 평등이라는 이념뿐 아니라 민주주의의 기본 원칙에도 위배되는 남편의 권위에 대한 케이트의 잘 길들여진 복종은 우리 건국의 아버지들이 회피하고자 결의했던 바로 그 정치적 관계와 흡사하다. 셰이즈의 반란으로 건국의 아버지들은 연방정부를 강화하였을지는 모르지만 케이트가 결혼생활에서 포기한 바로 그 자치에 대한 그들의 신념은 약화되지 않았다. 실제로 토머스 제퍼슨(Thomas Jefferson)은 다니엘 셰이즈에 대한 소문을 듣자마자 "가끔씩 일어나는 소규모의 반란은 좋은 것이며 물리적 세계의 폭풍처럼 정치적 세계에서는 필요한 것"이라고까지 말한다.[6]

다행히도 과거 역사와 당대의 경험은 모두 페트루치오가 예견하는 부부를 위한 가정적 평온이 '(남성의) 장엄한 지배와 질서 정연한 우위'로 시작할 필요가 없음을 보여 준다. 영국인이 '장엄한 지배와 질서 정연한 우위'가 가정불화의 씨앗을 품고 있다는 것을 점차 알게 된 것처럼, 부부가 스스로를 동등하게 보는 경우에 비해 남편이 스스로를 가정의 우두머리로 생각하는 경우 가정에서의 신체적 학대는 더 많이 발생한다는 가정 폭력에 대한 연구결과들은 이와 유사한 교훈을 우리에게 가르쳐 준다.[7]

사적 안식처든 공적 안식처든, 평화와 사랑 그리고 행복이라는 목적을 추구하기 위하여 케이트와 같은 성격의 소유자를 유순하게 만드는 일은 비록 페트루치오 식의 훈육 방법을 사용할 필요는 없을지라도, 반드시 필요하다. 케이트는 자신의 아버지와 여형제와의 관계에서조차 아주 지독한 행실을 보였다. 하지만 인간의 경우라면, 즉 포효하는 사자나 화난 멧돼지의 경우가 아니라면, 온순하게 만든다는 것은 복종하게 만드는 것을 반드시 요구하지 않으며, 특히 윤리적 · 정치적 관점으로 보자면 후자는 수반되지 않아야만 한다. 그리하여 확장된 의미의 '국내(domestic)' 개념이 무엇을 함의하는가를 결정하려 할 때, 케이트가 가질 수 있는 교양에 기초한 새로운 형태의 온순성의 개념을 간과하지 않은 채 그녀와 페트루치오 사이의 종속과 지배의 관계를 일단 논제 밖에 두어 보자. 이 문제에 초점을 둘 때 명심해야 할 것은 셰익스피어의 희곡에서처럼 과거 역사 속에서 여성의 온순함은 그녀의 종속적 지위의 일부였다는 점이다. 실제로, 그러한 온순함은 여성이 지배적인 위치에 오르는 데 도움이 되는 요소였다. 그리하여 길들이는 것으로서의 '가정화(domestication)'의 두 측면인 '온순하게 만드는 것'과 '복종하게 만드는 것'은 논리적으로 구분되지만 이 둘을 실질적으로 분리시키는 것은 쉬운 일이 아닐지도 모른다. 그럼에도 불구하고 사적인 가정 영역에 셰익스피어가 부여한 평화와 사랑 그리고 행복의 가치를 인정한다면, 그리고 이러한 좋은 가치들이 사회 전체 영역에도 적용되어야 한다고 믿는다면 우리는 바로 이것을 달성하려고 애를 써야 한다.

페트루치오가 케이트와의 결혼생활에서 기대하는 가정적 평온이 20세기 후반 미국 사회를 특징짓는 모습이 아니라고 말하는 것은 불필요하다. 오늘날 우리 사회의 가정에서 아내에 대한 폭력은 아주 흔한 일이다. 누구의 통계를 믿어야 할지는 모르지만, 내가 본 한 책에 따르면 해마다 200만 명의 여성이 남편에게 매를 맞는다고 보고하는 한편, 1987년 미국의 중앙지의 하나인 『보스턴 글로브(Boston Globe)』의 한 기사는 미국에 있는 60만 명의 여성이 자신의 남편으로부터 일 년에 4번 이상 심하게 공격을 받는다고 그 분야의 전문가 말을 인용하고 있다.[8] 아동 학대의 경우 또한 엄청나다. 내가 참고한 동일한 그 책에 의하면 일 년에 200만의 아동이 가정 학대의 희생자라고 보고한다.[9] 이외에도 부녀근친상간은 적어도 전체 여아의 1%에 이를 것으로 추정된다.[10]

우리의 공적 안식처 또한 폭력으로 만연해 있다. 학교는 기물파괴 및 교사와 학생에 대한 공격의 주 무대가 되고, 운동장은 잔인함과 폭력적 소동의 무대, 도시의 거리는 강도와 살인, 집단 폭력주의, 성폭행의 장소가 되고 있다. 공적 안식처에 파고들고 있는 폭력은 육체적인 것만이 아니다. 들로러스 헤이든(Dolores Hayden)**은 『미국의 꿈을 새로 설계하며(*Redesigning the American Dream*)』라는 자신의 책에서 거리의 광고 게시판, 버스의 광고 포스터, 상점 윈도우와 공중을 위한 공개예술이 어떻게 도시 공간을 성적 공격자로서의 남성적 이미지, 순종적인 성 대상으로서의 여성적 이미지로 바꾸어 가는지 상세히 설명한다.[11] 1981년 6월 로스엔젤레스로 일하러 다니는 두 여자가 경험하는 도시 전경에 대한 끔찍한 설명은 염려스럽게도 오늘날 미국의 모든 도시 거주자가 경험하는 것에 그대로 적용될 수 있는 것이다.

우리 사회의 공적 안식처가 생활하기에 언제나 안전하지 못한 곳은 아니었다는 것을 강조할 필요가 있다. 사람에 대한 신체적 · 심리적 침해라는 의미의 폭력이 언제나 일상적이었던 것은 아니다.[12] 1786년 국내의 평온이 위기에 처했다고 우리 건국의 아버지들이 판단한 바로 그 즈음에 보스턴의 한 신문은 다음과 같이 쓴다.

> 미국에서 군중은 소란스럽고 법정을 방해한다. 대영제국에서 군중은 폭동을 일으키고 건물을 무너뜨린다. 잉글랜드 혹은 아일랜드에서는 가장 평화로운 시대에도 사람들이 대낮에 강도를 당하는 것을 면하기 어렵다. 미국에서는 누구나 대도시의 한밤중에도 안전하고 햄프셔 컨벤션이나 우스터 군중들에 의해 둘러싸여 있다.[13]

얼마나 역설적인가? 지금 우리에게 건국의 아버지들이 지키려 했던 '국내 평온'은 상대적으로 문제가 되지 않는다. 반란의 두려움이나 가능성이

** 역자 주: 들로러스 헤이든은 미국의 도시역자학자, 건축가이며 시인이다. 예일 대학교에서 건축학, 도시학, 미국학 등을 강의하고 있다.

전적으로 과거의 일이라는 것을 말하려는 것은 아니다. 우리 건국의 아버지들이 염려했던 시민적 형태의 국내 불안정이 결코 사라진 것은 아니지만, 그럼에도 불구하고 오늘날에는 다른 종류의 국내 불안정—그들에게는 상대적으로 문제가 되지 않았던 것 같은 반사회적 형태의 불안정—이 훨씬 큰 위험으로 나타나고 있다. 사회적 반란이 시민적 연대를 약화시키는 것만큼이나 사회 조직을 강력하게 분열시키는 가정의 폭력은 헌법이 보호하도록 되어 있는 생명과 자유 그리고 행복의 추구를 대규모로 방해한다.

오늘날 우리 사회 현실은 건국의 아버지들이 이해한 '국내 안정'에 대한 개념을 확장하도록 하고, 그리하여 '가정적' 영역을 시민적 · 공적 영역으로 개척할 것을 요구한다. 이것은 사회에 존재하는 가정 폭력과 불안정을 없애고 그 자리에 가정의 평온을 헌정하는 과업을 우리 모두가 떠안을 것을 요구한다.

사회 영역의 가정화를 반대하는 네 가지 주장

지금도 그렇듯이 19세기 미국에서는 가정을 하루 일과를 끝마치고 불안한 외부세계로부터 되돌아오는 평온한 영역으로 간주하는 경향이 주를 이루었다.[14] 두말할 필요도 없이 그러한 모델을 적용하는 데는 한계가 있었다. 즉, 그것은 집을 떠나서 공장에서 일하거나 하녀로 일하기 때문에 하루 일과가 끝나도 돌아갈 가정이 따로 없는 여성의 경우를 담아내지 못했다. 게다가 그것은 가정을 이루고 유지하는 일을 전업으로 하는 주부의 경우를 정당하게 다루지 못했다. 퇴근할 장소를 허용하지 않기 때문에 이러한 가정은 여성의 안식처가 될 수 없었다. 집안일뿐만 아니라 집을 떠나서 일을 해야 하는 노예와 여성의 삶을 미루어 볼 때, 그러한 가정 개념은 기껏해야 불완전하게 적용될 수 있는 모델이다. 일부 여성, 특히 노예나 노예해방 후

가정에 고용된 흑인노동자 등과 같은 사람들은 가정 밖의 세계에서 너무나 가혹하게 고생했기 때문에 해야 할 일이 기다리고 있음에도 불구하고 자신의 가정을 휴식의 장소로 여겼을 수도 있다.[15] 그렇지만 가정을 사악한 세계 속의 피난처로 제시하는 이 모델은, 부유하든 가난하든 또는 흑인이든 백인이든 간에, 많은 여성에게 안전한 장소가 될 수 없게 만드는 가정 폭력을 효과적으로 은폐하는 역할도 했다.

그렇다면 가정을 안식처로 간주하는 입장은 기껏해야 여성이 처한 현실을 가리는 환상에 불과했다고 말할 수 있다. 그러나 오늘날 우리의 공적인 안식처에 결여되어 있는 유대와 친밀, 안전과 보안 그리고 평화와 사랑의 의미까지도 외면한다면 그것은 분명 잘못이다. 우리에게 주어진 과제는 다음과 같은 것이다. 19세기의 이상이 보여 주고 있는 가부장적인 구조를 되풀이하지 않으면서 이러한 가치들을 강조할 수 있는 방법은 없는가?

사회의 가정화에 대한 몇 가지 반론이 먼저 언급되어야 한다. 첫 번째 반론은 가정이란 오늘날 미국 사회에서 폭력이 행해지는 주요한 장소이기 때문에, 가정의 특징들을 사회의 전 영역으로 확대 및 적용하려는 것은 극히 어리석은 일이라는 주장이다. 만일 우리가 시민 영역의 폭력을 줄이기를 원한다면, 우리나라 전체를 위한 모델을 찾기 위해 가정 이외의 영역에 눈을 돌리는 것이 더 낫지 않을까? 오늘날 현실적인 가정의 실상과 페트루치오가 꿈꾸는 평화, 사랑 그리고 평온한 삶 사이에 놓인 엄청난 간격이 우리를 머뭇거리게 만든다는 것은 이해할 수 있다. 그러나 시민사회를 가정 영역으로 개념화하면 사회가 그러한 가정 현실에 의해 오염될 것이라고 두려워할 필요는 없다. 사실, 더 큰 사회 자체가 이미 폭력의 장이기 때문에 그것이 지닌 폭력적인 성격이 역으로 사적인 가정의 평온에 악영향을 끼치지 않는지를 물어야 할 것이다. 분석가들은 아내 학대와 자녀 학대에 대한 비난의 근거를 가정 자체에서, 즉 현재의 학대가정과 가해자와 피해자가 겪었던 어린 시절의 가정 사이의 연관관계나 유사점에서 찾으려고 하는 경향이 있다.[16] 그러나 가정에서의 행동은 보다 큰 사회적 맥락에 따라 영향을 받는다. 가정화된 사회에서도 사적(가정) 폭력이 번창할 것인가? 안전하고 사랑이 넘치는 세계 속에 위치해 있더라도 가정은 여전히 위험한 안식처로 남을 것인가? 우리는 가정의 현실적인 모습(실패) 때문에 사회의 가정화라는 기획 자체가 무효화된다고 가정하기보다는, 어쩌면 역으로 가정이 잘 길들여진 공공 영역으로부터 수확을 얻는다고 생각해야 할 것이다.

이와 연관된 두 번째 반론은 피난처로서의 가정이란 여성을 착취하고 지배하는 것을 은폐하는 하나의 신화이기 때문에, 사적 가정에 부여되는 속성들을 공적 가정에 투사하는 것은 대체적으로 사회 내에서 여성의 종속적인 상태를 정당화하게 된다는 것이다. 그러나 피난처로서의 가정적인 평온이 여성의 억압을 대가로 하여 얻어진 것이라는 주장은 가정이 안식처라는 주어진 전제로부터 저절로 따라 나오는 것이 아니다. 항상 그랬던 것은 아니지만, 지금 우리는 남녀 모두가 가정을 안전하고 따뜻하고 평온한 장소가 되도록 만드는 데 요구되는 신체적이고 지적인 노력을 할 수 있다는 것을 알고 있다. 만약 오직 여성만이 친밀함과 사랑의 능력을 가지고 있다고 믿는다면, 그러한 능력을 정서적으로 실천함으로써 얻게 되는 가정적인 평온이란 전적으로 여성에게 의존할 수밖에 없을 것이 뻔하다. 그러나 친밀감과 사랑에 대한 이러한 전제는 확인되지 않은 생물학적인 결정론을 포함할 수밖에 없다. 사실, 심리학자들은 우리의 문화 속에서 여성이 남성보다 친밀한 유대를 더 강하게 발전시켰고 또 자상한 경향이 있다는 것을 발견하고 있다. 그러나 이러한 불균형은 생물학적인 결과라기보다는 교육에 의해서 극복될 수 있는 문제로 간주될 때 가장 잘 이해되는 것이다.

국가를 가정적인 영역으로 개념화하는 것에 대한 세 번째 반론은 비록 문명 자체는 그렇지 않더라도, 적어도 문학과 과학, 철학 그리고 예술이 위기에 처해 있다는 주장이다. 이러한 주장과 관련하여 오늘날까지도 여전히 많은 사람들이 공유하고 있는 두려움을 대변한, 20세기 초반의 윌리엄 제임스(William James)의 주장을 고려해 보자. 제임스에 따르면, 고급문학과 고급예술은 우리에게 "최상에 이르도록 고뇌하는 인간본성"[17]을 그려 낸다. 이어서 그는 1890년경의 셔토쿼(Chautauqua)***라는 잘 길들여진 조그만 사회에 대해서 "이 사회의 질서는 지나치게 유순하고 그 문화는 그야말로 이류다."라고 주장한다.[18] 그에 따르면 그리고 그의 전제에 따르면, 위대한 작품을 낳는 사회는 인간의 본성을 극단으로 몰고 갈 수밖에 없다고 결론을 내려야 한다.

우리는 일류문학에 대한 제임스의 정의가 너무 제한되어 있다고 반박할 수 있다. 역설적이게도 그가 들고 있는 "셔토쿼 호숫가의 명소에서 보낸 행복한 일주일"은 제인 오스턴(Jane Austen)에게 영감을 샘솟게 한 제재가 되었다.[19] 의심할 여지없이 조지 엘리어트(George Eliot) 또한 바로 그러한 중산계층의 사회에서 다양한 희곡의 소재를 찾을 수 있었다. 물론 오스턴과 엘리어트만이 제임스의 주장을 뒤집어엎는 작품을 쓴 주요 작가라는 말은 아니다. 헨리 제임스(Henry James)도 그의 형인 제임스의 기준에 따라 판단할 때, 존 키츠(John Keats), 안톤 체코프(Anton Chekhov) 그리고 에밀리 디킨슨(Emily Dickinson)과 마찬가지로 평범한 작가로 간주될 수 있을 것이다. 게다가 가정적인 평온이 자리 잡히기만 한다면, 모든 고통이나 갈등 혹은 불행이 한꺼번에 사라질 것이라고 생각해서는 안 된다. 사람들에게는 병이 들고 그들의 통제 밖에 놓이는 일, 예컨대 죽는 것과 같은 일이 여전히 발생할 것이다. 행운, 사고, 우연한 일, 욕망, 충성 그리고 의무 사이의 갈등은 우리가 피할 수 없으면서도 우리를 불안정하게 하는 삶의 특징으로 계속될 것이다.[20] 그렇다면 안전과 안정, 평화와 사랑 같은 가치들을 사회 전체적인 영역으로 확대 · 적용할 때 인간의 삶에서 모든 위험과 위기가 없어져 버릴까 봐 너무 걱정할 필요는 없다. 나아가, 사회의 순화가

*** 역자 주: 뉴욕 주의 카운티

긴장과 갈등이 없는 시대를 낳을까 봐 두려워할 필요도 없다.

사실, 셔토쿼 사회에 대한 제임스의 실망은 고급문화가 시시하게 될지도 모른다는 두려움에 때문에 생겨났다. 그의 관점에서 볼 때 더욱 심각한 문제는 그처럼 평온한 사회에서는 그가 남성적인 것이라고 여기고 있는 미덕에 대한 요구가 사라지게 될 것이라는 점이었다. 대담성의 부재, 즉 그가 말하는 "강인함과 투지, 격렬함과 위험의 감수 등의 결여"[21]를 불평했을 때 그리고 셔토쿼를 "너무나 유순하다."[22]고 했을 때, 사실 제임스는 "더 엄격한 남성적인 덕목들"을 칭송하고 있고 그런 덕목들을 표현하는 것을 적극적으로 장려하지 못하는 사회질서에 대해 부정적인 평가를 내리고 있다.

남성성의 상실을 출발점으로 삼는 제임스의 논증은 오늘날 미국의 많은 사람들에게 여전히 매우 호소력이 있을 법하다. 그렇지만 사회를 가정화해서는 안 된다는 결론은 람보 식의 남성성에 대한 제임스의 옹호가 정당화될 수 있을 때에만 비로소 지지를 받을 것이다. 그러나 그러한 람보 식 남성성은 현재 우리의 공공 영역을 특징짓고 있는 내적 불안정을 크게 개선할 요소로 정당화될 수 없다. 사회를 가정화하는 데 가장 큰 걸림돌로 간주되는 이러한 남성성은 기껏해야 극복되어야 할 장애물이지, 사회 순화라는 기획을 거절해야 하는 이유로 결코 간주될 수 없다. 물론, 우리는 미국 문화에 스며 있는 특정 성역할 개념을 거부하는 것이 어렵다는 것을 염두에 두어야 한다. 남성성이라는 것은 문화적 구성물이고, 남성성과 여성성은 시간의 흐름에 따라 변할 수 있는 대단히 가변적인 문화적 의미를 담고 있고, 나아가 남성성과 여성성이 서로 대비를 이루는 것 자체가 문화적 산물이기 때문에, 남성성의 상실을 논의의 출발점으로 삼는 논증은 기껏해야 우리에게 주어진 과제의 심각성을 일깨워 주는 것일 뿐, 그러한 과제가 바람직하지 않다는 것을 지적하는 것으로 받아들여서는 안 된다.

교육 영역의 가정화

비록 미국의 사법제도가 헌법에 명시된 국내 안정에 관한 조항의 중요성을 충분히 인식하였다고 하더라도, 우리 시대가 안고 있는 가장 중요한 문제 가운데 하나를 단지 법적인 것으로 간주해 버리고 마는 것은 그리 주의 깊은 태도가 아닐 것이다. 가정의 의미에 비추어 파악된 국가, 안전과 보안을 제공하는 장소로서의 공적 공간, 반목과 대립이 아닌 조화와 공통된 목표를 기반으로 맺어진 시민 간의 관계, 이 모든 것은 사고와 정서와 행위의 차원에서 재교육을 필요로 한다. 이러한 새로운 관점을 위하여, 그리고 그것이 요구하는 지식과 기능을 확보하기 위하여 우리는 단순히 새로운 법을 제정하는 일에만 의존할 것이 아니라, 우리의 시선을 교육으로 돌려야 한다.

불행하게도 우리의 교육은 가정적인 것과 시민적인 것 사이의 분리를 전제로 하고 있으며, 이 분리는 가정적인 것의 의미에 대한 보다 확대된 관점에 도전을 던진다. 적어도 우리 문화권에서 교육의 역할은 지금까지 가정적인 영역 내에서 삶을 영위하여 왔던 사람들을 공적인 영역 혹은 시민적인 영역의 구성원으로 전환시키는 데에 있는 것으로 여겨지고 있다. 가정적인 영역의 구성원이 되는 일은 자연스러운 것이며, 그 속에서 요구되는 과업과 활동을 수행하도록 하기 위하여 특별히 그 구성원들을 준비시켜야 할 이유는 없다. 이와 달리 공적인 혹은 시민적인 영역의 구성원이 되는 일은 성취되어야 할 그 무엇이며, 따라서 미결(未決)의 것으로 간주되고, 교육은 이를 위해 요구되는 과업과 활동들을 준비시키는 것을 주된 임무로 하게 된다. 우리 문화권에서 교육의 개념은 시민적인 것과 가정적인 것 사이의 구분에서 출발하며, 가정적인 삶은 결국 교육을 통해서 넘어서야 할 것으로 간주된다.

사실, 우리 대부분은 사회생활을 하면서도 여전히 가정 내에서 살아가며 가족 구성원으로 남는다.[23] 넘어선다는 말은 반드시 뒤에 남겨 둔다는 것을 의미하지는 않는다. 또한 우리는 교육받은 상태를 그저 새롭게 사고하고 느끼고 행하는 방식을 습득하는 과정으로만 생각하지도 않는다. 우리는 교육받는다는 말의 의미를 가정적인 것과 관련된 태도와 가치, 사고와 행위의 양식들을 내던져 버리는 과정으로 이해한다. 비록 가정적인 것이 우리로 하여금 공적인 영역에서 살 수 있도록 준비시켜 주었음에도 불구하고, 우리는 그것들을 사회가 요구하는 생산적인 활동을 수행하는 일의 방해물로 간주하면서, 교육이 가정적인 영역과 그것이 대변하는 일체의 것으로부터 우리를 자유롭게 해 주기를 요구하고 있다.

실제로 우리 문화권 내에서 이루어지는 모든 형식적 교육은 시민교육이다. 학생들이 별로 수강하지 않는 가정학(home economics) 관련의 몇몇 과목—요즘은 때로 가족학(family studies)으로 불린다—을 제외하면, 오늘날 교육은 가정적인 영역 내에서 이루어지는 삶에 관심이 없다. 자유교육, 직업교육, 일반교육이 초등학교와 중등학교에서 제공되고 있다. 이것들은 모두 시민교육의 형태를 띠지만 좁은 의미에서의 시민생활 교육 혹은 애국심 함양 교육이 아닌, 일과 정치와 고급문화로 이루어진 공적 세계에서의 삶을 준비시키는 과정으로 이해되고 있다.

만약 모든 교육이 시민교육이고, 시민적인 것을 가정적인 것으로 이해하는 방향으로 우리의 관점을 전환한다면, 이제 일체의 교육은 가정적인 것이 된다. 이것은 모든 교사들이 이제 가정학 교사가 되어야 한다는 것을 의미하지 않는다. 시민교육에 광의의 시민교육이 있고 협의의 시민교육이 있듯이, 교육의 가정화(domestic education)에도 광의의 것이 있고 협의의 것이 있을 수 있다. 모든 교육을 시민적인 것으로 볼 때, 제한된 의미에서의 시민교육, 곧 시민으로서의 자질에 관한 교육이나 애국심 함양 교육, 혹은 자기가 속한 나라의 정부형태에 관한 교육 등과 같은 것은 넓은 의미의 시민교육을 구성하는 한 요소가 된다. 이와 마찬가지로, 시민적인 것을 가정적인 것으로 간주하면 제한된 의미에서의 가정적인 교육, 곧 가정학 교육은 넓게 해석된 가정적인 교육을 구성하는 한 요소가 된다.

시민적인 것에 관한 우리의 이해방식이 변화하면 교육에 관한 우리의 입장도 함께 변화하여야 한다. 확장된 가정적 영역은 폭력과 위법의 윤리를 안전과 보안, 평화와 사랑의 윤리로 대체할 것이므로, 교육 이론과 실제는 우리의 새로운 시각에 의해 재정립될 것이다. 가정적 평온(혹은 국내 안정)의 보장을 교육의 핵심 목적으로 삼는 사람이라면, 젊은이에게는 매우 특별한 종류의 도덕교육을 요구할 것이며 사회에 대해서는 매우 특별한 종류의 도덕적 삶을 요구하게 될 것이다. 이러한 새로운 시각은 기존의 형식적인 도덕교육 프로그램을 단지 가정적 평온과 관련된 우리의 관심으로부터 도출된 목표와 목적으로 채우는 것만을 의미하지 않는다. 그것은 일체의 교육적 노력이 이들 목적과 일관되어야 하고 그것들을 반영하는 형태로 이루어져야 한다는 것을 의미한다.

이와 같은 주장이 우리나라의 초·중등학교와 대학의 실제에 함의하는 것은 무엇인가? 그것은 적어도 학생들의 신체적 안전과 심리적 안정에 대한 관심, 그리고 '3C'—보호(care), 관심(concern), 관계(connection)—교육에 대한 관심을 부각시켜 줄 것이다. 그리하여 그것은 이 덕목들을 기피하고 협력과 협동을 억제해 왔던 교수방법과 교실의 실제를 지양하게 할 것이며, 지금까지 '방관자 교육(education for spectatorship)'에 부여되어 왔던 특권적 지위를 거부할 것이다.[24] 뿐만 아니라 그것은 차이와 다양성에 대한 관심을 증대시키고 학생들에게 가정적인 것의 가치를 전달하는 교과의 범위를 확대시켜 줄 것이다.

오늘날 학교는 우리 젊은이들을 가정적인 영역을 벗어나 시민적인 혹은 공적인 영역으로 편입시킴으로써 이들에게 가정이라고 지칭되는 공간, 그리고 그것과 연관된 일들이 지닌 가치를 폄하하도록 가르치고 있다. 반가정적인 것이 숨은 교육과정을 구성하는 이러한 학교교육은 가정적인 것에 대한 노골적인 평가절하 때문만큼이나 기존 교육과정의 책무유기에 의해 지속적으로 이루어진다.[25] 가정적 평온의 가치를 재정립하기 위해서는 반가정적인 것이 숨은 교육과정을 통해 전달해 온 학교의 음모를 인지하지 않으면 안 된다. 미국 사회는 각 가정에서 요구되는 활동과 과업의 책임을 성(性)을 기준으로 할당하여 왔으므로 여성에 관한 체계적인 침묵과 그들에 대한 부정적인 기술(記述) 또한 여기에 연루되어 있다. 미국 사회에서 아프리카계 미국인은 문화보다는 자연 쪽에 더 가까운 부류라고 여겨 왔으므로, 인종을 불문한 여성에 대한 편견 못지않게 흑인 남성에 대한 침묵과 부정적인 묘사도 함께 고려되어야 한다. 교육이 한편으로 여성과 아프리카계 미국인을 경시해 왔던 것과, 다른 한편으로 가정적인 것을 경시해 왔던 것 사이의 상관관계는 거의 인지된 바가 없다. 그럼에도 불구하고 이 세 가지 숨은 교육과정은 서로 밀접히 연관되어 있다.

가정적인 것에 반감을 조장해 온 현재의 숨은 교육과정의 해악을 바로잡기 위해서는 인종과 성에 관련된 학교의 숨은 교육과정을 의식하는 일이 반드시 필요하다.[26] 그러나 우리 모두는 숨은 교육과정에 너무 깊은 영향을 받아 왔으므로, 그것을 제거하는 일은 쉽게 이루어질 수 없을 것이다. 뿐만 아니라 여러 다양한 지식 영역에서 교육을 담당하고 있는 이들을 설득하여 가정적인 것에 대한 연구활동에 정당한 가치를 부여하도록 하는 일 또한 그들 스스로 가정적인 것을 경시하고 있다는 점 때문에 쉽지 않을 것이다. 우리들 가정과 사회에서 가정적 평온을 보장하기 위해 우리는 학생과 우리 스스로에게 가정적인 것의 가치를 가르침으로써 그것이 만인의 관심사가 되도록 하지 않으면 안 될 것이다.[27]

결 론

우리 건국의 아버지들은 새 나라를 가정적 특성이 충만한 곳으로 만들려 하였으며 이에는 타당한 이유가 있었다. 그로부터 200여 년이 지난 오늘날 우리는 건국의 아버지들이 당연시하였던 국내(domestic) 개념의 경계를 받아들이지 않으면서도 가정적인 것의 상대적 의미에 대한 그들의 통찰력을 되살려야 한다. 셰이즈가 살았던 시대와 달리 오늘날에는 우리의 조국을 다른 나라로부터 고립시키는 가정적/공적 분리는 건국의 아버지들이 반대해 마지않았던 연합규약(Articles of Confederation) 속에 존재했던 각 주정부 간의 분열 못지않게 위험으로 가득 차 있다. 국가와 인류 전체뿐만 아니라 모든 생명체가 위험에 처해 있는 시대에 지구는 원래 모습, 곧 우리 모두의 가정으로 인식되어야 한다. 마틴 루터 킹(Martin Luther King Jr.) 목사는 다음과 같이 말한 바 있다. "우리는 큰 집을 물려받았습니다. 위대한 이 '세상의 집', 그 안에서 우리는 다른 사람들과 평화롭게 어울려 사는 법을 배워야 합니다."[28] 우리 각자의 가정에서 우리가 추구하는, 그리고 국가로 확대되기를 절실히 바라는 가정적 평온은 나아가 전 세계로, 궁극적으로는 전 지구로 확대 · 적용되어야 하며, 그 적용의 방향은 결국 교육의 모든 측면을 향해야 하는 것이다.

후 주

1. R. S. Peters, "Aims of Education-A Conceptual Inquiry" in R. S. Peters(ed), *The Philosophy of Education* (London: Oxford University Press), pp. 11-34를 보라.

2. 이 논문의 논제는 J. L. Martin의 *The SchoolHome* (Cambridge: Harvard University Press, 1992)에서 논의된 것보다 더 발전된 것이다. 여기에 포함된 많은 내용이 저자의 출간되지 않은 논문, "To Insure Domestic Tranquility: Liberal Education and the Moral Life," *Working Papers Series* #8, Project on Interdependence (Radcliffe College, Cambridge, MA)에 실려 있다.

3. 예를 들어, Marian L. Starkey, *A Little Rebellion* (New York: Knopf, 1995); Howard Zinn, *A People's History of United States* (New York: Harper and Row, 1980); Allen Weinstein, "Massachusetts Uprising Affected the U. S. Constitution," (*Boston Globe*, February 2, 1989) 등을 보라.

4. Paul Freund, "What They Said, What They Read," *New York Times Book Review,* March 15, 1987, pp. 3, 20-21.

5. William Shakespeare, *The Taming of the Shrew*, in Hardin Craig ed., *The Complete Works of Shakespeare* (Chicago: Scott, Foresman and Company, 1951), p. 181.

6. Starkey, *Rebellion,* p. 4.

7. Pamela Reynolds, "Violence at Home," *Boston Globe,* March 29, 1987, pp. A15, A17.

8. John Langone, *Violence* (Boston: Little Brown, 1984), p. 124; Reynolds, "Violence at Home."

9. Langone, *Violence,* p. 134.

10. Wini Breines and Linda Gordon, "The New Scholarship on Family Violence," *Signs,* 8 (Spring, 1983): 521.

11. Dolores Hayden, *Redesigning the American Dream* (New York: W. W. Norton, 1984), p. 221.

12. Newton Garver, "What Violence Is," in Jeffrie G. Murphy, ed., *An Introduction to*

Moral and Social Philosophy (Belmont, Calif.: Wadsworth Publishing Co., 1973), pp. 332-38.

13. Starkey, *Rebellion,* p. 63.

14. Hayden, *American Dream,* p. 68 이하.

15. Jacqueline Jones, *Labor of Love, Labor of Sorrow* (New York: Basic Books, 1985); 그러나 이것은 Toni Morrison, *The Bluest Eye* (New York: Pocket Books, 1970)에 있는 Pauline Breedlove의 경우와 비교하라.

16. 예를 들어, Reynolds, "Violence at Home."을 보라.

17. William James, "What Makes a Life Significant" *in Talks to Teachers* (New York: W. W. Norton, 1958), p. 174.

18. 같은 책, 173쪽.

19. 같은 책, 172쪽.

20. 이러한 일들이 도덕에서 차지하는 위치에 대한 논쟁과 관련해서는 Martha C. Nussbaum의 *The Fragility of Goodness* (Cambridge: Cambridge University Press, 1986)를 보라.

21. William James, "The Moral Equivalent of War," in Richard Wasserstrom ed., *War and Morality* (Belmont, Calif: Wadsworth Publishing Co., 1970), p. 174. 이 문제에 대한 더 자세한 논의를 위해서는 Jane Roland Martin의 "Martial Virtues or Capital Vices? William James' Moral Equivalent of War Revisited," *Journal of Thought,* 22 (Fall, 1987), pp. 32-44를 보라.

22. Nussbaum의 같은 책, 173쪽.

23. 이것은 반드시 전통적인 핵가족을 지칭하는 것은 아니다.

24. 이 문제에 대한 더 자세한 논의는 Martin의 *The Schoolhome,* 3장을 보라.

25. 이 문제에 대한 더 자세한 논의는 Martin의 *The Schoolhome,* 5장을 보라.

26. 해로운 숨은 교육과정을 어떻게 다루어야 하는가에 관한 것은 Martin의 "What Should We Do with Hidden Curriculum When We Find One?," *Curriculum Inquiry,* 6 (1976), pp. 135-151을 보라.

27. 이 문제에 관한 더 자세한 논의는 Martin의 *The Schoolhome,* 5장을 보라.

28. Diana L. Eck, "Responses to Pluralism: Worldviews in an Interdependent World," *Working Papers Series* #4, p. 20, Project on Interdependence, (Radcliffe College, Cambridge, MA)에서 인용.

_05

프래그머티즘: 교육의 목적과 삶의 의미

Alven Neiman

옛날 옛적에, 본질이니 본성이니 하는 것으로 이루어졌다고 여겨지는 세계 안에서 철학자들이 번영을 구가하고 있었다. 본질이나 본성이 실재한다고 믿었기 때문에, 그들은 자연스럽게 인간의 삶이 추구하는 선, 즉 삶의 궁극적 의미나 교육의 목적에 관한 주장을 하게 되었다. 그러나 오늘날 교육철학자들 사이에서 본질이 존재한다는 믿음은 더 이상 유행이 아니다. 파르메니데스나 플라톤, 아리스토텔레스 대신에 우연, 변동, 헤라클레이토스가 사람들의 마음을 사로잡고 있다. 이런 변화를 초래한 가장 중요한 원인 중의 하나는 듀이(John Dewey)나 제임스(William James)와 같은 프래그머티즘 철학자의 작업이다. 이 논문은 먼저 프래그머티즘의 관점에서 '본질' 이후에 궁극적인 의미와 목적에 관해 제기되는 질문들이 어떤 성격을 지니고 있는가 하는 문제에 관해 다시 생각해 보기 위한 기초를 다질 것이다. 그리고 이 기초 작업을 여러 형태로 확장함으로써 교육의 목적에 관한 질문들을 탐색해 보고자 한다.

이 논문은 우선 교육목적으로서의 성장에 관한 논의가 본성에 관한 단순하고 비교적 문제의식 없는 방식으로 논의되던 철학의 에덴동산으로 돌아갈 것이다. 그다음에 내가 은총으로부터의 철학의 타락이라 부르는 것에 관해 검토할 것이다. 프래그머티즘이 용감하게도 진화론을 진지하게 받아들인 이후, 성장과 의미, 교육목적 사이의 연관성은 (철학의) 에덴동산에서와는 달리 전혀 단순하지 않게 되었다. 본질과 의미로부터의 타락을 가정하면, 성장과 같은 용어의 용법 자체에 관하여 몇 가지 질문이 제기될 수 있다.

이러한 타락의 극단적인 형태는 교육이론을 일종의 허무주의 혹은 (감히 말하자면) '대륙의 비합리주의'로 이끈다. 듀이가 '선' '성장' '의미' 등과 같은 용어를 맥락에 따라 사용하는 것은 이러한 허무주의자와 항상 같이 있게 마련인 본질적 전통의 수호자 사이에 중간지대를 제공한다는 의미가 있다. 그러나 그러한 맥락주의가 과연 얼마나 유용했는지는 의문이다. 이 논문에서 내가 시도하고자 하는 것은 이러한 중도 노선적 기획이 결실을 맺을 수 있는 방법을 구상하는 것이다.

듀이의 준(準)실증주의와 좀 더 나은, 좀 더 풍부한 그의 성향 사이에는 간극이 있다. 이 간극 안에서, 잘 알려진 신(新)프래그머티스트인 로티(Richard Rorty)는 적어도 듀이의 가장 취약한 부분을 대변하면서 준(準)악당으로서의 역할을 할 것이다. 로커펠러(Steven C. Rockefeller)의 저서 『존 듀이: 종교적 신앙과 민주적 인본주의(*John Dewey: Religious Faith and Democratic Humanism*)』와 몇몇의 유사한 논문은 듀이가 적어도 그의 전성기에는 궁극적인 의미를 추구하는 전통적인 종교적 탐구를 넌센스나 유치한 환상 혹은 비합리성으로 치부해 버리는 현대적 경향을 어떻게 회피하고 있는지를 보여 주고 있다.[1] 로커펠러가 묘사하고 있는 듀이는 우리로 하여금 가장 깊이 느끼고 영원한 인간의 관심을 만족시키는 철학적 프래그머티즘의 역량에 관해 낙관적으로 탐구할 여지를 주고, 듀이의 스승인 제임스가 다윈

(Charles Darwin)의 뒤를 좇아 삶과 그것의 의미에 관해 가르쳐 주는 바가 여전히 많다는 것을 상기시켜 준다.

실증주의의 전성기가 한참 지난 오늘날에도 삶의 궁극적 혹은 최종적 의미나 목적에 관한 관심을 폄하하는 것이 유행처럼 되어 있다. 교육목적에 관해 생각할 때, 많은 사람들이 아우구스티누스, 성 테레사, 파스칼, 키르케고르 등과 같이 대단히 심오하고 고전적인 사상가에 대해 진지한 관심을 둘 필요가 있다는 생각을 순진한 생각이라고 치부하는 것 같다. 그렇게 생각하는 한 가지 이유는 이러하다. 프래그머티스트는 우리의 후견인 성자들, 특히 듀이의 반본질주의적인 다위니즘과 같은 사고를 기초로 하고 있는 것이 너무나 명백하기 때문에, 본질을 추구하는 그러한 말들은 전혀 의미가 없다는 것이다. 듀이에 관한 로커펠러의 저술이 매우 흥미로운 까닭은 그것이 프래그머티스트들로 하여금 우리의 성자들이 지닌 독창성을 그대로 유지하도록 하면서 우리 자신의 것이 아니라 성자들이 지닌 관심을 우리 앞에 펼쳐 보이기 때문이다. 그의 저서는 우리로 하여금 본질주의를 거부하면서도, 그 어떤 우연적인 사건이나 존재로는 결코 충족될 수 없는 갈망을 올바르게 인정할 수 있는 길이 무엇인지를 알게 해 준다. 또한 우리로 하여금 단순히 인간적인 사물, 즉 그 어떤 사물로도 다다를 수 없는 갈망을 교육을 통해서 육성하고 또한 충족시키는 일이 어떻게 가능한지를 당혹감에 빠지는 일 없이 생각해 볼 수 있게끔 한다.

에덴동산과 타락

이제 간략하게나마 철학자들이 안정된 질서의 세계에 살던 시대로 돌아가 보자. 오늘날 변화와 유전이 우리 앞에 펼쳐져 있는 것처럼 그 세계에서는 영원한 것이 사람들의 눈앞에 펼쳐져 있었다. 그 세계에서는 온갖 생명체들이(예컨대, 아리스토텔레스의 저 유명한 도토리처럼) 그들 각각의 목적(目的, telos)에 맞게 성장하였다. 모든 도토리가 참나무로 되는 것은 아니지만, 적어도 그렇게 자라게 되어 있었다. 또한 그러한 내재된 목적이나 자연적인 생존 조건이 주어진다면, 도토리가 얼마나 잘 자라고 못 자랄 것인가는 그것에 따라 적절하게 판단할 수 있다. 도토리를 어떤 방식으로 다루거나 또는 '교육하는' 것이 적절한가 하는 것은 그것이 도토리의 자연적인 변성이나 성장을 돕는가 아니면 방해하는가에 비추어 이해될 수 있다.

도토리 얘기는 이 정도로 하고, 우리 인간은 어떠한가? 그리고 인간의 교육은 어떠한가? 도토리가 문진(文鎭)으로도 사용될 수 있고 새총의 재료로도 사용될 수 있는 것처럼, 사람도 그 본성에 위배되는 방식으로 훈련되거나 비뚤어질 수 있다. 그러나 자연은 도토리뿐만 아니라 인간에게도 의미나 목적을 부여한다고 여겨졌다. 인간은 자동차 정비, 교량 혹은 기업금융 등의 분야에서 유능해질 수 있지만, 그와 동시에 참된 인간으로 교육될 수도 있다. 인간은 적절한 교육을 통해 자연이 의도한 대로 될 수 있다. 이러한 틀에서 보았을 때, 참된 교육 혹은 참된 자유교육이란 인간을 가장 자연스럽게 자라도록, 자연이 부여한 그대로 되도록, 그리고 그들의 궁극적 목적을 성취하도록 허용하는 것이다.

본성과 의미에 관한 가장 발달된 형태의 논의는 서양의 토미즘과 그 방계 철학들에서 찾아볼 수 있다.[2] 여기서 아퀴나스(Thomas Aquinas)가 사용한 가장 기본적인 비유, 곧 인공물 비유가 가장 분명하게 활용되고 있으며 부단히 발전되고 있다. 도토리나 사람이 특정한 목적에 따라 창조된 것이라고 가정한다면, 그들은 자연히 무언가를 하도록 의도된 것으로 생각할 수 있다. 따라서 만물은 그 창조자의 동기에 의해 의미를 부여받은 셈이다. 인간 삶의 유일한 의미는, 중세적 맥락에서 이해한다면 하나님을 알게 되고 사랑하는 것이다. 학습 및 교육의 중세적 유형은 오늘날 우리가 익히 알고 있는 유형에 기초하고 있다.[3] 이와 관련하여 중요한 것은 그것이 언어이건 아니면 사건, 사물, 인간 공동체, 총체로서의 인간 삶이건 또는 단순히 존재 자체이건 간에, 모든 의미를 부여받은 것(endowments)으로 간주하는 생각이다. 이 문제에 대해서는 나중에 다시 다룰 것이다.[4]

철학의 에덴동산은 이 정도로만 언급하겠다. 그렇다면 철학의 타락은 어떠한가? 과학과 문화와 사회의 진보에 관한 이야기는 잘 알려져 있다. 그 이야기에 등장하는 세계는 선험적으로 부여된 의미로부터 배제되어 있다. 그것은 때로는 우둔함과 비타협을 극복한 승리로, 때로는 비극으로 이야기된다. 어쨌든 간에 결론은 다음과 같다. 이 세계 속에서 의미는 더 이상 전체로서의 자연이나 초자연에서 발견될 수 없고, 우리를 둘러싸고 있는 세계와의 상호작용 영역 안에서 발견되거나 창조되어야만 한다는 것이다.

이 과정에 대한 듀이의 설명에는 첨예한 문제와 음모의 가능성이 들어 있긴 하지만 언제나 희망과 좋은 격려도 있다.[5] 이 점에서 듀이에게 주요한 생각은 고정되고(되거나) 영구적인 목적이나 이상은 제거되어야만 한다는 것이다. 당연히 그러한 목적이나 이상은 현존하는 본질의 영역에서나 어떤 궁극적인 방식으로 존재하는 영역에서 시간과 사건의 영역을 넘어서 혹은 역사를 넘어서 존재한다고 간주되는 어떠한 목적(telos)들을 포함하고 있다. 이러한 설명을 하면서 동시에 듀이는 자기 특유의 방식으로 다음과 같이 논한다. 그러한 세계를 가정하는 것은 다른 집단에 대한 특정 집단의 권력 행사를 위장하는 기능을 하는데, 그렇게 함으로써 참다운 사회적 지성의 발전을 방해한다는 것이다.

이러한 시각이 가지는 여러 측면에 대해서는 나중에 보다 자세히 논의할 것이다. 그러면, 현재 우리에게 위에서 묘사된 시각(세계관)의 변천 과정이 일반적으로 함의하는 바는 무엇일까? 작가 로드맨(John Rodman)은 〈돌고래 논문(The Dolphin Papers)〉이라는 도발적인 글에서 다음과 같이 힘이 넘치는 대답을 제시한다.

> 진정으로 혁명적인 유일한 입장은 '본성'을 가장 위대한 관습으로 보는 입장이다. 본성이나 본질이라는 것은 아마도 존재하지 않을 것이다. 확실성, 명확성, 차별, 위계 등과 같은 환상을 만들어 내기 위하여 인간들이 인식적 그리고 정치적 동기로 끊임없이 유동적인 자신의 경험을 끼워 맞추는 범주와 패러다임만이 존재할 뿐이다. 끊임없이 움직이고 변화하는 헤라클레이토스적 세계를 인간은 분명히 좋아하지 않는다. 그들은 현기증과 어지러움의 혼란에 빠지지 않기 위하여 고정된 의미의 지시 체계를 원한다. 본성이나 본질에 대한 생각은 아마도 영원성에 대한 인간의 궁극적 이해를 표현하는 것일 것이다. 그리하여 진화론(인류를 포함한 종의 변화)의 충격이 본격적으로 어떠한 결과를 초래할지는 여전히 두고 보아야 할 일이다.[6]

한때 에덴동산에서 눈과 팔, 엄지손가락(육신)을 가진 존재일 뿐만 아니라 세계의 기획과 그 기획자를 투명하게 그대로 비추는 마음을 가진 존재가 살았던 곳에, 지금은 자연도태와 기계론, 우연 그리고 야만적인 조작만이 존재할 뿐이다. 우리 자신, 즉 인간적 목적이 이 혼란의 세계에 어떤 질서를 부여할 수 있는 한, 이것만이 세계와 인간의 삶이 무엇을 의미할 수 있는지 그 대답을 제공할 수 있는 것처럼 보인다. 어떤 의미가 다소 객관성을 지니고 있다고 보는 시각은 이제 시대착오적인 것이 되었다.

앞에서 인용한 로드맨의 표현은 유럽 대륙의 '포스트모던' 사상의 흐름이 최근 (미국의) 프래그머티즘과 상호작용을 해 온 하나의 방식을 보여 준다. 본질의 상실 혹은 '신의 죽음'에 대한 반응은 끊임없이 변화하는 세계에 직면하여 일종의 사르트르적 혐오, 불안 그리고 절망의 경향으로 나타난다. 그러한 다원적 세계에서는 인간의 본성이나 궁극적 의미, 그리고 그것이 자유교육과 맺고 있는 개념적 관련성에 대한 논의가 해체될 수 있고 해체되어야 한다고 주장한다. 예를 들면, 이러한 논의는 트라시마코스적 혹은 니체적 권력의 의지에 기대거나, 아니면 멋진 신세계에서 안전을 추구하는 소아병적 욕망에 기대는 것으로 여겨진다. 그러나 전형적으로 그러한 글들은 그 자체로서는 정당화될 수 없는 가치 지향성—사르트르의 마르크시즘, 니체적 형이상학 혹은 현재 널리 알려진 많은 형태의 '정치적으로 올바른' 민주주의적 신조—을 내포하고 있다. 이러한 '포스트모던' 설명들이 지닌 가장 큰 문제는 인간 해방과 인간 번영에 대한 그들의 주장이 단순히 실재에 대한 더 큰 환상, 더 큰 거짓말, 더 큰 도피 혹은 더 큰 독단일지도 모른다는 점이다.[7]

이러한 후기 다윈주의적 프래그머티즘 철학에 대응하는 또 하나의 조류(潮流)는 일종의 반동적 낭만주의다. 이것에 따르면, 본질의 에덴동산은 현세의 혼동, 흐리멍덩한 인간의 사고, 그리고 인간 자만의 희미한 안개 너머에 지금도 존재하고 있다. 여기서 이 입장에 대해서는 별로 논의하지 않을 것이다. 프래그머티즘 철학은 그러한 입장을 배격한다. 지금부터 논의할 듀이의 프래그머티즘은 제3의 길과 같은 것, 즉 허무주의와 본질주의 사이의 중간 길을 제공할 것이다.

성장과 의미

듀이의 프래그머티즘에서는 타락 이후의 의미를 이해하고자 하는 세련된 시도가 발견된다. 듀이는 자연주의에 충실함으로써 인간의 삶과 사고를 우선적으로 환경에 대한 만족스러운 적응과 관련된 생물적인 유기체의 활동으로 이해할 수 있게 되었다. 듀이가 볼 때, 이러한 설명은 철학의 타락 이전에는 인간의 활동을 전형적으로 몸이 없는 마음의 일 혹은 기계 속의 영혼으로 파악했던 것과 크게 대조된다. 지식은 경험 이전에 오는 것과 그것의 결과를 미리 예측하는 것으로서, 상황에 대처하고 문제를 해결하는 데 유용한 것으로 이해된다. 그렇게 파악된 사물과 사건의 의미는 인간의 활동 이전에 존재한다고 알고 있는 실재의 복사(copying), 즉 충분한 재현으로 지식을 파악하는 보다 전통적인 이해와 날카롭게 대비된다.

최근 로티와 같은 프래그머티스트들이 의미에 대한 전통적인 해석을 새롭게 각색하려고 시도하는 것은 그러한 해석이 비교적 불완전하다는 것을 암시하고 있다. 성장과 의미에 대한 로티의 설명은 타락 이후 의미와 성장에 대한 이야기를 유보하는 데에 따른 문제를 분명하게 상기시켜 주고 있다. 사르트르(Jean Paul Sartre)와 니체(Friedrich Nietzsche) 같은 대륙의 작가들에 대한 관심을 통해 그는 인간의 의미 추구를 자기창조의 과정으로 파악한다. 아리스토텔레스의 모델에 충실히 따를 때, 참되고 객관적인 성장은 어떤 사물이 미리 정해진 목적에 부합되는 것을 의미한다. 그러나 적어도 로티에 있어서 그것은 단지 삶의 특수한 문제와 상황, 그리고 직면한 욕망들에 대응해서 자신의 의미와 정체성을 구성하는 것으로 이루어질 수 있다. 자연이나 세계 설계에 의해 부여되는 의미나 목적을 찾는 대신에 모리스(T. V. Morris)가 "스스로 해 보기" 접근이라고 부른 것, 즉 사르트르의 실존주의에서 발견되는 접근을 모색한다.[8]

〈독단 없는 교육(Education without Dogma)〉이라고 제목을 붙인 글에서 로티가 쓰고 있듯이, 이러한 상황에서 무엇이 부적합한 성장과 적합한 성장을 나누고 돌연변이나 악성 질병 혹은 심지어는 혼돈과 건강한 발전을 구별하게 하는지 이해하기란 어렵다. 이 문제에 대한 그의 설명은 사뭇 도발적이다.

> 각종의 동물들이 환경 조건의 변화를 통해 서서히 스스로의 진화를 통제한다는 이러한 생각에 따라, 듀이는 다윈적인 언어에 충실하게 '성장 자체가 도덕적 목적'이고 '성장을 보호하고 유지하고 지도하는 것이 교육의 중요한 이상형'이라고 말한다. 듀이에 대한 보수주

> 의자들의 비판은 그가 성장에 대해 분명한 척도를 제공하지 않고 흐릿하게 처리했다는 점에 초점을 맞춘다. 그러나 듀이는 그에 관한 어떤 척도이든 간에 미래를 현재의 기준에 맞춰 깎아 내리게 될 것이라는 것을 제대로 간파했다. 그러한 척도를 요구하는 것은 마치 공룡에게 좋은 포유류가 되기 위해서 무엇을 해야 할지 구체화하도록 요구하는 것이나, 4세기의 아테네 사람에게 20세기의 산업화된 민주시민에 걸맞은 삶의 형태들을 제안하도록 요청하는 것과 같다.[9]

적어도 로티의 관점에서 볼 때, 프래그머티스트가 말하는 성장은 단지 맥락적인 문제로 간주되어야 한다는 것을 시사하고 있다. 성장과 좋음은 어떤 경우에나 각자의 특수한 맥락과 연관되어 있다. 여기서 주의해야 할 점은 이와 같은 로티의 관점이 듀이의 맥락주의에 이미 나타나 있다는 점이다. 어떤 주어진 상황에서 좋다는 것은 (듀이 자신의 맥락주의적인 표현을 사용하자면) "…… 서로 상충되는 다양한 욕망과 습관의 갈등이나 뒤엉킴이 행위(action) 속에서 잘 정돈된 방식으로 종료될 때 해당 활동이 지니게 되는 의미"[10]를 가리킨다.

이 설명에 따라 인간은 특정한 상황에 모종의 가치 혹은 욕망을 부여한다. 이와 같이 인간이 부여한 의미는 점점 발전해 가는 목적 혹은 가시적인 목표로서 자아와 환경 간에 이루어진 앞선 상호작용의 결과다. 그리고 앞선 상호작용 또한 지력이 개재되었던 정도만큼 원인과 결과의 관계로 이해된 사물의 의미로, 다시 말하면 '지적인 의미(knowledge meaning)'로 귀결되었던 것이다. 인간 삶의 역사는 욕망과 지식으로 이루어진 역사이며, 이 두 요소는 모두 새로운 문제와 장애와 갈등을 겪으면서 진화해 간다.[11]

삶의 유일한 의미 혹은 교육의 유일한 목적 등과 정반대로 진화하는 상황에서 여러 다양한 의미와 목적이 발견된다. 듀이는 〈나의 신념(What I Belive)〉이라는 글에서 (본질주의자들과 허무주의자들이 그래야 한다고 생각하고 있는 것처럼) 궁극적인 의미와 절대적인 무의미 가운데 어느 하나를 선택해야 할 이유는 없다고 말하고 있다. "우리가 직면하는 상황들은 제각기 하나씩의 다양한 의미와 목적을 지니고 있다. 각각은 나름의 방식으로 사고와 노력을 유발하며 나름대로의 잠재적인 가치를 제시한다."[12] 프래그머티즘에서 의미하는 성장은 로티가 개념화했듯이, 주어진 상황 안에서 단지 일종의 위치 조정자(place holder)로서의 역할을 할 뿐이다. 그것은 각각의 경우에 있어서 진화해 가는 욕망/의미와 끊임없이 진화해 가는 환경 사이에 이루어지는 균형을 그때그때 표시해 가는 기능을 한다.

이러한 설명은 타락 이후의 허무주의와 본질주의의 대립에 얼마나 훌륭히 대응할 수 있는가? 프래그머티즘은 지금까지 이해된 대로, 어느 정도는 이 두 관점에 공통적으로 들어 있는 전제에 답변하고 있다고 할 수 있다. 이 전제는 본질 혹은 목적(telos)의 부재가 가장 조악한 형태의 상대주의를 함의한다는 주장이다. 성장의 측정, 각각의 상황에 있어서 선(善)의 측정은 (예컨대, 아이스크림의 가치에 대한 측정과 달리) 객관적일 수 있다. 유기체의 습관들 간에 존재하는 갈등과 혼란은 극복되거나 혹은 극복되지 않거나 한다. 뿐만 아니라, 우리는 진화하는 문제의식과 지식의 개념으로 특징지을 수 있는 사고(思考)의 전통을 생각할 수 있다. 이 전통 속에서 합리성은 적어도 부분적으로 바로 그 전통의 현재 모습을 구성하고 있는 능력에 비추어 결정된다.[13]

그렇다면 궁극적인 의미, 곧 모든 개별 의미를 초월한 의미, 그리고 모든 개별적인 성장을 초월한 성장의 가능성을 끝끝내 포기하지 않는 본질주의자에게는 어떤 말을 할 수 있겠는가? 프래그머티즘의 역사는 우리에게 몇 가지 전략을 일러 주고 있다. 첫 번째 전략은 듀이에게서도 마찬가지이지만 우리는 특히 로티에게서 의미와 무의미로 개념화된 한 가지 대응방식을 제공받을 수 있다. 둘째, 상대적 건강/성숙의 개념을 통한 설명방식이다. 셋째, 거대이론 혹은 합리성의 의미를 통한 이해방식이다. 이들 각각의 전략이 무엇에 관한 것인지를 좀 더 자세히 설명함으로써 이 절(節)을 끝맺고자 한다.

언어적 실증주의를 포함하여 다양한 형태의 실증주의는 고전철학이 제기했던 질문들이 타당하지 않거나 잘못 성립된 것이라는 점에 공통된 의견을 보여 왔다. 플라톤과 같은 철학자들의 탐구는 마치 아라비아 숫자 3의 색깔이 무엇인지를 밝혀내려는 시도와 같았다는 것이다. 칸트(Immanuel Kant)가 『순수이성 비판(*Critique of Pure Reason*)』에서 형이상학적 탐구를 수컷 염소에게서 젖을 짜내려는 시도에 비유한 것은 유명하다.

이에 대해 상당히 잘 알려진 예가 있는데, 철학자 오스틴(J. L. Austin)은 전통적인 존재론이 기초하고 있는 질문—'실재하는 것은 무엇인가?'(또는 '진짜로 실재하는 것은 무엇인가?')—이 오류에 의거하고 있음을 논증하였다. 오스틴은 '진짜(real)'라는 말은 일종의 '바지 단어(trouser word)'라고 주장했다. 그것은 이런 저런 언어적 맥락에서 **작용될** 때에만 의미를 가진다. 오리 사냥꾼은 유인용 가짜 새와 대비하여 **진짜** 오리에 관해 말할 수 있으며, 제과사(製菓師)는 깡통에서 꺼낸 그런 종류가 아닌 **진짜** 설탕 장식에 관해 말할 수 있다. 분명 앞서 논의한 듀이와 로티의 글에서, 의미를 맥락에 비추어 분석하는 것은 암암리에 전제된 궁극적인 것을 개별자로 환원하는 것으로서, 이러한 맥락 속에서 이해될 수 있다. 이것이 바로 '초월적 전망' 혹은 '신의 눈을 통해 본 전망'에 관한 문제에 대응하는 전형적인 프래그머티즘의 방식이다.[14]

두 번째 전략은 좋은 질문인가 나쁜 질문인가 하는 것을 성숙, 미성숙의 개념을 써서 말하는 것이다. 프로이트(Sigmund Freud)와 마르크스(Karl Marx)는 둘 다 자신의 저서 속에서 이렇게 넌지시 말하고 있다. 신에 대한 욕구, 초월자에 의해 부여된 의미나 목적에 대한 욕구, 인간의 욕구와 신념, 행위를 떠나 의미를 부여하고자 하는 욕구는 일종의 유치한 생각으로서, 좋게 봐 주어서 잘 달래야 하지만 결국에는 근절시켜야 할 것들이다.

이 노선은 듀이의 저서 속에서 가끔씩 나타나며, 로티의 저서 속에서는 더 자주 드러난다. 로티는 자기 논문 속에서 가끔 심리전을 활용한다. 즉, 우연이라는 멋진 신세계에 들어가기 위하여 본질과 전제된 실재에 관한 탐구를 내던질 만한 성숙과 용기를 보여 주기 위하여, 본질적 의미가 아니라 개별적 의미를 선택하도록 독자에게 요구하는 것이다.[15]

세 번째 전략은 로티의 최근 저술 속에서 사용되고 있는데, 본질적 의미와 개별적 의미에 대한 가장 전형적인 듀이식 접근법으로 알려진 방식을 아주 분명하게 보여 준다. 듀이는 「다윈이 철학에 끼친 영향(The Influence of Darwin on Philosophy)」이라는 유명한 논문에서, 지적 혁명의 가장 중요한 결과가 때로는 단지 어떤 중요한 질문 혹은 질문들에 답하는 것이 아니라 오히려 일련의 질문을 다른 종류의 질문으로 대체하는 것이라고 주장하고 있다.[16] 이렇게 볼 때, 듀이는 앞서 인용한 〈나의 신념〉이라는 글 안에서, 우리의 당면한 문제와 사업에 비추어 프래그머틱한 근거에 따라 한 가지 유형의 전통적 탐구를 포기할 것을 진정으로 권유하고 있다고 여겨진다. 일단 삶의 궁극적 목적과 의미에 관한 탐구를 지나쳐 버리면, 민주적인 삶의 방식을 하나의 실재로 만드는 일에 착수할 수 있다. 로티의 저술 안에서 행위, 희곡과 소설 쓰기, 직접적인 정치적 작업, 탈철학적(post-philosophical) 문화에 대한 개입 등에 찬동하면서 전통적인 철학적 문제를 심각하게 받아들이는 것에 반대하는 그런 종류의 논의들을 많이 찾아볼 수 있으리라고 생각한다.[17]

결국, 이제까지 로티가 듀이를 어떻게 활용했는가를 언급한 것은 의미에 관한 탐구에 합리적이면서 여전히 궁극적인 요소가 있음을 인정하고 이를 해결하기 위한 근거 자료가 로티의 저술이 아니라 듀이의 저술 안에 있다는 것을 주장하고자 하는 동기 때문이다. 신프래그머티즘은 로티의 저술뿐만 아니라 다른 학자들의 저술 속에서도 의미에 관한 듀이의 종교적 탐구를 강조하지 못했다. 로커펠러가 듀이에 대해 서술한 것에 따르면, 민주주의에 대한 신념과 프래그머티즘은 듀이 철학 안에 들어 있는 이러한 종교적 요소가 진지하게 다루어질 때에만 설득력이 있고 또 마땅히 설득력을 가질 만하다. 다시 말하면, 프래그머티즘은 듀이 철학 안에 들어 있는 궁극적 의미에 관한 관심을 폄하하려는 로티의 시도를 넘어서야 한다.

듀이와 궁극적 의미

로커펠러 책의 가장 탁월한 점 중의 하나는 그 속에서 듀이가 궁극적인 의미와 관련된 오래된 질문들을 부단히 다루어 왔음을 보여 주는 것이다. 실제로 로커펠러는 듀이의 전체 저작에서 "통상적으로는 잘 알려져 있지 않은 의미의 깊이와 충만"[18]을 발견할 수 있다고 말한다. 거기서 그가 찾은 것은 "…… 인간성이 공유하고 있는 믿음과 헌신이라는 인간 종의 사회적 · 경제적 · 도덕적 · 종교적 삶이 장래에 발전하게 될 이상적인 가능성을 포함하고 있는 …… 해방과 공동체의 지극히 민주적인 방식"[19]이다. 그가 생각하기에 듀이의 철학, 즉 민주주의에 대한 종교적 믿음은 특별하고 독특하다. 그 이유는 종교적 믿음이 세속적인 계몽적 사고방식의 도전에 직면해서도 선(善)한 것을 보존하고 있는 영속적인 종교적 이상을 재건하는 데에 기여한다는 의미 때문이다. 로커펠러 책의 탁월성은 바로 듀이의 철학 및 민주주의가 과학과 계몽뿐만 아니라 본질주의자들이 그토록 보존하고 키우려고 하는 소망도 실제로 진지하게 다루었음을 우리에게 보여 주었다는 점이다. 그의 책은 의미에 대한 직관을 얻기 위해 듀이의 권위에 의존할 수 없는 자칭 프래그머티즘적 실증주의자들을 비판하는 데에도 유용하다. 아마도 다음과 같이 비난할 수 있을 법하다. 즉, 프래그머티즘은 본질주의의 가장 기본적인 관심에 답하는 회의주의나 로티의 신프래그머티즘과 같은 유사 실증주의를 넘어설 수 있을지도 모른다.

로커펠러의 설명에 따르면, 종교적 성향에 대한 듀이의 기술에는 행동적인 요소와 관조적인 요소가 둘 다 들어 있다.[20] 로커펠러는 헤겔주의를 버리고 더욱 자연주의적이고 다원적인 세계관으로 향한 후에 듀이가 처음에 어떤 식으로 행동적인 요소를 강조했는지를 묘사하고 있다. 듀이에게 행동적인 요소는 자아 내에서뿐만 아니라 민주적인 삶의 방식이라는 이상을 실현하는 데에 참여하는 자아와 공동체 사이의 일종의 통일을 가리킨다. 이렇게 민주주의에 대한 듀이의 신념에서 행동적인 요소는 그의 초기의 이상주의적인 관점, 즉 실제적인 것과 이상적인 것 사이의 통일은 추구되는 것이라기보다 미리 실현되는 것으로 간주된다는 생각과 아주 분명히 일치한다.

로커펠러에 따르면 이러한 요소는 듀이의 비교적 후기 저작인 『공통의 믿음(*A Common Faith*)』에서도 강조되고 있다. 거기서 듀이는 신(神)을 민주주의 이상들의 상상된 실재로 간주하고 있을 뿐만 아니라, 그러한 실재에 기여하는 모든 인격적 · 자연적 요소들에 대해서도 언급하고 있다. 듀이가 보기에 신에 대한 관념은 "… 흥미, 분출하는 감정, 생동감 있는 행동을 통일하기 위한 시적(詩的)인 도구"[21]로서 가치 있을 수도 있다. 행동과 믿음을 포함하여 듀이는 그러한 자신의 생각이 민주주의를 신봉하는 사람들에게 자연에 대한 경건한 느낌, 그리고 조상과 후손을 위해 현재 노력하고 있는 사람들 사이의 사랑과 신뢰의 연대의식을 제공하기를 희망하고 있다.

왜 그토록 많은 사람들이 듀이에게 신(神)이 결여되어 있음을 찾고 있는지 알아보려면, 먼저 그의 후계자인 로티를 보라. 로커펠러에 따르면 로티가 '객관성' 대신에 '연대의식'을 택하고 있다는 비판은 듀이의 『공통의 믿음』에 대해 가해지는 비판과 사뭇 유사하다.[22] 많은 로티 비판가들은 그가 어떤 한갓 인간의 관념 및 이상 너머에 있는 진리의 가능성과 인간의 앎과 욕망 속에서 발견되는 의미 너머에 있는 어떤 궁극적 의미의 가능성을 인정하는 데에 실패했음을 겨냥하고 있다. 예컨대, 민주주의에 대한 우리의 믿음과 헌신은 과연 자신의 전통이라는 한계 내에서 살아가고 있는 우리가 단순히 그리고 우연히 믿고 있는 것을 넘어서서 정당화될 수 있는가? 로티의 최종적인 개념에 대한 우리의 헌신을 넘어서는 우리 자신의 믿음에 대해 어떤 기초는 없는가? 하지만 로티는 이러한 질문들을 포기한다. 그의 주장에 따르면, 예컨대 그러한 질문들은 '신은 우리 편에 계시는지'[23]를 걱정하는 것만큼이나 무의미하다. 그러나 그러한 근심이나 그것들에 대해 직접 대답하는 욕망이 왜 무의미한가?

로커펠러가 지적하듯이, 오늘날 우리가 목격하는 사회적 · 정치적 삶의 역설은 비서구 사회로부터 민주주의가 되살아남에도 불구하고, 서구 사회에서는 무관심이 점차 확산되고 있다는 사실과 관련이 있다.[24] 동유럽 국가들이 지혜와 용기의 모범을 우리에게서 구하는 반면, 서구는 도덕적 · 사회적 병폐 속에서 허우적거리고 있다. 아마도 이러한 마비 상태에 이르게 된 것에는 충분한 이유가 있을지 모른다. 세상의 악—전쟁, 유대인 학살(the Holocaust), 핵무기 증강, 점점 커지는 환경 위기—에 직면하여 민주적 자유주의에 대한 우리의 신념에 의문을 제기할 충분한 이유가 있을 수 있다. 예를 들면, 서구 사회는 앞에서 논의된 허무주의에 맞설 방책이 있는지 물어보아야만 한다. 지금까지 논의된 사회실천적 종교 신념 속에는 정당화를 절실히 요구하는 희망을 넘어서서 그러한 염려에 맞설 수 있는 것이 아무것도 없다. 열과 성의를 다해 우리가 지속적으로 헌신할 수 있는 동기는 어떻게 찾을 수 있을 것인가?

지속되는 하나의 신념을 키우는 본질이나 본성이 우리에게 호소력이 없다면 우리는 무엇을 시도할 수 있는가? 로커펠러에 따르면, 듀이의 설명은 적어도 서구 사회의 이러한 염려를 다루기 시작하는 (이론적) 자원들을 포함하고 있다. 또한 이 일반적 목적을 위하여 듀이는 민주주의적 신념의 더 심화된 관조적 요소를 발전시키고 있다. 듀이의 성장 개념을 잠시 살펴봄으로써 이 요소는 좀 더 충분히 설명될 수 있다.

이 주제에 관한 가장 뛰어난 최근 논문 몇 편에서 페카르스키(Daniel Pekarsky)는 새로운 맥락에서의 새로운 목적의 발전으로뿐 아니라, 내가 증대된 지식이라고 언급한 바 있는 것을 넘어서는, 성장에 대한 듀이의 개념에 내포된 한 요소에 대하여 피력한다.[25] 페카르스키는 이 요소를 '감상(appreciation)'이라고 부른다. 감상의 사례들이 증가하는 것은 선행하는 것 혹은 후행하는 것에 대한 부가된 지식과 관련될 수도 그렇지 않을 수도 있다. 페카르스키에 있어서 감상은 성장에 포함된 의미의 요소를 나타낸다. 여기서 의미는 지식과 달리 단지 생물학적 적응이나 수단적 예측 혹은 문제 해결적 통제에 관한 것이 아니라, 오히려 심미적 혹은 심지어 종교적 경험에 특징적으로 나타나는 종류의 통일적 지각이라는 것과 더 관련이 있다. 로커펠러의 설명에서, 듀이의 삶은 일차적으로 자연 안에서 단순히 더 잘 생존하는 방법을 찾는 것이 아니라 특별한 종류의 감상을 찾는 데 관심이 있었다. 『인간의 본성과 행위(*Human Nature and Conduct*)』의 종결부에서 듀이는 이러한 종류의 감상을 언급하고 있다.

> 사람들 사이에는 이미 무한한 관계가 존재하고 있다. 이상(the ideal)이라는 것은 …… 그들이 서로 간의 무한한 접촉을 통하여 이러한 포괄적 연속성을 느끼는 것을 의미한다. 이러한 의미는 지금 이 순간에도 현재의 활동에 붙박여 있는데, 왜냐하면 그 활동은 그것이 속해 있는 전체에 놓여 있고 그 전체는 그 활동들에 속해 있기 때문이다. 갈등, 투쟁 그리고 패배 속에서라도 영속적이고 포괄적인 전체에 대한 의식은 가능하다.[26]

더욱이 로커펠러는 듀이 자신이 전체 안에서 자신이 처해 있는 위치에 대한 감각과 대부분의 신비주의를 구성하는 영혼의 평온함을 느끼는 데에 성공하였음을 꽤 설득력 있게 제시하고 있다.[27)] 다시 말하면, 듀이는 단지 인간적인 혹은 자연적인 어떤 것을 넘어서는 의미 안에서 그 어떤 토대를 발견한 것이다. 이제 로커펠러와 우리에게 놓인 문제는 다음과 같은 것이다. 듀이는 여기서 구하고 얻은 것을 자신의 자연주의적 · 반본질주의적 철학의 경계 안에서 설명할 수 있는가? 그는 자신의 필요를 정당화할 수 있는가? 그리고 그것이 합당하게 충족될 수 있는 방법을 설명할 수 있는가?

궁극적 의미의 탐색은 듀이적 민주주의자들이 혼란과 악에 대항하여 계속 벌이고 있는 싸움을 넘어서서 나아가도록 한다. 로커펠러의 생각에, 이 탐색은 듀이 자신의 삶에서 조화, 전체, 평화라는 보다 깊은 진리로 나아간다. 듀이의 전체 기획의 이면에는 이원론을 넘어선 통일이 있다. 이것이야말로 듀이 자신의 표현처럼 투쟁하고 있는 자신에게 "이해를 넘어선 평화"를 제공하는 것이다. 듀이는 그러한 평화에 대한 암시 속에서 민주적 삶이 결국 우리에게 가져다줄 수 있는 것이 무엇인지를 발견한다. 문제는 듀이가 과연 앞에서 묘사한 것과 같은 그런 종류의 경험을 성취했는지가 아니다. 그러한 경험에 대한 인간의 필요를 듀이가 인정했다는 것을 전제할 때 그 질문은 오히려 로커펠러가 주장하는 것처럼, 자연주의적이고 반본질주의적인 철학 안에서 어떻게 그것을 찾고 얻는 것이 가능한가 하는 것이다. 다시 말하자면, 실재를 이해하는 자신의 방식 안에서 듀이는 자신의 필요를 정당화할 수 있는가, 그리고 그것을 합당하게 충족시키는 방법을 설명할 수 있는가? 로커펠러는 이 문제를 다음과 같이 제기한다.

> 듀이의 자연주의적 세계관은 궁극적 의미가 어떻게 가능한지 설명할 수 있는가? …… 종교적 경험에 관한 그의 설명은 자신의 형이상학과 신에 대한 관념 속에서 충분히 드러나지 않은 실재에 대한 그의 이해를 함의하고 있는가? 듀이 자신의 종교적 경험은 그의 철학적 언어로는 적절히 표현되지 않는 실재의 깊은 차원을 지시하고 있는가?[28]

마지막으로, 만약 그러하다면 민주주의 교육은 어떻게 다른 것으로 향하는 길을 지시하도록 할 수 있는가?

프래그머티즘의 한계

윌리엄 제임스는 수많은 논문을 통해 염세주의 문제를 극복하는 유일한 해결책이 종교적 믿음이라고 주장한다. 그것은 인간과 자연을 넘어서는 질서에 대한 믿음으로서 "자연 질서의 수수께끼를 해명할 수 있고 우리의 현재적인 세속의 삶에 대한 진정한 의미를 구성하게 된다." 제임스의 논문들은 과학적이고 계몽적인 앎의 방식과 존재방식의 한계를 효과적으로 지적하고 있다. 심지어는 가장 훌륭한 과학적인 앎에서조차도 아는 존재, 사랑하는 존재, 그리고 과학적 이론가로서의 인간은 간과되고 간과될 수밖에 없다. 이러한 언급 속에서 제임스는 내가 언급했던 궁극적인 의미나 목적과는 무관한 순수 의미와 목적이 결코 인간의 마음을 충족시킬 수 없다는 자신의 신념을 넌지시 비추고 있다.[29]

그러나 제임스는 내가 실증주의적 프래그머티즘이라고 지칭한 것에 대한 이러한 비판들을 넘어서고 있다. 즉, 그는 내가 본질주의자라고 부르는 사람들을 비판하고 있다. 왜냐하면, 그들은 이러저러한 개념적인 틀 내에서 보다 심오한 의미의 질서를 파악하려고 독단적으로 시도하기 때문이다. 제임스는 인간은 신념을 필요로 한다고 말한다. 그러나 "……(인간은) 그 어떤 신조나 의미 규정 없이도 통용되는 그러한 신념에 따라 살 수도 죽을 수도 있다." 사람들이 필요로 하는 것은 진리라는 영역에 직관적으로 도달하는 것이 아니라 우리의 진리, 우리의 의미 그리고 우리의 목적이 실존을 위한 유일한 근거나 최종적인 근거는 아니라는 것을 의식하는 것이다.[30]

듀이에 대한 로커펠러의 논의는 이러한 제임스의 결론을 뒷받침해 주는 중요한 증거가 된다. 로커펠러에 따르면, 듀이는 종종 과학주의라는 실수를 범한다. 그러나 그가 해석하는 듀이는 결국 (물론 제임스는 더욱 일관성 있게 그러했지만) 자연주의는 충분치 않다는 것을 적어도 인식하기 시작했다. 로커펠러는 그 어떤 자연주의자보다도 더 열성적이고 진지하게 인간 경험의 전체 영역을 이해하려고 시도한 사람의 초상화를 그려 내보이고 있지만, 결국에 그것은 가장 열성적이고 공공연히 자처하는 자연주의라 할지라도 인간 삶의 가장 중요한 주제는 건드리지도 않는다는 중요한 증거를 제공하고 있다.

로커펠러의 책에서 가장 취약하지만 어쩌면 가장 의미심장한 부분은 듀이의 『경험과 자연(*Experience and Nature*)』의 세계 안에서 의미와 신비를 위한 공간을 만들려고 시도한 일일 것이다. 그가 듀이의 세계 체계를 에크하르트(Meister Eckhart)와 같은 신비주의 신학자나 스테이스(W. T. Stace)와 같은 철학자의 저서와 연관시키려고 시도한 것은 분명히 흥미롭고 교훈적이다.[31] 그러나 그의 계획은 그리고 듀이의 계획은 잠재되어 있는 독단론 때문에, 즉 형이상학으로 전락하기 때문에 실패한다. 듀이의 프래그머티즘뿐만 아니라 허무주의조차도 세계에 대한 절대적인 진리를 철학적이고 형이상학적인 언어로 파악하려는 시도를 완전히 포기할 수 없는 것 같다. 그 결과, 둘 다 실제로 문제가 되는 것을 제대로 고려하는 데 실패한 것이다. 나는 철학의 타락 이후에 우리가 버려야 할 것이 비단 본질주의뿐만 아니라 형이상학과 존재론이라고 제안하고 싶다.

허무주의자와 실증주의자뿐만 아니라, 심지어 푸코(Michael Foucault)와 로티처럼 섬세한 유사 실증주의자들도 형이상학을 떠나보내야 한다고 주장한다. 그러나 이들은 본질주의에 대해 비난을 퍼붓는 와중에도 끊임없이 명목론, 우연성, 자유 그리고 권력의 형이상학을 끌어들이고 있다. 많은 측면에서 제임스의 철학보다도 훨씬 앞선 듀이의 세련된 철학적 계획조차도, 비록 진리는 헤라클레이토스적인 것으로 드러나고 있음에도 불구하고, 심지어 신의 눈(the God's eye)으로 바라본 진리, 곧 사물의 본질을 파악하려고 시도함으로써 곁길로 흐르고 있다. 듀이의 프래그머티즘은 결국 실패한다. 왜냐하면, 그것은 (로티의 언어를 사용하자면) 모든 '메타 서사(metanarratives)'를 비역사적이고 교조적이라고 거부하면서도 『경험과 자연(*Experience and Nature*)』에서 자신의 결론을 메타 서사로 성문화(成文化)하려고 시도하기 때문이다. 나아가 로커펠러의 노력이 암시하고 있듯이 그러한 메타 서사를 궁극의 의미와 화해시키려고 하는 시도는 엄청난 어려움에 직면하게 된다.

아마도 로커펠러가 제안한 것처럼, 듀이의 프래그머티즘에 애착을 느끼는 사람들은 에크하르트, 디오니소스(Dionysus the Aeropagete), 부버(Martin Buber), 대승불교 사상가들에게도 마땅히 경의를 표하여야 한다고 말하는 것은, 게다가(혹은 특히) 이제까지 공들여 전개해 온 논의의 말미에 그러는 것은 혼란스럽거나 성가시게 여겨질지도 모른다. 여기서의 요점은 듀이가 찬탄해 마지않던 철학자 제임스와 또한 제임스를 존경했던 철학자 비트겐슈타인(Ludwig Wittgenstein)을 언급함으로써 분명해질 수 있다. 프래그머티즘의 세계 안에서 순수하게 자연주의적인 철학을 책임 있는 방식으로 확장시키는 데에 우리가 활용할 수 있는 최선의 안내자는 제임스와 비트겐슈타인의 급진적 자연주의다. 다음에서 이 두 사람의 사상을 언급함으로써 로커펠러의 제안을 정리하고 확대하고자 한다. 이들의 사상은 확실히 로커펠러가 참조하고 있는 사람들의 사상보다 훨씬 더 잘 알려져 있고, 듀이의 프래그머티즘과 더 쉽게 조화될 수 있다.

듀이와 로티처럼 제임스 또한 때때로 형이상학적 색채를 띤다. 그러나 표현 불가능한 것을 기술하는 데에 수반되는 역설을 제임스보다 훌륭하게 설명해 내는 프래그머티스트는 없다. 〈믿음에 대한 의지(The Will to Believe)〉의 서문에 등장하는 다음과 같은 그의 견해에서 우리는 제임스의 급진적인 경험주의를 엿볼 수 있다.

> (급진적인 경험주의자들에게) 경험의 조야(朝野)함은 조야하다는 바로 그 점 때문에 하나의 영구불변한 요소로 남는다. 세계가 절대적으로 단일한 사실로 나타날 수 있게 하는 **관점은 결코 존재하지 않는다**(고딕 강조는 필자).[32]

관점은 결코 존재하지 않는다. 사물이 존재하는 철학적인 방식은 그에 대한 인식이 어렵다거나 심지어는 불가능하다는 것이 아니라, 단적으로 말해서 그런 것은 없다는 것이다. 심지어 이 말조차도 우리를 오도하고 있다. 비트겐슈타인은 (적어도 몽크[Ray Monk]가 묘사한 바에 따르면) 이와 흡사한 형태의 실재를 암시하고 있다. 몽크에 따르면, 비트겐슈타인은 그의 전기 저작과 후기 저작에서 공통적으로 철학적 이론과 형이상학을 거부하였다. 그가 그렇게 했던 것은 신비와 경이를 몰아내기 위해서가 아니라 오히려 그것에 이르는 길을 마련하기 위해서였다. 교육과 여타 영역에서의 프래그머티즘은 듀이와 로티가 프래그머티즘 철학에서 이룩한 진보에 동조할 때뿐만 아니라, 제임스와 비트겐슈타인의 이론에서 집요하게 제안된 방식으로 궁극적 의미에 대한 관심을 지속적으로 존중할 때 비로소 그 역량을 최대한으로 발휘할 수 있다.[33]

어떻게 하면 이러한 아이디어들을 교육에 적용시킬 수 있을 것인가? 한 가지 제안은 민주주의적 신념과 그것이 함의하는 것들을 가르치는 데 있어서, 듀이의 실천가적 신념에 동조하는 사람들뿐만 아니라 그의 관조적인 시각을 열망하고 그것을 전파해 온 사람들도 함께 연구하고 가르치고 존경해야 할 필요가 있다는 것이다. 학생들로 하여금 이 양자에 모두 관심을 가지도록 하는 데에 어느 정도까지는 에머슨(R. W. Emerson), 제임스, 위트먼(W. Whitman), 듀이 같은 작가들을 활용할 수 있다. 그러나 이 작가들을 활용하는 일이 가능하려면 오늘날 유행이 되어 버린 해체의 경향, 곧 관조적 시각을 향한 충동을 니체식 권력이나 비합리성으로 환원해 버리는 경향에 프래그머티스트들이 저항해야만 한다. 그러한 해체는 지나칠 정도로 자주 본질주의와 마찬가지로 독단으로 빠져든다. 지식 이면에 숨겨진 힘으로서의 권력을 발견하는 과정에서 의미에 대한 탐색이 자주 무시되고 있다. 이 글의 주된 입장이 올바르다고 한다면, '거룩한 멍청이들(holy fools)'의 탐구를 영웅적인 것으로 제시하고자 하는 교육자들의 노력은 정당화될 수 있으며, 이는 심지어 그들이 그러한 탐구의 결과들을 다양한 방식으로 기술할 수 있다고 주장할 경우에도 마찬가지다.

그러한 영웅적 행위와 연관된 삶과 저술을 검토하게 되면 아이러니, 유추, 비유와 같은 언어의 간접적인 형식에 관심을 가지게 된다. 실재는 결국 적절하게 개념화될 수 없는데, 교육자는 실재의 존재를 넌지시 암시하는 데에 이러한 언어를 사용할 수 있는지 그 가능성을 훨씬 더 진지하게 고려할 필요가 있다. 분명, 그러한 이해를 위한 방편으로서 시를 연구하는 것은 학생들이 그러한 실재와 실재가 제기하는 질문을 상상하도록 하는 데 일조할 수 있다.

제임스뿐만 아니라, 플라톤, 아퀴나스, 부버, 키르케고르(S. A. Kierkegaard)와 같은 사상가의 저술 또한 이러한 점에서 유용하다. 사람들은 흔히 (너무나 쉽사리) 철학의 정통 저술가들이 자연세계 너머의 세계를 정확하게 표상해 내는 일을 끊임없이 추구해 왔다고 가정해 버린다. 버럴(David Burrell)과 같은 저술가들의 주장을 진지하게 받아들인다면, 이러한 철학자들이 인간이 알 수 없는 것을 알아내기 위해 우리의 언어를 좀 더 유연한 도구로 만드는 일을 시도해 왔음을 이해하게 될지도 모른다. 예컨대, 버럴은 아퀴나스의 유추설이 형이상학적 교설로서뿐만 아니라 논리적 교설로서도 이해될 수 있음을 보여 주려 하고 있다.[34] 이와 유사하게, 제임스의 아이러니와 마찬가지로 소크라테스의 아이러니는 투쟁의 도가니 속에서 희망과 위안과 평화의 새로운 가능성을 찾는 수단으로뿐만 아니라, 세계를 안다는 우리의 주장에 제한을 가하는 하나의 방법으로 작용하고 있다. 나는 이 문제에 관한 로티의 견해를 신뢰했었지만, 내가 지나치게 관대했던 것은 아닌가 염려스럽다. 로티의 아이러니는 대륙철학의 비합리주의와 접촉하고 그 영향을 받아서 종종 허무주의와 비슷한 결론으로 치닫는다. 필요한 것은 덜 교조적인 아이러니다. 그것은 아마도 제임스에 의해 시사된 철학과 교육 안에서의 아이러니, 그리고 그 속에서 정말 중요하고 궁극적인 것에 관한 관심은 언어화되지는 않지만 존경과 겸손의 정신으로 끊임없이 추구되는 그런 아이러니일 것이다.[35]

마지막으로, 아씰라(Rene Vincente Arcilla)가 최근에 다음과 같은 논의를 전개한 바 있는데, 프래그머티즘을 받아들이는 교육자는 형이상학—이는 하이데거(Martin Heidegger)가 제기한 질문, 즉 '왜 무(無)가 아니라 무언가가 존재하는가?'라는 질문 속에 가장 잘 드러난다—에 관한 교육을 진지하게 다룰 만한 충분한 이유가 있다는 것이다.[36] 교육을 '존재의 기적과 신비' 속에서 규정하려고 하는 아씰라의 제안은 하이데거뿐만 아니라, 제임스를 위시하여 몽크가 해석한 비트겐슈타인, 로커펠러의 저서에 나타난 듀이 등이 보여 준 궁극적인 관심을 연상시킨다. 이러한 종류의 경이에 관한 교육이 왜 일찍이 듀이의 실천가적 신념과 타협할 수 없는지 나는 그 까닭을 이해하지 못하겠다. 아씰라의 제안은 나 자신의 제안과 마찬가지로, 제임스의 종교적 신념을 성문화하거나 부인하려고 하는 모든 분파적 신념의 입장을 초월하는 정신적 탐구에 관한 관심을 자유교육 안에 허용하고자 하는 것이다.

본질을 버리고 나면, 궁극적 의미에 관한 본질주의자들의 관심을 진지하게 다루기가 쉽지 않다. 실패하는 한 가지 확실한 길은 로티가 한 것처럼 언어를 거울로 보는 본질주의자들의 단순한 견해를 말 그대로 도구로서의 언어라는 여전히 그릇된 아이디어로 대체하는 것이다. 두 번째는 니체의 권력과 학대의 존재론을 인간본성에 관한 새로운 신조로 해석하여 본질의 타락에 대응하는 것이다. 세 번째는 우주 질서의 의미와 확신을 구하는 모든 열망을 소아병적인 강박관념이나 환상으로 치부하는 것이다. 비트겐슈타인이나 제임스처럼 충분히 이해된 모든 현대 철학자의 이론처럼, 단순히 전체적인 진리로서가 아니라 한 시대에 가장 쉽게 확인될 수 있는 진리의 한 부분으로서 받아들여진다면, 자연주의는 얼마든지 가능하다.

타락 이후에, 인간의 목적을 한정 지을 수 있다는 신념은 잘못된 것으로 드러났지만, 그것으로부터 이 논문에서 언급한 궁극적 진리를 추구하는 철학자에 관해 가르칠 만한 것이 없다고 추론하는 것은 잘못이다. 몽크가 지적한 것처럼 비트겐슈타인은 근대를 암흑시대로, 실상 (중세의) 암흑시대보다 훨씬 더 캄캄한 암흑시대로 규정하기를 좋아했다. 지력에 대한 듀이의 감동에 찬 확신은 비트겐슈타인이 과학과 계몽에 대해 보이는 약간 맹목적인 혐오를 유용하게 교정한 것임이 분명하다. 그러나 만약 우리가 듀이의 전체 신념을 그것 그대로, 하나의 덩어리로, 단지 지식과 의미만 포함하고 있는 것이 아니라 그것을 음미하고 감상할 줄 아는 것을 가장 중요한 것으로 간주한 관점으로 받아들인다면, 그 교정은 진정 유용하고 온당한 것이 될 것이다. 교육의 핵심은 단순한 지력을 넘어서서, 음미하고 감상하는 것이 가장 중요하다는 것이다.

짐작하건대, 결국에 에덴동산은 존재하지 않는 것 같다. 그것은 아마 과거에도 없었고, 미래에도 없을 것이다. 그러나 여전히 에덴동산보다 더 중요한 것은 없다. 왜냐하면, 에덴동산이 없다면 대부분의 유사 실증주의자들에 의해 서술된 타락한 세계는 상상에 불과하기 때문이다. 그것은 신화이며 형이상학이다. 아마 이 암흑시대에 가장 필요한 것은 우리의 눈이 에덴동산과 그 타락을 넘어서지 못하고 그것에 초점을 맞추게 하는 조상 대대로의 맹목성을 털어 버릴 수 있는 수단을 찾는 것이다. 왜냐하면, 그것만이 진정으로 존재하는 것을 넘어서는 것—말로만 넘어서는 것이 아니라—이기 때문이다. 이 논문에서 나는 교육자가, 너무 늦긴 했지만, 이 세계와 그 구성물을 음미할 수 있는 시야를 크게 틔워 주는 작업을 시작했으면 하는 나의 바람을 피력해 보았다.[37]

후 주

1. Steven C. Rockefeller, *John Dewey: Religious Faith and Democratic Humanism* (New York: Columbia University Press, 1992). 이외에 Rockefeller, "John Dewey, Spiritual Democracy and The Human Future," *Cross Currents* (Fall 1989) 39 (3): 300-21과 "John Dewey: The Evolution of a Faith," in Maurice Wohlgelernter, ed., *History, Religion and Spiritual Democracy: Essays in Honor of Joseph C. Blau*. (New York: Columbia University Press, 1989) pp. 5-34도 보라.

2. 보다 최근의 철학에서 이와 같은 사고와 동일한 계통에 속하는 좋은 예로는 Jacques Maritain, *Education at the Crossroads* (New Heaven: Yale University Press, 1943)과 Mortimer S. Adler, *Reforming Education: The Opening of the American Mind* (New York: Collier Books, 1990)를 보라.

3. 이 점과 관련하여 Jean Leclerq, *The Love of Learning and the Desire for God* (New York: New American Library, 1962)을 보라.

4. 부여된 것으로서의 의미 비유는 필자의 동료 T. V. Morris의 *Making Sense of It All: Pascal and The Meaning of Life* (Grand Rapids, Michigan: Wm. B. Erdmans Publ. Co., 1992), 특히 제4장 "The Meaning of Life."를 참조하였음.

5. 듀이의 저서 속에서 그 예를 많이 찾아볼 수 있다. 예를 들면, Dewey, *The Quest of Certainty* (Carbondale: Southern Illinois University Press, 1988)과 *Reconstruction in Philosophy* (Boston: Beacon Press, 1957)를 보라.

6. Rodman, "The Dolphin Papers," *North American Review* 2 (1974): 13-26, p. 16.

7. 이와 같은 '포스트모던적 흐름'과 그것의 모순적 경향에 관한 설명은 나의 "Education, Power and the Authority of Knowledge," *Teachers College Record*, 88 (1986): 64-81을 보라. 나는 이 논문에서 특히 James Miller의 *The Passion of Michel Foucault* (New York: Simon & Schuster, 1993)에 묘사되고 있는 Foucault를 염두에 두고 있다. 적어도 Miller가 묘사하고 있는 Foucault는 여기서 논의되고 있는 것과 같은 종류의 자기모순을 결코 피하려고 하지 않는다. 한 가지 예를 들자면, 본성에 관한 지식을 다루는 일체의 주장들을 상대화하는 데에 그렇게도 열심인 철학이 니체의 저작에서 제안되고 있는 인간본성에 관한 관점은 어떻게도 그렇게 무비판적으로 받아들일 수 있는가? 이 문제에 관해서는 맨 마지

막 부분에 가서 좀 더 논의하기로 하겠다.

8. Morris, pp. 57 이하. 나는 여기서 유명한 책 *Existentialism and the Human Emotions* (New York: Citadel Press, 1985)의 저자로서의 샤르트르를 염두에 두고 있다.

9. Rorty, "Education without Dogma," *Dissent*, Spring 1989, pp. 198-204.

10. John Dewey, *Human Nature and Conduct* (Carbondale & Edwardsville: Southern Illinois Press, 1988), p. 146.

11. 나는 여기서 *Human Nature and Conduct*를 포함한 듀이의 저서 여러 곳에서 발견되는 목적과 탐구에 관한 논의들을 극도로 압축된 형태로 제시하고 있다. 여기에는 다윈의 이론을 듀이와 제임스가 적용한 것과 함께 이러한 아이디어들을 Rorty가 활용하고 있다는 점을 가정하고 있다.

12. John Dewey, "What I Believe," reprinted in Gail Kennedy, ed. *Pragmatism and American Culture* (Boston: D.C. Heath and Company, 1950) pp. 23-31, pp. 26-27.

13. 내가 의미하는 바는 프래그머티즘이 어느 정도까지 Alasdair MacIntyre가 자신의 "Epistemological Crises, Dramatic Narratives and the Philosophy of Science," *The Monist* (1977): 453-472에서 설명하고 있는 이른바 전통 내에서의 합리성이라는 설명을 활용할 수 있다는 것이다. 그러나 내가 믿기에, 프래그머티즘은 그의 후기 저작 *Whose Justice? Which Rationality?* (Notre Dame: University of Notre Dame Press, 1988)의 18장 이후에서 대응이나 적합으로서의 진리의 개념으로 설명하고 있는 바와는 공존할 수 없다.

14. Austin의 논의에 관해서는 그의 *Sense and Sensibility* (New York: Oxford University Press, 1961)를 보라. Thomas Nagel이 "The View from Nowhere"이라고 지칭한 것에 반대되는 전략들에 관해서는 Rorty, "Solidarity or Objectivity?" in *Objectivity, Relativism and Truth: Philosophical Papers* Volume 1 (Cambridge University Press, 1991) pp. 21-34를 보라.

15. Rorty, "Solidarity or Objectivity"와 *Contingency, Irony, Solidarity* (Cambridge University Press, 1989) 를 보라. 듀이도 종종 이와 유사한 논의를 펼친다. 듀이의 논의는 "What I Believe"를 보라.

16. 이 부분은 *The Influence of Darwin on Philosophy* (Bloomington: Indiana University Press, 1965) pp. 1-19라는 제목으로 묶은 논문집에도 나타난다. 이외에 Rorty, "Just One

More Species Doing Its Best," *London Review of Books* 25 July 1991, pp. 3-7도 보라.

17. 여기서 독자들은 Rorty가 일종의 새로운 자유주의적 유토피아 안에서 철학 대신에 소설과 그 밖의 예술 작품들을 옹호하면서 듀이를 활용하고 있는 하나의 놀라운 예를 발견할 수 있다. 또 *Contingency, Irony, Solidarity*도 보라.

18. Rockefeller, "John Dewey, Spiritual Democracy and the Human Future," *Cross Currents* (Fall 1989), 39(3): 301.

19. 위의 책, p. 301.

20. 이하의 언급들은 앞의 후주 1에서 언급한 바와 같이 특히 Rockefeller의 책 10-12장에서 진행되고 있는 논의를 따르고 있다. 이 책의 앞 장들은 이 내용을 위한 기초라고 할 수 있다.

21. Rockefeller, p. 323.

22. 듀이의 『공통의 믿음』에 대해 가해진 비판에 대한 논의는 Rockefeller 10-11장을 보라. Rorty의 악명 높은 "상대주의"에 대한 전형적인 비판은 Richard Bernstein, "Rorty's Liberal Utopia," *Social Research* (Spring 1990) 57(1): 30-72에서 볼 수 있다.

23. 그런 종류의 유사 실증주의적 거부를 Rorty가 꽤 좋아했다는 것을 보여 주는 좋은 예는 Rorty, "Hermeneutics, General Studies and Teaching," *Synerges* 2 (1986): 1-15를 보라.

24. Rockefeller가 자신의 의도를 이 맥락에서 논의하고 있는 것은 *John Dewey*의 프롤로그와 *Cross Currents*에도 나타나 있다.

25. 예컨대, Pekarsky, "Dewey's Conception of Growth Reconsidered," *Educational Theory* (Summer 1990) 40(3): 283-94를 보라.

26. Dewey, *Human Nature and Conduct*, p. 226.

27. 이해를 능가하는 평화를 주장하고 있는 듀이에 대한 Rockefeller의 논의(pp. 492 이하)를 보라.

28. Rockefeller, pp. 532.

29. 제임스의 "Is Life Worth Living," in *The Will to Believe and other Essays in Popular Philosophy* (New York: Dover Publications, 1956) pp. 51을 보라. 제임스와 유사한 관점에서 과학을 비판하는 현대적인 글로는 Walker Percy의 글 "The Fateful Rift: The San Andreas Fault in The Modern Mind"를 보라. 이 글은 Patrick Samway에 의해 편

집된 책 *Signposts in a Strange Land* (New York: Farrar, Straus and Giroux, 1992) pp. 271-79에 재수록되어 있다. 여기에서 Percy의 관심과 James의 관심 간의 연결은 특별한 것으로서 더 깊이 탐구해 볼 가치가 충분하다.

30. James, "Is Life Worth Living," p. 56.

31. Rockefeller, pp. 536 이하.

32. James, *The Will to Believe*, p. ix.

33. Monk의 해석은 그가 쓴 유명한 전기 *Ludwig Wittgenstein: The Duty of Genius* (New York: Penguin Books, 1990)에서 찾아볼 수 있다. 또한 Rush Rhees, ed. *Recollection of Wittgenstein* (Oxford: Oxford University Press, 1984) 속의 M. O'C Drury의 논문도 보라. 내가 왜 제임스를 아이러니로 파악하기 시작했는가를 알기 위해서는 *The Will to Believe*에 나오는 문장들과 "경험은 항상 다중적으로 해석될 여지가 있으며, 그 어느 누구도 그것에 대해서 절대적으로 올바르다고 할 수 없으며, 또한 불일치의 공존 그 자체가 이미 존재의 구조를 구성하고 있다고 보는 그런 인생관"이라고 하는 Samuel Hynes의 아이러니에 대한 설명을 비교해 볼 필요가 있다. 이 인용문은 Hynes의 "*The Pattern of Handy's Poetry*," in D.C. Muecke, *Irony and the Ironic* (London: Metheuan and Co., 1982), p. 31.

34. 예컨대, 안셀무스, 아퀴나스, 아우구스티누스, 키에르케고르, 융 등을 이와 같은 맥락에서 다룬 저서로는 Burrell의 *Exercises in Religious Understanding* (Notre Dame: University of Notre Dame Press, 1972)를 보라. 또한 그의 저서 *Knowing the Unknowable God: Ibn-Sina, Maimonides, Aquinas* (Notre Dame: University of Notre Dame Press, 1986)도 보라.

35. 내가 쓴 "Ironic Schooling: Socrates, Pragmatism, and the Higher Learning," *Educational Theory* (41) 1991: 371-83을 보라.

36. Arcilla, "Metaphysics in Education after Hutchins & Dewey," *Teachers College Record* (93) 1991: 281-9를 보라.

37. 물론, 여기서 참고한 문헌은 제임스의 저서 *Talks to Teachers on Psychology, and to Students on Life's Ideals* (New York: Dover Publications, 1962)에 삽입된 그의 논문 "On a Certain Blindness in Human Beings"이다. 이 책의 서문에서 제임스가 "신의 관점(the God's eye view)"를 자신의 급진적인 경험론적 입장에서 반복하여 거부하고 있다

는 점에 주목하기 바란다. "그러한 철학적 관점에 따르면 진실은 너무도 위대한 것이어서 그 어떤 실제적인 마음도—비록 그 마음이 대상의 전체를 절대적인 것이라고 지칭한다고 하더라도—파악할 수 없다. 삶의 사실과 가치는 그것을 인식하는 자를 필요로 한다. 절대적으로 공적인, 절대적으로 보편적인 관점이라는 것은 없다. 사적이고 전달할 수 없는 인식의 영역이 항상 남는다." 앞에서 인용한 *The Will to Believe*의 서문에 관한 문구들과 함께 이 구절은 말할 수 없는 것에 대해서 말하고자 하는 우리의 요구 속에 담겨 있는 제임스의 아이러니, 그것이 지니는 특별한 가치의 핵심을 내게 알려 주고 있다.

_06

그들로 하여금 번성하게 하라[1]

Philip W. Bennett

본 질

니먼(Alven Neiman)은 교육과 같이 사회적 실천의 목적에 관한 논의는 반드시 철학적으로 의심스러운 본질주의에 빠져들 수밖에 없다고 걱정하지만, 나는 그러한 걱정에 동조하지 않는다. 우리는 사회적 실천의 목적, 목표, 의도와 기능에 대해서 얼마든지 말할 수 있다. 그리고 우리가 그런 것에 대해서 말할 때, 우리는 서로 잘 이해하거나 확실히 그렇게 되는 것같이 보인다. 사람들은 서로 잘 이해한다. 즉, 동의도 하고 반대도 한다. "게임이 시작된 것이다."[2] 그러므로 목적에 대해서 말할 때 의식하지 못하는 사이에 필연적으로 형이상학에 빠져들게 된다는 생각은 내가 보기에 설득력이 있는 것 같지 않다.

목적 또는 목적들?

나는 본질을 언급하는 것에 대해서 크게 걱정하지 않는다. 교육의 목적 혹은 교육을 포괄하는 목적에 대해서 말하는 것을 마틴(Jane Roland Martin)이 그러는 것처럼 그렇게 걱정하지 않는다. 그렇지만 나는 사람들에게는 일반성을 갈구하는 경향이 있다는 비트겐슈타인(Ludwig Wittgenstein)의 지적을 마음에 깊이 새긴다.[3] 따라서 여기서 목적에 대해서 말하는 것이 더 안전하다고 생각한다. 이 논의는 아마도 (마틴과 나먼에 따르면) '국내 안정'과 말할 수 없는 것에 대한 '인정' 둘 다를 포괄할 것이다. 교육이라고 불리는 활동에는 수많은 종류가 있다. 그래서 상황에 따라서는 어떠한 목적 혹은 목표가 다른 목적이나 목표들보다 더 적합할 수도 있다. 한 아동에게 수영을 가르치는 것과 컴퓨터를 가르치는 것은 모두 교육임에 틀림없다. 하지만 그 두 활동에는 아무런 공통점도 없다. 따라서 그것들의 목적 사이에도 아무런 공통점을 발견할 수 없다.

학교교육

마틴도 나먼도 교육과 학교교육을 동일한 것으로 쉽게 취급하고 있다. 핑크 플로이드(Pink Floyd)도 같은 생각이다. 그들의 록오페라인 〈The Wall〉에 나오는 학생들은 이렇게 노래한다.

> 우리에게는 교육이 필요 없어요.
> 우리에게는 사상검열(thought control)이 필요 없어요.
> 교실에서는 심한 빈정거림조차 필요 없어요.

선생님, 제발 우리를 가만히 내버려두세요![4]

그렇지만 교육과 학교교육을 동일시하는 것에 대해서는, 비록 그것이 그렇기가 쉽고 또 자연스럽다고 하더라도, 저항할 만한 가치가 있고 또 적어도 분명하게 지적할 필요가 있다. 학생들은 유치원에서 배우기 오래전부터 (물론, 교육이 잘 되지는 않더라도) 이미 상당히 교육을 받는다. 그리고 언제 어디서 착수되어야 할 것인지에 대해 마틴이 자신 있게 제안한 바로 그 교육개혁이라는 것도, 사실 학교교육 전의 훈련에 대한 반발로 도입된 것이다. 그녀가 몹시도 싫어하는 폭력은 결코 진공상태에서 생겨나는 것이 아니다.

교육과 학교교육은 서로 별개다. 나는 학교교육에 대한 새로운 목표를 제안하는 것이 더 낫다고 생각한다. 좀 더 정확하게 말하자면, 오늘날 미국에 존재하는 공립학교에 대한 새로운 목표를 제안하는 것이 더 낫다고 생각한다. 그러나 교실 밖에서, 텔레비전 앞이나 길에서, 부엌이나 대형 마트 혹은 길모퉁이에서 이루어지고 있는 것을 외면하거나 잊어버려서는 안 된다고 본다.

그런데 우리가 미국의 공립학교교육을 위해 새로운 목적이나 목표를 제안하고자 한다면, 어떤 목표가 현재의 학교교육에서 과연 쓰임이 있는지 물어볼 필요가 있다. 도리스 레싱(Doris Lessing)은 『황금공책(*The Golden Notebook*)』의 머리말에서 핑크 플로이드의 답변과 유사한 답변을 내놓고 있다.

> 이상적으로 모든 아이에게 들려주어야 할 것, 그리고 학교생활 내내 반복해서 들려주어야 할 것은 이런 것이다.
>
> "너희들은 교화되는 과정에 있단다. 우리는 아직도 교화체제가 아닌 교육체제를 발전시키지 못했단다. 미안해, 하지만 이것이 우리가

> 할 수 있는 최선이란다. 너희가 여기서 배워야 하는 것은 시중에서 통용되는 편견과 우리만의 특이한 문화가 뒤섞인 잡탕뿐이란다. 역사를 잠깐 들여다보기만 해도 이것들이 얼마나 덧없는 것인지 금방 알게 될 거야. 너희는 앞선 시대가 물려준 사고(思考)의 왕국에 잘 적응했던 사람들에게서 배우고 있단다. 사고의 왕국은 자기 스스로 영속화하는 체제야. 누구보다 더 씩씩하고 더 개성이 있는 사람들이라면 학교를 떠나서 자기 스스로, 즉 자신의 판단력을 교육할 길을 찾으라는 격려를 받게 될 거야. 떠나지 않고 남아 있는 사람들은 주형 속에서 주조되고 성형되어서 이 특별한 사회의 특별하고도 협소한 필요에 부합될 것임을 언제나 명심해야 해.[5]

사상통제와 교화. 이것은 결코 아름다운 그림이 아니다. 그러한 과장된 표현은 단지 영국의 학교체제에서 성장할 때 생겨나는 고통만을 표현해 주는가? 아니면 그 그림의 한 부분만 조명하고 있는가? 또는 그 그림을 표현하면서 조명하고 있는가? 학교가 현재 수행하는 목적들 가운데 하나는 학생들을 현재의 체제 속에 편입시키는 것이다. 즉, 그들을 제품의 좋은 고객이자 제품 생산자로 만드는 것, 그들을 좋은 시민으로 만드는 것, 그들을 "벽 속의 벽돌(잘 들어맞는다는 뜻)"[6]로 만드는 것처럼 보인다.

또한 학교교육은 부모 혹은 돌보는 사람이 시장에 갈 수 있도록 하기 위해서 어린아이들을 가정에서 빼앗아 오는 데 기여하고 있다. 그리고 학교교육은 젊은이들이 맥도날드 아르바이트 자리를 놓고 그들의 부모나 친구의 부모와 직접 경쟁하지 않도록 하기 위해서, 그들을 당분간 시장으로부터 멀리 떨어뜨려 놓고자 하는 목적에 이바지하고 있다.

물론 여기서 나는 '숨은 교육과정(hidden curriculum)'에 대해서 말하고 있다. 그것의 중요한 부분은 복종과 순응을 지나치게 강조하는 일종의 길들이기다.

처음부터 시작하기

한 아이가 태어난다. 그는 진공 속에서 태어나는 것이 아니라 매우 비합리적인 방식(매우 억압적이고 매우 상처를 주기 쉬운 방식)으로 이미 잘 갖추어진 사회 속에서 태어난다. 우리가 처음에 보게 되는 것은 세계를 알고 배우고 그려 내려고 애쓰는 어린 생명이다. 하지만 그가 상처로부터 벗어나서 잘 배울 수 있도록 우리가 적절한 지원을 해 주지 않는다면, 그는 계속해서 상처를 받는 상황에서 배우려고 애쓸 것이다.

자연적으로 어린이들은 환경과 그들 자신에 대해서 배우기를 원한다. 세계에 대한 호기심, 이해에 대한 갈증, 알고자 하는 욕망은 인간뿐만 아니라 일부 다른 동물에게도 타고난 자연적인 속성이다. 인간의 삶은 본능과는 거의 무관하기 때문에, 그러한 호기심이 어딘가로부터 파생되고 진화하게 되었다고 쉽게 추정할 수 있다. 하지만 지적 갈증이 인간에게 존재한다는 사실 자체는 부정하기 어렵다.

그리고 지적 갈증이 없는 경우를 볼 때에도, 어떤 사람은 지적 갈증을 가지고 있지만 다른 사람들은 그것을 가지고 있지 않다는 증거로 삼을 수 없다. 그것은 오히려 지적 갈증이 변화될 수 있고, 방해를 받을 수 있으며 심지어는 차단될 수도 있다는 증거가 될 뿐이다.

그러한 방해들 중 일부는 우연한 일 때문이다. 예컨대, 그러한 방해들 중 일부는 특별한 가족유형 때문에 생겨난다. 그러나 그중 대부분은 체계적이고 사회적으로 승인되고 강화되어 온 오해와 남용, 즉 억압 때문에 생겨난다. 그런데 그러한 억압은 이미 출생에서부터 시작한다.

아이를 처음 볼 때, 우리가 첫 번째로 하게 되는 질문은 무엇인가? 아이가 건강한가라는 질문인가? 아니다. 두 손과 두 발을 가지고 있는가? 그것도 아니다. 우리는 바로 남아인가 여아인가를 묻는다. 이런 질문과 더불어 이미 잘못된 방식의 아기 돌보기가 시작된다.

젠더(gender), 계급, 소위 말하는 '인종' 혹은 피부색, 종족 귀속성, 신장, 나이, 나중에는 성적 매력과 관련된 이슈와 이성 친구 찾기 그리고 정상적인 사람처럼 보이기, 즉 비정상적이지 않기 혹은 너무 비정상적이지 않기에 따라 아기를 돌보는 방식이 달라진다.

우리는 상처받고, 우리는 치유한다

아이가 신체적으로, 정서적으로 그리고 심리적으로 상처를 받을 때, 그 아이는 그러한 상처에 대해서 쉽게 치유적으로 그리고 자연적으로 반응한다. 이러한 것은 우리가 어디에선가 배워야만 하는 것이 아니다. 그것은 호기심이나 그것을 동반하는 성장과도 같이 우리의 생득적인 자연의 일부다. 하지만 그러한 자연적인 치유는 매우 기적적이고 강력하다.

상처는 아물고, 피부는 재생된다. 이러한 치유 과정은 종종 '외적인' 감정과 관계되는 반응들—흐느껴 울기, 웃기, 몸을 흔들기, 땀 흘리기, 격분하기 그리고 이야기하기 등—을 동반한다.

그러나 아주 어린 시기에는 다음과 같은 말 때문에 자연적인 치유 과정이 너무나 쉽게 방해받는다. "큰 아이는 울지 않는다!" "단정한 여자아이는 소란을 피우지 않는다!" "너 미쳤니?" "그렇게 안절부절못하지 마라." "만일 그렇지 않으면 네게 안절부절못하는 것이 정말 뭔지를 가르쳐 주겠다."

가상적인 모습

치유 과정은 다음의 형태를 띨 수도 있다. 한 여자아이가 상처를 입었다.

그 소녀는 자기를 돌보아 주는 어른에게서 안정과 위안을 찾는다. 때로는 울기도 하고 때로는 몸을 떨기도 하면서 자신의 상처를 치유하는 데 필요한 것이라면 무엇이든지 할 것이다. 그 아이는 바로 그러한 경험을 통해서 학습한다. 정보를 처리해 가는 데 있어서 또는 여타의 업무를 수행하는 데 있어서 그녀는 조금씩 지혜로워진다. 성공과 실수를 통해서 이루어지는 이와 같은 학습 과정은 자연적 치유 과정의 일부분을 이룬다.

대부분의 현실적인 모습

그러나 그와는 달리 실제적인 치유 과정은 다음과 같은 모습을 띨 가능성이 더 많다. 한 여자아이가 상처를 입었다. 그러나 그 순간 그 아이가 기댈 사람은 주위에 아무도 없다. 다들 너무 바쁘거나, 각자 자신의 좌절 속에 깊이 빠져 있거나, 아니면 그런 사람마저도 없다. 혹은 있다고 하더라도 아이를 돌볼 자격이 없는 사람뿐이다. 당황하여 황망한 손짓으로 아이의 울음을 제지하려고 드는 것은 그나마 나은 편이다. 남자아이가 눈물을 보인다고 혹은 여자아이가 겁이 많다고 노골적으로 꾸중하는 사람도 있을 것이다. 이런 경우 그 아이는 자기가 입은 상처로부터 학습하기는커녕 스스로의 지력이 방해받는 것을 경험한다.

가령, 그 상처가 "이런 어리석은 놈!" 등과 같은 욕을 듣고 생긴 것이었다고 가정해 보라(그런데 만약 우리가 진짜 어리석었다면, 그런 말이 상처가 될 이유는 없었을 것이다. 그것이 우리에게 상처가 되는 이유는 우리가 어리석지 않기 때문이다.). 이 고통스러운 경험을 처리하고 그것으로부터 교훈—종종 사람들은 나와 개인적으로 전혀 상관없는 문제로 내게 험담을 하는 때가 있다는 교훈—을 얻는 대신에, 치유의 경험은 일어나지도 않은 채 아마도 자신이 진짜 어리석은 놈일지도 모른다는 생각, 혹은 적어도 나는 이 문제—여자아이가 수학에 대해서 갖는 어려움—와 관련해서 어리석게 행동하였을지도 모른다는 혼란스러운 반응뿐이다. 결국에 남는 것은 자연적 성장 과정을 가로막고 타고난 총명함과 재능을 억누르게 되어 나중에는 경직된 사고와 감정으로 발전될 수도 있는 장애물뿐이다.

이 같은 상황은 유해한 거짓 정보가 계속해서 반복될 경우에 특별히 더 두드러지게 나타난다. 거짓 정보와 그것을 통해서 이루어지는 치유 과정을 거치지 않은 유해한 차별 대우는 모든 형태의 억압의 핵심에 자리 잡고 있다. 그 이유는 바로 치유 과정 그 자체가 억압의 대상이기 때문이다. 그리고 그러한 억압은 때로는 성(性)차별—예컨대, 용감한 사내라면 결코 울지 않는다든지, 젊은 숙녀는 소리 높여 자기주장을 내세우지 않는다는 등—을 통해서, 그리고 대개는 정신 건강의 체계라고 불리는 것을 통해서, 말하자면 격한 감정을 드러내지 않는 태도에서 정상적인 성격의 기준을 찾게 되는 관점을 통해서 이루어진다.

하나의 소묘에 그침

지금까지 말한 것도 매우 불완전하다. 그러나 나는 앞 장에서 거론된 교육의 목적에 관하여 내 견해를 밝히기 전에 이 점을 분명히 하고 싶다. 왜냐하면, 매일 아침 교문을 들어서는 젊은 세대들의 삶에는 이 모든 것이 직접적으로 관련된다고 믿기 때문이다. 학교에서 그 젊은 세대를 가르치는 사람들에게 있어서도 마찬가지다. 그들 또한 상처를 받은 사람들이며, 그들의 상처 대부분은 그들이 교육을 하는 중에 문제로 삼아야 할 바로 그 억압에서 기인한다.

폭력: 개인적 폭력과 구조적 폭력

국내 안정이라는 마틴의 개념은 적어도 부분적으로는 반응적인 개념이다. 그것은 그녀가 오늘날의 미국 사회를 규범적으로 판단할 때 읽어 내게 되는 폭력에 대한 반응이다. 자주 언급되는 뉴턴 가버(Newton Garver)의 논문에 의존해서, 그녀는 폭력을 "사람들에게 신체적이고 심리적으로 해를 끼치게 되는 것"이라고 정의한다.[7] 신체적인 영역과 관련해서 그녀는 성적인 학대를 포함하여 배우자나 아동학대 등을 폭력의 예로 기억하도록 주문한다. 공적인 영역에서 "학교는 기물파괴 및 교사와 학생에 대한 공격의 주 무대가 되고, 운동장은 잔인함과 폭력적 소동의 무대, 도시의 거리는 강도와 살인, 집단 폭력주의, 성폭행의 장소가 되고 있다." 심리적인 침해와 관련해서, 그녀는 공공적인 영역—빌보드와 같은 것—도 여성의 이미지를 희생자로 묘사하고 남성을 공격자로 선전하는 데 이용되고 있다고 말한다.

우리는 마틴이 이러한 폭력의 목록을 충분하게 거론하지 못했다고 해서 비난해서는 안 될 것이다. 그러나 전혀 손도 대지 않고 내버려둔 영역도 존재한다는 것은 분명 폭력에 대한 그녀의 이해에 대해서 무엇인가를 알려주고 있다. 그것에 따라 판단해 볼 때, 안정에 대한 그녀의 강조는 폭력을 대체하고자 하는 것이다. 그렇지만 그녀에게는 어디를 찾아봐도 가난이라는 제도적이고 구조적인 폭력에 대한 언급이 없다. 다시 말하면, 소유자와 노동자 계급이라는 구조를 고착화하는 데 봉사해 온 억압 장치에서 비롯되는 폭력에 대해서는 전혀 언급이 없다(그렇지만 사실, 그러한 폭력이 우리를 서로 분열시키고 있다. 그것은 남성과 여성, 백인과 흑인을 분리시킬 뿐만 아니라, 우리의 관점을 흩어 놓아서 비참함의 진정한 원천을 외면하도록 만들고 있다.).

마틴은 구조적이고 제도적인 폭력을 인식하지 못하기 때문에, 18세기라는 오래된 좋은 시절에 대한 향수로 이끌리게 된다. 폭력이 "언제나 일상적이었던 것은 아니다." 그녀는 미국을 영국이나 아일랜드와 비교하면서 기꺼이 1786년 보스턴 신문을 인용하고 있다. 그것에 따르면, 영국이나 아일랜드에서는 한낮에도 강도당할 수 있지만, 미국에서는 "누구나 대도시의 한밤중에조차도 안전하다." 18세기 우리 건국의 아버지들은 오늘날 우리가 직면하고 있는 '반사회적인 폭력유형'에 대해서 관심을 갖기보다는 '국내적인 평온하지 못함(반역)이라는 시민적인 폭력유형'에 더 많은 관심을 가졌다는 것이다.

반사회적인 폭력의 중요한 몇몇 유형이 18세기에는 존재하지 않았다는 그녀의 주장은 혼란만을 심어 준다. 그녀는 거리의 범죄나 한밤중에 거리를 걷는 사람의 안전에 초점을 맞추느라고 흑인에 대한 차별대우, 여성에 대한 부당한 대우, 빈곤 속에서 살고 있는 대중에 대한 억압적인 대우 등에 대해서는 눈을 감고 있다. 이러한 특별한 맹점으로 인해 마틴의 개혁에 포함될 수 있는 잠재적인 영역은 조금씩 침식될 위험에 놓여 있는 것은 물론이고, 심지어는 국내 안정에 대한 분석에서 생겨나는 잠재적인 혁신의 의미조차도 사라질 위험에 놓여 있다.

폭력에 대해 반응하기

국내 안정에 적절한 주의를 기울이는 방식은 일차적으로 법의 문제가 아니라고 마틴은 말한다. 우리는 "단순히 새로운 법을 제정하는 일에만 의존할 것이 아니라, 우리의 시선을 교육으로 돌려야 한다."는 것이다. 이것 역시 혼란을 불러일으키는 판단이다. 그러나 이러한 판단은 내가 대부분 나의 성인기를 그저 범죄카드놀이(playing the crime card)를 하며 '인기'에나

영합(迎合)하는 정치인들과 보냈기 때문일 수도 있다.

그러나 더 혼란스러운 것은 국내적인 것과 시민적인 것의 영역을 적절하게 재조정하고자 하는 교육은 바로 "폭력과 위법의 윤리를 안전과 보안, 평화와 사랑의 윤리로 대체"해야 한다는 그녀의 주장이다. 여기서 나를 얼어붙게 만드는 것은 바로 '폭력과 위법의 윤리'를 언급하는 것이다. 이것은 도대체 무엇을 의미할 수 있을까? 젊은 사람들에게 필요한 약은 '매우 특별한 품질과 매우 특별한 종류의 도덕교육'이라고 한다. 그렇다면 젊은이의 병은 무엇인가? 폭력의 윤리로 훈련을 받는 것? 그러한 훈련은 람보 영화, 아이스하키, 쓰레기 같은 텔레비전 프로그램에 의해서 생겨나는가?

다시 한 번 말하지만 마틴이 폭력의 원인에 대한 분석을 내놓지 않았다고 해서 비난을 받아야 하는 것은 아니다. 그러나 '폭력과 위법의 윤리'를 언급하는 것 이상으로 더 나은 힌트를 내놓지 못함으로써, 그녀가 제시하는 처방은 모호함이라는 위협 때문에 실천적인 힘을 잃어버리고 만다.

폭력이 발생하는 곳

나는 앞에서 제시한 나의 묘사로 되돌아가서 논의하겠다. 우리가 오늘날 직면하는 폭력은 억압이라는 상호 연결적인 체제에 근본 뿌리를 두고 있다. 그리고 폭력을 평화와 평온이라는 이상으로 대체하려고 하는 시도는 단지 그러한 억압, 특히 그러한 억압의 도화선이 되는 경제적 착취를 제거할 때 비로소 성취될 수 있다. 이러한 조치가 없이는 어떤 처방도 언제나 반동적이고 후진적으로 남을 수밖에 없다. 그리고 그러한 억압을 끝내는 것은 국가차원의 교육이 채택해야 할 적합한 목적 중의 하나라고 할 수 있다. 그것은, 비록 문화다원주의나 3C—마틴이 제안한 보호(Care), 관심(Concern), 관계(Connection)—를 훨씬 넘어설 필요는 있겠지만, 바로 학교교육의 목적 중 하나임에 틀림없다.

사람들이 다칠 때, 자연적이고 인간적인 반응은 감정적인 이완을 통해서 치료한다. 현재 제도화된 사회에서 잘 보여 주고 있듯이, 이러한 치료의 길이 부정되면, 사람들은 정서적 이완을 경험하는 대신에 상처에 직면하는 길을 선택한다. 우리는 특정한 역할을 채택함으로써 사태에 직면하게 된다. 이때 우리가 채택하는 역할은 기본적으로 두 부류로 나뉜다. 즉, 가해자 혹은 억압자의 역할이나 피해자의 역할로 나뉜다. 어떤 주어진 억압에 노출된 사람은 상처를 받는다. 그러고 나면 억압에 따른 상처에서 벗어나기 위해서, 가능한 한 역할의 한 측면 혹은 다른 측면에 맞춰 혹은 그것에 근거하여 행위한다.

인종차별주의를 생각해 보자. 인종차별주의란 백인에 의해 유색인이 잘못 취급되고 잘못 평가되는 것이 사회구조적으로 조장되고 사회적으로 인가된 것이 아니고 무엇이란 말인가. 백인에게는 억압자의 역할이 강요된다. 반면에 유색인에게는 희생자의 역할이 강요된다. 그러나 백인이 채택하는 억압자의 역할 이면에는 해소되지 못한 고통과 두려움이 놓여 있다. 어린아이들이 인종차별주의자로 태어나는 것은 아니다. 인종차별주의가 그들에게 주입될 뿐이다. 이렇게 말하면 역설적이라고 말할지도 모르지만, 백인 역시 인종차별주의에 의해 상처를 받는다. 물론 그들은 결코 유색인종과 똑같은 방식으로 혹은 똑같은 정도로 다치지 않는다. 하지만 그들도 역시 다친다. 듀보이스(W. E. B. Du Bois)는 이렇게 보고 있다.

> 불행하다고? 그래, 불행하다. 그러나 불행이 어디에 있는가? 나의 불행은? 검은 피부를 가진 나만이 유일한 피해자인가? 나는 피해를 받고 있다. 그렇지만 피해받는 것을 넘어서, 쇠창살을 두드리는 차꼬에 가득 채워진 분노를 넘어서, 그리고 나를 미치게 만드는 상처를 넘어서, 나에겐 무한한 동정심이 파도처럼 밀려든다. 투옥된 사람들과

노예로 사로잡힌 사람들, 그리고 그러한 이유 때문에, 즉 그러한 환상 때문에 곤란을 겪고 불쌍하게 된 사람들에 대한 동정심이![8]

성차별주의, 계급차별주의 그리고 다른 억압들에 대해서도 동일한 판단이 내려질 수 있다. 즉, 임무를 완수한 억압자의 역할 이면에는 치유되지 않은 고통과 두려움이 놓여 있다는 것이다. 그와 마찬가지로 거리 폭력과 국내 불안정의 모든 원천에서도 그렇다.

치유를 위한 교육

나는 치유되지 않은 고통스러운 감정이 분출되거나 '극적인 모습으로 되는 것' 에서 폭력을 발견한다.[9] 폭력은 보통의 경우 이런저런 억압 안에서 억압자의 역할을 수행하는 과정 중에 생겨난다. 예컨대, 성차별주의 안에서 그것은 여성에 대한 폭력으로 나타난다. 인종차별주의 안에서 그것은 유색인종에 대한 폭력으로 나타난다. 폭력은 억압이 내면화된 것이다. 그래서 우리의 도시에서 발견할 수 있는 거리의 폭력 중 가장 흔하고 지배적인 것은 바로 흑인에게 행사하는 흑인의 폭력이다. 그것의 원인은 내면화된 인종차별주의에서 발견될 수 있다.

그런데 나는 이것을 진짜로 알고 있는가? 아니다. 그러나 나는 그것이 꽤나 좋은 추정이라고 생각한다. 그리고 그것은 사실에 잘 부합하는 추측이다. 그것만으로도 '폭력의 윤리학' 이라고 막연히 언급하는 것보다는 우리는 훨씬 더 멀리까지 나아갈 수 있다. 그리고 그것은 교육의 목적에 대한 보다 특정한 시사점을 제공한다. 그리고 내가 그러하듯이 국내 안정이라는 마틴의 특정한 목적을 보다 진지하게 받아들일 수 있도록 만들어 준다.

국내 안정이라는 목적을 성취하기 위해서 꼭 필요한 수단은 치유를 장려하는 환경을 만들어 내는 것이다. 그것은 우리 주변에서 아주 널리 수용되고 있는 정서에 대한 신화, 즉 우리 주변을 허물어뜨리고 있는 신화를 이겨내는 것을 의미한다(에드워드 머스키[Edward Muskie]가 울음을 터뜨리면, 그것은 스캔들이다. 하지만 조지 부시(George Bush)가 대중들 앞에서 울음을 터뜨리는 것은 대부분 동정심을 불러일으켰다.). 그것은 젊은이에게 감정을 표출할 기회를 주는 것을 의미하고, 그리하여 그들이 희생자 혹은 억압자라는 엄격한 역할 안에 갇힌 채 머무르지 않도록 하는 것이다. 그것은 젊은이들이 경험하는 상처를 형식화하고 있는 억압에 대해서 의식적으로 그리고 직접적으로 언급하는 것이다. 그렇지만 그저 지적으로만 그러는 것이 아니라 모든 차원에서 억압들을 표현하도록 돕는 것이다.

국내 안정

빈곤을 폭력으로 간주하고 보면, 국내 안정은 근본적으로 경제적인 의미를 가진다. 마틴이 자신의 글 끝부분에서 말하듯이, 지구가 우리의 안식처로 여겨지고 국내 안정이 전 세계적 차원으로 확대된다고 한다면 기업 자본주의와 황폐한 생태적 환경 간의 관련은 결코 무시될 수 없다. 다시 말하면, 마틴의 교육목적은 근본적으로 경제적인 의미를 지니게 된다.

7C가 아닌 5C

보호(Care), 관심(Concern), 관계(Connection)라는 3C를 제안한 마틴에 덧붙여 나는 협력(Collaboration)과 협조(Cooperation)를 추가하고자 한다. 하지만 경쟁(Competition)과 소비 지상주의(Consumerism)에 대해서도 분

명히 언급하려고 한다. 경쟁과 소비가 앞에서 말한 5C를 어떻게 훼손하는지 보여 주고자 한다.

협력과 협조를 중시하면서도 경쟁을 경시하고자 하는 것은 등급을 매기는 체제와 그에 부수적으로 따라오는 모든 결과를 제거하는 것을 의미한다. 숨은(물론 철저하게 숨어 있지도 않지만) 교육과정이 경쟁에 관하여 의미하는 바는 매우 커지고, 나아가 그것은 교육과 교육목적에 대한 모든 담론에서 중요한 부분을 차지한다. 이것에 대하여 좀 더 논의할 공간이 없는 것이 유감이다.[10]

말할 수 없는 것에 대한 인정

니먼이 말하는 인정의 목적에 대해서 한마디 하는 것으로 마무리하고자 한다. 그의 표현으로 미루어 볼 때, 그는 분명 대학생 혹은 고등학생을 염두에 두고 있다. 어린아이들은 부버(Martin Buber)나 키르케고르(S. A. Kierkegaard)의 생각을 따라가기 어려울 것이다. 하지만 니먼의 교육목적은 학교 안과 밖에서 우리 모두를 위하기에 합당한 목적으로 간주될 수 있고 또 그래야 한다고 생각한다. 그 목적은 아마도 유치원의 핵심 활동인 무용, 미술, 시 그리고 다른 모든 활동을 통해서 가장 잘 길러지고 학년이 올라가면서 점차 사라진다. 그런데 왜 그런가? 고등학생으로 하여금 원무(圓舞)를 배우도록 격려하고자 할 때, 우리가 겪게 되는 어려움은, 만약 다소 덜 억압적 상황에서라면 결코 일어나지 않을 것이고, 만일 그것이 교육과정의 일부였다면 분명히 일어나지 않을 것이다.

그러나 교육의 궁극적인 의미에 대한 질문은 혼동과 고통의 세계 속에서는 주목을 받기가 어렵다. 그러한 질문과 니먼의 질문을 활성화할 수 있는 수단이 무엇인가를 찾는 일은 일단 우리가 현재의 억압적 사회를 해체하고

난 이후에야 훨씬 더 수월해질 것이다. 혹은 그러한 억압적인 사회가 그 자체의 내적 모순 때문에 와해된다면, 아마도 우리는 교육의 목적에 대한 질문과 수단을 보다 잘 재정립할 수 있게 될 것이다.

후 주

1. 참고문헌으로 Harvey Jackins의 시를 언급할 수 있다. 그의 시는 이렇게 시작하고 있다. "오! 부모여, 교사여, 그리고 모든 교육자들이여! 그들로 하여금 배우도록 하라." 이 논문에서 다루어지는 억압, 폭력 그리고 정서적인 치료에 대한 이론의 많은 부분은 Harvey Jackins과 그의 동료 그리고 그의 친구들이 Re-evaluation Counseling 위원회에서 수행한 활동에 힘입고 있다. 물론 나도 그 활동에 참여하고 있다. Jackins, *The Human Side of Human Beings: The Theory or Re-evaluation Counseling* (Seattle: Rational Island Publishers, 1978)을 보라.

2. Wittgenstein, *The Philosophical Investigations* (Oxford: Blackwell, 1953), 654절과 655절 그리고 기타 여러 곳을 보라.

3. Ludwig Wittgenstein, (The Philosophical Investigations의 기초연구로 일반적으로 알려져 있는) *The Blue and Brown Books* (Oxford: Blackwell, 1958), pp. 17-18. 비트겐슈타인은 "일반성에 대한 동경"은 다양한 방식으로 이해될 수 있으며, 그것은 "특수한 사태를 모독하는 태도"라고 적고 있다.

4. Roger Waters/Pink Floyd, "Another Brick in the Wall, Part II," *The Wall*, Columbia Records, NY, 1979.

5. *The Golden Notebook* (New York: McGraw-Hill, 1962), pp. xxiii-xxiv에 쓴 Doris Lessing의 서문.

6. Pink Floyd, 같은 책.

7. Newton Garver, "What Violence is," in Jeffrie G. Murphy(ed.), *An Introduction to Moral and Social Philosophy* (Belmont, CA: Wadsworth, 1973), p. 332.

8. W. E. B. Du Bois, *Darkwater* (New York: Harcourt, Brace and Howe, 1920), pp. 33-34.

9. 예를 들어, Alice Mill, *For Your Own Good: Hidden Cruelty in Child-Rearing and the Roots of Violence* (New York: Farrar, Straus, Giroux, 1983)와 히틀러에 대한 그녀의 연구를 보라.

10. Perry Saidman, *Competition: An Inhuman Activity*, pamphlet available from Seattle: Rational Island Publishers, 1994를 보라.

제3부

합리성과 이성

도 입

_07 합당한 의심: 교육목적으로서의 이성에 대한 포스트모던적 옹호를 지향하며

_08 해방적 합리성을 위한 교육

_09 이성의 재인식

도 입

일찍이 아리스토텔레스가 인간을 동물과 구분하는 기준이 이성을 소유하고 있는 것이라고 한 이래로, 이성을 통해서 이루어지는 합리적 사고와 행위는 인간의 고유한 특성으로 간주되어 왔다. 아리스토텔레스는 기원전 4세기 사람이니, 2천 년이 넘는 동안 이성과 그 특성으로서의 합리성은 인간만이 소유한 특징으로 별 의심 없이 받아들여져 온 셈이다. 아니, 이른바 '계몽주의' 시대를 지배했던 저 왕성한 목소리들을 염두에 두고 보면 합리성이야말로 '인간성' 그 자체로 여겨질 정도로, 우리는 합리성에 집착해 왔다고 할 수도 있다. 그런데 그 긴 세월에도 불구하고 최근에는 그와 같은 우리의 신념에 대단히 심각한 도전이 심심찮게 제기되어 오고 있다. 번스타인(Richard Bernstein)에 따르면, 그것은 '이성에 대한 분노'라고 할 만큼 이성에 대한 혐오와 경계로 표현된다.

> 이성에 대한 분노는 도대체 어디서 온 것인가? 공격과 비판과 저주의 대상이 되고 있는 것은 정확하게 무엇인가? '이성'과 '합리성'이 언급될 때마다 지배와 억압, 억제, 가부장제, 불모, 폭력, 전체성, 전체주의, 심지어 공포감이 함께 연상되는 이유는 무엇인가? 불과 얼마 전까지 '이성'의 소리는 우리에게 자율성, 자유, 정의, 평등, 행복, 평화의 이념을 떠올리게 했던 것이었다는 점을 상기하면, 이러한 질문들은 우리를 매우 당혹하게 하고 난처하게 한다.

이성과 합리성에 대한 이와 같은 혐오와 경계를 감안하면, 이 두 개념을 교육이 추구해야 할, 또는 모든 교육적 활동이 기반으로 삼아야 할 개념적 토대로 간주해 온 이론적 흐름은 대단히 난처한 상황에 처할 수밖에 없다. 이성 또는 합리성에 대한 교육학적 논의는 이제 전면적인 개편 작업에 들어가야 할지도 모를 지경이 된 것이다. 이제 우리는 합리성의 이념에 대해 어떤 태도를 취해야 하는가?

합리성 개념에 대한 최근의 교육학적 논의들은 적어도 두 가지 생각을 공통적으로 가정하고 있는 듯하다. 하나는 합리성의 이념은 어떤 방식으로든 교육의 개념과 관련되어 있고, 그러한 관련을 토대로 그것은 교육의 실제를 조직하는 데 개념적 정당성을 제공한다는 생각이다. 교육과 합리성 간의 그 같은 관계는 교육은 본질적으로 인간이 살고 있는 세계에 관한 진리를 탐색하는 활동이며, 이성이야말로 이 일을 진행하는 데 관건으로 작용한다는 생각을 기반으로 하고 있다.

다른 하나는 그런 관계에도 불구하고 합리성은 언제인가부터 맡은 바 임무를 수행하는 데 실패하기 시작했으며, 그 결과 우리의 교육적 실천활동에 심각한 손해를 끼쳐 오고 있다는 생각이다. 앞에서 인용한 번스타인의 지적과 같이, 최근 들어 적지 않은 수의 비판가들은 합리성이 지배, 억압, 차별 혹은 전체주의 등과 같이, 우리가 통상 교육적 노력을 통해서 저항하고 극복하고자 하는 아이디어와 적극적으로 관련됨으로써, 과연 그것이 할 수 있는 일은 어떤 일인가에 대해 심각한 회의를 불러일으키게 하고 있다는 점을 지적하고 있다.

그러나 합리성 개념과 관련하여 최근 수십 년간 진행되어 온 교육학적 논의들의 두드러진 특징 가운데 하나는 합리성에 대한 위의 두 가지 상반되는 생각을 함께 반영함으로써 합리성 개념의 성격을 재규정하려고 한다는 점이다. 이러한 노력은 한편으로는 합리성이라는 아이디어 속에 여전히 깃들어 있는 희망을 전적으로 포기하지 않으면서도, 다른 한편으로는 그것이 노정하고 있는 한계에 주목함으로써 위의 상반된 두 가지 생각 사이에서 균형 잡힌 입장을 취하고자 한다. 그리고 이와 함께, 학자에 따라서는 그 수정된 개념의 성격에 걸맞은 명칭을 새로 고안해 냄으로써 예전의 명칭—합리성—에서 오는 부정적인 의미들을 미연에 방지하려는 노력도 함께 수행한다. 이 부에서 다루려는 세 편의 논문들은 이 흐름의 전형에 해당한다고 할 수 있다.

버뷸러스(Nicholas C. Burbules)는 계몽주의적 합리성이 지닌 근대적 속성들에 대해 심각한 비판이 제기되어 왔다는 것을 충분히 인식하지만, 그것은 여전히 교육적 이념으로 재해석될 여지가 있다는 입장을 견지한다. 이성과 합리성에 대한 이른바 포스트모더니즘(또는 탈근대주의)의 비판을 개방된 관점에서 수용하기는 하지만, 그것이 이성과 합리성 개념을 전적으로 폐기해야 할 충분한 이유는 되지 못한다는 것이 버뷸러스의 주장이다. 이성에 대한 포스트모더니스트들의 비판을 수용하되, 그것이 지닌 교육적 함의를 전적으로 폐기하지 않는 방법은 무엇인가? 그것은 기존의 '합리성'을 보다 유연한 의미를 지닌 '합당성(reasonableness)'으로 재해석하는 것이다.

합리성에 대한 포스트모더니즘의 비판은 우리로 하여금 계몽주의적 이성이 지닌 보편적 · 객관적 · 중립적 기준으로서의 지위를 의심하도록 만들었다. 이제 이성은 한 치의 오점도 없는 순수한 추론 능력으로서 인류 진화의 역사를 가로질러 시간에 구애받지 않고 발휘되어 온 기능으로서의 지위를 박탈당할 위기—어쩌면 이미 박탈당했다고 해야 할지도 모른다—에 처했다. 그러나 이성은 비록 필연적이거나 보편적인 것은 아니라 할지라도, 인간의 발명품이자 성취물로서, 특정한 역사적 · 사회적 맥락 내에서 삶을 살아가는 사람들 모두에게 공통된 방식의 사고와 행위를 안내하는 그 어떤 합의된 기준으로 존재할 수 있다. 보다 유연하게 해석된 이성, 곧 '합당성'은 우리 인간이 이성적으로 사고할 때 실제로 행하는 것이 무엇인지를 일러 주는 안내자로서 기능한다. 그것은 질문에 답하고 문제를 해결하고 이견을 조정하는 다양한 방식을 발전시켜 왔음직한 사람들과 집단들이 제공한 온당한 주장을 토대로 구성된 것이다. 그 속에는 우리의 반성적인 사고와 행위를 훨씬 광범위한 입장에서 안내하는, 우리 인간이 지닌 대단히 일반적인 특성이 자리를 차지하고 있다. 요컨대, 이성의 한 가지 개념으로서의 '합당성'은 상대주의적 오류에 전적으로 빠져드는 일이 없이 포스트모더니즘의 비판들을 견뎌 낼 수 있다는 것이다.

버뷸러스의 논문에서 합당성은 인간의 인격적 특성이자 성취물로서 일종의 '덕성(virtue)'으로 설명된다. 합당성이라는 덕성을 지닌 사람은 곧 합당하게 사고하고 행위하는 사람이며, 또한 그는 대안적인 관점을 이해하려 하고 그것에 대해 공정한 태도를 지니고자 한다. 그는 살아가는 중에 맞닥뜨리는 중대 사안에 대해 어떤 특정한 입장을 취해야 할 때 신중과 분별을 기하고자 하며, 실수를 범하였을 때에는 그것을 기꺼이 인정하고자 한다. 이와 같은 특성은 단지 그 어떤 형식적인 추리의 규칙을 따른다고 해서 지닐 수 있는 것들이 아니다. 그것들은 형식적인 규칙이 적용되지 않는 대단히 광범위하고 다양한 상황에서 발휘되는, 대단히 복잡한 인격적 특성이다. 그것들은 일련의 규칙들의 체계보다 훨씬 포괄적이고 원천적이므로, 상황에 따라서는(예컨대, 어린아이에게 간단한 아이디어를 표현하려고 할 때 정밀도와 정확성의 규칙을 잠시 위반하는 것이 도움이 되듯이) 오히려 이들 형식적인 규칙을 무시함으로써 더 잘 발휘될 수 있다.

버뷸러스는 합당성의 핵심적인 특성으로서 다음의 네 가지를 제안한다. 첫째는 '객관성'이다. 객관성은 아무런 입장도 취하지 않는, 말 그대로의 중립성이 결코 아니다. 그것은 오히려 타자의 관점들을 깊이 고려하고, 그들 모두에게 발언권이 있음을 인정하는 태도이며, 모든 것 중에서 '최고'의 방안이 있으며 있을 수 있다는 태도로부터 다소 거리를 유지하는 것을 의미한다. 이런 종류의 다원주의는 부분적으로는 폭넓은 다양성을 경험함으로써 길러지기도 하지만, 서로가 지닌 장점을 진지하게 고려할 수 있게 해주는 타협의 과정에 참여하는 일을 통해서도 길러진다.

둘째는 '오류 가능성(fallibilism)'이다. 인간은 오류를 범할 수밖에 없는 존재다. 오류를 인정하지 않는 것, 오류를 오직 제거해야 할 대상으로 여기는 것이 계몽주의적 합리성의 특징이라면, 합당성은 오히려 오류 가능성을 적극 수용한다. 사적이고 전문적인, 그리고 지적이고 정서적인 다양한 문맥에서 우리 모두는 실패와 오류, 좌절과 실망을 경험한다. 어찌 보면 오류는 현재의 우리를 있게 한 자양분이었을지도 모른다. 오류를 경험함으로써 인간은 변화에 견딜 수 있는 능력을 단련시켜 왔다고 할 수 있다.

셋째는 '프래그머티즘적인 태도'다. 프래그머티즘은 통상 듀이(John Dewey), 제임스(William James), 퍼어스(Charles S. Peirce) 같은 철학자들의 학문 경향을 일컫는 말로 쓰이지만, 이 셋째 특징은 오히려 그들의 일반적인 세계관을 특징짓는 태도, 말하자면 지적 · 도덕적 · 정치적 발전과정을 이끌어 주는 실제적인 문제의 중요성에 대한 신뢰를 의미한다. 중요한 것은 프래그머티즘이 불확실, 미완성 그리고 불완전에 대한 관용을 인간적인 사고와 행위의 실질 조건으로 간주한다는 점, 그렇지만 그것은 또한 그러한 어려움에 직면했을 때에 지성과 배려와 융통성을 견지할 것을 요구하기도 한다는 점이다.

넷째는 '신중함' 또는 '현명함'이다. 합당성을 지닌 사람은 좁은 의미에서 합리적 계산이 요구되는 상황과 그렇지 않은 상황을 구분하고 그에 관한 판단을 내리는 능력을 갖춘 사람이다. 합당성의 개념은 그 속에 합당성 자체가 지니고 있는 그 어떤 특정한 한계를 인식하는 능력을 포함한다. 합당성을 지닌 사람은 합리적인 방식으로 사태를 파악해서는 안 될 때가 있다는 것을 아는 사람이며, 합리성이나 이성은 무엇을 믿어야 하고 무엇을 행해야 하는지를 결정하는 훨씬 더 복잡한 과정 속에서 단지 우리의 선택을 돕는 보조자로서의 역할을 할 뿐이라는 점을 잘 아는 사람이다.

콜리(Wendy Kohli) 역시 계몽주의적 이성의 역기능을 충분히 인지하면서도 그것이 지닌 해방적 가능성에 대한 희망을 버리지 않는 쪽에 서 있다. 스스로를 마르크스주의와 프랑크푸르트학파의 비판이론에 지적 · 정치적 뿌리를 둔 여성주의자로 규정하면서, 콜리는 '이성의 이름으로 이성을 비판하는' 동시에, 모든 형태의 지배로부터 인간을 해방시키는 그것의 능력을 특히 강조한다. 콜리는 계몽주의적 이성에 대해 비판적-여성주의적 맥락에서 이루어져 온 관점들을 공유하고 있으며, 계몽주의적 이성에 반영되어 있는 지배적인 서구적 관점이 지닌 제한적이고 때에 따라 배타적이기까지 한 특성들에 대해 잘 알고 있다. 그러나 그녀는 특정한 역사적인 국면에서 이성은 여성과 여타의 피지배 집단에게 해방의 힘으로 작용하기도 했다는 점을 주장해 온 여성주의자들의 견해에도 동의한다. 이런 시각을 바탕으로 콜리는 이성에 대한 여러 다양한 비판적 관점을 고려하면서 이성이 지닌 해방적 '잠재력'을 재건하고자 한다. 콜리에 따르면, 우리는 이성을 그것의 도구주의적 목적과 탈맥락화/탈체화(脫脈絡化/脫體化)된 (남성적) 자아의 17세기적 유산으로부터 구출함으로써, 보다 더 합리적인 사회를 창조할 능력을 갖춘, 공동체 속의 합리적 인간을 교육한다는 말이 무슨 의미를 지니는지 보다 명료하게 밝힐 수 있다.

이 부의 마지막 논문에서 로버트슨(Emily Robertson)은 합리성에 대해 앞선 두 편의 논문에서 제시된 입장들에 공감을 표시하면서, 특히 합리성의 사회적 구성에 주목하는 버뷸러스의 입장 그리고 감성과 이성의 관계를 강조하는 콜리의 설명에 초점을 맞추어 논의를 진행한다. 첫째, 버뷸러스의 입장에 대해서 로버트슨은 버뷸러스가 이성이 의사소통적 상호작용을 통해서 형성된 인간의 발명품이라는 점에 지나치게 주목한 나머지 그것이 지닌 초월적 특성에 대해서 주의가 다소 미흡했다는 점을 지적한다. 진리를 탐색하기 위한 절차와 기준이라는 것들은 실지 연구의 맥락 속에서 세월을 거쳐 진화한 합리적 탐구의 전통 속에 붙박여 있다는 점은 사실이다.

그럼에도 불구하고 그 기준들 자체 또한 합리적 비판의 대상이 될 수 있다는 점은 합리성 개념이 결코 이미 존재하는 기준들에 의해서 그 특성이 전적으로 규정되는 것은 아니라는 점을 보여 준다는 것이다. 이성의 초월적 특성에 주목하는 일은 곧 합리성을 규제적 개념으로 파악하는 것을 의미한다. 그리고 규제적 개념으로서의 합리성은 우리에게 일종의 '총괄적인 목표점'을 제공한다. 합리성이 인간의 역사와 함께 형성되어 온 개념이라는 점은 부정할 수 없지만, 우리는 그와 같은 합리적 전통들이 지향하는 목표점을 교육의 목적으로 함께 가르치지 않으면 안 된다. 합리성을 교육의 목적으로 삼을 때, 진리를 추구하고 도덕적으로 선한 삶을 살고 효율적인 행위의 주체가 되기 위한 열정을 길러 주는 일을 소홀히 한다면, 이는 합리성을 그것의 목적을 삭제한 채 가르치는 것과 다를 게 없다는 것이다. 둘째, 콜리의 입장에 대해서 로버트슨은 콜리가 합리성의 정의적 차원에 관심을 두는 것을 옳게 여기면서도, 그녀의 설명이 이성과 감성을 구분하는 이분법적 사고를 더욱 강화하지 않을지 염려한다. 로버트슨은 그 대신에 감정이 할 수 있는 좀 더 인지적인 역할, 즉 감정이 지식의 한 잠재적 원천으로 여겨지고 그래서 합리적 과정의 부분으로 이해되는 역할을 제안한다. 말하자면, 감정은 합리적 행위를 결심하는 데 작용한다는 것이다.

생각해 볼 문제

1. 이 장의 첫 논문에서 버뷸러스가 비판의 대상으로 삼고 있는 이성, 그리고 그것의 특성으로서의 합리성 개념은 주로 17세기 프랑스 철학자 데카르트(René Descartes)에 의해 확립된 것을 토대로 하고 있다고 할 수 있다. 데카르트의 이성 개념은 인간 사고가 따라야 할 방법적 규칙을 제공한 것이라는 점에서 근대 과학이 성립하는 데 토대를 제공한 것으로 평가되기도 하다. 그렇다면 현대 철학자들은 데카르트 이성 개념의 어떤 점을 문제시하고 있는가? 그것의 어떤 특성이 한편으로는 근대 철학의 기반으로 작용하였고, 다른 한편으로는 오늘날을 살고 있는 우리들의 교육적 관점에 방해물로 작용하고 있는가?

2. 버뷸러스는 자신이 재해석한 합리성 개념, 곧 '합당성'의 특성으로 네 가지 덕목—객관성을 지니는 것, 오류 가능성을 인정하는 것, 프래그머티즘적인 태도를 유지하는 것, 신중함 또는 현명함을 지니는 것—을 제시하고 있다. 이 네 가지 특성 각각은 교육받은 사람이 지녀야 할 특성을 개념화하려는 우리 노력에 어떤 도움을 줄 수 있는가?

3. 이른바 '여성주의(feminism)'는 교육활동의 방향을 탐구하는 사람들에게 어떤 이정표를 제시할 수 있는가? 그것이 적극적으로 주장하고 있는 관점들은 어떤 것이며, 그것이 비판의 대상으로 삼고 있는 사고는 어떤 것인가? 현대를 살고 있는 우리들에게 그것은 어떤 실천적 시사점을 던져 주고 있는가?

4. 흔히 이성은 '감성'의 상대어로 쓰인다. 그리고 이성과 감성을 구분하는 것을 우리는 '이원적인' 사고라고 한다. 이 둘을 서로 구분하는 시각의 예를 들어 보고, 그것이 둘 간의 어떤 특징을 대비시키는지를 탐구해 보라. 그리고 그와 함께 그 둘은 우리 활동의 실제 장면에서 참으로 구분될 수 있는 것인가에 대해 사례를 들어 생각해 보라.

_07

합당한 의심: 교육목적으로서의 이성에 대한 포스트모던적 옹호를 지향하며[1]

Nicholas C. Burbules

> 합리적인 것에 대해 사려 깊게 주의를 기울이는 것은 ……
> 합당하다. −Michel Serres[2]

우리는 '사려 깊게 행동하라(Be reasonable)'는 말을 종종 듣는다. 그런데 이 말은 대개 일종의 질책으로 느껴지고 심한 경우에는 자신의 생각과 감정을 덮어 두라는 명령으로 여겨진다. 만약 이성이 적합한 표현과 적합하지 않는 표현을 가려 주는 엄격한 재판관이라면, 그 말은 종종 정해 놓은 척도에 미치지 못하는 신념과 가치를 억압하는 결과를 초래한다. 이러한 이성의 의미에서 합리성(rationality) 개념은 오늘날 포스트모던적 작가들, 특히 후기 구조주의와 여성주의적인 관점을 취하는 사람들이 펼치는 파상적인 공격의 대상이 되었다.[3] 나는 이 논문에서 이러한 비판들이 '이성(reason)'을 하나의 이상으로서 완전히 포기해야 한다고 주장하는 것인지, 혹은 그 대신에 그런 이상을 유지해야 하기는 하지만 형식적이고 초월적이고 보편적인 전제를 덜 따르는 방식으로 재구성해야 한다는 점을 주장하는 것인지를 검토하고자 한다.

합리성에 대한 포스트모던적 비판

특히, 데카르트(René Descartes) 이후에 서양의 지배적인 철학전통은 진리탐구를 위한 근본적인 방법으로서 특별한 유형의 합리성을 상정해 왔다. 겔너(Ernest Gellner)는 합리성을 "순수한 앎의 대상으로서의 세계가 지닌 한계와 본질을 합리적으로 설정하려는 개인 중심적인 시도"라고 정의한다.[4] 이처럼 이성을 데카르트적으로, 즉 "지적으로 완벽주의적이며 …… 그리고 인간적으로 가차 없는 것"으로 파악하는 구상과, 나아가 그것이 어떻게 신뢰할 만한 사고의 기초로 여겨졌는지 하는 것은 최근 탐구의 주된 주제를 이루어 왔다. 즉, "그 어떤 종류의 문제에 봉착하더라도 올바른 해답에 도달하게 하는 유일한 절차가 있다고 가정되어 온 것이다."[5] 이 절차는 논리적인 추론, 엄격한 규칙에 따른 증거 제시, 감정과 같은 왜곡적인 경향성의 회피 등, 한마디로 말해서 올바른 해답을 합리적이고 내적으로 강제적인 방식으로(즉, '참된 것으로') 관철시키는 탐구방법에 기초하고 있었다. 데카르트에게 모든 것은 의심 가능한 대상이었지만, 이성 자체는 그렇지 않았다.[6]

그렇지만 겔너, 매킨타이어(Alasdair MacIntyre), 로티(Richard Rorty), 툴민(Stephen E. Toulmin) 등 여러 사람이 주장했듯이, 서양의 전통 내에서도 이성을 완전히 다르게 파악하는 입장이 꾸준히 존재해 왔는데, 그것은 이른바 '훌륭한 사고(good reasoning)' 개념의 확장판이자 보다 덜 획일적인 형태의 개념을 우리에게 제공해 주고 있다.[7] 특히, 이들 철학자 중의 일부—아마도 로티가 가장 잘 알려진 경우일 것이다—는 이성의 인지적 기능이 지나치게 강조되어 왔다는 점을 지적하면서, 그중에서도 특정한 과학적 탐구방법을 선호함으로써, 다른 한편으로 무엇을 믿고 행위를 어떻게 수행할지를 결정하는 데 실질적으로 핵심이 되는 도덕적이고 정치적인 차원들을 논의에서 배제시키는 결과를 초래하였다고 비판했다. 로티의 설명에 따르면, 합리성을 협소하게 파악하는 관점이 취하고 있는 거대한 신화는 엄격한 진리의 척도가 없다면 우리는 '취향, 감정 그리고 임의'에만 의존하도록 내팽개쳐질 것이라는 점이다.[8] 합리적인 것과 비합리적인 것(또는 합리성과 무관한 것) 사이를 엄격하게 경계 짓고, 나아가 합리적인 것을 옹호하지 않을 때, 비합리적인 것 이외에 더 이상의 선택지가 없다고 생각하는 것은 이러한 특별한 전통의 전형적인 특징 중 하나다.

그런데 최근에, 전혀 다른 사상적 계보를 따르는 철학자 중에서 이와는 사뭇 다른 종류의 '이성적 사고(reasoning)' 개념을 더 선호하는 경향을 보이는 이들이 있다. 이성적 사고라는 것은 단지 합리성이라는 측면에서 파악될 것이 아니라, 그와 다르고 그보다 더 넓은 관점으로 파악될 수 있다는 것이다.[9] 그렇지만 교육철학 문헌들은 이런 탐구 경향을 매우 소홀히 취급해 왔다. 이성이나 비판적 사고에 초점을 맞추고 있는 교육철학 논문의 주요 저작자들—에니스(Robert Ennis), 맥펙(John McPeck), 폴(Richard Paul), 셰플러(Israel Scheffler), 시겔(Harvey Siegel)—은 어느 정도 차이는 있지만 하나같이 이성적 사고는 곧 합리성과 동일하다는 전제로부터 출발하고 있다.[10] 그들은 대안적인 합리성을 논의하려는 일체의 시도를 결국에는 상대주의로 빠져들 수밖에 없는 것으로 간주하고, 무엇보다도 합리성이라는 가치를 옹호하는 것이 교육자들에게 매우 중요하다고 주장한다.

잘된 일인지 아닌지는 모르겠지만, 우리 시대 철학적 사고의 대체적인 동향은 이 관점에 반대되는 방향으로 진행되고 있는 듯하다. 다시 말하면, 대안적인 형태의 이성적 사고 개념의 가능성을 조심성 있게 검토하는 쪽이 아니라, 많은 비판가는 이제 이성이나 합리성의 개념을 단순히 폐기해 버리고자 한다. 그들은 이성이나 합리성이 원래 지니고 있었던 자유주의적 의도가 그 무엇이었건 간에, 이제는 우리의 사고력을 무디게 하고 거대담론화하였으며, 문화적 다양성에 무감각해져 버린 오도된 계몽주의적 전통의 잔재에 불과한 것으로 간주한다. 여러 다양한 자료, 특히 '포스트모던적인' 유형의 논의들을 토대로, 많은 철학자는 이성이 비판의 표적이 되고 있다는 점 외에는, 이제 더 이상 중요하게 취급할 만한 주제가 아니라는 점을 당연하게 받아들이고 있다. 이런 비판들에 대하여 이성을 방어하고자 하는 모든 노력도 본질적으로 의심스러운 것으로 간주되고 만다. 이성에 대한 반감은 날이 갈수록 그 설득력과 확실성과 함께 증가되고 있다. 포스트모더니즘에 대하여 어느 정도 공감을 나타내고 있는 번스타인(Richard Bernstein)조차도 이와 같은 경향에 대해서는 당혹감과 경계심을 감추지 못하고 있다.

> 이성에 대한 분노는 도대체 어디서 온 것인가? 공격과 비판과 저주의 대상이 되고 있는 것은 정확하게 무엇인가? '이성'과 '합리성'이 언급될 때마다 지배와 억압, 억제, 가부장제, 불모, 폭력, 전체성, 전체주의, 심지어 공포감이 함께 연상되는 이유는 무엇인가? 불과 얼마 전까지 '이성'의 소리는 우리에게 자율성, 자유, 정의, 평등, 행복, 평화의 이념을 떠올리게 했던 것이었다는 점을 상기하면, 이러한 질문들은 우리를 매우 당혹게 하고 난처하게 한다.[11]

내가 보기에, 중요한 것은 관심 있는 학자들이 이 '이성에 대한 분노'에 대해 신중하고 사려 깊은 옹호자들이 실제로 진행하는 지적 · 정치적 운동이라고 인식하는 일이다.[12] 그들이 제기하는 비판과 도전은 상당 부분 충분히 설득력이 있어 보인다. 그러나 '합리성'에 관한 일체의 논의를 그것과 유사한 다른 어떤 것으로 대체하지 않은 채 전적으로 폐기해 버리는 것이 가능한 일인지, 아니면 시겔 같은 이들이 제안하는 것처럼 합리성을 부정하는 주장 자체를 암묵적으로 (그리고 자기모순적으로), 부분적으로 시인하는 일이 되는 것은 아닌지 하는 등의 질문은 여전히 남는다.[13]

이 논문에서는 합리성을 재개념화함으로써, 곧 '합당성(reasonableness)'이라는 대안적인 개념을 통해 이 비판들에 답하고자 한다.[14] 이와 같이 합리성에 관하여 이전과 다르게 사고함으로써, 우리는 이론적이고 실천적이고 도덕적인 문제를 다룰 때 포스트모던적인 관점에서 문제시되었던 선험적이고 보편적인 기준을 공공연히 내세우지 않고도 논리적 일관성을 유지하는 데 필요한 개념적 길잡이와 구조를 확보할 수 있을 것이다. 또한 이 입장은 진리와 가치 혹은 바람직한 행위 방식에 관해 경쟁하는 주장 간의 갈등을 해결하기 위한 객관적이고도 보편적인 근거를 추구하는 일체의 시도를 부정하는 반근대적 태도라기보다는, 근대적 개념과 전제들을 수정하고 그것들을 초월한다는 의미에서 포스트모던적인 태도로 간주될 수 있다.[15] 반근대적 입장은 합리주의의 일부 옹호론자들이 범한 오류를 반복하고 있다. 다시 말하면, 이성이 그 무엇인가를 의미한다면 그것은 데카르트적인 의미에서의 합리성이요, 이성이 취하게 되는 그 어떤 형태도 데카르트적인 전제를 벗어날 수 없다는 것이다.

포스트모던적 관점은 부정(否定)이 아닌 회의(懷疑)에 그 뿌리를 두고 있다. 이는 사람들이 반드시 따라야만 하는 형식적이고 보편적인 기준으로서의 합리성을 지지함으로써 초래되는 사회적 · 정치적 결과가 무엇인지를 회의적인 태도로 묻는다. 침묵을 강요받는 사람은 누구인지, 위협받는 사람은 누구인지, 신뢰할 수 있는 담론의 기준은 오직 그 합리성의 기준으로부터 온다고 할 때 그 담론의 장에서 제외되는 사람은 누구인지에 대해 질문을 제기한다. 우리의 역사적 · 문화적 기록 전체가 이와 같은 문제들과 관련하여 다원주의와 다양성에 대한 관용을 우리에게 촉구할 때, 포스트모던적 관점은 우리가 어느 특정한 형태의 사고에 매몰되지 않게 해 준다. 이 점에서, 데카르트적 합리성의 방법을 의심하는 일—데카르트 자신은 결국 이 일을 할 수 없었다—은 이성에 대한 보다 포용적이고 유연한 이해를 통해 수행될 수 있으며, 이는 그의 방법이 이루어 낸 독특한 업적을 부정하거나 거부할 필요 없이 인간 사고와 실천의 특정한 영역 내에서 이루어질 수 있다. 요컨대, 우리의 의심은 합당한 의심일 수 있다.

합리성과 합당성

합리성에 대한 포스트모던적 비판은 우리에게 무엇을 가져다주었는가? 명백한 사고 규칙에 대한 중립적인 중재자로서, 의심할 여지없이 명백한 결론에 도달하기 위한 냉정한 도구로서, 인간의 사고와 행위를 이끄는 보편적인 기준으로서, 우리가 한 치의 오점 없는 순수한 추론 능력을 추구하면서 인류 진화의 역사를 가로질러 시간에 구애되지 않고 그 기능을 발휘해 온 줄거리로서, 합리성의 그러한 개념을 포기한다면 그 뒤에 남는 것은 무엇인가? 그 대신에 만약 이성이라는 것이 인간의 발명품이요 성취물이라면, 그럼에도 여러 다양한 상황과 제약 아래에서도 비교적 동일한 형태를 유지해 온 것으로 봐서 결코 임의적인 것이라고만은 할 수 없고, 그렇다고 하여 필연적이거나 보편적인 것은 아니라고 한다면 어떻겠는가? 또한 이성이라는 것이 인간의 사고와 정서와 동기가 작용함으로써 이루어지는 의사소통적 상호작용을 통해서 형성되는 한 가지 실천활동이라고 한다면 어떻겠는가? 이성의 여러 장점을 일반화하기 위한 유일한 토대가 타자들(others) 또한 그 속에서 똑같은 방식으로 사고하게 하는 구체적이고도 특수한 교육과정밖에 없다고 한다면 어떻겠는가? 만약 성공적이라면 이는 그것이 일반화가 가능하다는 점을 보여 주는 것이며, 만약 실패한다면 그렇지 않다는 것을 보여 주는 것인가? 마지막으로, 이성이 가져다주는 혜택이라는 것이 어떤 특정한 종류의 질문들에 답을 얻을 수 있고, 어떤 특정한 문제를 해결하고, 어떤 특정한 이견들을 조정하는 데 있는 것이지, 그것이 일체의 인간 사고와 행위를 안내하는 필수적인 혹은 불가피한 기준이기 때문은 아니라고 한다면 어떻겠는가?

남는 것은 우리가 이성적으로 사고할 때 실제로 행하는 것(예컨대, 논리적 연역은 한 가지 유용한 사고의 방법이 될 수 있다.)이 무엇인지에 관한 상당한 정도의 구조물이다. 그러나 이 구조물은 질문에 답하고 문제를 해결하고 이견을 조정하는 나름의 다양한 방식들을 발전시켜 왔음 직한 사람들과 집단들에 대하여, 그 효용성과 일반화 가능성에 관련된 훨씬 더 온당한 주장들로 이루어져 있을 것이다. 그 속에는 우리의 반성적인 사고와 행위를 훨씬 광범위한 입장에서 안내하는, 우리 인간이 지닌 가장 일반적인 특성들이 자리를 차지하고 있을 것이다. 요컨대, 이성의 한 가지 개념으로서의 '합당성(reasonableness)'은 상대주의적 오류에 전적으로 빠져드는 일이 없이 포스트모더니즘의 비판들을 견뎌 낼 수 있다는 것이다.[16] 이성에 관한 기존의 담론들을 특징지어 온 '합리적인 것(rational)'과 '비합리적인 것(irrational)' 간의 날카로운, 혹은 어느 정도는 가혹했다고 할 수 있는 양분법 대신에 보다 더 '합당한(reasonable)' 사고나 행위와 '합당치 않은(unreasonable)' 사고나 행위 사이를 구분 짓는 일이 가능할 것이다.[17]

나는 '합당성'이 특정한 유형의 사람들이 지닌 성향과 능력을 가리키는 말이라는 것을 제안하고자 한다. 이 유형의 사람들은 형식적인 규칙과 사고의 절차를 따르는 사람들이 아니라, 특정한 맥락에서 타자들과 관계를 맺고 있는 사람들이다. 합당성을 지닌 사람은 타당한 이유를 들어 자신의 신념과 행위의 선택을 정당화하려고 하는 사람이지만, 그러한 선택은 이 유형의 사람들이 지닌 보다 근본적인 특성이 드러난 것이라고 보아야 한다. '이유를 제시하는' 혹은 '이유를 따르는' 것만으로 이 사람들의 특성을 규정하는 것은 겉으로 표현된 증상을 있게 한 합당성의 기질이나 성향과 혼동하는 것이다. 비판적 사고(critical thinking)에 관한 최근 연구물들의 공통점은 비판적으로 사고하는 사람의 특성을 오로지 '논리성(logicality)'만으로 묘사하는 것에는 한계가 있다는 점을 지적하고 있다. 논리적 추리

기능을 보완하여 실천 상황에 적용하고자 하는 '성향(dispositions)'을 함께 언급할 필요가 있다는 것이다.[18] 그러나 불행히도 어떤 경우에는 그러한 기질적 요소가 어떤 것인지 분명하지 않다. '조직의 타당성을 검사하기 위해서 항상 삼단논법을 적용하라는 논리적 규칙'과 '조직의 타당성을 검사하기 위해서 삼단논법을 적용하려는 성향' 사이에 어떤 차이가 있는지는 언급할 가치조차 없을지도 모른다. 마찬가지로, 셰플러 등이 논의한 '합리적 열정(rational passion)'—엄격함과 명료함을 추구하는 열정—은 종종 형식적인 기준을 정서적인 언어로 바꾸어 써 놓은 것에 불과한 경우가 많다.[19]

이와 같은 이유 때문에 나는 '성향'이라는 용어보다 '덕성(혹은 덕목, virtues)'이라는 용어를 더 선호한다. 덕성은 우리의 자아의식과 정직성에 관련된 인격의 융통성 있는 측면을 가리킨다. 한편, 덕성은 우리가 행위하고 결정 내리는 맥락을 제공하기도 하고, 공동체와 타자와의 관계에 의해서 배양되고 촉진되기도 한다. 우리는 자신의 인간 됨됨이로 말미암아, 우리 주변 사람들의 행위와 그들의 선택과 관련하여 선택을 수행함으로써 덕성을 표현한다. '성향'이라는 말에는 이와 같은 의미의 풍부함과 복잡함이 없다.[20] '성향'은 종종 외적으로 관찰된 특징과 행동주의적 관점에서 묘사된 개인의 경향성을 가리킨다. 덕성은 이와 달리 단지 습관의 표현이 아니라, 판단과 선택의 표현을 의미한다. 덕성은 상이한 맥락에서 상이한 방식으로, 그리고 상이한 사람들과의 관련하에서 작용한다. 따라서 덕성은 그저 개인의 속성으로만 분석될 수 없다. 사람들은 덕성을 획득하고 유지하고 표현한다. 이는 사람들이 타자와 관계를 맺고 있기 때문이며, 타자와의 관계 속에서 서로 간에 활발하게 반응하고 있기 때문이다.[21]

인간의 인격적 특성이자 성취물로서의 합당성 개념을 보다 잘 이해하려면 덕성이 인간의 행위에 어떻게 영향을 미치는지에 대한 설명을 고찰할 필요가 있다. 덕성은 단순히 우리가 이전에 학습한 형식적인 규칙들을 적용하도록 동기화하는 정서적 측면이 아니라, 우선 우리로 하여금 그와 같은 기준들에 애써 주목하고 그것들을 학습하도록 이끄는 인격의 측면이다. 이는 바로 우리가 누구인가를 결정하는 한 부분이다. 합당성을 지닌 사람, 곧 합당하게 사고하고 행위하는 사람은 대안적인 관점을 이해하려 하고 그에 대해 공정한 태도를 지니고자 한다. 사람들은 살아가는 중에 중대 사안들에 대해 입장을 취하고자 할 때 신중과 분별을 기하고자 하며, 실수를 범하였을 때에는 그것을 기꺼이 인정하고자 한다. 이와 같은 특성들은 단지 그 어떤 형식적인 추리의 규칙을 따른다고 해서 지닐 수 있는 것이 아니다. 그것들은 형식적인 규칙이 적용되지 않는 대단히 광범위하고 다양한 상황에서 발휘되는 대단히 복잡한 인격적 특성이다. 그것들은 일련의 규칙 체계보다 훨씬 포괄적이고 원천적이므로, 상황에 따라서는(예컨대, 어린아이에게 간단한 아이디어를 표현하려고 할 때 정밀도와 정확성의 규칙을 잠시 위반하는 것이 도움이 되듯이) 오히려 이들 형식적인 규칙을 무시함으로써 더 잘 발휘될 수 있다. 이 관점에서 보면 사람들이 체계적 사고를 촉진하기 위한 하나의 유용한 방법으로서의 '논리성(logicality)'에 관심을 두는 것은 그렇게 하는 것이 합당하기 때문이지, 결코 그 반대가 아니다. 특정한 신념과 행위가 얼마나 합당한가 하는 것은 오직 보다 넓은 사고와 반성과 토론과 변화의 더 큰 맥락 속에서 그것들을 이해하지 않고는 판단할 수 없다. 합당성은 사람들이 언제, 어떻게 자기 마음을 변화시키는가에 따라 표출된다.[22] '합리성'이 지닌 단순하고 이분법적인 특성으로는 이와 같은 형태의 판단을 수행할 수 없다.

이런 의미에서의 합당성은 많은 면에서 전근대적인 것이다. 그리고 겔너를 비롯한 많은 학자가 반복적으로 말하는 것 중 하나는 성격에 기초한 이 이성관이 데카르트적 사고가 지배하는 근대에는 표면에 드러나지 않고 침잠해 있었다는 것이다. 합리성은 그 자체의 역사를 가진 개념이라고 겔너는 지적한다. 이는 서양의 전통 내에서만 보더라도 시종일관 동일한 것이 아니었으며 단선적이지도 않았다.[23] 예를 들면, 툴민은 다음과 같이 말한다.

> 16세기 인문주의자들의 핵심 요구 사항은 우리의 모든 사고와 행위가 합당해야 한다는 것이었다. 이것은 한편으로, 자기를 표현할 때 자신의 능력과 자기 인식에 대하여 신중하도록 노력해야 한다는 것을 의미했다. …… 다른 한편으로, 그것은 사회적 · 문화적 · 지적 다양성을 허용하도록 요구했다. 우리와 상이한 제도나 관습, 이상을 가진 사람들을 깊이 이해하지 않고 비난하는 것은 합당치 못한 것으로 여겨졌다. …… 그 대신, 우리 자신의 관행이 다른 문화에 속한 사람들에게 똑같이 이상하게 보일 수도 있다는 것을 인식하고, 이 사람들이 자신의 경험에 대하여 정직하고 분별력 있게 그리고 비판적으로 반성함으로써 자신의 위치를 얼마나 잘 깨달을 수 있는지 우리가 질문할 수 있을 때까지 판단을 유보해야 한다.[24]

유사한 방식으로 로티는 이성에 대하여 다음과 같이 말한다.

> (이성은) 다음과 같은 것을 도덕적 덕목으로 규정한다. 즉, 너그럽게 허용하는 것, 주위 사람들의 의견을 존중하는 것, 성의껏 남의 얘기를 듣는 것, 강요보다는 설득에 의존하는 것 등이다. 이것은 문명화한 사회의 구성원들이 그 사회의 지속성을 위해 지녀야 할 덕목이다.[25]

마지막으로, 테일러(Charles Taylor)는 다음과 같이 지적한다.

> 합리성은 비일관성을 피하는 것 이상을 요구한다. 그것은 서로 양립할 수 없는 문화와 활동을 비교할 때 내리는 우리의 상이한 판단들로부터 나온다. 이 판단들을 통하여 우리는 합리성의 형식적 기준만

을 따르는 것을 넘어서서 합리성의 가치에 의미를 부여하며, 정연하고 명확하게 표현하는 인간 활동으로 나아간다.[26]

이러한 접근이 어떤 다른 이성의 개념을 우리에게 보여 주는지 주목할 필요가 있다. 그것은 문화적 차이와 다양성에 민감하고 보편성을 주장하는 데 조심스러우며, 인간관계와 도덕적 반성의 상황과 관련되어 있으며, 냉정한 논리적 추론이나 '사실'에 대한 과학적 탐색보다는 말하고 듣고 반성하는 실제적 · 사회적 활동에 더 기반을 둔다. 물론, 경험적 증거와 분석은 면밀한 추론의 과정에 적절한 방법이다. 그러나 이 방법은 다양한 정보원(情報原)의 가치를 평가하고 여타 관점의 강점을 식별하며 이에 비추어 자신의 방법과 이론의 잠재적 한계를 조심스럽게 판단하는 보다 넓은 선택의 맥락에서 일반적으로 사용된다. 이 방법이 지니는 인식론적 가치는 그것이 우리의 도덕적 · 정치적 삶에 미치는 영향과 분리될 수 없다.

이러한 논의는 앞의 것과 연관된 합당성의 두 번째 차원으로 이어진다. 그것은 합당한 결과(즉, 참가자들이 신중한 숙고를 거치고 나서 얻는 만족한 결과)를 얻기 위해 그 속에서 함께 탐구하고 논박하고 판결하고 설명하고 혹은 자기 주장을 펴는 의사소통적 관계에 참여하는 능력이다. 로티가 말하는 합당성의 미덕은 사람들이 함께 말하고 서로의 말을 경청하는 방법 속에서 잘 드러난다. 이성은 탐구법칙의 기계적인 적용이 아니라, 사람들의 활동 결과로 만들어진 불완전한 사회적 과정이다. 타당성은 이상적인 사례를 확립하는 것뿐만 아니라, 다른 사람들이 그것을 경청하고 질문하고 또 반응하는 것에도 의존한다. 로티는 이러한 변화를 가리켜 '논증(argument)'에서 '대화(conversation)'로의 전환이라고 말한다.[27] 이와 유사하게 하버마스(Jürgen Habermas)는 '형식적' 합리성으로부터 '절차적' 합리성으로의 전환에 대해서 말하고 있다. 형식적 이성은 "특수하고 가변적이고 우연적인 것보다는 보편적이고 초역사적이고 필연적인 것"을 더 강조하기 때문에 이성이라는 개념을 "이상주의적으로 주조해" 버렸다.[28] 그에 맞서 하버마스의 최근 연구는 일관되고 구체적인 논증을 구성하고 있는데, 그의 주장에 따르면, 진리 요구 혹은 도덕적 정당함의 요구는 단지 서로 다른 관점을 가진 사람들의 적극적인 대화 참여를 통해서만 지지될 수 있다. 그러한 의사소통 관계가 시작되고 지속될 수 없다면 이성은 불가능하다. 벤하비브(Seyla Benhabib)의 말에 따르면, 이성은 "언어적으로 사회화되고 유한하고 구체적인 신체를 가진 존재의 우연적인 성취"로 간주되었다.[29] 이러한 의사소통적 측면으로 인해 합리적인 입장을 추구하고 또 그것을 습득하고자 하는 노력은 주로 실천적이고 상황적이다. 추론과 대화의 과정이 적합한지는 그러한 과정에서 도출되는 결론의 실천적 효용과 사회적 수용 가능성에 의해 판가름 난다. 그리고 이러한 결론의 신뢰성은 거기에 도달하게 되는 과정이 얼마나 철저하고 사려 깊은가에 의해 결정된다.

합당성을 이런 식으로 파악하는 입장 속에 들어 있는 비판적인 차원을 인식하는 것도 중요하다. 무엇보다도 그러한 관점은 사고작용을 데카르트적으로 이해하는 입장이 개인주의적인 편견을 지니고 있다는 것을 드러내 보인다. 합당한 관점은 직접적이든 간접적이든 간에 사회적인 상호작용의 산물로 간주되어야 한다. 전적으로 부조리한 상황 속에서는 어느 누구도 합당할 수 있으리라고 기대할 수 없다. 그리고 이러한 관점에 서게 되면 '합당하지 않음'이라는 규정은 인물에 대한 비판이라기보다는 대개 사회적 상황에 대한 비판이라는 하나의 결론을 얻는다. 예컨대, 신중한 숙고와 성찰을 가로막고, 의심스러운 신념과 가치, 기호(嗜好), 태도 등이 사회적 혹은 제도적 강압에 의해 강요되고, 사람들에게 조급하거나 지나치게 단순한 선택을 강요하고, 대안에 대한 고려와 간주관적인 논의의 가능성이 거의 없는 것 등과 같은 상황은 모두가 합당하지 않은 상황이다. 여기서 말하는 합당하지 않은 상황은 깊이 생각하지 않은 선택의 결과일 뿐만 아니라 억압적인 사회적 선택의 결과를 뜻하고, 그 안에 처한 사람들이 합당하지 않은 사고와 행위로 빠져들기 쉽게 만든다. 이러한 환경은 우리 사회에 만연해 있다. 이성에 대해 이런 식으로 생각하는 것은 단지 '엉성한 사고' 혹은 부적절한 추론(비록 추론에서 발생하는 이러한 형식적인 실수가 때로 더 거대한 왜곡의 징후이기도 하지만)에 대한 무미건조한 분석일 뿐만 아니라, 권력과 이데올로기를 인간적인 사고와 행위에 대한 장애물로 분석하는 것과 같은 강력한 사회비판을 시사하고 있다. 사회적 연관과 사회적 실천의 형성은 세계에 대한 수용을 균형 있고 간주관적으로 의미 깊게 발전시켜 나가기 위해서 꼭 필요하다. 그런데 이는 합리성을 주로 특수하고 협소하고 도구적인 것으로 파악하는 입장—물론, 이것이 매우 제한된 문맥에서 아무리 많은 장점을 갖는다고 하더라도—에 의해 제한되고 또한 방해받는다. 사회비판의 한 차원으로 간주되어야 하는 것은 바로 이러한 사실이다. 즉, 사회비판은 그러한 제한과 방해 방식에 대해 비판해야 한다.

데카르트적 합리성의 개념은 인지적인 동시에 목적론적이다. 그것은 신뢰할 만한 지식에 이르는 유일한 통로이며, 그 방법을 적절하게 적용하기만 하면 정확하고도 최종적인 해답에 반드시 성공적으로 도달할 수 있는 것으로 여겨지고 있다. 그러나 최근 들어서 이 믿음은 의심의 대상이 되고 있다. 쿤(Thomas Kuhn)과 여타 역사가, 그리고 과학철학자들의 연구는 자연과학자들조차도 순수하게 합리적인 방법으로 연구를 진행하는 것이 아니라는 주장에 무게를 실어 주고 있다.[30] 참으로 모순적인 것은 합리주의 철학자들과 일부 포스트모더니즘 철학자들 모두 이러한 이성 개념을 포기한다면 남는 것은 오직 '뭐라도 좋다'는 식의 상대주의밖에 없을 것이라는 주장에 공감하고 있다는 점이다. 그러나 내가 보기에 양쪽 모두 오류를 범하고 있다.[31] 대신에 우리는 이성적 탐구의 과정은 모종의 결론을 도출하기 위해 그 탐구의 당사자들이 실제로 수행하는 사고와 대화와 선택을 명시하고 있으며, 만약 그들이 합당한 사람들이라면 결론 또한 최대한으로 신뢰할 만한 것이라는 전제에서 출발할 필요가 있다. 물론, 그 결론도 오류일 수 있지만, 그것이 오류라는 판단과 그것의 수정 또한 동일한 과정에 따르지 않고는 이루어질 수 없는 것이다. 이 점에서 합당성의 인지적인 측면은 완전히 거꾸로 이해되어야 한다. 이제 우리가 제기해야 할 질문은 더 이상 '진리에 도달할 가능성이 가장 높은 탐구나 논의의 절차는 어떤 것인가'가 아니라, '사람들이 자기가 처한 상황의 진실을 이해하고자 할 때, 그들이 시간을 들여 수립한 탐구의 일반적인 패턴들은 어떤 것인가' 하는 식이 되어야 한다.

이 탐구 양식들 가운데 논리적 규칙이나 과학적 조사 같은 것이 중요한 기능을 하는 것은 사실이겠지만, 이러한 기능은 제한적일 수밖에 없다. 왜냐하면, 그러한 것들은 의사소통과 실천활동과 판단의 사회적 맥락 안에서만 효과적이기 때문이다. 따라서 이제 문제는 그러한 맥락이 어떤 성격을 지닌 것이며, 그들 맥락 안에서 합당한 방식으로 행위한다는 것은 무엇을 의미하는가 하는 것이다. 이에 관한 탐구를 시작하는 하나의 방법으로서 나는 합당성은 서로 구분되는 네 가지 핵심 특성, 즉 객관성(objectivity), 오류 가능성(fallibilism), 프래그머티즘(pragmatism), 현명함(judiciousness)을 지닌다는 점을 제안하고자 한다. 이들 특성은 형식적이고 탈문맥적인 언어로서의 '합리성'이 인격적 특성과 실천적 맥락, 그리고 의사소통 관계를 보다 적극적으로 고려하는 담론으로 표현될 수 있다는 것을 나타낸다.[32] 내가 의도하는 바를 이와 같이 이해할 때, 합당성의 덕목들은 보다 풍부하고 보다 효율적으로 작용할 수 있다는 점을 이해할 수 있다. 또한 합당성의 덕목들은 일부 포스트모더니즘적인 비판을 더 잘 견뎌 낼 수 있으며 우리의 교육적 탐구 노력을 더 잘 이끌어 갈 수 있다.

합당성의 네 가지 덕목

객관성을 획득하기 위한 노력 실제로 어떤 사람이 객관적인 관점을 채택하기 위해서 반드시 필요한 것은 무엇일까? 한 가지 요소는 바로 관용의 태도, 즉 '너무 성급한 판단' 대신에 대안적인 여러 입장을 고려할 줄 아는 능력이다. 객관적인 사람은 다른 관점과 교섭하면서 자신의 견해를 보류할 줄 안다. 이 능력은 주로 그 어떤 지적인 기능을 훈련함으로써 길러지는 것이 아니라, 자제하는 태도와 능력을 훈련함으로써 길러질 수 있다. 관용에 대한 그 밖의 다른 많은 측면도 있다. 이를테면, 자신의 생각이 편견일 수도 있다는 것을 인정하는 것, 다른 사람들의 관점을 완전히 이해하는 데 자신이 지닌 능력의 한계를 인정하는 것, 상대방의 말을 경청하고 이해하는 노력을 경주하면서 타자를 충분히 배려하는 것 등이다. 그러한 관용이 결여되면 '객관성'이라고 불리는 합당성의 한 요소를 작동시킬 수 없다. 이러한 특성을 습득하고 훈련하는 것은 지극히 순수한 의미에서 인지적인 혹은 합리적인 노력과는 다르다. 반대로 이러한 의미에서의 객관성은 몰두, 배려 혹은 감정이 결여되어 있는 상태에서는 결코 획득될 수 없다.

객관성은 아무런 입장도 취하지 않는 태도가 아니다. 오히려 타자의 관점을 충분히 고려하고, 그들 모두에게 발언권이 있음을 인정하는 태도이며, 모든 것 중에서 '최고'의 방안이 있으며 있을 수 있다는 태도로부터 다소 거리를 유지하는 것을 의미한다. 물론, 이런 종류의 다원주의는 부분적으로는 폭넓은 다양성을 경험함으로써 길러지기도 하지만, 서로가 지닌 장점을 진지하게 고려할 수 있게 해 주는 타협의 과정에 참여하는 일을 통해서도 길러진다. 내가 생각하기에, 이것은 우리가 '객관적'이라고 평가하는 사람들이 갖추고 있는 주된 재능이다. 동시에 그것은 객관성이라는 덕목에 대해서 지금까지 흔히 문헌에서 찾아볼 수 있는 그런 것과는 상당히 다른 분석이다. 합리성에 대해 연구하는 저자들이 "합리적으로 사고하는 사상가들은 동일하게 사고한다."라고 논평하는 것을 별로 이상하지 않고 무난한 것이라고 여기던 때가 있었다.[33] 철학적 지식을 갖춘 사람 중에 이런 입장을 견지하고 있는 사람을 상상하기란 지금으로서는 힘들다. 다시 말해서, 오늘날 정체성과 삶의 양식을 어느 정도 일관되게 수립하는 길은 대부분 바깥에서 보기에는 그것들이 아무리 기이하고 '비합리적'인 것으로 보이더라도, 그것을 지니고 있는 사람에게는 유의미하고 일관된 것으로 보일 것이다. 합당성이 지속 가능한 덕목이 되려면, 아마도 화해 불가능할지라도 사회적 세계의 조건으로서 차이가 존재한다는 사실을 인정해야만 한다. 그리고 그것은 인종적 우월성과 같은 가정이나 통일된 진리에 입각하여 추정된 합의라는 이름으로 그런 차이들을 제거하는 방향이 아니라,[34] 심지어 그런 차이들이 여전히 곳곳에 남아 있더라도 그것들을 가로지르는 사려 깊고 예민한 참여의 방향으로 나아가야 한다.[35] 벤하비브의 말대로, "관건은 우리가 선한 삶에 대한 개념을 간주관적 토론이 가능한 문제로 보는 것이다. 그러한 간주관적 합의가…… 이 영역에서는 결국 도달될 수 없더라도 말이다."[36]

이러한 노선의 논의가 말하고자 하는 것은 객관성을 추구하는 데 관용이나 다원주의 같은 가치가 도덕적으로 반드시 따라야 할 명령일 뿐만 아니라 방법론적인 명령이기도 하다는 것이다. 다양한 대안에 관해 귀 기울이고 숙고할 때, 우리의 사고는 좀 더 풍부해지고 균형이 잡히고 공정해질 것이다. 그렇게 될 수 있으려면 어느 정도의 지적인 능력뿐만 아니라 이러한 덕목의 발달을 부추기고 지원하는 성격적 측면과 개인적 관계, 사회적 맥락 등이 요구된다. 잘 알다시피, 지적인 능력이 뛰어남에도 불구하고 대안적인 견해를 잘 듣고 고려하는 데 자신의 비판적 능력을 충분히 쏟아부을 수 없는 사람들이 있다. 그들에게는 여기서 내가 '객관성'이라고 부르는 것이 결여되어 있다. 마찬가지로, 무엇이든 잘 듣기는 하지만 그것에 대해 비판적으로 대응할 수 없는 사람들은 분별력이라고 할 만한 것이 부족한 것 같다. 이 양극단에 있는 사람들은 합당성을 지니고 있다고 하기 어렵다.

따라서 객관성이란 무관심한 중립성, 즉 아무런 입장도 명백하게 취하지 않아서 얻는 것이 아니다. 또한 많은 대안적 견해를 감내하고 인정하는 것은 단순히 아무 견해나 포용하는 상대주의를 의미하지도 않는다. 그것은 한 개인이 취하고 있는 입장에 대해, 그리고 그러한 입장이 다른 사람들에게 가져올 결과에 대해 의식하고 숙고하는 것이다. 인식론에 대한 여성주의적 저술들은 이러한 주제에 관해 공공연하게 서술해 왔으며, 상대주의는 결코 여성주의적 기획(project)의 친구가 아니라는, 즉 받아들일 만한 의미의 객관성은 여성주의 연구와 비평에 담긴 통찰을 '진정'하고 '타당'한 것으로 인정받도록 하는 데 결정적으로 중요하다는 중대한 지적을 한 바 있다. 그러나 여성주의자들도 객관성의 의미를 재고하려고 한다.

> 한 사람의 사회적 상황은 그의 인식이 지닌 한계를 설정한다. 예컨대, 비판적으로 검토되지 않는 지배적인 상황과 같은 어떤 사회적 상황은 이런 점에서 다른 상황들보다 훨씬 더 제한적이며, 수용된 신념에 대해 날카로운 비판적 질문을 제기하지 못하는 그들의 무능력 때문에 그 상황은 더욱 제한적인 것이 되고 만다. …… (여성주의는) 모든 사회적 상황이 세계에 관한 학습에 똑같이 유용한 자원을 제공한다는 생각에 대해, 그리고 그러한 사회적 상황이 모두 똑같은 정도로 지식의 한계를 설정한다는 생각에 대해 논박한다.[37]

하딩(Sandra Harding)과 몇몇 사람들이 '관점 인식론(standpoint epistemology)'이라고 부른 견해에 따르면, 모든 앎은 주체의 위치(모든 사고자 혹은 탐구자는 무엇보다도 어떤 성격을 지닌, 그리고 특정한 상황에 처한 한 인간이다.)와 더불어, 그리고 특정한 주제를 탐구하는 데 그러한 위치(예컨대, 특권)가 그 사람이 견지할 수 있는 '객관성'의 가능성과 한계에 미치는 잠재적 영향력과 더불어 시작된다. 그러나 어떤 주제를 충분히 탐구하기 위해서 그 상황의 실재와 객관성을 고려하기로 한 결과, 그 사람은 한층 강화된 객관성을 받아들여야만 한다. 코드(Lorrain Code)가 말한 것처럼, "지식은 항상 상세화할 수 있는 상황들에 대해 **상대적**(즉, 그에 대한 시각과 관점)이다. 그러므로 지식은 실재론적 · 경험주의적 헌신에 의해 제한되는데, 그러한 헌신에 따라 상황을 올바르게 이해하는 것은 반성적 행위에 대단히 중요하다."[38]

이 점에서 객관성과 주관성 사이의 구분은 이제까지 잘못 이루어졌다. 첫째, 그 구분은 지나치게 이분법적이다. 왜냐하면, 우리의 인식에 주관성의 요소가 있다는 것과 그것을 인정하는 것은 객관성을 획득하는 과정의 일부분이기 때문이다. 비록 제한적이고 불완전하지만, 진지하게 우리의 편견 혹은 맹점을 이해하려 하고 우리의 사회적 지위나 위치, 정체성이 어떻게 더불어 이해하고자 하는 타자들과의 관계를 특수하게 혹은 때로 문제가 있는 것으로 만들었는지 의문을 제기해 보려고 시도하는 것은 우리가 성취할 수 있는 객관성을 가장 잘 옹호하는 방법이다. 우리는 정체성의 이러한 측면을 잊어버릴 수도, 무시할 수도, 제쳐 놓을 수도 없다. 즉, 그 속에서 우리는 가능한 한 자기 반성적으로 행위할 수 있을 따름이다. 이것은 객관성에 대한 이해를 상당히 다르게 우리에게 보여 준다. 둘째, 다른 사람들과의 대화에 참여하는 것이 지식과 가치 주장의 상호 주관적 교섭에 결정적이라면, 한 특정 입장의 우월성이나 모든 입장의 허무주의적 비교 불가능성을 우리는 조급히 결정할 수 없다. 해러웨이(Donna Haraway)는 다음과 같이 논한다.

> 상대주의에 대한 대안은 전체주의적이거나 단일한 전망이 아니다. …… 상대주의에 대한 대안은 실제적이고 상황 관련적이며 비판

> 적인 지식이다. 그것은 정치학에서는 연대성이라 불리고 인식론에서는 공유된 대화로 불리는 관계망을 유지시킬 수 있는 것이다.[39]

그리하여 이러한 덕목을 획득하고 실행하는 것은 개인의 성취일 수 없다. 예를 들어, 관용은 삶의 전 여정에 걸쳐 다른 사람들과 함께해 온 의사소통적 상호작용, 혹은 다른 형태의 사회적 상호작용에 의해 개발된다. 이러한 덕목들을 실제 인간의 상호작용 맥락 안에서 보면, 관용을 베푸는 일이 합당한 양식의 반응이 아닌 경우가 언제인지 분명히 드러난다. 거리를 두는 능력이 한계에 이르렀을 때나, 어떤 관점이 지나치게 혐오스러워서 그것을 판단하는 것 자체가 비현실적이고 합당하지 않을 때가 바로 그러한 경우다.

합리주의적 객관성의 개념이 합당성의 의미에 관한 논의를 지배해 온 결과, 많은 비판가가 '객관성'이라는 관념을 버려야 한다는 결론을 내리고 있다. 이것은 적어도 두 가지 이유에서 오류일 수 있다. 첫째, 서로 경쟁하는 관점을 경청할 수 있고 그들의 강점을 고려할 수 있다는 의미에서 객관적 능력이 공정하고 신뢰할 만한 결정을 이끌어 내는 데 아주 중요한 경우가 있기 때문이다. 둘째, 효과적인 사회비판은 그것이 여성주의적 비판이든 아니든, 보다 자기 의식적이고 반성적이며 다른 관점을 고려한다는 의미에서 특정 관점이 보다 객관적이라는 주장에 의거한다. 그러한 주장을 펴고 입증하는 능력은 현재 상태를 꼼꼼히 살피고 비판하며 보다 나은 관점에서 우리 자신의 삶을 고려하도록 요구하는 모든 이론과 실천의 발전에 중요하다. 그렇다면 이러한 의미의 객관성에 비추어 어떤 견해는 다른 견해보다 더 합당할 수 있다.

오류 가능성(fallibilism)의 수용 근대 철학의 위대한 통찰 중의 하나는 오류를 저지르는 것을 두려워하지 말라는 포퍼(Karl Popper)의 조언이다. 왜냐하면, 우리를 변화로 이끄는 것은 오직 실수를 발견하는 것, 즉 반증(falsification)의 과정을 통해서이기 때문이다.[40] 실제로 포퍼의 조언은 그것이 전형적으로 적용되는 과학적 가설 검증 영역을 훨씬 넘어서서 삶에 대한 더욱 넓은 시야와 태도까지 확장될 수 있는 것같이 보인다. 사적이고 전문적인, 그리고 지적이고 정서적인 다양한 맥락에서 우리 모두는 실패와 오류, 좌절, 실망을 경험한다. 우리가 그래야 하는 것처럼, 이러한 것들과 함께 살아갈 수 있다면, 이러한 경험들이 우리를 형성시키면서 가르쳐 왔고, 그것에 의해 변화에 견딜 수 있는 능력을 단련시켜 왔다고 보통 이해하기 때문이다. 이와 같은 포괄적인 의미에서 오류 가능성을 수용하는 것 또한 합당성의 한 요소다.

이 덕목에는 어떤 내용들이 포함되어 있는가? 첫째, 그것은 오류 가능성이 내재하고 있는 모종의 신념 혹은 위기의식을 요구한다. 애매모호함의 의도적 은폐, 신념의 부재 혹은 관습이나 명료성에 밀착하는 행보들은 모두 실수를 피하기 위한 다양한 경로들로서 궁극적으로 학습과 변화를 거부하는 처사들이다. 둘째, 그것은 자신이나 주변인들에게 자신의 과거 잘못을 인정하는 능력과 연계된 자신의 과오를 자인하는 능력을 필요로 한다. 이는 타자의 비판에 귀를 기울이고 사려 깊게 반응하는 능력을 포함한다. 셋째, 그것은 우리가 실수를 범했을 뿐만 아니라, 왜 그런 실수가 일어났으며, 동일한 실수의 반복을 피하기 위해 우리는 어떻게 변해야 하는가에 대한 성찰의 능력을 필요로 한다. 우리는 주변에서 존경할 만한 지적 능력을 소유하고 있음에도 자신의 실수를 인정하기 어려워하는 사람들을 볼 수 있다. 이는 합당성의 덕목이라는 관점에서 볼 때 부족함이다. 하지만 이것을 비이성적 행위에 대해 암묵적으로 혹은 때때로 명시적으로 보상을 제공하는 좀 더 넓은 발전적 맥락 속에서의 붕괴가 아닌, 순전히 개인적인 결점으로 바라보는 것은 문제가 있을 수 있다. 종종 자신의 실수를 인정하는 것은 위험한 일이며, 대인관계와 자존심에 상처를 입히는 공격이 되기도 한다.

예를 들어, 대학 사회에서 학문의 기본 질서인 '대립된 방법'이 경합을 벌였을 때, 자신의 입장을 옹호하고 타자의 입장을 철저히 반박하는 이들에게 종종 그에 상응하는 보상이 이루어진다.[41]

탐구 공동체 내에서 비판을 주고받는 일이 잘못임을 지지하는 것이 나의 입장이 절대 아니라는 점에 주의하기를 바란다. 그와 반대로 오류 가능성을 변화의 분기점으로 인지하는 문화 내에서 그 같은 활동은 중요한 과정이다. 그러나 이 같은 과정이 보상과 처벌의 '첨예화된' 체계 내에서 일어날 때, 어떤 개인의 공격적 성격의 단면이나 표현 방식이 건전한 비판 과정의 아류로 오인될 때, 또는 그 같은 맥락 안에서의 압력이나 권력 관계가 특정 관점을 지지하는 개인으로 하여금 담론에의 참여를 차단시킬 때, 이 모든 경우 논의나 비판적 상호작용의 양식은 사려 깊은 검토 과정에서 다양한 관점의 장점들을 면밀히 비교하고 그것들을 주제로 삼는 것에 대한 본질로 오해받는다.[42] 이 같은 맥락에서 볼 때 사람들이 다른 이들의 생각을 날카롭게 해체하는 능력을 발전시켜 오기는 했으나, 자신의 입장을 지지하는 전제들에 대해서 변경을 가하거나 포기하는 능력을 무디게 해 온 것은 그리 놀랄 일이 아니다.

이 점에서 합당성은 오류에 대한 자각과 인정에 의해서 촉진되고, 이 같은 과정을 비하하지 않고 선호하는 사회 환경에 의해서 장려되는 변화를 말한다. 오류 가능성은 문헌에서 보통 이론이나 연구 프로그램의 특성들로 묘사된다. 그러나 이론들은 개인들에 의해 지지되고 연구 프로그램들은 그들의 지위를 유지, 지속시키는 다양한 개성과 제도, 그리고 재정적 관심을 가진 개인들로 구성된다는 점에서 반증 가능성 그 이상을 의미한다. 따라서 반증 가능성, 그리고 그 결과로서의 개념의 변화는 특정한 지적 구조의 특성 때문만이 아니라, 자신의 주장을 지지하는 사람과의 대면과 대응능력, 그리고 이 같은 대응을 격려하거나 질책하는 사회 환경과 관계 질서를 통해서 성취할 수 있다.

오류 가능성은 또한 특정한 학습관을 시사한다. 이 관점에 따르면 우리는 새로운 정보의 축적을 통해서뿐만 아니라 이해의 틀을 적극적으로 재구성함으로써 새로운 인식에 도달한다. 이런 종류의 변화는 우리의 관점과는 완전히 다른 관점을 만나고 그것과 상호작용할 것을 요구한다. 이 말은 우리가 차이를 부각시키고 지지해 주는 맥락 속에 위치해야 한다는 것을 의미한다. 그러나 이러한 의미는 또한 우리가 다양한 관점을 의미 있게 병치하는 것을 가능하게 해 주는 의사소통적 상호 교류에 다른 사람들을 끌어들일 용의와 능력을 갖추고 있어야 한다는 것을 뜻한다. 이러한 과정에는 신기한 관점이나 예기치 못한 증거의 한 부분을 만나게 되는 순간에 우리가 느끼게 되는 경악, 당황 또는 심지어 분노 등이 포함된다. 오류 가능성을 받아들이는 것에는 강한 감정적 요소가 개입된다. '새로움의 충격'이 없으면 우리는 종종 우리의 가정을 재고하고자 하는 동기를 얻지 못한다. 그렇지만 시도, 실수 그리고 변화라는 지적 과정에 수반되는 정조(情操)를 낭만화(미화)하는 것은 별로 의미가 없다. 이러한 것들은 자신의 견해가 동료에 의해 의문시되고 비판되는 것을 보게 되는 것과 같은 학술적·지적 상황에서도, 특별한 한 사람 혹은 무리에 대한 편파적인 태도를 깨닫고 파악하는 것과 같은 사적인 상황에서도 어렵고 혼란스러운 경험이 될 수 있다.[43]

프래그머티즘적인 태도의 유지 이 용어를 쓸 때 나는 일군의 특별한 철학, 말하자면 듀이(John Dewey), 제임스(William James) 또는 퍼어스(Charles S. Peirce)의 '프래그머티즘'에 주목하고자 하는 것이 아니다. 오히려 나는 그러한 일반적인 세계관을 특징짓는 보다 깊이 숨어 있는 태도, 말하자면 지적·도덕적·정치적 발전과정을 이끌어 내는 실제적인 문제의 중요성에 대한 신뢰를 지적하고 있는 것이다. 이러한 관점에 서게 되면 주어진 맥락의 특수성이나 인간의 다양한 욕구와 목적에 민감해진다. 가장 중요한 점은 프래그머티즘이 불확실, 미완성 그리고 불완전에 대한 관용을 인간적인 사고와 행위의 실질 조건으로 간주한다는 것이다. 그렇지만 프래그머티즘은 그러한 어려움에 직면했을 때에 지성과 배려와 융통성을 견지할 것을 요구하기도 한다.

소크라테스로부터 포퍼에 이르기까지 철학에서 말하는 오류 가능성의 핵심 교훈은 우리가 진리를 향해 가는 것이 아니라 오류에서 멀어져 가고 있다는 것이다. 우리가 옳다는 것을 아는 것보다 틀렸다는 것을 아는 것이 훨씬 쉽다. 그리고 이러한 관점이 제공하는 철학적인 의미는 목적론적인 합리성 개념을 떨쳐 버리는 것이다. 우리가 앞서 논의한 대화법과 같은 특정한 탐구방법들이 신뢰를 얻는 이유는 그것들을 통해 진리로의 수렴이나 합의에 도달할 것이기 때문이 아니라, 그것들이 경험을 통해 특정한 유형의 터무니없는 실수를 피하는 신뢰할 만한 길을 보여 주기 때문이다. 우리가 추구하는 것을 이루어 낼 수 있도록 하는 보장은 없다. 우리는 그러한 방법들을 통해 이루어 내는 것이 다른 접근법을 통해 얻을 수 있는 것보다 더 신뢰할 만하다고 그저 기대할 뿐이다. 특정한 탐구나 협상 과정에 대한 이러한 헌신은 그 결과에 대한 확신과는 무관하게 프래그머티즘적인 태도를 규정하고 나아가 합당성의 일차적인 특성이 된다.

합당성을 지닌 사람은 종종 충분한 정보를 이용할 수 없거나, 문제를 제어할 수 없어 보이거나, 결과를 예측할 수 없는 상황에 놓인다. 여기서 사람들 대부분의 능력이 검증을 받게 된다. 그러한 어려움 속에서 어떤 사람의 대응방식을 합당하고 신뢰할 만한 것으로 만드는 것은 그가 열린 마음과 기꺼움 그리고 적응능력, 나아가 최초의 실패나 당혹감에도 끈기를 가지고 당면한 문제에 접근할 수 있느냐의 여부다. 이러한 경우(내가 이미 논의한 다른 경우들과 마찬가지로)에 그러한 미덕은 어떤 특별한 기술이나 전략의 보따리보다도 훨씬 더 깊고 훨씬 더 심오한 차원에서 작용한다. 물론, 몇몇 적합한 기술을 확실하게 보유하고 있고 유사한 상황에 대한 경험을 가지고 있고 게다가 그러한 것에 대처하는 데 탁월한 실적을 갖고 있다면,

그것은 새로운 도전에 건설적으로 대처하고자 하는 사람에게 효과가 있다. 또한 성공에 대한 강조가 지나치지 않고 실패와 좌절이 성장의 필수조건으로 용인되고, 협력적인 조력과 건설적인 제안을 제공하는 것 혹은 그런 것을 요청하는 것이 사회적으로 그리고 개인적으로 수용될 만한 선택지가 되게 하는 사회적 맥락(교육적 맥락을 포함하여) 속에서 그러한 능력은 특별히 부각된다. 다시 한 번 말하지만, 이것은 합당성을 지닌 사람, 나아가 합당한 행위를 장려하고 지지하는 맥락의 유형에 대해 전혀 다른 특징을 제공해 준다.

현명함 합당성을 하나의 덕목으로 설명하는 관점이 '논리적 정확성'을 강조하는 관점을 단지 보완하는 데 그치는 것이 아니라, 그것에 선행하는 것으로 보는 한 가지 이유는 합당성을 지닌 사람이 좁은 의미에서의 합리적 계산이 요구되는 상황과 그렇지 않은 상황을 구분하고 그에 관한 판단을 내리는 능력을 갖추고 있어야 한다는 점에 있다. 우리는 합당성의 개념 속에 합당성 자체가 지니고 있는 그 어떤 특정한 한계를 인식하는 능력을 포함시킬 필요가 있다. 합당성을 지닌 사람은 어느 때에 합리적인 방식으로 사태를 파악하지 말아야 하는지를 아는 사람이며, 합리성의 기술과 이유에 대한 평가는 무엇을 믿어야 하며 무엇을 행해야 할지를 결정하는 훨씬 복잡한 과정 속에서 행위자의 선택을 전적으로 좌지우지하는 것이 아니라, 단지 그의 선택을 돕는 안내자로서의 역할을 할 뿐이라는 점을 아는 사람이다. 합당성을 지닌 사람은 논리적 분석의 절차라든지, 엄격한 논증의 규칙이라든지, 비형식적 오류에 대한 비판 등을 상황마다 매번 적용하려고 하는 사람이 아니다. 이런 사람은 다른 사람들로부터 비웃음을 사거나 그들을 당혹스럽게 하거나 혹은 거부감을 자아내기까지 한다.

판단의 한 가지 요소는 이성 자체를 행사하는 데조차, 신중과 중용을 발휘하는 능력이다. 우리는 때로 합당성을 지니지 못할 때도 있고, 우리가 원하는 최선의 방향으로 행위하는 데 실패하기도 한다. 우리는 자주 우리의 기대치에 이르지 못한다. 우리 스스로와 주위 사람들의 이러한 점을 인지하고 받아들이고, 또한 다른 사람들에게도 우리의 그러한 점을 받아들이도록 요청하는 일은 오류 가능성을 수용하고 불완전성과 미완성을 기꺼이 받아들이는 태도—이러한 태도는 곧 프래그머티즘의 정신을 구성하는 요소다—와 관련된다. 말하자면 그것은 인간의 선택 행위의 전형적인 특징이 마치 테두리가 선명하게 드러나지 않은 문양과도 같다는 점을 인식하는 태도다. 우리가 믿고 말하고 행해야 하는 것 중 합당한 것은 흔히 하나 이상일 수 있다. 데카르트적 합리성의 개념은 우리로 하여금 유일하게 '최선'의 것 혹은 유일하게 '올바른' 것에 이르도록 하는, 하나의 결정적인 계산법을 추구한다는 점에서 오류를 범하고 있다.

지금까지 언급한 합당성의 다른 덕목들의 경우에서처럼, 이 경우에도 관건이 되는 것은 서로 경쟁하는 의견을 균형 있게 고려하고, 긴장과 불확실성을 우리 반성적 사고의 조건으로 삼는 태도다. '유의미한' 정보에 주의를 기울이고, 복잡함을 긍정적으로 받아들이고, 대안적인 관점에 개방적인 시각을 유지하고, 각자 자신의 연구를 진행하는 데 동원한 방법의 유용성뿐만 아니라 그것들이 지닌 한계를 헤아리는 것 등과 같은 포괄적인 능력들은 결코 규칙을 따르는 형식적인 능력이 아니다. 그렇지만 우리는 그와 같은 능력들을 발휘하지 않고는 합당성을 지닐 수 없다.[44]

합당성을 획득하는 일은 정도의 문제다. 나 한 사람만 두고 보면 어떤 때는 다른 때보다 더 합당할 때가 있으며, 다른 사람들과 비교할 때 내가 그들보다 더 합당할 수 있다. 우리가 이루고자 하는 바는 '비합리성'과 '합리성'을 구분하는 명확한 경계를 넘어 전자에서 후자 쪽으로 옮겨 가는 것이 아니라, 학습과 성장의 과정을 통해서 우리와 관계를 맺고 있는 사람들의 합당성을 향상시켜 나가는 것이다. 이를 깨달음으로써 우리가 다른 사람들과 맺고 있는 상호 의존성, 그리고 그들과의 동질성에 대한 우리의 감각을 증대시켜 나갈 수 있으며, 나아가 우리는 모든 질문에 답하고 우리가 처한 모든 문제를 해결할 수 있고 모든 딜레마를 해소할 수 있다는 독선적인 자만에서 벗어나게 하는 건강한 균형감각을 획득할 수 있다.

마지막으로, 합당성을 지닌 사람은 논의에서 주장된 것을 언제, 어떻게 따라야 할지에 대해서 그야말로 현명하게 판단할 수 있는 사람이며, 다른 종류의 설득이 지니는 영향력에 대해서도 포용력을 발휘할 줄 아는 사람이다. 인간이 의사소통을 행하는 실제 상황에서는 엄밀하고 결론적인 주장이 그리 흔치 않다. 대개는 그와 함께 질문, 암시, 증거를 동반하지 않은 제안, 비유, 기타 이와 유사한 수사(修辭), 그리고 그보다 훨씬 포괄적이고 다채로운 표현법, 몸짓, 접촉, 억양, 그 외에 다른 종류의 의사소통 기법 등을 포함한 매우 다양한 대화의 유형이 동반된다. 우리가 이와 같은 언설에 따라 움직이게 될 때 그것을 합리성 이외의(extra-rational) 요소라고 보는 관점은 그 용어를 매우 협소하게 해석하는 것이다. 상호작용의 사회적 맥락에서 합당성을 지닌다는 것은 서로를 탐색하고 협상하고 이해를 추구하는 다양한 방식들에 개방된 태도를 유지한다는 것을 의미한다. 이성의 권위를 존중하는 것은 자기의 주장이 명료성과 일관성과 정밀성을 지니도록 노력하는 일과 마찬가지로 이 과정에서 불가결의 요소다. 그러나 그것이 전부라고는 할 수 없다.

교육목적으로서의 합당성

합당성과 이를 구성하고 있는 덕목들에 관해 논의하면서, 나는 그러한 특정한 능력을 개인적으로 발달시키는 것과 다른 사람들이 자신의 행위 속에서, 그리고 그들 서로 간에 또 우리와 가지게 되는 상호작용 속에서 그 덕목들을 보유하고 드러내 보이는 맥락을 발견하는 것 사이의 상호 의존성을 강조하였다. 구체적으로 우리가 가지게 되는 합당성의 정도는 우리 주변 사람들의 합당성에 달려 있다. 즉, 서로 다른 입장을 탐색하고 판단하는 과정은 덕성을 함양하는 역동적인 과정 속에 그 참여자들을 끌어들인다. 다시 말하면, 합당성을 구성하는 덕목들을 육성하고 장려하는 것과 관련된 교육적 질문은 그 일의 성격과 가치에 관한 질문에 내재되어 있다. 즉, 우리는 특정한 종류의 상호작용이 합당한 결과를 낳기 때문에 그러한 상호작용을 추구하고 가치 있게 여긴다고 말할 수 있지만, 그 결과를 가져온 상호작용 때문에 그 결과를 존중하고 신뢰한다고 말할 수 있다.

여기서 당연히 제기되는 질문 하나가 있다. 여기서 말하는 우리는 누구인가? 합당성은 단지 근대, 서양, 가부장 문화의 산물인 합리성의 다른 모습일 뿐인가? 이러한 덕목들은 단지 확고하게 보편적 기준의 지위까지 상승한, 점잖은 행위에 대한 중간계층의 생각을 대변할 뿐인가? 내가 앞에서 규정하고자 한 것처럼 합당성은 문화제국주의적인 것도 아니요, 합리성이 지닌 남성적 의미로 편향된 것도 아니다. 그러나 이러한 종류의 기준이 서로 다른 다수의 문화 속에서, 그리고 여러 역사적 맥락 속에서, 여러 종류의 사람들을 통해 이러저러한 모습으로 유지되고 있다. 합당성을 구성하는 덕목들은 이질적인 사람과 집단에 의해 계속 바라 온 반성적 사고와 실천의 특징적 요소로서, 만약 그렇지 않았다면 그들은 상당히 다른 신념과 가치와 행위의 체계를 가지게 되었을 것이다. 이러한 사실은 그 덕목들이 임의적인 것이 아님을 보여 준다.

이러한 덕목들은 보편적인 것, 즉 그것을 공유하지 않은 사람들에게까지 강제로 적용되는 것이 아니다. 그러나 나는 의사소통적 상호작용의 과정을 통해 다른 사람들도 그 덕목들이 주는 이점을 분명하게 알 수 있게 되리라고 믿는다. 이는 그러한 의사소통적 상호작용 그 자체가 바로 그 덕목들이 표현하는 가치와 일관되기—즉, 강압이나 여타의 간접적인 조작 수단에 의존하지 않기—때문이다. 어떤 점에서 보면, 그 덕목들을 인정하도록 다른 사람들을 설득할 수 있다는 점에서, 이러한 덕목들은 일반화될 수 있다. 이러한 주장은 수행적 성격을 지니는데, 그것의 신뢰성이 실제로 그 일을 수행할 수 있는가의 여부에 달려 있다는 의미에서 그러하다. 이는 보편성 주장과는 상당히 다른 주장으로서, 이러한 특징은 사람들이 개인적으로 그것을 인정하고 가치 있게 여기는가의 여부에 달려 있다고 주장하는 것이다. 일반화 가능성은 일종의 프래그머티즘적 성취물이다. 즉, 그것은 단지 벤하비브와 켈리(Michael Kelly)가 '약한 보편주의'라고 부른 것을 가져올 뿐이다.[45] 이러한 시각은 모종의 간주관적인 탐색이 이루어지는 필수 조건들에 좀 더 주목하고, 그러한 개입에 의해 생겨날 수 있는 '최상의' 결과로서 합의에 도달할 수 있다는 신념에 대해서는 별로 주목하지 않는다. 결론적으로 도달하게 된 합의는 초험적인 의미가 아니라 구체적이고 특수한 의미에서 실체화된다. 즉, "이제 합리적 합의에 대한 강조는 줄어들고, 이러한 규범적 실천과 도덕적 관계의 유지를 더욱 강조하게 되는데, 그 속에서 이성적으로 검토된 합의가 삶의 한 방식으로서 번성하고 지속될 수 있다."[46] 이렇게 이해된 이성 개념은 포스트모던 이론가들이 전통적인 합리성 개념에 대해 내린 바 있는 비판과 동일한 성질의 이성 개념이 아니다. 우리가 합당성을 일련의 덕목들의 묶음으로 인식한다면, 어떤 완벽한 서사(敍事) 혹은 순수한 메타 담론에 대한 믿음에 빠지는 일을 피할 수 있다. 그와 반대로 이성을 구체적이고 불완전한 인간의 성취물로 특성화하면, 합리성을 인간의 상호관계와 정치적 교섭의 장으로부터 분리시켜 왔던 비판에 동조하게 된다. 객관성, 오류 가능성, 프래그머티즘, 현명함과 같은 덕목들은 어떤 특정한 사고유형을 추천하거나 비판할 수 없는 상대주의에 빠지지 않고서도 인간의 사고, 가치, 삶의 형식이 지닌 다양성을 충분히 고려할 수 있게 한다. 이러한 네 가지 덕목들은 인간의 광범위한 의사소통, 조사, 협상을 조정하는 데 충분할 정도로 유연하기도 하지만, 아울러 지적이고 참여적이고 배려적인 사고와 행위에 반하는 사람들을 배제하도록 하는 기능도 한다. 이러한 덕목들은 포스트모던적인 상황 속에서 요구되는 준거다. 즉, 어떤 하나의 문제에 접근하는 최선의 방안을 고른다는 의미에서 결정적인 것도 아니요, 있을 수 있는 대안들을 모조리 동등하게 두려는 것도 아니다. 그것은 합당한 사람의 대표적인 특징이라고 할 수 있는데, 그들은일련의 가치 있는 가능성 중에서 아무것도 고르거나 판단할 수 없는 무기력함에 빠지는 일 없이, 그것들이 제각기 갖고 있는 잠재적인 이점들을 인정하고 고려할 수 있으며, 심지어 나 아닌 사람들은 동일한 대상에 대해서 나와 상이하게 판단할 수 있다는 점까지도 인정한다.

특정하고 협소한 데카르트적 합리성 개념을 거부하는 독자라면 내가 여기서 제시하고 있는 논의 속에서 그것과는 상당히 다른 어떤 것을 발견할 수 있기를 바란다. 다른 한편으로, 합리성을 그들의 세계관의 기반이라고 여기고 있는 독자들은 그 용어의 광범위하고 더욱 포괄적인 의미를 한 번쯤 검토해 볼 수 있기를 희망한다. 이러한 포괄적인 용어의 의미는 이 두 가지 부류의 독자들로 하여금 합리성 개념이 지금까지 의미한 것에 대한, 그리고 그것의 좋은 의미나 나쁜 의미에 대한 어떤 전제조건들을 잠시 보류하도록 해 줄 것이다. 그래서 나는 객관성과 같은 개념들을 차용하여 제안하면서 이러한 개념들에 일상적으로 사용되는 것과는 다른 의미를 부여하려고 시도해 왔다.

마지막으로 이와 같은 방식의 이성적 사고 개념은 본질적으로 교육적인 요소를 갖고 있다. 왜냐하면, 그 개념은 다른 사람들에게서 이러한 특성들을 어떻게 육성하고 고무시킬 것인가와 같이 일반적인 문제이기 때문만이 아니라, 바로 정의(定義)와 정당화 수준에서의 교육과정을 필요로 하기 때문이다. 내가 논의해 왔던 각각의 네 가지 덕목들을 실행하고 내면화하는 과정을 통해 우리는 타자와 의사소통적으로 교류(특히, 교육적인 교류)하게 된다. 따라서 이러한 덕목들은 사회적 성취일 뿐만 아니라 개인적 성취이기도 하다. 그것들은 결코 고립적으로 습득되거나 실행되어서는 안 된다.

학습 과정 자체가 어떻게 일어나는지에 대한 근본적인 측면과 밀접한 관련이 있으며 또 이를 해명해 준다는 점에서 합당성은 그 자체로 하나의 교육목적의 전형이 된다. 학습과정은 이를테면 새롭고 도전적이기도 하지만 가끔씩 대립하는 표상에 직면하면서, 실수를 저지르고 그로부터 무언가를 배우려고 애쓰면서, 어떤 새롭고 가치 있는 것으로 인한 어려움과 낙담을 이겨 내면서, 그리고 요구되는 일반적인 원리와 기술의 적용 가능성 및 한계에 대해 실천 속에서 판단하는 법을 배우면서 이루어진다. 이러한 과정은 제각기 학습자가 다른 사람들과 형성하는 일련의 의사소통 관계 혹은 그 밖에 다른 형식의 관계에 의존한다. 이러한 관계를 통해 우리는 합당함을 배운다.

후 주

1. 이 논문이 있기까지 Kal Alston, Rupert Berk, Chip Bruce, Robert Ennis, Wendy Kohli, Melissa Orlie, Ralph Page, Suzanne Rice, Harvey Siegel, Kenneth Strike와 그 외 일리노이 대학교의 교육철학토론모임 참가자들이 많은 도움을 주었다. 이 논문의 이전 판들은 캘리포니아 교육철학연합회와 교육철학회에서 발표된 바 있는데, 이 자리에서도 내 생각을 발전시킬 수 있는 여러분의 도움이 있었다. Nicholas C. Burbules, "Rethinking rationality: On learning to be reasonable," in *Philosophy of Education 1993*, Audrey Thompson, ed. (Urbana, IL: Philosophy of Education Society, 근간)를 보라.
2. Michel Serres, "Literature and the exact sciences," *SubStance* (1989) 18(2): 4.
3. 이와 관련된 비판적 관점들은 이 논문의 확장판이라고 할 수 있는 "Reasonableness as an educational aim: Postmodernism and normativity in the philosophy of education" 에서 논의되고 있다.
4. Ernest Gellner, *Reason and Culture: The Historic Role of Rationality and Rationalism* (Cambridge, Mass.: Blackwell, 1992), p. 15.

5. Stephen Toulmin, *Cosmopolis: The Hidden Agenda of Modernity* (Chicago: University of Chicago Press, 1990), pp. 199-200.

6. Rene Descartes, *Meditations* in Ralph Eaton, ed., *Descartes Selections* (New York: Charles Scribner, 1927), pp. 88-165.

7. Gellner, *Reason and Culture*, 특히 pp. 1-29; Alasdair MacIntyre, *Whose Justice? Which Rationality?* (Notre Dame, IN: University of Notre Dame Press, 1988); Richard Rorty, *Philosophy and the Mirror of Nature* (Princeton, N.J.: Princeton University Press, 1979); Toulmin, *Cosmopolis: The Hidden Agenda of Modernity*를 보라.

8. Richard Rorty, *Consequences of Pragmatism* (Minneapolis: University of Minnesota Press, 1982), pp. 164, 171-2.

9. 예컨대, Richard Foley, "Some different conceptions of rationality," in Ernan McMullin, ed., *Construction and Constraint: The Shaping of Scientific Rationality* (Notre Dame, IN: University of Notre Dame Press, 1988), pp. 123-52; Ian Hacking, "Language, truth, and reason," in Martin Hollis and Steven Lukes, eds., *Rationality and Relativism* (Cambridge, Mass.: MIT Press, 1982), pp. 48-66; David Schmidtz, "Rationality within reason," *Journal of Philosophy* (1992) 89(9): 445-86; Douglas Walton, "What is reasoning? What is an argument?" *Journal of Philosophy* (1990) 87(8): 399-419를 보라.

10. 이 전통에 대한 가장 명쾌한 설명, 그리고 내가 이 논문에서 주장하고자 하는 관점에 대한 분석과 비판은 Harvey Siegel, "Reason and rationality" in J. J. Chambliss, ed., *Philosophy of Education: An Encyclopedia* (New York: Garland, 근간)을 보라. 여기서 내가 언급하고 있는 이성 개념에 대한 보다 구체적인 논의는 Nicholas C. Burbules, "The virtues of reasonableness"와 Harvey Siegel, "The rationality of reasonableness," in Margret Buchmann and Robert Floden, eds., *Philosophy of Education 1991* (Normal, Ill: Philosophy of Education Society, 1992), pp. 215-24와 225-33을 보라.

11. Richard J. Bernstein, *The New Constellation: The Ethical-Political Horizons of Modernity/Postmodernity* (Cambridge, Mass.: MIT Press, 1993), pp. 32-33.

12. "바깥에서부터" 이들 문제에 접근하는 하나의 흥미롭고 도발적인 시도를 우리는 Clive Beck의 미국 교육철학회 학회장 연설문에서 발견할 수 있다. Clive Beck, "Postmodernism: Pedagogy and the philosophy of education," in Audrey Thompson, ed.

Philosophy of Education 1993 (Urbana, IL: Philosophy of Education Society, 근간)

13. Harvey Siegel, *Relativism Refuted* (Boston: Reidel, 1987).

14. 이 주장의 예비적인 형태는 다음 논문들에서 찾아볼 수 있다. Nicholas C. Burbules, "The virtues of reasonableness," *Philosophy of Education 1991*, Margret Buchmann and Robert Floden, eds. (Normal, IL: Philosophy of Education Society, 1992), 215-24; Nicholas C. Burbules, "Rationality and reasonableness: A discussion of Harvey Siegel's Relativism Refuted and Educating Reason," *Educational Theory* (1991) 41(2): 235-52.

15. postmodern과 antimodern 간의 구분에 대한 보다 심화된 논의는 Nicholas C. Burbules and Suzanne Rice, "Dialogue across differences: Continuing the conversation," *Harvard Educational Review* (1991) 61: 393-416을 보라.

16. Nicholas C. Burbules, "The virtues of reasonableness," and "Rationality and reasonableness." 또 Emily Robertson, "Reason and education," in Buchmann and Floden, eds., *Philosophy of Education 1991,* pp.168-80을 보라.

17. 다음 논문들에서도 유사한 주장을 발견할 수 있다. Max Black, "Reasonableness," in R. F. Dearden, P. H. Hirst, and R. S. Peters, eds., *Education and the Development of Reason* (Boston: RKP, 1972), pp. 199-200 and 205-6; R. S. Peters, "Reason and passion," in *Education and the Development of Reason*, pp. 214-16.

18. Robert H. Ennis, "A taxonomy of critical thinking dispositions and abilities," in Joan Boykoff Baron and Robert J. Sternberg, eds., *Teaching Thinking Skills: Theory and Practice* (New York: W. H. Freeman and Co., 1987): 9-26; Richard W. Paul, *Critical Thinking: What Every Person Needs to Survive in a Rapidly Changing World* (Rohnert Park, CA: Center for Critical Thinking and Moral Critique, 1990); Harvey Siegel, *Educating Reason: Rationality, Critical Thinking, and Education* (New York: Routledge, 1988)을 보라.

19. Israel Scheffler, "In praise of the cognitive emotions," in *In Praise of the Cognitive Emotions* (New York: Routledge, 1991), pp. 3-17.

20. 다른 한편으로 Gilbert Ryle, "A rational animal," in R. F. Dearden, P. H. Hirst, and R. S. Peters, *Education and the Development of Reason,* pp. 176-93을 보라.

21. Suzanne Rice and Nicholas C. Burbules, "Communicative virtues and educational relations," in H. A. Alexander, ed., *Philosophy of Education 1992* (Urbana, IL: Philosophy of Education Society, 1993), pp. 34-44와 Nicholas C. Burbules and Suzanne Rice, "Can we be heard?" *Harvard Educational Review*를 보라. 이와 같은 아리스토텔레스의 덕성 개념에 대한 재조명은 여성주의 도덕이론에 대단히 큰 영향을 미쳐 왔다. 이 점과 관련해서는 Martha Nussbaum, *The Fragility of Goodness* (New York: Cambridge University Press, 1986) and *Love's Knowledge* (New York: Oxford University Press, 1990)를 보라.

22. 이 점과 관련해서는 Hugh G. Petrie, *The Dilemma of Enquiry and Learning* (Chicago: University of Chicago Press, 1981), pp. 122-3, 186; Stephan Toulmin, *Human Understanding* (Prinston, NJ: Princeton University Press, 1972), p. 84를 보라.

23. Gellner, *Reason and Culture,* p. 9.

24. Toulmin, *Cosmopolis,* p. 199.

25. Richard Rorty, "Science and solidarity," in John Nelson, Allan Megill, and Donald McCloskey, eds., *The Rhetoric of the Human Sciences* (Madison: University of Wisconsin Press, 1987), p. 40.

26. Charles Taylor, "Rationality," in Hollis and Lukes, eds., p. 105.

27. Richard Rorty, *Philosophy and the Mirror of Nature,* pp. 170-1, 317-8. 또 Richard Rorty, *Consequences of Pragmatism,* p. 165를 보라.

28. Jürgen Habermas, *Postmetaphysical Thinking: Philosophical Essays* (Cambridge, Mass.: MIT Press, 1992), pp. 38, 39, 117.

29. Seylas Benhabib, *Situating the Self: Gender, Community, and Postmodernism in Contemporary Ethics* (New York: Routledge, 1992), p. 8.

30. T. S. Kuhn, *The Structure of Scientific Revolutions* (Chicago: University of Chicago Press, 1970). 과학의 탐구 과정이 얼마나 불완전한가에 대해서는 Michael Lynch and Steve Woolgar, eds., *Representation in Scientific Practice* (Cambridge, Mass.: MIT Press, 1990)을 보라.

31. 이와 유사한 주장으로는 Richard J. Bernstein, *Beyond Objectivism and Relativism*

(Phildelphia: University of Pennsylvania Press, 1983); Joseph Margolis, *Pragmatism Without Foundations: Reconciling Realism and Relativism* (Oxford: Basil Blackwell, 1986); Paul Tibbetts, "Representation and the realist-constructivist controversy," in Michael Lynch and Steve Woolgar, eds., *Representation in Scientific Practice*, pp. 69-84.

32. 이것들은 서로 밀접한 관련을 맺고 있는, 말하자면 덕목들의 묶음 같은 것이지, 따로 분절된 특성들이 아니다. 또한 이것들만이 합당성의 유일한 덕목들이라고 여길 필요도 없다. 나는 여기서 그 어떤 포괄성을 내세우고자 하는 것이 아니다. 이 점과 관련하여 *Democracy and Education* (New York: Macmillan, 1916), pp. 203-10에 등장하는 John Dewey의 '개별적인 방법의 특질들' 에 관한 논의 그리고 Graham Haydon, ed., *Education and Values: The Richard Peters Lectures* (London: The Institute of Education, 1987), pp. 37-55에 게재된 자신의 논문 "On the ethics of belief" 에서의 Anthony Quinton의 신념의 네 가지 덕목에 관한 논의를 보라.

33. D. Pole, "The concept of reason," in R. F. Dearden, P. H. Hirst, and R. S. Peters, *Education and the Development of Reason* (Boston: RKP, 1972), p. 154.

34. Richard Rorty, *Contingency, Irony, and Solidarity*를 보라.

35. Burbules and Rice, "Dialogue across differences."

36. Seyla Benhabib, "In the shadow of Aristotle and Hegel: Communicative ethics and current controversies in political philosophy," in Michael Kelly, ed., *Hermeneutics and Critical Theory in Ethics and Politics* (Cambridge, Mass.: MIT Press, 1990), p. 16. 또 Burbules and Rice, "Dialogue across differences"를 보라.

37. Sandra Harding, "Rethinking standpoint epistemology: 'What is strong objectivity?'" in Linda Alcoff and Elizabeth Potter, eds., *Feminist Epistemoligies* (New York: Routledge, 1993), pp. 54-5, 61. 또 Lorraine Code, "Taking subjectivity into account," in *Feminist Epistemologies*, p. 41; Helen Longino, "Subjects, power, and knowledge: Description and presecription in feminist philosophies of science," in *Feminist Epistemologies*, pp. 101-20; Helen Longino, *Science as Social Knowledge* (Princeton, NJ: Princeton University Press, 1990)를 보라.

38. Code, "Taking subjectivity into account," p. 40.

39. Donna Haraway, "Situated knowledges: The science question in feminism and the privilege of partial perspective," in *Simians, Cyborgs, and Women: The Reinvention of Nature* (New York: Routledge, 1991), p. 191.

40. Karl R. Popper, *The Logic of Scientific Discovery* (New York: Basic Books, 1959).

41. Janice Moulton, "A paradigm of philosophy: The adversary method," in Sandra Harding and Merrill B. Hintikka, eds., *Discovering Reality: Feminist Perspectives on Epistemology, Metaphysics, Methodology, and Philosophy of Science* (Dordrecht, Holland: Reidel, 1984), pp. 149-64.

42. 논쟁이 대화의 형태로 이루어질 수 있는 경우와 그렇지 않은 경우에 대해서는 Nicholas C. Burbules, *Dialogue in Teaching: Theory and Practice* (New York: Teachers Colledge Press, 1993)의 6장에 나오는 논의를 보라.

43. 또 Nicholas C. Burbules, "The tragic sense of education," *Teachers College Record* (1990) 91(4): 468-79를 보라.

44. Hugh G. Petrie, "Knowledge, practice, and judgment," *Educational Foundations* (1992) 6(1): 35-48에서는 가르치는 일과 관련하여 판단을 아주 다른 관점에서 파악하고 있다.

45. Seyla Benhabib, *Critique, Norm, and Utopia: A Study of the Foundations of Critical Theory* (New York: Columbia University Press, 1986), p. 265; Benhabib, "In the shadow of Aristotle and Hegel," in *Situating the Self,* pp. 35-7; Michael Kelly, "MacIntyre, Habermas, and philosophical ethics," in Michael Kelly, ed., *Hermeneutics and Critical Theory in Ethics and Politics,* p. 83. 하버마스 또한 이 흐름 속에 있는 것 같다. 하버마스의 *Postmetaphysical Thinking,* pp. 136, 139를 보라.

46. Benhabib, *Situating the Self,* p. 38.

_08

해방적 합리성을 위한 교육

Wendy Kohli

계몽주의적 이성 개념은 본질상 사려 깊게 인식하는 능력과 당위적인 것에 합치하는 삶의 방식을 실현하는 능력을 의미했다. 당시 그것은 비판적이고 실천적이며 포괄적인 개념이었다. 즉, 주어진 것을 평가하는 기준을 제공한다는 의미에서 비판적이었고, 계몽된 실천을 안내하는 역할을 한다는 점에서 실천적이었으며, 인간 삶의 목적을 이해하고 결정하는 근거를 제공한다는 점에서 포괄적인 개념이었다.[1]

진보적 사고를 가장 일반적인 의미로 해석할 때, 계몽주의는 항상 인간을 두려움으로부터 해방시키고 그들의 주도권을 확립시키는 것을 목적으로 해 왔다. 하지만 완전하게 계몽된 지구는 승리에 찬 재앙으로 빛난다.[2]

투자와 신념: 복원된 이성의 비판적 기초 확립

나는 어디에선가 역사적으로 규범적이고 보편적인 것에 입각하여 연구해 온 교육철학자들에게 도움이 되는 포스트모던적 담론이 무엇을 의미할 수 있는지 살펴보았다.[3] 미리 밝혀 두지만, 나는 이성의 해방적 잠재성을 긍정적으로 받아들이고 있으며 근대주의적 사상과 실천에 다소 우호적인 경향을 가지고 있다. 여기에서는 이성과 합리성의 관점에서 이에 대한 탐색을 계속할 것이다. 나는 마르크스주의와 프랑크푸르트학파의 비판이론에 지적 · 정치적 뿌리를 둔 여성주의자로서, 합리성에 대해서 다소 모순되는 태도를 견지해 왔다. 즉, 이성의 이름으로 이성을 비판하면서 이와 동시에 모든 형태의 지배로부터 인간을 해방시키는 데 이성의 역할에 특권을 부여해 왔던 것이다.[4] 내가 비판이론을 적극적으로 받아들이는 것은 그 이론이 근대사회(특히, 생활 세계의 합리화 과정)와 자연의 도구화, 그리고 수단으로의 우리 행동의 환원을 아주 강력하게 비판하고 있기 때문이다. 후자와 관련해서, 공동체 내의 개별적 주체가 자신의 미래를 결정하기 위해 행동하는 것을 허용하는 진정한 민주주의의 가능성을 축소시킨다는 점에 나는 특별히 관심을 갖고 있다.

나는 특히 호르크하이머(Max Horkheimer)와 아도르노(Theodor Adorno)의 초기 연구와 근대성에 대한 그들의 소극적 비판(negative critique)을 높이 평가했는데, 이들은 "해방된 사회에 대한 규범에 기초한 관념에 비추어 본 근대사회"[5]를 분석하는 마르크스주의적 의제를 계속 다루고 있다. '이성의 소멸(eclipse of reason)'에 대한 그들의 분석은 계몽주의적 이성이 산업 자본주의와 결탁할 때 일차적으로 도구적인 특성을 지니며 궁극적으로는 억압적으로 되면서 해방적 잠재성을 잃어버리는 과정을 보여 주었다. 동시에 그들은 자본주의를 비판하는 것에만 만족할 수 없었다. 그들 자신의 포괄적 이론 구조를 통하여 마르크스주의 내의 부정적 계기, 즉 기술적 합리화로의 경향을 폭로하였다. 프랑크푸르트학파의 사회이론가들은 마르크스주의가 매우 관료적이고 위계적이며 전체주의 체제인 국가 자본주의를 지지할 때 그것은 자신의 유토피아적 약속을 충분히 이행할 수 없다는 사실을 드러내 주었다. 정치경제학에 대한 비판을 넘어서서 도구적 이성에 대한 비판으로 전환해 간 것은 비판이론가들로 하여금 인간과 자연 간의 지배 관계, 그리고 어느 정도는 남성과 여성 간의 지배 관계를 포함하여, 기술 문명 전체를 볼 수 있는 가능성을 열어 주었다.[6] 잉그램(David Ingram)이 지적하고 있듯이, 그들 기획(project)의 초점은 이성의 역할에 의해 제기되는 역설(paradox)이었다. 그 역설은 곧 "합리적 계몽주의는 어떻게 해방을 위한 힘이 더 이상 되지 못하고 총체적 지배의 도구로 전락할 수밖에 없었는가" 하는 것이다.[7]

하버마스(Jürgen Habermas)는 의사소통적 행위이론을 발전시킴으로써 호르크하이머와 아도르노의 '소극적 비판'을 넘어서서 그들의 '어깨를 딛고 섰다.' 그는 이 이론에서 도구적 합리성과 의사소통적 합리성을 범주적으로 구분했다. 하버마스에게 의사소통적 합리성은 "화자(話者)가 인지하고 있어야 하는 합리성의 개념을 표현한다."[8] 이때 "화자는 상호 주관적 타당성을 주장하는 것과 논변을 제시하거나 이를 개방적으로 받아들이는 태도는 불가분의 관계를 맺고 있다는 점을 이해하고 있다."[9] 합리성에 대한 이러한 이해로부터 도출되는 한 가지 윤리적 결과는 "논변적 활동에 참여한 결과로 개인들이 자유롭게 동의할 수 있고 동의하는, 그러한 규범과 규범적 제도만이 오로지 타당하다."[10]는 것이다. 의사소통 과정에 대한 하버마스의 이론에는 근대주의적 가정—어떤 학자들은 문제가 있다고 보는—이 숨어 있다. 그것은 그러한 의사소통에 참여하는 사람들이 상호 이해에 도달하고자 할 때 언제나 "진리와 정당성, 진실성(혹은 진정성)에 헌신한다. …… 그리고 합리적인 사람은 제한이 없는 민주주의적 공동체와 같은 것을 본질적으로 지향하고 있다."[11]는 점이다.

이성과 합리성에 대한 여성주의적 비판[12]

오늘날과 같은 포스트모더니즘 시대에 자유의 수단으로서 이성에 계몽주의적 신념을 회복시키는 일은 여성주의자에게 위험한 일이다. 이와 같은 태도를 피하도록 하는 강력한 경고들이 존재하고 있다는 것이다. 많은 여성주의자는 윤리와 인식론 내부의 합리성에 대한 날카로운 비판을 통하여 한편으로 이성과 남성성을 동일시하고, 다른 한편으로 비이성과 여성성을 동일시하는 일을 폭로해 왔다. 로이드(Geneveive Lloyd)는 "'분명하고 뚜렷한' 것의 탐색은 감성적 · 감각적 · 상상적인 것의 배제를 포함한다."[13]는 강력한 데카르트적 유산을 우리에게 상기시킨다. 이 같은 구분, 즉 감각적이고 육체적인 것의 배제는 특수한 종류의 훈련을 요구한다. 남성은 이성적이기를 배워야 하며, 연약한 감성과 감각으로부터 탈출하는 법을 훈련받아야 한다.[14] 그리고 여성은 "이성에 대한 이와 같은 훈련으로부터 배제된다."[15] 합리성에 대한 그와 같은 필수적 훈련 없이 여성은 남성보다 덜 이성적으로 "감정적, 충동적, 공상에 지배된 채 남겨진다."[16]

이처럼 왜곡된 유산에 동반되는 것은 이성과 감성에 관한 노동의 성적 분할이다. 즉, 여성은 "이성적 인간에게 요구되는 엄격함을 위한 위로와 휴식, 오락과 위안을 제공하도록 되어 있다."[17] 약간의 경우를 제외하고 여성들은 "감성보다는 이성이 지식 획득을 위한 필수 능력"이라고 배웠다.[18] 감성은 앎과 행함에 중요하지 않을 뿐만 아니라, "폭풍이 대지를 덮치듯이 주기적으로 육체를 휩쓰는 반이성적이고 종종 비이성적인 충동으로" 간주되었다.[19]

우리는 이성과 감성 간의 이와 같은 성적 분할에 어떻게 대응할 수 있을까? 워커다인(Valerie Walkerdine), 플레밍(Marie Fleming), 미니치(Elizabeth Minnich) 등과 같은 여성주의자들은 이를 두고 '합리적 인간'에 관한 전통적 개념에 단순히 '여성을 덧보태어 섞어 버릴' 문제가 아니라고 주장해 왔다. 우리는 합리적 자아를 '근본적으로 남성적인 것'이라고 파악하는 관점을 넘어서야 하며, 이성을 "여성은 정의상 배제된 채로, 오로지 남성의 신체와 마음의 특성으로" 파악하는 관점을 넘어서야 한다.[20] 이는 다른 여러 일 가운데 이성과 감성의 분리와 데카르트 이후 교화되어 온 "윤리적 이상으로서의 이성적 인간"이라는 신화를 지워 버리기를 요구한다.[21]

재거(Alison Jaggar)는 이성과 감성 사이의 관계 재정립이라는 어려운 과업을 추진해 오면서 "감성은 지식 구성에 해롭기보다는 이롭거나 필수적이기까지 하다."[22]라고 제안한다. 그녀는 "인간의 감성은 본능적으로나 생물학적으로 결정되는 것이 아니라, 여러 단계에 걸쳐 사회적으로 구성되는 것"[23]이라고 주장한다. 현대의 사회학적 · 인류학적 연구결과들에 비추어, 그녀는 인간의 감성이란 "개념적이고 언어적인 사회적 자원에 의해 가능해지기도 하고 반대로 한정되기도 한다."[24]라고 주장한다. 그녀는 또한 감성은 "필연적으로 세계에 대해 수동적이고 무의지적인 반응으로 오해되고 있지만, 실제로 감성은 우리가 세계와 능동적으로 교류하고 세계를 구성하는 양식들"이라고 주장한다.[25]

이러한 관점이 내포하고 있는 한 가지 사실은 사람들이 상이한 방식으로 감성을 이해하거나 경험하도록 교육받을 수 있다는 것이다. 감성은 본래 자연적이거나 생물학적인 것이 아니다. 정체성이 사회적으로 구성되는 것과 같이 느낌과 감성에 붙어 있는 의미 또한 그러하다. 감성은 환경에 대한 우리의 지각뿐만 아니라 "그 같은 환경에 대해 학습되었거나 판단된 방식들에 의존적이다."[26] 또한 감성은 우리가 어떻게 인종과 계급 그리고 성별(gender)과 성(sexuality)에 따라서 구현되었는가 하는 점에 의해서도 결정된다. 재거와 같은 여성주의자들이 지적하고 있듯이, 서양의 역사를 통해서 "이성은 정치적 · 사회적 · 문화적 지배 그룹, 그리고 감성은 종속적 그룹의 구성원과 연관되어 왔다."[27] 이성과 감성의 개념을 재정립하기 위해 우리는 이와 같이 왜곡된 모습을 강화하는 지배 관계를 변화시켜야 하며 "이성과 감성 사이의 관계를 대립적이기보다 상보적인 것으로 보여 주는 모델을 건설" 해야 한다.[28]

여성주의적 비판의 또 하나의 차원은 계몽주의적 이성의 보편화라는 문제와 통일된 인간적/합리적 자아의 통치라는 문제다. 하딩(Sandra Harding)과 디스테파노(Christine Distefano)와 같은 여성주의자들은 물려받은 전통의 부분에 불과한 '개념, 이론, 객관적 방법론, 그리고 초월적 진리' 등을 당연히 인간성에 포함되는 것으로 보는 대신에, 그러한 계몽주의의 산물들이 성, 계급, 인종, 문화 등에 의해 어떻게 규정되는가에 대해서 따져 볼 것을 요구한다.[29] 그러한 잣대를 검토하지 않는 것은 '왜곡, 전도(顚倒), 착취, 정복' 에 기초한 '허구' 를 영속화하는 것이다.[30] 맥내이(Lois McNay)도 마찬가지로 다음과 같이 비판한다. "보편 이성과도 같은 이른바 객관적이고 공평한 기준은 …… 사실상 역사적으로 자리 잡힌 우연적인 용어인데, 종종 지배적인 남성문화를 정당화하고 재생산하는 데 기여하는 남성적인 특징과 가치의 외적 표현이다."[31]

여성주의자들은 또한 비판이론에 대해서도 비판적인 시각을 보여 왔는데, 심지어는 비판이론에 전제된 '해방적' 이성에 대해서도 그러하였다. 벤하비브(Seyla Benhabib)는 길리건(Carol Gilligan)의 연구를 인용하면서 하버마스의 의사소통적 윤리학에 초점을 맞춘다. 그녀는 하버마스의 이론이 "형식주의적이고 보편주의적인 다른 도덕이론들과 마찬가지로 '일반화된 타자(generalized other)' 라는 도덕적 관점을 수용할 뿐" 이라고 비판한다.[32] 벤하비브는 하버마스의 이론이 대부분의 근대적인 도덕 및 정치 이론과 마찬가지로 "가족이라는 사적 공간에 할당된 구체적인 타자라는 관점을 결국 공공의 영역에서 법률적으로 제도화 및 일반화된 타자라는 관점으

로 환원시키는" 경향이 있다는 점을 지적한다.[33]

벤하비브는 하버마스가 합의에 대한 의존도가 매우 강하다는 점을 지적하면서 그 대신에 합의를 "규제적 이념(a regulative ideal) 이상의 것으로" 제시한다.[34] 그녀는 합의에 도달하는 것보다는 절차와 과정의 타당성에 초점을 맞추는 것이 더 중요하다고 주장한다. 그녀가 볼 때, 절차는 "모두에게 철저히 개방적이고 공정해야" 한다.[35] 그녀가 철저한 개방성을 주장함으로써 하버마스가 했던 것 이상으로 검증해 내려고 애쓴 것은 바로 보다 더 포괄적인 공공 담론이다. 그녀는 "공공 담론이라는 허용된 언어로 표현될 수 없는 '관심'을 가진 사람들의 목소리"를 끌어들이고자 노력했다.[36] 벤하비브는 도덕적 목적을 위한 대화에 그러한 목소리들이 포함되기를 원했다. 그녀는 "공공생활에 그들이 참여하는 것 자체로 사적인 욕구(needs)와 공적인 요구(claims)의 경계, 개인이 느끼는 불행과 집단 구성원이 공감하는 슬픔을 갈라놓는 경계를 허물 수도 있다."라고 믿는다.[37]

벤하비브는 아렌트(Hannah Arendt)의 '확장된 사고'라는 개념을 토대로 하여, 구체적인 타자라는 입장을 받아들이면서도 보편화된 윤리를 견지한다. 이 관점을 통해 우리는 "모든 도덕적 인격체를 욕망과 한계뿐만 아니라 특정한 삶의 역사와 성향, 소질을 지닌 고유한 개인"으로 파악할 수 있다.[38] 벤하비브의 목표는 나와 마찬가지로 정체성과 정치의 역사적 상황성을 인정하면서도 동시에 일종의 '후기계몽주의적(postEnlightenment)' 보편주의를 유지하려는 것이다. 그녀가 기울인 노력의 일부는 성별을 근대적 의사소통과 윤리의 우연성 중의 하나로 지목하는 것인데, 이는 하버마스가 등한시한 부분이다.

여성주의자들이 보다 더 민주적이고 합리적인 사회를 위한 토대를 의사소통적 이성이론에서 찾는 데 신중해진 것은 바로 이와 같이 하버마스가 성별 문제를 소홀하게 다루고 있다는 점 때문이다. 여성을 대화에 포함시키고자 하는 벤하비브의 시도조차 의심의 대상이 되고 있는데, 이는 플래밍이 지적한 대로 "여성의 가치가 구조적이고도 불가피한 방식으로 평가절하되고 있는 가치평가 체제 내에서 여성을 대화에 포함시키는 일이 과연 가능할지는 여전히 불투명하기 때문이다. 의사소통적 이성에 참여하는 이들 간에 평등이 보장될지는 모르겠으나 그 참여자들은 모두 남성이다."[39] 플래밍의 주장에 따르면, "의사소통적 담론에 '다른' 성(sex)을 위한 공간을 마련하고자 하는" 벤하비브의 열정적인 노력에도 적용된다.[40] 그러나 그와 동시에 플래밍은 의사소통적 이성에도 장점이 전혀 없는 것은 아니라는 점을 마지못해 인정한다. 그녀로서도 의사소통적 이성은 이성 개념을 여성주의의 관점에서 재구축하는 일에 결정적인 기준이 되는 두 가지 요소, 곧 "대화를 중시하고 역사성을 포용하고자 한다는" 점에서 즉각 거절할 수 없다는 것이다.[41]

이와 같은 여성주의적 분석의 경향은 이성을 감성으로부터, 마음을 신체로부터, 지식을 경험으로부터, 수단을 목적으로부터, 이론을 실제로부터, 공적인 것을 사적인 것으로부터 분리시키는 등의, 우리에게 너무나도 익숙한 갖가지 이원론들을 대상으로 진행되어 온 여타의 철학적 비판들을 확대시키고 변화시키고 있다. 추상적이고 정적이며 도구적이고 규제적인 이성 개념은 이에 동반된 이원론적 도식들과 함께, 동양의 종교들로부터 영감을 받은 철학자들을 포함하여 현상학자, 프래그머티스트, 마르크스주의자, 비판이론가, 후기구조주의자들에 의해 다양한 방식으로 검토되어 왔다.

나는 스스로를 비판적 여성주의의 맥락에 두고 그 속에서 이러한 여러 관심을 공유하고 있으며, 그와 함께 이성에 대한, 심지어 비판적인 이성에 대한, 지배적인 서양적 관점이 지닌 제한적인, 때에 따라 배타적이기까지 한 특성들에 대해 잘 알고 있다. 그러나 또한 특정한 역사적 국면에서 이성은 여성과 여타의 피지배 집단에게 해방의 힘으로 작용하기도 했다는 점을 주장해 온 여성주의자들의 견해에도 동의한다.[42] 따라서 내가 하고자 하는 바는 앞에서 언급한 여러 비판적 관점들을 고려하면서 이성이 지닌 그와 같은 해방적 '잠재력'을 재건하는 것이다. 위던(Chris Weedon)과 마찬가지로, 나는 "우리가 결코 이성을 가부장제적 이해관계에만 온전히 내맡겨 버려서는 안 된다는 점, 이성은 경험과 마찬가지로 여성주의적 관점에서 해체와 재건을 동시에 필요로 한다."[43]는 점, 그리고 이러한 해체와 재건은 교육철학적 관심에서도 이루어져야 한다는 점을 믿어 의심치 않는다. 이성을 도구주의적 목적과 탈맥락화/탈체화(脫脈絡化/脫體化)된 남성적 자아의 17세기적 유산으로부터 구출함으로써, 우리는 보다 더 합리적인 사회를 창조할 능력을 갖춘 공동체 속의 합리적 인간을 교육한다는 말이 무슨 의미를 지니는지 보다 명료하게 밝힐 수 있을 것이다. 하버마스의 관점에서 보면, 이러한 "보다 더 합리적인 사회는 과학적 · 기술적 가치가 전체 사회의 구조를 형성하는 데 도덕적 · 심미적 가치의 참여를 차단하거나 그것을 방해하는 것"을 허용하지 않는 사회를 의미했다. "경제와 국가가 의사소통적 생활세계를 흡수했을 때에도 온전히 합리적인 사회는 구축될 수 없다."[44]

그와 같은 합리적 사회를 건설하는 일에는 지속적으로 사회 내 특정한 집단의 사람들을 주변으로 내몰고 그들을 여러 방식으로 분류하고 그들로부터 권리를 박탈하는 억압적인 사회조건에 세심한 주의를 기울이는 종류의, 확장되고 통합된, 어떤 면에서 보면 변형된 이성의 개념이 요구된다. 또한 이 일을 위해서는 사람들로 하여금 그들이 처한 종속적인 지위를 넘어 그것으로부터 벗어날 수 있도록 힘을 실어 주는 새로운 실천활동이 필요하다. 이러한 실천은 "지배로부터 벗어난 공적이고도 제한받지 않는 담론 활동"[45]과 아울러, 사회 구성원 모두의 해방을 지향하는 근본적인 의미에서의 민주주의 이념 속에 붙박여 있다.

이성, 차이, 억압

대화적 이성 혹은 의사소통적 이성은 그것이 무엇을 의미하든지 간에, 반드시 사람들 간의 차이를 고려해야만 한다. 서로 다른 집단, 서로 다른 주체성, 서로 다른 정체성이 가지는 특수하고 맥락적인 경험에 주목하지 않는다면 자유, 민주주의, 평등과 같은 개념은 공허한 것이 되고 만다.

내가 '차이'라고 말할 때, 이는 단지 인간 경험의 갖가지 다양성만을 의미하는 것이 아니다. 내가 의미하는 바는 사람들이 잘 살아갈 수 없게 하는 불평등하고 열악한 조건을 낳는 제도에 기인하는 지속적이고 사회적인 차이다. 이러한 차이는 억압의 사회적 결과다. 즉, "한 집단에 대한 다른 집단의 체계적이고 제도화된 학대"[46]인 것이다. 오늘날 미국에서 억압은 인종주의, 성차별주의, 계급주의, 연령차별주의, 성인중심주의, 동성애 혐오증, 반유태주의, 장애인 차별주의와 같은 형태로 나타나고 있다.

새롭게 이해된 의사소통적 합리성에 억압의 이론을 통합하면, 우리는 왜 사람들이 모두 '평등한 존재로 나서지' 못하는지, 왜 어떤 사람 또는 어떤 집단은 '합리적 담화'에 동참하는 데 꼭 필요한 '성향'을 지니고 있고 다른 사람(집단)은 그렇지 못한지, 왜 어떤 사람은 합리적 담화의 전체 과정으로부터 제외되어 왔는지, 그 이유를 좀 더 잘 설명할 수 있을 것이다. 우리는 한 사람이 '합리적'으로 사고하고 행위하는 능력의 차이를 단순히 개인적인 결함으로 보는 시각으로부터 벗어날 필요가 있다. 그 대신, 그러한 차이는 억압의 사회적 결과로 이해되어야 한다.[47]

외적으로 강요되고 제도화된 형태의 억압 이면에는 내면화된 억압이 있다. 야마토(Gloria Yamato)는 이를 다음과 같이 강렬한 어조로 언급한 바 있다.

> 억압의 대상이 되는 집단은 정서적으로나 신체적으로, 그리고 정신적으로 난타당해서 자신들이 억압당할 만하다고, 삶 속에는 억압이 있기 마련이라고, 자신들이 겪는 억압이 자연스럽고 합당하다고, 그리고 심지어는 억압이 존재하지 않는다고 실제로 믿기 시작할 지경이다. "늙은 주인이 채찍질에 지쳐 나가떨어지자, 우리는 채찍을 들어 자신을 그리고 서로를 때렸다."라고 할 정도로 억압을 편안하게 느끼기 시작한다.[48]

마르쿠제(Herbert Marcuse)와 같이, 마르크스를 프로이트와 통합하려고 했던 몇몇의 초기 프랑크푸르트학파 이론가는 그렇게 명명하지 않고도 이러한 억압의 개념을 잘 이해하고 있었다. 그들은 자신의 분석을 통해 전통적인 마르크스주의가 "사회적 삶의 주관적 차원을 이해하는 데 부적합하다."[49]는 것을 확신했다. 마르쿠제는 이러한 주요한 인식을 다음과 같이 수사학적으로 표현하였다.

> 어쩌면 혁명은 외부 요인에 의해서만 좌절되거나, 전복되거나, 실패하는 것이 아니지 않는가? 다시 말하면, 개인들로 하여금 그들을 부정하는 힘에 단지 외적으로만 항복하도록 하는 것이 아니라, 해방과 만족의 가능성을 내적으로 부정하는 역동이 그들 안에 이미 작동하고 있는 것이 아닌가?[50]

이러한 통찰은 이미 수십 년 전에 파농(Frantz Fanon)과 프레이리(Paulo Freire)에 의해, 그리고 '지배의 재생산의 주관적 차원'에 관해 감동적인 글을 쓴 바 있는 훅스(Bell Hooks), 로드(Audre Lorde), 모리슨(Toni Morrison)과 같은 현대 여성주의 이론가들에 의해 표현되었던 것과 유사하다.[51]

여성이나 노동계급, 유색인, 동성애자와 같이 억압의 대상이 되는 집단의 구성원들은 '외부' 사회에 떠돌아다니는 그릇된 정보를 '내면화한다.' 학교나 미디어와 같은 제도를 통해 걸러진 우리에 대한 체계적인 거짓말이나 왜곡된 정보를 접한다면, 우리는 그것을 믿게 된다. 우리는 또한 부정적인 자아상, 부정적인 정체성을 반영하는 특정한 '정서 유형과 행동 양식'을 발달시킨다.[52] 이러한 정서 유형은 종종 무기력, 분노, 공포, 절망의 형태를 띠고 있다. 또한 그러한 정서 유형은 타자, 특히 더 많은 권력이나 더 높은 지위를 지닌 사람들에 의해 일종의 결함으로 간주되기도 한다.

자유와 사회정의를 확대하고, 실질적인 참여민주주의를 펼쳐 나아가고, 진정으로 '합리적인' 사회를 좀 더 포괄적으로 이해하고자 노력하는 우리는 편재되어 있고 지속적으로 존재하는 내적인 억압에 관해, 그리고 그러한 억압이 모든 사회 상황, 모든 대화, 모든 의사소통적 상호작용을 실제로 형성하는 방식에 관해 이해할 필요가 있다. 합리적 담화에 참여할 수 있는 한, 사람의 능력을 개인의 '성향'과 관련지어 생각하는 것은 부적절하다. 그러한 능력은 성향이 어떤 이에게는 침묵의 결과를, 또 다른 이에게는 특권의 결과를 가져올 수 있음을 보여 주는 내면화된 억압 이론에 의해 분석되어야 한다. '인종, 성별, 계급, 성 정체성'은 비록 어떤 사람들에게는 단순한 슬로건이나 정치적 호칭으로 들릴지 모르지만, 기실은 그런 것이 아니다. 우리는 누구나 인종, 성별, 계급으로 존재한다. 그리고 이는 우리가 생각하고 행위하는 방식, 타자가 우리와 상호작용하는 방식에 중요한 함의를 지닌다.

이성, 감성, 의사소통

대체로 이성에 대한 담론 방식을 들여다보면 서양의 문화제도에 각인되어, 억압적인 상황에 처해 있는 대부분의 사람들은 종종 공적인 대화에서

'합당성이 결여된(un-reasonable)' 사람으로 간주되곤 했다. 이를테면, 그들은 지배적인(백인, 중간계급, 남성적) 담론에서 요구되는 특성을 갖추고 있지 못하거나 잘 어울리지 못하는 것으로 간주되어 왔다는 것이다.

게다가 이러한 주변인화(周邊人化)된 집단들은 결국에 그들의 정체성으로 굳어 버린 태도, 신념, 행동을 나타내 보일 수도 있다. 억압적인 조건화의 효과가 그들의 본질과 융합되어 버리는 것이다. 예컨대, 많은 사람들의 눈에 여성은 보살핌을 행하고, 감성적이고, 직관적이고, 수동적이고, 비합리적인 존재로 간주되어 왔다. 한 사람의 여성으로 산다는 것이 무엇을 의미하는지에 대한 본질적인 이해를 우리에게 남겨 둔 채, 여성을 이런 방식으로 특징짓게 된 역사적인 배경들은 종종 간과된다. '여성의 목소리'와 '여성의 앎의 방식'에 대한 몇몇 여성주의자들의 분석은 이러한 본질주의를 촉진시키기까지 한다.[53] 그러나 미니치와 같이 여성의 정체성에 대한 이와 같은 탈역사적인 관점에 저항하는 사람들은 다음과 같이 주장한다.

> 우리가 지금 '여성의 목소리'를 연구하면서 발견한 것들은 여성 자신의 목소리가 아닐 뿐만 아니라, 특히 여성이 오랜 기간 동안 체계적으로 억압되지 않았다면 우리가 들었을 법한 그러한 목소리도 더욱 아니다.[54]

벤하비브, 그리고 어느 정도는 하버마스도 자신의 의사소통적 논의에서 차이의 개념을 다루고자 한다. 실제로 벤하비브는 '다른' 언어, 습관, 정서로 인해 주변인화된 사람들에 관한 문제에 명백히 관심을 가지고 있다. 그러나 '차이' 때문에 배제된 채로 수년간의 억압적인 조건을 경험한 사람들은 바로 자신들이 지닌 그러한 차이와 결부되어 있는 다양한 감정을 지니고 있을 수 있다. 그들의 정서는 지배적인 문화가 그들에게 반응하도록 기대하는 방식과 맞지 않을 수 있다. 심지어 그들은 재거가 지칭한 대로 "법적인 보호를 받지 못하는 사람들"의 감정을 표출할 수도 있다. 그 감정은 "현상유지를 위해 부당하게 큰 대가를 치르는 종속된 개인들"[55]이 경험하는 감정이다.

결국 문제는 단지 기존의 대화에 더 많은 목소리 혹은 관점을 추가로 포함시키는 것이 아니다. 이렇게 새롭게 포함된 목소리들은 노여움, 심지어 분노에 의해서 과장되거나 공포, 당황 혹은 부적절함에 의해 소리가 점차 작아지고 그러한 목소리들은 슬픔과 불만으로 가득 찰 수도 있다. 벤하비브와 하버마스 그 누구도 의사소통적 이성의 정서적 차원이 지닌 복잡성을 인정하지 않았다. 이렇게 복잡한 감정들이 대화과정에 끼어들 때 무슨 일이 벌어질까? 그것들은 어떻게 통합될까? 그것들이 표현된다면, 의사소통은 여전히 '합당할' 수 있는가?

대부분의 '합리적인' 사람들은 대화에서 심각한 노여움이나 분노가 표현되는 경우, 특히 그것이 대화에 참여 중인 사람을 대상으로 한 것이라면, 그런 대화는 상호 존중의 기준을 충족시키지 못할 것이라는 점에 동의할 것이다. 그러나 진정으로 대화를 확대하여 더 포괄적인 담론 상황을 조성하는 일을 추구한다면, 더 이상 그런 감정들을 은폐하거나 혹은 그것들을 단지 도덕적 결함으로 취급해서는 안 된다. 보다 근본적으로 민주적 참여를 추구하는 의사소통적 이성 이론이 되려면, 역사적으로 소외되고 억압받은 집단들과 복잡하게 얽혀 있는 정서들을 함께 고려하는 전략을 모색해야만 한다. 한 가지 가능한 전략은 각자 자신이 처한 특정한 사회적 지위 때문에 겪을 수밖에 없는 여러 형태의 억압과 관련하여 감정을 표출할 때 서로에게 관심을 기울이고 상대의 말에 귀를 기울이도록 분위기를 조성하는 것이 될 수 있다. 일단 감정이 표현되고 또 그것을 서로 귀 기울여 듣고 반성해 보면, 이제 보다 분명한 생각이 거기에서 도출될 것이고 보다 나은 의사소통으로 이어질 수 있을 것이다.

남자든 여자든, 그리고 지배적인 위치에 있든 종속적인 위치에 있든, 우리 모두는 이 세상에서 보다 더 '합리적으로' 살 수 있다. 그러나 여기에는 합리적인 논박 기술과 비판적인 사고력을 계발하는 것, 일정 정도의 언어 구사력을 습득하는 것, 심지어 의사소통적 덕목을 기르는 것 이상이 요구된다.[56] 여기에는 내면화된 억압의 정서적 결과에 주목하는 새로운 구조와 과정을 발달시키는 일이 필요하다.

이제 의사소통적 이성의 실천에 관한 보다 확장된 개념이 개발되어야 한다. 의사소통적 이성은 사람들의 사회적 정체성, 주변인으로서의 경험과 결부된 정서적인 요소들을 상호 합의된 기간 중에 표현할 수 있는 기회를 보장해 주어야 한다.[57] 이렇게 된다면 우리는 합리적 의사소통과 평등한 상호작용을 유지시켜 줄 수 있는 참다운 민주적 공동체를 창출하는 좀 더 나은 위치를 확보할 수 있을 것이다. 이렇게 새롭게 이해된 '의사소통적 이성'을 통해야만 비로소 사고와 감정, 마음과 몸, 이성과 감성, 공적인 것과 사적인 것 사이의 내적 관계가 인정될 것이다. 그리고 그 결과로 우리는 더 분명하게 (합리적으로) 사고하고 행동할 수 있게 될 것이다.

결론: 이성과 합리적 행위를 위한 교육

홉스(Thomas Hobbes)와 데카르트(René Descartes)에서 루소(Jean Jaues Rousseau)와 로크(John Locke), 칸트(Immanuel Kant)에 이르는 계몽주의 사상가들은 이성에 대해 적절한 교육으로 통제되기만 한다면 진리를 발견할 수 있는 인간 마음의 자연적 성향이라고 믿었다. 더 나아가, 이 진리의 명료함과 명백함 혹은 이 진리가 우리의 감각에 미치는 영향력의 생생함은 서로 비슷하게 사고하는 합리적 마음 간의 상호 주관적인 합의를 충분히 보장할 것이라고 가정했다.[58]

역사적으로, 합리적 사고는 계몽된 행위를 가능하게 하고 완벽한 세상을 건설할 합리적 시민을 양성하는 것이라고 여겨져 왔다. 이성과 자유, 이성과 민주주의, 이성과 행위는 서로 직접 연결되어 있었다. 이성은 어둠에 빛을 가져오고, 미신과 전통으로부터 사람들을 깨어나게 하며, 특정 형태의 속박으로부터 사람들을 해방시키도록 되어 있었다.

그러나 계몽주의적 이성의 이념은 20세기에 우리를 압도해 온 근대적·도구적 형태로 변형되는 과정을 통해 일종의 마비 상태에 이르렀다. 우리 중에 많은 이들이 체계적인 변화가 일어날 가능성에 대하여 회의적인 생각을 품게 되었다. 오랫동안 독점 자본주의와 같이 특수한 사회적·정치적·경제적 구조를 비판해 왔던 이들은 피억압자들이 왜 때때로 그들 자신의 억압과 은밀히 결탁하는 것처럼 보이는지를 충분히 이론적으로 설명하지 못했다.

사회이론가, 심지어 변증법적 마르크스주의자조차도 "사회적 주체는 혁명적 행위로 나아가는 직접적이고 합리적이며 직선적인 방식으로 문화와 의식을 창조한다."[59]라고 가정하는 이데올로기 개념을 지지해 왔다. 심지어 가장 해방적인 이론을 옹호하는 이들도 사회를 변화시킬 때 감성이 수행하는 중요한 역할을 인식하지 못했다. 이성과 감성을 계속 분리시키며 억압의 감성적·심리적 차원을 이해하지 못하는 사회이론가들은 결국 변화에 대한 부적절한 이론을 생산하게 된다. 그람시(Antonio Gramsci)와 같이 헤게모니의 강력한 효과를 이해했고, 윌리엄스(Raymond Williams)와 같이 우리의 내면 깊이 새겨진 '감정의 구조들'에 주목했던 이론가들조차도 보다 명료하고 설득력 있게 사고하고 행동하기 위해서는 감성을 표현할 필요가 있다는 점에 생각이 이르지 못했다.

나는 사람들이 자신이 겪고 있는 억압을 보다 분명하게 볼 수 있도록, 그리고 그들을 두렵게 하고 무력하게 하며 분노하게 만드는 감정을 그들 스스로 표현하도록 격려하며, 그런 후에 눈앞의 상황에 대한 자신의 분명한 생각과 분석에 따라 단호하게 행동할 수 있도록 도움을 주는 그런 교육에 관심이 있다.

이러한 교육과정은 프레이리의 '억압받는 자의 교육'이라는 개념과 유사하고 이 개념을 확장시키기도 하며, 여성주의적 교육학과 공통점을 지니기도 한다. 이 두 해방적 교육학은 사람들에게 자신의 합리성과 정치적 역량을 되찾을 수 있는 방법을 제공한다. 이들 접근에서 한 가지 빠진 것이 있다면, 그것은 셔로버-마르쿠제(Sherover-Marcuse)가 "주관성의 실천(practice of subjectivity)"[60]이라고 지칭한 것이다. 이 실천을 통해 "억압적 사회 내에 지속되어 온 상처가 치유되기 시작"[61]할 것이다.

근대적 교육이론과 실천은 데카르트적 합리주의, 그리고 겨와 곡식을 가르고 '비합리적인' 것과 '합리적인' 것을 분리하는 편협하고 고정된 도구적인 관점으로 가득 차 있다. 여성과 유색인, 그리고 여타의 이유로 정치적·사회적으로 주변인으로 내몰린 사람들이 종종 '뚜렷한 이유 없이' 전자의 범주에 속하는 것으로 간주된다. 이 관점에서의 합리성은 또한 다른 종류의 사고와 합리성을 배제하는 결과를 초래했다. 교육은 창조성과 민주주의, 자유를 위한 우리의 가능성들을 제한하고 그 경계를 한정하는 배타적인 합리성의 개념으로 물들어 있다. 이것은 거대한 순응주의를 낳는다. 왜냐하면, 우리가 그 경계선을 넘어서면, '비합리적'이라는 딱지를 달게 되기 때문이다. 마녀 혹은 '괴짜' 혹은 철학자들 세계에서 '생각이 뒤틀어진'이라는 식으로 낙인찍히는 것이 두려워, 대부분의 경우 우리는 정해 놓은 테두리를 넘기를 주저한다.

내가 바라는 것은 여성, 유색인, 빈곤층, 유태인, 동성애자, 장애인을 포함하여 우리 인간 모두와 우리의 완전한 인간성을 부정하는 사회적 조건을 제거하는 것이다. 우리는 합리적 행위에 대한 견해를 재구성함으로써 바로 이 일을 시작할 수 있다.

후 주

1. Frank Hearn, *Reason and Freedom in Sociological Thought* (Boston: Allen and Unwin, 1985), p. 15.

2. Max Horkheimer and Theodor W. Adorno, *Dialectic of Enlightenment* (New York: Herder and Herder, 1972), p. 3.

3. Wendy Kohli, "Postmodernism and the 'New' Pedagogies: What's At Stake in the Discourse?" *Education and Society*, volume 9 number 1 (1991), 39-46.

4. Stephan Leonard, *Critical Theory in Political Practice* (New Jersey: Princeton University Press, 1990), p. 9를 보라.

5. Albrecht Wellmer, "Reason and Utopia and the *Dialectic of Enlightenment*," in Richard Bernstein, ed., *Habermas and Modernity* (Massachusetts: MIT Press, 1985), p. 50.

6. "Juliette or Enlightenment and Morality" in *Dialectic of Enlightenment*, pp. 81-119를 보라.

7. David Ingram, *Critical Theory and Philosophy* (New York: Paragon House, 1990), p. 59.

8. Wellmer, in Bernstein (1985), p. 51.

9. Wellmer, in Bernstein (1985), p. 52.

10. Seyla Benhabib, *Situating the Self: Gender, Community and Postemodernism in Contemporary Ethics* (New York: Routledge, 1992), p. 24.

11. Ingram, *Critical Theory and Philosophy* (1990), pp. 185-86.

12. 합리성에 대한 그 어떤 단일한 여성주의적 입장은 존재하지 않는다. 사실이지 이는 그 어떤 주제에 대해서도 마찬가지다. 여성주의 이론/철학이라는 이름 아래에는 무척 다양한, 심지어는 모순되는 철학적, 정치적 입장들이 상존한다. 다만, 나는 여기서 전통적인 계몽주의적 이성 개념에 대한 공통된 반론에 어떤 것들이 포함될 수 있는가를 대략적으로 그려 보고자 한다.

13. Genevieve Lloyd, "The Man of Reason," in Garry and Pearsall, ed., *Women, Knowledge and Reality: Explorations in Feminist Philosophy* (Boston: Unwin Hyman, 1989), p. 116.

14. Lloyd, in Garry and Pearsall, p. 117.

15. Lloyd, in Garry and Pearsall, p. 116.

16. Lloyd, in Garry and Pearsall, pp. 116-7.

17. Lloyd, in Garry and Pearsall, p. 117.

18. Alison Jaggar, in Garry and Pearsall, p. 129.

19. Jaggar, in Garry and Pearsall, p. 130.

20. Valerie Walkerdine, *Schoolgirl Fictions* (London: Verso, 1990), p. 67.

21. Lloyd, in Garry and Pearsall, p. 118.

22. Jaggar, in Garry and Pearsall, p. 131.

23. Jaggar, in Garry and Pearsall, p. 134.

24. Jaggar, in Garry and Pearsall, p. 135.

25. Jaggar, in Garry and Pearsall, p. 137.

26. Jaggar, in Garry and Pearsall, p. 138.

27. Jaggar, in Garry and Pearsall, p. 141.

28. Jaggar, in Garry and Pearsall, p. 141.

29. Christine DiStefano, "Dilemmas of Difference," in Linda Nicholson, ed., *Feminism/Postmodernism* (New York: Routledge, 1990), p. 73.

30. in Garry and Pearsall, p. 75에 인용된 Sandra Harding.

31. Lois McNay, *Foucault and Feminism: Power, Gender and the Self* (Boston: Northeastern University Press, 1992), p. 91.

32. Ingram, *Critical Theory and Philosophy*, p. 207.

33. Ingram, *Critical Theory and Philosophy*, p. 208.

34. Benhabib, *Situating the Self*, p. 9.

35. Benhabib, *Situating the Self*, p. 9.

36. Benhabib, *Situating the Self*, p. 9.

37. Benhabib, *Situating the Self*, p. 9.

38. Benhabib, *Situating the Self*, p. 10.

39. Marie Fleming, "Women's Place in Communicative Reason," in Elizabeth Harvey and Kathleen Okruhlik, eds., *Women and Reason* (Michigan: University of Michigan Press, 1992), p.256.

40. Fleming in Harvey and Okruhlik, p.253.

41. Fleming in Harvey and Okruhlik, p.248.

42. Elizabeth Harvey and Kathleen Okruhlik, "Introduction," in Harvey and Okruhlik, p. 2.

43. Chris Weedon, *Feminist Practice and Poststructuralist Theory* (Oxford: Basil Blackwell Ltd., 1987), p. 10.

44. Ingram, *Critical Theory and Philosophy*, p. 186.

45. Jürgen Habermas, *Toward a Rational Society: Student Protest, Science and Politics* (Boston: Beacon Press, 1970), p. 118.

46. Gloria Yamato, "Something About the Subject Makes It Hard to Name," in Gloria Anzaldua, *Making Face, Making Soul: Creative and Critical Perspectives by Feminists of Color* (San Francisco: Aunt Lute Books, 1990), p. 20.

47. 예컨대, *Schoolgirl Fictions*, pp. 67-73에 나오는 Valerie Walkerdine'의 이성과 성별에 대한 후기구조주의 설명을 보라.

48. Yamato in Anzaldua, p. 20.

49. Erica Sherover-Marcuse, *Emancipation and Consciousness: Dogmatic and Dialectical Perspectives in the Early Marx* (Oxford: Basil Blackwell, 1986), p. 134.

50. Sherover-Marcuse, p. 134에 인용된 Herbert Marcuse.

51. Sherover-Marcuse, p. 135.

52. Sherover-Marcuse, p. 135.

53. 예컨대, Mary Bilenky, et al., *Women's Ways of Knowing* (New York: Basic Books, 1986)을 보라.

54. Elizabeth Minnich, *Transforming Knowledge* (Philadelphia: Temple University Press, 1990), p. 115.

55. Alison Jaggar, in Garry and Pearsall, p. 144.

56. 이 책의 Nick Burbules 논문을 보라.

57. 오해하지 말아야 할 것은, 나는 여기서 누구든지 타자에게 아무런 제재 없이 비방과 야유를 일삼을 수 있는 있는 권한을 부여받아야 한다는 것을 주장하는 것이 결코 아니라는 점이다. 내가 주장하는 것은 서로 합의된 기준의 범위 내에서 의견을 교환할 수 있는 구조적인 장의 필요성이다.

58. Benhabib, *Situating the Self*, p. 4.

59. 나의 논문 "Raymond Williams, Affective Ideology, and Counter-Hegemonic Practices," in Dennis Dworkin and Leslie Roman, *Views Beyond the Border Country: Raymond Williams and Cultural Politics* (New York: Routledge, 1992), pp. 115-6를 보라.

60. Sherover-Marcuse, *Emancipation and consciousness*, p. 135.

61. Sherover-Marcuse, *Emancipation and consciousness*, p. 135.

_09

이성의 재인식

Emily Robertson

교육적 이념으로서의 합리성 옹호

현재 일고 있는 "이성에 대한 분노"[1]의 물결에도 불구하고, 버뷸러스(Nicholas C. Burbules)와 콜리(Wendy Kohli)는 교육적 이상으로서의 합리성 개발을 포기하자고 제안하지는 않는다. 대신에 그들은 서양철학의 전통에서 나타난 그 이상을 '재구성'하거나 '복원'하려고 시도한다. 그들은 특정 이성 개념을 비판할 뿐, 합리성 자체를 비판하지는 않는다. 이성에 대한 포스트모던적 비판에 발맞추어 "대단히 복잡한 인간 이성을 일종의 지적 월던 투(Walden II)로 대치하려고 하는 실증주의자의 환상"[2]을 거부한다. 그러나 이 두 사람 중 어느 누구도 단순히 "이성의 가상적인 순수성을 폭로하는 것"[3]으로 만족하지 않는다. 그들은 순수 이성이라는 신화와 모든 합리적 논의를 권력 관계로 환원하는 것을 거부하면서, 이성을 인간관계 속에 구체화되어 있는 것으로서 좀 더 풍부하게 이해할 수 있는 길을 제시하려고 시도한다.

버뷸러스에 따르면, 지배적인 서양철학이 이해하고 있는 합리성의 문제는 지나치게 협소한 이성 개념에 초점을 맞추고 있다는 점에 있다. 이 개념은 진리나 가치 혹은 행위와 관련된 논쟁들을 해결하기에 충분하다고 여겨지는 객관적이고도 보편적인 기준을 상정하고 있다. 이 관점에 맞서 버뷸러스는 오류 가능성과 다원주의와 부합할 수 있는 합리성 개념을 옹호한다. 이 개념은 '데카르트적 합리성'의 '형식적 · 탈문맥적 언어'를 거부하고, '개인의 성격, 실천적인 문맥 그리고 의사소통적 관계에 더 많은 관심을 갖는 담론'을 추구한다. 그는 합리성을 갖추는 데 잘 생각하는 것만으로는 충분치 않다고 주장한다. 또한 성격적인 특성이 요구되고 이것이 사실 합리성이나 합당성의 보다 원초적인 구성요소라는 것을 강조한다. 그는 합리적인 판단과 비판적인 사고 방법과 관련된 특별한 기술의 획득을 강조해 온 전통적인 교육철학의 흐름에 맞서서, 합당성의 덕목들—객관성의 추구, 오류 가능성 수용, 프래그머티즘적 태도의 유지, 그리고 현명함—을 개발해야 한다고 주장한다. 합리적인 사고의 유형이라는 것이 항상 (심지어는 종종) 특정한 규칙의 형태로 드러나는 것은 아니라고 한다면, 버뷸러스가 믿기에 이러한 덕목들이야말로 합리성을 구성하는 본질적인 부분이며, 단순히 이성의 규칙을 적용하는 성향에 그치는 것이 아니다. 그것들은 "반성적인 사고와 행위를 광범위한 입장에서 안내하는 …… 가장 일반적인 인간 특성들"이고, 왜 우리가 맨 먼저 합리적인 판단을 위한 척도를 지키는 것에 관심을 갖게 되는지를 설명해 준다. 버뷸러스가 합당성으로서의 합리성에서 찾아낸 장점은 다음과 같은 것을 포함한다. 대안적인 추론의 형태를 인정하는 것(이로써 이성은 억압이나 지배의 원천이라고 보는 포스트모던적인 지적에 덜 노출된다.), 인지적인 가치는 도덕적이고 정치적인 가치와 무관하지 않다는 주장, 사회관계 속에서 합리성을 정초하는 것(비합리성은 개인적인 오류보다는 사회 환경의 결과일 수 있다는 암시를 포함하여), 그리고 '헌신,

배려, 감정'이 합리성에서 차지하는 역할을 인정하는 것 등이다. 이러한 근거 때문에 버뷸러스는 그가 거부하는 이성이라는 개념보다는 합당성이 교육목적을 위한 더 생산적인 지침이라고 주장한다.

콜리에 따르면, "합리적인 논박 기술과 비판적인 사고력"도, 합당성이라는 "의사소통적 덕목들"의 개발도 우리가 "보다 합리적으로 살 수 있도록" 해 주기에는 충분하지 않다. 콜리가 추구하는 합리성은 참여적 민주주의와 합의에 기초한 사회적 규범의 개발, 그리고 대화를 통한 규범적·제도적 조정과 강하게 결합되어 있다. 그녀는 이러한 대화에 모든 사회 구성원이 자유롭고 충분하게 참여하는 것에 관심을 갖고 있다. 그녀는 "내면화된 억압"이 억압받는 사람들에게 관습적인 기준에 따라 수행되는 합리적 대화의 역량을 어떻게 감소시키는지 우리가 이해해야 한다고 생각한다. 그녀는 합리적 담론의 능력이 단지 개인적인 성향에 의해 파악될 수 없다고 주장한다. "우리는 내면화된 억압 이론을 가지고 이러한 능력을 분해해야 한다. 그렇게 할 때 우리는 개인의 성향이 어떤 사람들에게는 침묵하게 하는 효과를 가지고 다른 사람들에게는 촉진하는 효과를 가질 수 있다는 것을 보게 될 것이다." 억압으로부터 고통받은 사람들은 "공공 대화에서 '합당성이 결여된' 사람으로 보일지도 모른다. 그들은 지배적인(백인, 중간계층, 남성적) 담론에서 요구되는 특성을 갖추고 있지 못하거나 잘 어울리지 못한다." 게다가 설사 이들의 목소리가 대화에 포함된다고 하더라도, 그것은 "노여움이나 심지어는 분노에 의해서 과장되거나 공포, 당황 혹은 부적절함에 의해 소리가 점차 작아지고 …… 슬픔과 불만으로 가득 찰 수도 있다." 콜리의 고민은 어떻게 이러한 감정들이 합리적인 대화에서 표현되고 인정받을 수 있는가 하는 것이다. 그녀는 좀 더 근본적으로 민주적인 정치를 위한 의사소통적 이성을 동원하기 위해서는 주변인화된 집단의 감정을 다루는 전략의 개발이 요구된다는 생각을 견지한다. 그녀는 그러한 감정이 "표현되고 또 그것을 서로 귀 기울여 듣고 반성"할 수 있음으로써 "보다 분명한 생각이 생겨나고 보다 나은 의사소통으로 이어질 수 있는" 만남이 이루어지기를 제안한다.

나는 이성을 재구성하고 재구성된 이성의 개발을 교육의 목적으로 삼아야 한다는 버뷸러스와 콜리의 주장에 동의한다. 그들은 각각 합당성의 덕목들과 합리적인 담론에서의 감성의 역할이라는 합리성의 간과된 측면을 강조하고 있다. 그들은 교육철학에서 이 주제와 관련해서 기존의 연구들이 기여해 온 바를 부정하지 않으면서도, 합리성에 대한 우리의 이해를 확장시키는 데 초점을 맞춘다. 예컨대, 합당성의 덕목을 개발하는 것은 합리성을 장려하는 데 관심을 가진 이들에게는 충분한 교육목표가 되지 못한다. 합리적인 사고라는 특수한 전통 속에서 훈련을 받는 것도 요구된다(버뷸러스도 이에 동의할 것이라고 생각한다.). 대안적인 관점들을 기꺼이 받아들이려고 하는 것, 오류를 인정하는 열린 자세, 인간적인 필요와 목적에 민감한 것, 그리고 이성의 한계를 인식하는 것 등이 두 가지의 과학적 가정 사이에서 하나를 선택할 수 있게 하거나, 도덕적인 문제에서 현명한 판단을 내리게 하거나, 건전한 철학적인 논의를 수행하도록 허용하지는 않을 것이다. 그러므로 버뷸러스의 제안은 합리적인 사고유형을 강조하는 전통을 대신한다기보다는 오히려 보완한다. 그리고 해방적인 합리성을 재건하려는 콜리의 노력들은 버뷸러스와 마찬가지로, 비록 전통을 본질적으로 수정할 권리를 확보하려고 하고 있지만, 자유와 이성 간의 전통적인 결합을 복원시킨다. 다음 절에서 나는 그들의 작업에서 두 가지 사실, 즉 합리성의 사회적 구성에 주목하는 버뷸러스의 입장 그리고 감정과 이성 간의 관계를 강조하는 콜리의 설명에 초점을 맞출 것이다.

이성의 내재성과 초월성

퍼트남(Hilary Putnam)은 "이성은 …… 구체적인 언어 게임과 제도 밖에서는 찾을 수 없다는 점에서 내재적(immanent)인 동시에, 모든 활동과 제도를 비판하는 데 사용하는 규제적 개념이라는 점에서 초월적(transcendent)이다."라고 주장한 적이 있다.[4] 콜리가 재구성하고자 하는, 그리고 자유를 획득하기 위한 수단으로서의 이성을 옹호하는 데 기초로 삼고 있는 하버마스의 의사소통적 합리성 이론에도 이와 유사한 구분이 등장한다. 하버마스에 따르면 다음과 같다.

> 명제나 규준의 타당성을 주장할 때, 그렇게 주장된 타당성은 기존에 성립되어 있는 사회적 실천 방식과 구분되기는 하지만, 기존에 존재하는 사회적 합의의 기초로서 작용하기도 한다. 명제나 규준에 대해서 주장된 타당성은 시간과 공간을 초월한다. 말하자면, 그것은 **시간과 공간을 지워 없앤다.** 그러나 그 주장은 항상 **지금 바로 여기에서** 특정한 맥락 내에서 제기되며, 행위의 실질적인 결과들과 함께 때로는 수용되기도 하고 때로는 거부되기도 하는 그런 것이다.[5]

나처럼 이 주장에 동의하는 사람이 수용 가능하도록 설명하려면, 그 설명은 합리성의 초월성과 내재성을 동시에 인정하는 것이 되지 않으면 안 된다. 그리고 이를 위해서는 어느 한쪽을 강조하기 위해서 다른 쪽을 부정하는 전통적인 철학 방식을 거부하지 않으면 안 된다. 하버마스에 따르면 다음과 같다.

> 플라톤과 데모크리토스 이래, 철학의 역사는 두 가지 상충하는 힘

> 에 의해 지배되어 왔다. 하나는 추상적 이성의 초월적 힘과 지성의 해방적 무조건성을 끊임없이 연마해 온 반면, 다른 하나는 유물론적 관점에서 이성의 가상적인 순수성을 폭로하기 위해 노력해 왔다.[6]

합리성을 재개념화하려는 버뷸러스의 노력은 이성을 "의사소통적 상호작용을 통해 형성된 …… 인간의 발명품"이라고 본 점에 주목하면서, 반면에 이성이 지니는 초월성에 대한 주의는 다소 미흡했다는 점에서 우리의 관심을 끈다. 버뷸러스는 "합당성의 인지적 측면은 …… 거꾸로 이해되어야 한다."라고 주장한다. 이제 우리가 제기해야 할 질문은 더 이상 '진리에 도달할 가능성이 가장 높은 탐구나 논의의 절차는 어떤 것인가' 하는 것이 아니라, '사람들이 자기가 처한 상황의 진실을 이해하고자 할 때, 그들이 시간을 들여 수립한 탐구의 일반적인 패턴은 어떤 것인가' 하는 것이 된다. 진리를 탐색하기 위한 절차와 기준이라는 것이 실제 연구의 맥락 속에서 세월을 거쳐 진화한 합리적 탐구의 전통 속에 붙박여 있다는 점은 사실이다. 그럼에도 불구하고 그 기준들 또한 합리적 비판의 대상이 될 수 있다는 점은 합리성 개념이 이미 존재하는 기준들에 의해서 그 특성이 전적으로 규정되는 것은 결코 아니라는 점을 보여 준다.

이성의 초월적인 면과 내재적인 면은 서로 어떻게 관련되는가? 초월적인 이성은 우리가 어떤 한 명제가 다른 명제를 진리로 믿게 하는 이유를 제공한다고 주장할 때 통상 그것이 의미하는 것에 관한 진리를 표현해 준다. 내재적인 이성은 우리가 실제로 인식을 행하는 상황이 어떤 것인지, 다시 말하면 우리가 행하는 승인과 평가의 실제가 어떤 모습으로 이루어져 있는지를 기술해 준다. 가령, 'R'은 'P'를 믿도록 하는 이유가 된다고 주장할 때, 우리는 이 주장의 진리치를 우리 각자가 지니고 있는 개념 틀에 따라 상대화하지 않으며, 우리의 주장 자체에 그런 식의 상대화가 함의되어 있지도 않다. 그러나 평가나 승인을 행하거나 이유를 제공하는 등의 행위는 항상 그 어떤 특정한 관점에서 이루어지는 것이 사실이다. 맥카시(Thomas McCarthy)의 주장대로, “보편적인 타당성을 지니고 있다는 우리의 주장은 그 자체가 이미 역사적인 상황을 배경으로 하고 있으며 그 점에서 반증 가능한 주장이다.”[7]

이성의 내재성을 부정하는 사람들은 이성의 초월성 속에 담겨 있는 언어적 측면을, 모든 현존하는 합리성 전통을 평가하는 일에 동원될 수 있는 시공을 초월한 합리성의 규준이 존재함을 입증함으로써 받아들인다. 그들의 생각은 바로 퍼트남이 “전형적인 철학적 환상들”이라고 명명한 것에 해당한다(퍼트남은 그 환상들의 예로 실증주의자들의 이상적인 언어에 대한 추구, 귀납 논리, 유의미성에 대한 경험론자들의 기준 등을 들고 있다.).[8] 한편, 이성의 초월성을 부정하는 사람들은 이성을 인간에 의해 만들어지고 진화해 나가는 합리성의 다양한 전통과 동일시함으로써 ‘귀화(歸化, naturalize)’시키고자 한다. 결과적으로 그들은 인식론과 사회학 간의 구분을 인정하지 않는 셈이다. 예를 들어, 일부 비판가들은 오늘날의 전통들 속에 성차별적 혹은 인종차별적 생각이 표현되어 있는 점을 보임으로써 이성 자체의 지위를 약화시켰다고 생각한다. 그러나 이성 자체에 대한 도전인 것처럼 보이는 것도 자세히 살펴보면 어느 하나의 지적 전통 속에 구체화되어 있는 특정한 이성 개념에 대한 공격인 경우가 빈번하다. 그것들은 대개 ‘이성에 덧입혀진 가상의 순수성을 유물론적인 관점에서 폭로하는’ 시도다. 기존의 전통에 대한 비판으로 이해한다면, 그리고(콜리의 용어를 빌리자면) “이성의 이름으로 이성을 비판”하는 일로 이해한다면, 그것은 대단히 유용하다. 그러나 이 비판이 진리라는 것은 수사(修辭)에 불과하고 이성은 힘의 논리에 불과하다고 하여 이성을 거부한다면, 그들은 초월적 이성의 규제적 측면이 지닌 일체의 역할을 부인하는 것이 된다.

이성은 인류가 특수한 역사적 · 문화적 상황 속에서 자신의 세계를 이해하고자 하고 그 속에서 어떻게 삶을 살아갈지를 결정하는 과정에서 형성된

무수한 탐구의 전통 속에 내재한다. 합리성에 대한 철학이론들은 때때로 과학철학에서 볼 수 있는 것처럼, 특정한 전통의 이성을 비판하거나 혹은 합리적으로 재구성하려는 시도라고 할 수 있다. 다른 한편으로는 초월적인 개념으로서의 이성을 분석함으로써 그것이 지닌 '규제적인 이념'으로서의 기능을 이해하고자 하는 이론들도 있다.

규제적인 이념으로서의 이성이 지니는 일반적인 성격을 설명하기 위한 일환으로 내가 공감하고 있는 생각, 곧 합리성은 '목적론적 개념'이라는 드 소사(Ronald de Sausa)의 생각—버뷸러스는 이 생각을 수용하지 않는다—을 언급하고자 한다.[9] 목적론적인 관점에 따르면, 목적이 어떤 방식으로 규정되든지에 상관없이, 합리적 신념은 진리를 겨냥하고, 합리적 행위는 성공을 지향하며, 합리적 욕망은 좋은 것을 추구한다.[10] 버뷸러스는 우리가 "진리를 향해 가는 것이 아니라, 오류에서 멀어져 가고 있는" 쪽을 선호하는 듯하다. 그러나 진리를 추구하는 규제적 이념으로서의 합리성은 우리에게 일종의 총괄적인 목표점을 떠올리게 한다. 합리적 판단의 개념에는 특정한 방식으로 신념을 형성하거나 행위할 바 혹은 추구할 바를 결정하는 것이 다른 방식을 동원하는 것보다 성공에 이를 확률이 높다는 생각을 붙박는다. 그러나 여기서 그들 판단의 양태와 그것들이 제공한 이유들은 단지 목적을 성취하는 도구로서가 아니라 여러 신념과 행위 중에 특정의 것을 권장하는 근거로 간주되어야 한다. 다시 말하면, 합리성은 규범적인 개념인 것이다.[11] 만약 잘 설계된 실험이 그 어떤 과학적 가설의 진리치를 사정(査定)하는 데 동전 던지기보다 나을 것이 없다고 한다면, 그것은 결코 과학적 합리성의 전통을 구성하는 일부가 될 수 없을 것이다.

따라서 목적론적 분석에 따르면, 규제적 이념으로서의 합리성을 포기하는 것은 진리, 전략적 행위를 통한 성공, 좋은 삶 등과 같은 합리성의 목표를 거부하거나, 혹은 그 어떤 형태의 판단도(그 어떤 이성의 전통도) 이러한 목표에 도달하는 보다 나은 길을 제공하지 못할 것이라는 극단적인 회의론에 빠진다는 것을 의미한다. 아마도 이와 같은 노선을 택한 비판가들도 있었을 것이다. 보다 흔히 볼 수 있는 비판은 이성을 초월적인 것으로 보는 특정한 철학적 설명에 대한 비판이거나, 혹은 신념이나 욕망, 행위에 있어서 합리성을 성취하는 특정한 전통, 즉 오늘날 특히 실증주의에 뿌리를 둔 설명 방식들에 대한 비판이다.

합리성을 이 정도로 간단히 설명해서는 충분치 않다. 합리적 사고의 실질적 전통이 지닌 특성이나 그것이 이룬 성공에 대한 것 등과 같은 합리성에 대한 소박한 목적론적 분석으로부터 우리가 얻을 수 있는 것은 아무것도 없다. 이성이 내재성을 지닌다는 관점은 이성을 초월적인 것으로 보는 설명이 합리적 판단의 기준을 제시해 주지 않는다는 점을 보여 준다. 나아가, 목적론적 분석은 이성을 실질적으로 제도화하고 실천하는 것(즉, 이성의 내재성의 측면)에 관련된 다음과 같은 경험적 결론들과 충분히 양립할 수 있는 것으로 이해되어야 한다. (1) 사고와 행위의 합리성은 성공을 위해 필요한 것도 충분한 것도 아니다. 비합리적인 신념이 진리일 수 있고, 합리적인 신념이 오류일 수 있다. 비합리적인 행위를 통해서 목표를 성취할 수 있으며 반대로 합리적인 행위를 통해서는 실패할 수 있다. 합리적인 형태의 사고라고 해서, 올바르게 따르기만 한다면 결론에 정확하게 도달하게 되는 그런 단계적인 절차를 따르는 사고일 필요는 없다. 합리성의 개념이 요구하는 것은 원하는 결과를 얻는 데 다른 형태의 사고보다 나은 형태의 사고가 있다는 점이다. (2) 합리적 판단의 형태들은 반드시 명시적인 규칙으로 형식화할 수 있는 것은 아니다. 오히려 합리성은 명백히 제시되지 않은 채로 가르치고 배우는, 즉 암묵적인 지식을 필요로 할 수도 있다. (3) 합리적 판단이 항상 유일한 최고의 해답—세계에 대한 유일한 설명, 삶에 대한 유일한 안내—을 제시하는 것은 아니다. 동일한 상황에서 그와 다른 신념과 행위도 합리적일 수 있다. 합리성은 우리로 하여금 '다원주의를 단념할 것'을 요구하지 않는다.[12] (4) 최근 흔히 들을 수 있는 것처럼, 합리적 사고의 실천은 '사람이 만든 건축물'이다. 그렇다고 해서 그러한 인공물에 그 어떤 제약도 없는 것은 아니다. 마음이 더 이상 세계를 거울처럼 반영하지 않는다고 해서 아무것도 없는 곳에서 전적으로 그것을 만들어 낸다고 볼 필요는 없다. 우리가 지닌 합리성의 전통은 우리의 이해와 선택을 반영하지만, 그중 어떤 것은 다른 것에 비해 우리가 추구하는 바를 달성하는 데 틀림없이 더 좋은 것이다. (5) 우리가 추구하는 '목적'은 우리의 합리성 전통과 완전히 별도로 성립된 것이 아니라는 점, 따라서 성공을 재는 전적으로 외적인 척도는 아니라는 점을 인정해야 한다. 합리성의 방법과 기준과 목표는 함께 발달한다. 서로가 서로에게 토대가 된다는 점에서 각각은 결코 다른 것과 전적으로 분리되어 있지 않다. 그러나 과학에서부터 윤리학에 이르기까지 '아무래도 좋다.'는 식의 결론은 결코 허용되지 않는다. 상대주의는 정초주의의 실패로부터 오는 필연적인 결과가 아니다.[13]

이성의 내재성과 초월성을 구분하는 것은 합리성 개념을 교육적 목적으로 이해하는 것과 관련하여 어떤 의미가 있는가? 나는 앞에서, 목적론적 분석에 따라서 해석된 규제적 이념으로서의 합리성은 우리에게 일종의 총괄적인 목표점을 떠올리게 한다고 말한 바 있다. 다양한 영역에서 합리성의 목적에 헌신하는 것은 바로 합리성을 구성하는 부분이다. 합리적 사고에 관한 현재의 전통, 심지어 의사소통적인 덕목까지도 그것이 향하고 있는 목표점을 함께 가르치지 않는다면, 또한 진리를 추구하고 도덕적으로 선한 삶을 살고 효율적인 행위의 주체가 되기 위한 열정을 길러 주는 일을 소홀히 한다면, 이는 합리성의 목적을 배제한 채 가르치는 것이 될 것이다.

이성과 감성

한 친구가 대화 도중 나에게 "너는 내가 아는 사람 중에 가장 합리적인 사람이야."라고 말한 적이 있다. 그것은 칭찬이 아니었다. 처음부터 그의 생각을 알았던 것은 아니지만, 그 당시 그가 나에게 원했던 것은 그가 처한 상황에 대한 합리적인 평가가 아니라 감성적인 지지라는 것을 나는 알아차렸다. 그는 세상이 불공평하다는 것과 자기가 부당한 대접을 받아 왔다는 것, 그리고 내가 자기를 지지하고 있다는 것을 내가 인정하기를 원했다. 합리적인 반응을 보이는 것에 대해 서두를 필요가 없었다. 이 일화는 콜리가 생각하는 감성과 이성의 관계를 보여 준다. 나는 그녀가 합리성의 정의적 차원에 관심을 두는 것은 옳다고 생각한다. 그러나 내가 우려하는 것은 좀 더 명석한 사고를 계속해 나가기 위해 감정을 분출하거나 발산한다는 그녀의 설명이 이성과 감성을 구분하는 의심스러운 이분법—콜리와 버뷸러스 둘 다 극복하고자 하는 그 이분법—을 강화하는 것으로 이해될 수도 있다는 점이다. 나라면, 이러한 견해 대신에 감성이 할 수 있는 좀 더 인지적인 역할, 즉 감성이 지식의 잠재적 원천 중 하나로 여겨지고 그래서 합리적 과정의 부분으로 이해되는 역할을 제안할 것이다. 감성은 합리적 행위를 결심하는 데 작용한다. 재거와 마찬가지로, 나는 "감성은 아마 지식의 구조화에 방해가 되기보다는 도움이 되거나 더 나아가 필수적이다."[14]라고 생각한다. 그러나 감성은 철학적으로나 과학적으로나 이해하기 복잡하고 난해하다. 다음은 그 몇 가지 가능성을 대강 묘사한 것이다.

감성과 합리성 간의 관계는 적어도 두 가지로 볼 수 있다. 첫째, 감성 자체를 합리적인 것이거나 비합리적인 것으로 판단할 수 있다. 예컨대, 공포는 환경에 대한 적절한 반응일 수도 있고 부적절한 반응일 수도 있다. 감성 교육이 교육목적으로 채택될 때, 때로 이러한 평가적 요소가 강조된다. 이보다 더 복잡하고 논란의 여지가 많은 문제는 전체로서의 합리성(만일 그러한 것이 있다면)에서 감성이 맡고 있는 인지적 역할, 즉 행위하는 방식에 관한 신념과 판단을 형성하는 데 감성이 차지하는 위치에 관한 것이다. 항상 그랬던 것은 아니지만, 전통적으로 감성은 진리를 추구함에 있어서 억제되거나 극복될 필요가 있는 그릇된 영향력으로 간주되어 왔다. 그러나 철학과 신경생리학 분야의 최근 연구는 감성의 긍정적인 역할을 시사하고 있다.

신경생리학자인 한나 다마시오(Hanna Damasio)와 안토니오 다마시오(Antonio Damasio)는 뇌졸중이나 종양, 사고 등으로 인해 전두엽의 특정 부위에 지속적인 상처를 입은 사람은 개인적 혹은 사회적 의사결정을 하거나 감정을 적절히 드러내는 데 어려움을 겪는다고 보고하였다.[15] 그들이 연구한 사례를 보면, 환자들의 삶은 상처를 입은 후에 급격하게 악화되었다. 한때는 지역사회의 책임 있는 구성원이었지만, 이제 더 이상 신뢰받지 못했고, 직업을 유지하기 어려웠으며, 사회적 관습을 존중하지 않았다. 그러나 실험 결과는 아무런 지적 혹은 신경심리학적 결함도 보여 주지 않았다. 환자들이 "추상적 문제의 논리와 씨름하고 계산을 수행하고 적절한 지식을 상기해 내어 그것에 주목하는 능력은 그대로 남아 있었다."[16]

다마시오와 다마시오는 한 가지 실험을 고안했다. 통제 집단과 함께, 5명의 환자에게 폭력적인 장면과 나체 사진이 포함된 슬라이드를 중립적인 장면들과 함께 보여 주었다. 그다음 맥박 수나 혈압과 같은 환자들의 신체적 반응을 기록했다. 이러한 반응은 자율신경계에 의해 조절되는 것으로서 보통 의식적으로 조절되지 않는다. 다시 말하면, 그러한 반응은 감성 상태와 관련이 있다고 가정할 수 있다. 수동적인 상태에서 슬라이드를 보여 주었을 때, 5명의 환자는 통제집단과 달리 나체나 폭력적인 사진에 아무런 신체 반응을 보이지 않았다.[17]

다마시오와 다마시오는 환자들의 대뇌 손상 부위가 정서적 기억을 저장하는 대뇌의 다른 부위와 연관되어 있으며, 그 부위에 상처를 입은 사람은 감성 반응에 대한 암시적 자각을 상실하여 이것이 사회적 · 도덕적 결정 능력을 손상시킨다고 가정한다. 그들은 "감성과 그것의 근저에 있는 신경조직이 사회영역에서의 의사결정에 관여한다."[18]라고 생각한다.

이는 검증된 자료는 아니지만, 감성적인 자각이 실제적인 판단 작용에서 중요한 역할을 할 수도 있음을 암시한다. 정확히 어떤 역할인지 분명하지는 않다. 감성을 지각처럼 앎의 원천으로 간주해야 하는가? 혹은 그것은 앎에서 다른 기능을 하는 것일까? 다마시오와 다마시오의 실험은 특정한 상황에서 발생한 감정은 즐거움과 고통 모두를 포함한 과거 경험의 기억과 결부되어 있다는 점을 시사한다. 따라서 감성은 미래의 결과에 대한 경고 혹은 예견으로 기능하면서 의사결정 과정을 안내하기도 한다.[19] 감성적 지각에 대한 더 복잡한 생각은 셔만(Nancy Sherman)의 다음 글에 나타나 있다.

> 사물을 올바로 보기 위해 냉철함을 유지하려 하기도 하지만, 종종 우리는 감성 때문에 그리고 감성을 통해서 사물을 보기도 한다. 예컨대, 분노의 느낌은 정당하지 못한 모욕에 시달리는 사람들에게 예민해지게 한다. 마찬가지로 연민이나 동정심은 갑작스럽고 불행한 고통에 눈을 뜨게 한다. 따라서 우리는 차별이 어떤 감성적 성향을 가짐으로써 나타나는 하나의 결과라는 사실을 적절하게 이해할 수 있게 된다. 우리는 차갑고 초연한 지성에 의해 어떤 것이 무시될 수도 있음을 감정을 통해 주목하게 된다. 요컨대, 감성에 사로잡히지 않고 냉정하게 사태를 바라본다는 것은 때로 적합한 것을 놓칠 위험을 안고 있다.[20]

이러한 생각은 감성이 그 주체로 하여금 환경의 특정한 측면에 주목하도록 해 주면서, 결국 어떤 방향으로 사고를 자극한다는 드소사의 관점과 크게 다르지 않다. 그의 관점에 따르면, 감성은 그 자체로 행위에 대한 이유를 제시하지는 않지만, "과학적인 패러다임처럼 이유의 원천이 된다."[21]는 것이다. 이는 다마시오와 다마시오가 기술한 사람들의 행동을 설명하는 한 가지 방식일 수 있다. 자신들의 감성 상태에 대한 암묵적인 자각이 결여되어 있기 때문에, 그들은 정상적인 사람들이라면 주목할 수도 있는 그런 상황의 특질에 주목하지 않는 것이다.

물론, 감성이 합리적인 결정을 하는 데 얼마나 도움이 되는가 하는 것은 그것이 그 주체가 처한 상황에 얼마나 적절한가에 달려 있을 것이다. 어떤 개인이 경험하는 감성, 그리고 그러한 감성을 불러일으키는 맥락은 어떠한 '신경장치(neural machinery)'가 개입하더라도 적어도 부분적으로나마 문화적인 맥락에 의해 결정된다. 예컨대, 수치심을 느끼려면 일단 간주관적인 의미와 사회적 실천이 요구된다. 그렇지 않으면, 그러한 감성을 경험하는 것은 상상할 수조차 없다. 공포 그리고 그와 결부되어 있는 신체적인 반응은 아마도 우리의 진화론적 과거에 더 깊이 뿌리박고 있을지도 모른다. 그러나 그 의미, 즉 공포를 불러일으킨 대상과 그에 대한 적절한 표현은 한결같이 문화와 관련이 있다. 재거가 말한 바와 같이, "우리가 사회의 표준과 가치를 흡수하는 것은 바로 감성의 언어를 배우는 과정에서다. 또한 그러한 표준과 가치는 우리의 감성적 구성의 기초가 된다."[22] 따라서 적합하지 않은 감성적인 반응은 개인이 자신의 상황을 잘못 읽은 결과이거나, 아니면 습관적인 감성 반응을 형성해 온 사회적 편견의 결과일 수도 있다. 다마시오와 다마시오의 연구는 감성이 실제적인 판단에서 중요한 역할을 한다는 점을 시사한다. 그러나 감성이 우리로 하여금 더욱 효과적으로 활동하도록 도와주는지 혹은 건전한 도덕적 판단을 하도록 도와주는지 여부는 손상되지 않은 뇌 그 이상에 의존한다. 뿐만 아니라 우리의 감성이 최선의 판단에 부합하지 않을 때, 우리 자신을 재교육하도록 하는 특징적인 반응과 노력에 대한 비판적인 성찰을 필요로 한다. 그리고 당연한 말이겠지만, 우리는 반항하는 감성을 통해 인간이 지닌 가능성을 토대로 하는 우리의 이론이 잘못되었음을 알 수도 있다는 점에도 주목해야 한다. 감성은 불변하는 생물학적 반응도 아니며, 무한히 변하는 사회적 구성물도 더욱 아닐 것이다.

지금까지의 논의에 따르면, 합리성은 우리의 감성을 인정하고 이것을 실제적 판단에 긍정적으로 관여시키며 사회적으로 조건화된 습관적 반응으로서의 감성을 비판적으로 분석하는 일을 요구한다. 이것은 감성교육을 위한 일단의 복합적인 교육목적을 우리에게 제시한다. 첫째, 셔만의 표현처럼 "감성을 구성하는 지각"을 발전시킬 때 어른들은 아이들의 감정적 반응을 형성시킨다. 셔만은 아리스토텔레스적 정신에 입각한 교육을 설명하면서, "부모가 해야 할 일 중의 하나는 지금 여기서 그 어떤 감성을 적절하게 하는 특별한 상황을 아이들이 볼 수 있도록 하는 것"이라고 말한다. 예를 들어, 부모는 "자신을 화나게 하는 것이 고의적인 공격이나 원인 때문이라고 믿는 아이들로 하여금 그것은 실제로는 단지 사고(事故)로 인한 것이었음"을 볼 수 있도록 한다.[23] 둘째, 상황에 대한 우리의 습관적인 감성적 지각을 재평가해야 할 때가 종종 있을 수 있다. 예를 들어, 한때 관습적으로 '해로울 것 없는 치근거림'으로 받아들여지던 것이 이제는 '성희롱'으로 이해될 수 있다. 어떤 감성이 그 맥락에 적절한가에 대한 의미가 바뀐 것이다. 여기서 우리는 감성이 비판적 평가에서 그 어떤 역할을 한다는 것, 그리고 이것이 새로운 지적 평가에 단지 수동적으로 적응하도록 요구되기만 하는 것은 아니라는 것을 알 수 있다. 재거는 자신이 '금지된 감성(outlaw emotions)'이라고 부르는 것, 즉 관습적으로 수용될 수 없는 감성—가령, 복지수당에 대해 감사하는 마음보다는 오히려 분노감이 생길 때처럼—은 종속적 지위에 있는 개인에 의해 경험되고 비판적 하위문화의 근간이 될 때 사회비판의 기초를 형성할 수 있다고 주장한다.[24] 셔만은 아이의 순진한 감성적 반응은 그것을 억압해 왔고 지나치게 주지적으로 이해해 온 어른에게 가르쳐 줄 수 있는 것이 많다고 말한다.[25] 마지막으로, 감성은 종종 새로운 정보에 쉽게 굴복하는 한편, 이미 습득되어 우리 안에 습관적으로 깊이 뿌리내린 감성적 반응은 우리의 변화된 판단을 따라가지 못한다. 우리는 자신의 신념과 모순되는 인종주의적이고 성차별주의적인 감성을 우리 안에서 경험한다. 그러한 상황에서 우리 자신을 어떻게 변화시킬 것인가는 우리 모두가 당면한 교육적 과제다.

결론

이 책에서 소개되고 있는 이성에 대한 논의의 긍정적 귀결이 있다면 그것은 합리성 개념을 교육의 목적으로서 더욱 풍요롭고 복합적인 형태로 재해석해 내었다는 점이다. 나의 은사 중에 한 분이 언젠가 강의 시간에 우리에게 물었다. 만약 우리가 바라는 것이 무엇이든지 이루어질 수 있다고 했을 때 우리는 항상 합리적으로 되는 것을 원하고 선택할 것인가? 단지 몇 사람만이 그렇다고 대답했다. 그 제안을 거절한 이들은 자신에 대한 합리적 통제와 무감정으로 유명한 TV 드라마 〈Star Trek〉의 등장인물인 미스터 스팍처럼 되기를 원하는 것인지에 대한 질문으로 이를 받아들일 수 있다. 합리적 삶을 매력적으로 묘사하는 것이 어렵다는 것은 훌륭한 인물을 매력적으로 만들려는 소설가들에게는 아마도 이미 알려진 일반적인 문제일 것이다. 어떤 이유에서인지는 모르지만 비합리성과 악이 우리에게 더 흥미롭게 보인다. 그러나 이것은 또한 우리의 이론에 문제가 있다는 것을 보여 준다고 생각한다. 버뷸러스는 자신이 기술하는 덕목이 단순히 "중산층이 받아들이는 정중한 행위의 개념"으로 받아들여지지 않을까 걱정한다. 그리고 콜리는 모든 이들이 스스로를 우호적인 대화의 참여자로 생각할 수 있는 것은 아니라고 지적한다. 번스타인이 말하듯이 "소통을 위해, 즉 호혜적인 '우리'를 확립하기 위해 때로 요구되는 것은 불화 혹은 결렬, 즉 '타자'가 제시한 공동의 장을 수용하는 것을 거절하는 것"이다.[26] 교육의 목적은 학생들에게 강제적인 의미가 있어야 한다. 그것은 학생들이 실천 가능성을 스스로 볼 수 있는 매력적인 형태의 삶을 대변할 필요가 있다.

개방성과 열정적인 헌신, 지성과 더불어 감성, 합의뿐 아니라 불화, 그리고 합리적 대화의 조건이자 결과로서의 사회정의를 위한 여지를 남겨 두는 합리성 개념을 제시할 수 있을 때, 비로소 많은 학생들이 우리의 제안을 수용하게 될 것이다.

후 주

1. Richard Bernstein, "The Rage Against Reason," in Ernan McMullin, ed., *Construction and Constraint: The Shaping of Scientific Rationality* (Notre Dame: University of Notre Dame Press, 1988), pp. 189-221.
2. Hilary Putnam, *The Many Faces of Realism* (LaSalle, IL: OpenCourt, 1987), p. 8.
3. Jürgen Habermas, *The Philosophical Discourse of Modernity* (Cambridge, MA: MIT Press, 1987), p. 324.
4. Hilary Putnam, "Why Reason Can't be Naturalized," *Synthese* 52 (1982), 8.
5. Habermas, pp. 322-3. 또 Jürgen Habermas, *Postmetaphysical Thinking* (Cambridge, MA: MIT Press, 1992), p. 139를 보라.
6. Habermas, *The Philosophical Discourse of Modernity*, p. 324.
7. Thomas McCarthy, "Scientific Rationality and the 'Strong Program' in the Sociology of Knowledge," in McMullin, *Construction and Constraint*, p. 82.
8. Putnam, "Why Reason Can't be Naturalized," p. 8.
9. Ronald de Sausa, *The Rationality of Emotion* (Cambridge, MA: MIT Press, 1987), p. 163.
10. 평가가 행해지는 관점에 따라 강한 의미의 합리성과 약한 의미의 합리성이 있을 수 있다. 이를테면, 최소한의 의미에서, 행위는 행위주체의 신념이나 욕망에 의해 설명될 수 있을 때 합리성을 지니게 된다. 진실된 마음에서 행해진 것이라면 어떤 행위이건 이런 의미에서 합리적인 행위가 될 수 있다. 그러나 동일한 행위가 보다 포괄적인 맥락에서 보았을 때에는 정당화

되지 않은 신념이나 부적절한 욕망을 토대로 이루어졌을 수도 있으며 이때 그 행위는 합리적이지 않게 된다. 합리성을 교육적인 이념으로 고려할 때 우리는 최소한의 합리성 그 이상을 목표로 한다. Richard Foley, "Some Different Conceptions of Rationality," in McMullin, *Construction and Constraint*, pp.123-52를 보라.

11. Roderick Firth, "Epistemic Merit, Intrinsic and Instrumental," in *Proceedings and Addresses of the American Philosophical Society* 55 (1981), 5-23을 보라. 또 J. David Velleman, *Practical Reflection* (Princeton: Princeton University Press, 1989), 특히 제7장을 보라.

12. Putnam, *The Many Faces of Realism*, p. 77.

13. 나는 이 관점을 Emily Robertson, "Reason and Education," in Margaret Buchmann and Robert E. Floden, eds., *Philosophy of Education 1991* (Normal, IL: Philosophy of Education Society, 1992), pp. 168-80에서 지지한 바 있다.

14. Allison M. Jagger, "Love and Knowledge: Emotion in Feminist Epistemology," in Elizabeth D. Harvey and Kathleen Okruhlik, eds., *Women and Reason* (Ann Arbor: University of Michigan Press, 1992), p. 117.

15. Hanna Damasio, Thomas Grabowski, Randall Frank, Albert M. Galaburda, Antonio R. Damasio, "The Return of Phineas Gage: Clues About the Brain from the Skull of a Famous Patient," *Science* 264 (1994), 1102-1105. 또 Sandra Blakeslee, "Old Accident Points to Brain's Moral Center," *The New York Times*, May 24, 1994, pp. C1, C14와 Sandra Blakeslee, "The Brain May 'See' What Eyes Cannot," *The New York Times*, Jan. 15, 1991, pp. C1과 C8을 보라.

16. Damasio et al., p. 1104.

17. Blakeslee (1991), p. C8.

18. Damasio et al., p. 1104.

19. Blakeslee (1991), p. C8.

20. Nancy Sherman, *The Fabric of Character: Aristotle's Theory of Virtue* (Oxford: Clarendon Press, 1989), p. 45.

21. de Sousa, p. 198.

22. Jaggar, p. 130.

23. Sherman, p. 171.

24. Jaggar, p. 131.

25. Sherman, p. 173.

26. Bernstein, "The Rage Against Reason," in McMullin, *Construction and Constraint*, p. 216.

제4부

도덕적 삶을 위한 교육

도 입

_11 포스트모더니즘, 윤리성 그리고 도덕교육

_12 배려와 도덕교육

_13 도덕교육 영역의 확장

도 입

도덕교육이라는 주제는 교육철학자들의 대표적인 관심 중의 하나다. 도덕교육에 대한 교육철학자들의 관심은 대체로 다음 두 가지로 나뉘어 온 것처럼 보인다. 한 가지는 교육이라는 활동 자체의 한 가지 속성으로서 '도덕적 차원'을 명료화하는 작업과 관련된 논의다. 이것은 교육의 일반적 원리로서 도덕성을 탐구하는 것으로, 교육자가 교육을 할 때 학생들의 자발성, 인격성을 존중해야 한다든가, 합리적이고 민주적 절차를 따라야만 한다든가 하는 '좋은 교육'의 윤리적 차원을 드러내는 것이다. 다른 한 가지는 교육의 일반적인 목적—예를 들면, '지덕체의 전인적 함양'—의 일부로서 '도덕적 인간'의 육성과 관련하여 그것의 구체적 의미와 교육 방법에 대하여 논의하는 것이다. 이때 도덕교육은 지식교육이나 정서 및 신체 교육과 대별되는 독립된 교육 영역 중 하나로 취급될 수도 있다. 그러나 전통적인 교육관에 따라 우리나라의 많은 교육철학자들은 도덕교육을 지식교육이나 정서 및 신체 교육 모두에 기본적으로 전제되어 있거나 각 영역을 전체로 통합하는 교육의 핵심 요소로 논의하는 경향이 있다.

그리하여 도덕교육에 대하여 '교육철학자'들이 논의할 때는 다음 두 가지를 암묵적으로 전제하는 것처럼 보인다. 하나는 '도덕교과'를 통한 교육을 도덕교육의 전부로 보지 않는다는 것이다. 도덕성은 도덕교과를 통해서 발달되기보다는 이른바 잠재적 교육과정이라고 불리는 학교의 일상 경험 속에서 더 직접적으로 영향을 받거나 그 발달이 방해받을 수도 있기 때문이다. 다른 하나는 '특정 도덕적 규범'의 내면화와 실천을 도덕교육의 전부로 생각하지 않는다는 것이다. 이것은 특정 도덕적 규범의 습득을 강조하는 우리나라 도덕교과의 교육 목표나 내용을 문제 삼는 것이라기보다는 교육철학자들이 취하는 도덕교육에 대한 접근이나 관심이 좀 더 포괄적이고 다원적이며 전인지향적이라는 것을 함의한다.

최근 서양의 도덕교육에 대한 교육철학적 논의는 그 이전까지 지배적이었던 근대적 합리성에 기초한 도덕적 추론 능력 중심의 인지적 도덕교육 접근—정의(justice)의 관점이라고 불림—을 서양사회에 팽배한 권리 중심의 원자적 개인주의의 원천으로 맹렬히 비판한다. 이러한 비판은 1980년대 이후 등장한 공동체주의자들의 덕윤리와 여성주의자들의 배려윤리에 의해 주도되었다. 공동체주의 담론은 상이한 문화들에 의해 공유되는 전통적인 규범이나 덕스러운 품성의 습득을 강조하는 인격교육(character education) 운동으로 발전하였고, 배려윤리는 여성적 도덕성의 두드러진 특징인 관계 중심의 돌봄윤리를 강조하는 도덕교육 접근으로 주목을 받았다. 이러한 흐름은 지배적이고 단일화된 합리주의적 도덕교육 담론의 언어를 다양화하는 데 기여하였다. 도덕적 언어의 다양화는 절대적 도덕규범이나 도덕적 준거에 대한 불신에서 출발하기 때문에, 그 결과 도덕적 상대주의를 낳게 되며, 그동안 당연하게 받아들여 왔던 '도덕성'이란 개념에 대하여 의문을 제기하도록 한다. '도덕성'의 개념에 대한 이러한 근본적인 문제 제기는 관습적인 도덕적 규범의 의미에 대한 새로운 인식을 가능하게 하고, 이러한 인식을 기초로 보다 반성적 형태의 도덕교육의 가능성을 연다.

서양 도덕교육 담론의 이러한 흐름은 한국사회의 도덕교육 담론에도 그대로 영향을 미쳤다. 그러나 한국사회에서 서양의 덕윤리 및 배려윤리 담론을 수용할 때에는 조심스러운 경계와 조정 작업이 필요하다. 왜냐하면 합리주의적 사고의 과잉이 문제가 된 서양 사회와는 달리, 우리 사회는 아직 합리주의적 도덕성이 사회적 규범으로 정착되었다고 보기 어렵기 때문이다. 즉, 우리 사회에 합리주의적 도덕성이 충분히 성숙되기도 전에 공동체주의의 덕윤리를 받아들이면 여전히 지속되고 있는 전근대적인 규범주의 도덕교육 관행을 미화할 우려가 있다. 관계 중심의 배려윤리 또한 성급하게 수용할 경우 우리나라의 고질적인 사회문제인 연고주의의 극복을 지체시키는 결과를 초래할 수 있다. 그러므로 서양의 어떤 새로운 도덕교육 이론을 받아들일 때에는 그 이론의 등장 배경과 과정, 실제 적용의 맥락을 잘 살펴 그것이 우리 사회의 맥락에 적용될 때는 어떻게 재조정되고 재음미되어야 하는지 비판적으로 검토할 필요가 있다.

다음에 소개되는 영미권 교육철학자들에 의한 세 편의 논문은 이러한 우리의 비판적 검토와 지적 훈련에 중요한 제재를 제공할 것이다. 이 글들은 무엇보다도 도덕교육에 대한 교육철학자들의 관심이 지니는 포괄성과 전인지향성이 잘 반영된 글이다. 그리고 반정초주의(anti-foundationalism)로 특징지어지는 포스트모더니즘 시대에, 보편적 가치를 전제하는 도덕성을 개발하기 위한 교육적 접근의 의미와 그것의 다양한 양태, 그리고 그 실제적 가능성을 핵심적으로 논의하고 있다. 세 학자들은 모두 온건한 포스트모더니스트로 보인다. 기질상 포스트모더니즘 노선에 서 있지만 교육적 · 도덕적 가치에 대한 신념과 그 가치의 실제적 내용은 모더니스트들의 그것과 별반 다르지 않다. 이런 의미에서 이들은 자신이 포스트모더니스트로 불리든 모더니스트로 불리든 별로 중요하게 생각하지 않는 것 같다. 분명 도덕교육에 대한 이들의 개인적 입장이나 관심에는 차이가 있다. 그럼에도 불구하고 도덕교육을 통해 이들이 지향하는 관심이나 가치는 동일하거나 합의가 가능한 성격의 문제로 보인다. 그것은 바로 '도덕적 인간' 그리고 '도덕적 사회'를 만들기 위해 어떤 교육을 어떻게 해야 할 것인가에 관한 문제다. 이제 이들의 글을 각각 살펴보며 도덕교육에 대한 이들 접근이 지니는 구체적 관심과 입장의 차이, 그리고 이것이 도덕교육 담론에 공헌하는 바를 정리해 보자.

먼저 벡(Clive Beck) 교수는 도덕성에 대한 포스트모더니즘의 관점, 즉 반정초주의적 관점에 기본적으로 동의하면서도 포스트모더니즘 도덕성을 모더니즘의 관점에서 수정하고 보충하며 '정당화'하는 작업에 공헌하고자 한다. 그리하여 도덕적 가치가 문화적으로 결정된다는 강한 포스트모더니즘 주장을 조금 완화하려고 시도하는 한편, 역사의 지속성보다는 가변성, 인간 경험의 일반성보다는 지역성을 강조하는 포스트모더니즘, 그리고 모든 '이론'을 본질주의의 한 양태로 규정하고 거부하는 강한 포스트모더니즘을 비판한다. 그리고 포스트모더니즘 문화의 대표적 특징인 다원주의, 반권위주의 및 연대에 대한 이념들을 조심스럽지만 냉철하게 검토하며 이 이념들이 가진 개념적 함정을 우리가 볼 수 있도록 도와준다. 벡 교수의 글이 우리에게 특별히 유용한 것은 가치문제에서 우리가 왜 공통성보다는 차이성을 존중해야 하는지, 절대적 성격의 도덕적 가치를 교육할 때 왜 개방된 마음을 강조해야 하는지 등 포스트모더니즘의 기본적 명제에 대하여 보다 근본적인 질문을 제기함으로써 애당초 포스트모더니즘을 등장케 한 우리의 도덕적 포부나 열망을 드러내어 보여 준다. 그리고 포스트모더니즘의 접근을 학교현장에 적용할 수 있는 구체적 방식이나 교수 방법적 함의에 대하여 생생하게 묘사함으로써, 학교현장에의 실제 적용 가능성에 현실감을 부여할 뿐 아니라 현장에서 발휘되어야 할 교사교육자나 도덕교사의 도덕적 상상력의 중요성을 깨닫게 한다. 벡 교수에 따르면, 도덕교육은 이미 주어진 도덕적 규범을 전수하는 일이라기보다는 아이들로 하여금 도덕성을 창조하는 행위에 참여하도록 하는 것이다.

한편, 배려윤리로 세계적 명성을 얻은 나딩스(Nel Noddings) 교수의 글은 일차적으로 배려윤리를 실용주의적 자연주의(pragmatic naturalism)에 기대어 그것의 보편적 성격을 호소하고 정당화하는 작업에 초점이 맞추어져 있고, 이어서 이것이 도덕교육의 실제적 장면에서 어떻게 작동하여 어떤 방식으로 그 효용성을 갖는지 보이고자 한다. 나딩스 교수는 시범(modeling), 대화, 실천 그리고 타인에 대한 긍정을 도덕교육의 핵심 요소로 지적하는데, 이러한 요소들을 통한 배려적 접근이 이념과 관점에 근본적인 차이가 있는 이들을 위한 도덕교육에서 논리적이고 합리적인 대화나 비판적 사고의 역할이 지니는 한계를 잘 보여 준다는 점이 인상적이다. 나딩스 교수의 논의에서 특히 역자의 관심을 끄는 부분은 배려윤리 접근이 공동체주의자들에 의해 촉발된 인격교육 운동과 어떻게 다른지 그 차별성을 부각시키는 부분이다. 이 부분에서 나딩스 교수는 공동체주의적 도덕교육 접근에 동반될 수밖에 없는 전근대적 가치에 대한 복고주의적 경향성을 정확히 지적하고 있다. 하지만 앞서 역자가 지적한 배려윤리의 '관계 지향성'이 지니는 위험, 즉 배려의 형식화나 정치화의 가능성에 대해서는 언급을 피한다. 아마도 배려적인 개인은 개별적 상황 속에서 보편적 가치를 훼손하지 않는 방식으로 문제를 해결하는 방법을 찾아갈 수 있다는 인간에 대한 막연한 신념, 즉 보편적 신념을 전제로 하는 것처럼 보인다. 가치교육의 핵심적인 문제인 '누구의 가치를 가르칠 것인가?'라는 질문에 대하여 배려윤리 이론가들은 '모든 사람의 가치로!' 하고 응답할 것이라고 주장한 점을 보면, 역자의 이러한 추측이 크게 빗나간 것은 아닌 듯하다.

마지막으로 퍼펠(David E. Purpel) 교수의 글은 그 제목이 말하듯이, 도덕교육의 영역을 사회문화적 맥락, 정신적 맥락 그리고 개인적 맥락으로 확장시킬 것을 주장한다. 세 가지 맥락 모두 기존의 도덕교육 모형, 특히 근대 합리주의 모형에서는 배제된 것이다. 먼저 사회문화적 맥락에서는 사회 구조적으로 재생산된 현실 및 교육정책이나 관행에 의해 초래된, 우리가 불필요하게 겪는 고통에 대한 배려를 도덕교육의 핵심 관심 영역으로 삼아야 한다고 주장한다. 여기서 흥미로운 것은 퍼펠 교수에 따르면, 사회 구조적 모순에 의해 양산된 불필요한 고통에 대하여 우리 모두가 도덕적 책임이 있다는 주장이다. 왜냐하면, 이 고통을 야기하는 가혹한 교육현실,

즉 무한 경쟁적이고 불평등하며 정의롭지 못한 교육현실의 생성과 유지에 우리 모두가 기여하기 때문이다. 그러므로 교실 현장에서의 도덕교육은 이러한 불필요한 고통을 양산하는 모순된 사회적 구조에 대한 명확한 분석과 인식뿐 아니라, 불필요하게 고통받고 있는 사회적 약자에 대한 관심과 배려를 그 내용으로 해야 한다는 것이다.

뿐만 아니라 퍼펠 교수는 인간 도덕성의 원천이나 선악의 기원에 대한 우리의 질문을 신비한 것으로 보고, 인간 존재나 선악의 원천에 대한 질문인 형이상학도 도덕교육의 내용에 포함해야 한다고 주장한다. 형이상학적 질문과 추구는 우리의 내적 · 정서적 · 직관적 과정과 성장을 풍부하게 한다는 것이다. 그리고 마지막으로 퍼펠 교수는 도덕교육의 내용으로 개인의 영혼을 탐색하는 과정, 즉 자신의 정체성을 추구하거나 자신의 삶의 의미 및 존재의 가치를 이해하는 과정 또한 다루도록 권장한다. 이것은 자신이 어떠한 사람인지, 어떠한 삶을 살고자 하는지에 대하여 끊임없이 성찰하는 과정으로서 소크라테스가 던진 윤리적 질문인 '어떻게 살아가야 하는가?'라는 질문의 추구와 크게 다르지 않다. 이런 의미에서 퍼펠 교수는 상당히 풍요로운 도덕교육의 전통을 상기시키면서 인류가 던진 도덕적 · 윤리적 질문의 유형을 모두 포괄하는 도덕교육을 주장하는 것으로 볼 수 있다.

퍼펠 교수의 이러한 주장은 분화된 근대 학문 체제 내에서 우리가 별 생각 없이 수용해 온 도덕교육과 시민교육의 경계, 도덕교육과 종교교육의 경계, 도덕적(moral) 문제와 윤리적(ethical) 문제의 경계에 대한 우리의 지각을 일깨운다. 아마도 확장된 도덕교육, 즉 광의의 도덕교육은 이 모든 인간의 경험을 포괄하는 짐을 지어야 할지도 모른다. 한편, 각각의 특수한 경험의 경계에 대한 예민한 지각을 통해 그 경험의 개념적 차별성을 명료화해 보는 것도 보다 적절한 교육적 접근을 낳는 데 유용할 것이다.

도덕교육에 대한 세 학자의 글을 검토하며 거칠게나마 우리나라 도덕교육의 과제나 방향을 다음과 같이 정리해 볼 수 있을 것이다. 먼저 도덕교육은 도덕성의 정의에 대한 분분한 의견에도 불구하고, '도덕성'의 개발에 초점을 두어야 한다는 것이다. 이것은 개념적으로 분명하게 정의되기 어려운 하나의 가능성으로서의 도덕성에 대한 신념에 기초하여 도덕성을 개발하려고 노력해야 한다는 것을 의미한다. 즉, 도덕성은 주어진 것이 아니라 우리의 사고력과 상상력을 통해 창조되고 개발되어야 하는 것이다. 도덕적 추론 교육을 통해 도덕성의 성격에 대한 이해를 돕고 확장시키며, 배려윤리 접근을 통해 실천으로 도덕성의 개발을 독려해야 할 것이다. 그리고 이런 다원적 측면의 통합적 도덕성이 오늘날 요구되는 가장 큰 이유는 오늘날만큼 (도덕적 · 정치적) 이념 간의 갈등이 집단 및 개인 간의 갈등으로 번지거나, 거꾸로 개인 간의 갈등이 집단 및 이념 간의 갈등으로 표출되는 시대가 없었기 때문이다. 즉, 오늘날은 상이한 이념, 상이한 도덕관과 세계관을 가진 이들로 하여금 차이를 인정하며 함께 공존할 수 있게 하는 도덕성, 다시 말해서 (역자가 '성찰적 도덕성'이라고 부르는) 새로운 차원과 성격의 도덕성 개발이 무엇보다 요구되는 시대다.

그리하여 오늘날 요구되는 도덕교육은 단순히 하나의 일관된 도덕적 세계관을 내면화시키는 교육으로는 충분치 않다. 오히려 자신의 도덕관이나 가치체계를 성찰케 하여 그 관점이나 가치체계의 우연성과 상대성을 스스로 발견하도록 하고, 이를 통해 자신의 삶에 깊이 붙박여 있던 가치의 문제를 반성적으로 함께 토론하고 검토하며 이것을 재수용하거나 수정해 나갈 수 있게 하는 도덕교육이 필요하다. 다시 말하면, 오늘날 도덕교육은 특정 도덕적 가치나 규범을 직접 전달하고 이것을 내면화시키는 교육을 넘어서기 위해 그 가치를 간접적으로 가르치는 교육, 그 가치를 아이들이 스스로 익혀 자발적으로 선택할 수 있게 하는 교육을 시행할 필요가 있다. 이것은 어떻게 가능한가? 도덕적 가치를 간접적으로, 그리고 성찰적으로 가르치는 것은 어떻게 가능한가? 그 가치에 대해 생각해 보게 하고 스스로 사고하게 하는 도덕교육은 어떤 형태일 수 있는가? 이것이 바로 오늘날 도덕교육에 관여하는 학자들과 교사들의 과제이자 난제가 아닌가 한다.

여기서 소개된 세 학자들은 도덕적 가치의 이론적 문제를 구체적 교육과정 및 교수 실천의 사례와 적절히 연결시키며 도덕교육에 대한 교육철학적 글쓰기의 모범을 보여 줄 뿐 아니라, 가치를 간접적으로 가르치는 도덕교육의 실제 가능성을 보여 주기도 한다. 이들의 모범을 따를 때, 우리 사회의 교사교육자나 교사에게 시급하게 필요한 것은 도덕적 개념이나 이론을 우리 스스로가 자신의 일상적 삶의 구체적 맥락과 관련시켜 생생하게 사고하는 것, 그리고 이를 통해 스스로의 도덕적 상상력과 성찰을 개발하는 일일 것이다.

| 생각해 볼 문제 |

1. 근대 합리주의적 도덕교육이 지향하는 교육의 목적은 개인의 '도덕적 자율성'의 개발이다. 반정초주의에 기초한 포스트모더니즘 도덕교육이 지향하는 교육의 목적은 무엇으로 상정할 수 있는가? 이것은 포스트모더니즘이 전제하는 도덕성의 개념과 관련이 있다고 볼 수 있다. 이것과 관련시켜 생각해 보라.

2. '도덕성(morality)'에 대해 회의한다는 것은 무엇을 의미하는가? 이것의 교육적 가치 혹은 위험에 대해 논의해 보라.

3. '도덕교육'과 '시민교육' '도덕교육'과 '종교교육'의 개념적 차이와 경계를 탐색해 보라.

4. '합리주의적 도덕교육 모형' '덕윤리 중심 도덕교육 모형' 그리고 '배려윤리 중심 도덕교육 모형'은 서로 경쟁하는 모형이라기보다는 상이한 교육적 목적과 맥락에 따라 적절히 적용될 수 있는 상호 보완적인 모형으로 볼 수도 있다. 이들이 각각 적절히 적용될 수 있는 교육적 목적이나 맥락을 논의해 보라.

_10

포스트모더니즘, 윤리성 그리고 도덕교육

Clive Beck

포스트모던적 윤리성에 대한 견해

다음에 소개하는 것은 포스트모더니즘 영향하의 윤리성에 대한 견해 중 하나다. 그러나 이것은 정확한 역사적 기술은 아니다. 왜냐하면, 처음으로 포스트모더니즘이라는 철학 운동에 대해 듣기 전부터 나는 인생의 대부분을 포스트모더니스트로서 살아왔기 때문이다. 그러나 포스트모더니즘 문헌을 읽음으로써 나의 이러한 방향의 '자연스러운' 경향을 명료화하고 확장시킬 수 있었다.

포스트모더니즘은 윤리성에 대하여 명시적으로 진술하지 않는 경향이 있다. 그러나 로티(Richard Rorty)의 저술을 통해 어느 정도 드러났다고 볼 수 있지만, 나는 이것에 특별히 주목하고자 한다. 로티의 견해를 강조하는 것은 그를 어느 정도로 진정한 포스트모더니스트로 보아야 하는가에 대해 의문이 있기 때문에 다소 어려움이 있다(여기서는 이 문제를 적절히 다룰 수 없으므로, 로티 스스로도 인정하거니와 그를 포스트모더니스트로 보는 일반적인 경향을 따르기로 한다. 그리고 윤리성에 대한 그의 견해는 다른 주요 포스트모더니스트들의 견해와 대체로 일치한다고 볼 수 있다.).

반정초주의

사람들은 보통 도덕을 삶의 기본적인 토대의 일부분, 즉 변하지 않고 보편적인 기초로 생각한다. 그러나 포스트모더니스트에 따르면, 도덕적 영역이든 다른 영역이든 그러한 기초는 존재하지 않는다. 가치는 오히려 문화적으로 구성된 것이며 시간이 지남에 따라 변할 뿐만 아니라 문화에 따라 차이가 있다. 윤리적 탐구가 발견할 수 있는 도덕적 실재는 외부에 존재하지 않는다. 도덕은 오히려 인간이 자신의 다양한 관심과 전통, 그리고 환경에 따라 창조한 것이다. 도덕적 가치는 천상 어딘가에 새겨진 '객관적인' 것이 아니다. 그것은 인간의 삶 안에서 생겨난다.

이러한 노선의 생각으로 로티는 도덕의 **우발적 특징**, 즉 우연성을 강조한다.[1] 우리는 우리가 가치 있게 여기는 것을 우연히 가치 있게 여기게 되었을 뿐이다. '도덕적으로 점잖은 사람이 어떠한 사람인가 하는 것은 역사적 상황에 따라 다르게 정의된다.' 로티는 "칸트적 전통에 따른 도덕성의 지지는 도덕성의 요구와 **타산성**(prudence)의 요구를 비역사적으로 구분" 했다고 보며 이를 거부한다.[2] 로티의 이러한 관점은 **실용주의적인**(pragmatic) 것으로도 기술된다. 즉, 도덕성은 우리 문화 내에서 역사적으로 등장하는 것으로 여겨지고, 우리는 '해야만 한다'는 말이나 '당연한 의무'를 힘으로 강요하지는 않는다.

외부에 존재하는 정초, 고정된 정초를 거부하면서 로티는 도덕성이 일상적인 인간의 감정과 동기에 기초를 두고 있다고 본다. 즉, 그는 윤리에 대하여 **내부자적**(internalist) 견해를 제안한다. 로티는 전통 기독교가 도덕성을 감정, 특히 고독감이나 동료감과는 다른 것으로 보는 실수를 저질렀다고 주장한다. 즉, "기독교적 관점에서 볼 때 상상적 일체감이 쉽게 느껴지는 대상을 친밀하게 느끼는 경향은 부끄러운 것이며 피해야 할 유혹"이라는 것이다.[3]

이제부터 앞에서 기술된 윤리성에 대하여 반정초주의적이고 실용주의적이며 내부자적 접근을 상당 정도로 받아들이고자 한다. 그리고 이 접근을 지지하는 포스트모더니스트들이 제시하는 설득력 있고 다양한 예시를 여기서 다시 소개하지는 않을 것이다. 그러나 나는 이러한 포스트모더니즘적 접근이 정당화되고 수정되며 보충되어야 할 것이라고 믿는다.

우선, 이 접근은 도덕적 가치의 문화적 결정을 지나치게 강조하여 다른 요소를 소홀히 하는 경향이 있다. 한 사회는 일종의 문화적 소망을 만족시킨다는 이유로 어떤 것을 단순히 그 사회의 가치로 결정할 수는 없다. 최근의 문화적 견해를 듣는 과정에서도 탐구해야 할 인간 본성, 자연환경, 정치적 구조, 경제적 과정 그리고 문화적 발전 등에 대한 '쉽게 변하지 않는' 모종의 '사실'이 존재한다.

둘째, 포스트모더니스트의 접근은 현실이 '역사적'이고 '역동적'이며 '옮겨 가는 과정 중'에 있을 뿐만 아니라 끊임없이 변화한다는 사실을 지나치게 강조한다. 왜냐하면 현실에는, 특히 가치에는 상당한 정도의 지속성이 있기 때문이다. 듀이(John Dewey)는 지속적인 관심과 가치에 대해 말하였고 테일러(Charles Taylor)는 잠정적인 개념 틀에 대하여 말한다. 이러한 것들은 전통적 형이상학자들과 도덕이론가들이 생각하는 방식으로 절대적 고정성을 지니거나 영원한 것은 아니지만, 그렇다 하더라도 매우 중요한 것들이다.

셋째, 포스트모더니스트들은 일반적인 것을 소홀히 할 정도로 구체적이고 지역적인 것을 지나치게 강조한다. 경직된 방식으로 이해할 때 '인간은 행복을 추구한다.'와 같은 일반적 견해는 우리로 하여금 다양한 문화와 집단이 추구하는 상이한 구체적 목적에 대하여 다소 덜 민감하게 할 수 있다. 그러나 적절히 이해되고 활용될 때 그러한 일반화는 중요한 기능을 할 수도 있다. 인간이 행복하기를 원한다든가, 생존하기를 원한다든가, 신체적으로 건강하고 친구를 가지기 원하며 삶의 의미를 발견하기 원한다는 생각은 개인적인 삶이나 집단적 삶에 일반적인 방향을 줄 수 있다. 그리고 이러한 일반화가 없다면 우리가 많은 문제를 헤쳐 나가는 데에 쉽지 않을 것이다(포스트모더니스트들도 이와 유사한 필요를 경험하는 것처럼 보인다. 일반화하는 일을 비난하는 한편, 그들은 자주 평등, 자유, 다양성, 유희, 혁신, 의심, 대화, 공동체와 같은 일반적 가치에 호소하기 때문이다.).

마지막으로, 포스트모더니스트들이 작은 공동체와 하위 집단에게 특정 신념과 가치를 강요하는 이론 자체에 비판적인 것은 옳지만 그렇다고 하여 이론을 본질적으로 편견적이고 전제적인 것으로 간주하여 이를 일체 거부하는 경향은 옳지 않다. 현실이 외부에 고정된 토대를 갖는 것은 아니라 하더라도 이것은 참된 삶을 성취하는 데(비록 변화하기는 하지만) 중요한 지향점이 되는 내적 지속성을 많이 지닌다. 그렇다면 특수한 가치와 행동을 지속적인 가치와 개념 틀에 연결시키는 이론을 개발하는 것은 가능할 뿐 아니라 필요하다고 말할 수 있다.

다원주의

포스트모더니스트들은 수많은 가치의 번성과 다양성의 수용을 독려해야 한다고 자랑스럽게 말한다. 이러한 관점은 앞서 지적한 신념, 즉 삶에는 궁극적인 정초가 없고 도덕적 지식을 포함하여 모든 지식은 변화하는 인간의 관심과 전통에 의해 조건화된다는 신념과 관련되어 있다. 상이한 공동체와 이익 집단은 자신의 특수한 필요와 문화에 맞추어 가치를 구성한다.

차이를 수용하는 로티는 프로이트(Sigmund Freud)가 도덕성에 대해 판단 유보적 접근을 취하는 것을 인정하는 것같이 보인다. 로티는 다음과 같이 말한다. "프로이트는 사회적 관점에서 볼 때 무의미하거나 우습고 천박해 보이는 것이 어떻게 우리의 정체성을 구성하는 개인적 의미에 결정적인 요소가 될 수 있는지 보여 준다……."[4] 그는 우리에게 어떻게 "성도착자나 가학성 성변태자, 혹은 정신병자들이 창작한 사적인 내용을 담은 시가 우리 자신의 삶만큼이나 풍요로운 '도덕적 기억의 향기'와 감촉일 수 있는지" 보도록 도와준다."[5]

그러나 다양성에 대한 이러한 옹호가 포스트모더니즘의 주요 공헌이기는 하지만, 다른 한편으로는 공통성에 대한 인식을 희생시켜 온 경향이 있다. 다양성에 대한 포스트모더니스트들의 강조는 어느 정도는 성찰 없이 채택되며 절대적인 가치를 가진다. 우리는 왜 차이성만 존재하고(비록 부분적으로 그리고 일시적으로 그렇다 하더라도) 공통성은 존재하지 않는다고 가정해야 하는가? 우리는 왜 공통성보다 차이성을 더 좋은 것, 축복의 결과로 보아야 하는가? 공통성은 최소한 차이성만큼 많은 이점을 제공한다. 그리고 둘 다 존재하는 한, 좋은 의도의 실용주의적 태도로 이 모두를 수용할 필요가 있다.

가치문제에서 우리와 상이한 문화를 가진 집단에 대해 완전히 개방된 마음으로 접근하는 것은 불합리해 보인다. 예를 들어, 이 집단은 살해당하는 것이나 건강을 해치는 것, 고통받는 처지에 있는 것, 가족이나 친구와 헤어지는 것 등을 꺼리지 않을 수 있다고 미리 가정하는 것은 어리석어 보인다. 오히려 우리는 이들이 그러한 기본 가치를 공유하고 있다고 가정하고, 대화를 통해 이들이 실제 그러한 것들을 가치 있게 여기는 방식을 이해하는 데 집중해야 할 것이다. 만약 이들이 그러한 가치를 전혀 중요하게 여기지 않는다면 대화가 진행됨에 따라 이 사실은 분명하게 드러날 것이다.

반권위주의

포스트모더니스트에 따르면 도덕적 지식을 포함한 모든 지식은 그것을 생산한 사람들의 관심과 가치를 반영한다. 예를 들어, 푸코(Michel Foucault)는 개념과 규칙에 대해 권력 엘리트들의 이해관계를 구체화하고 강화시키는 것으로서 성 정체성의 관점에서 바라본다.[6] 이때 포스트모더니즘은 온정적 간섭주의(paternalism)를 지나치게 높이 평가되어 온 사회적 장치라고 폭로한다. 즉, '아버지'(그리고 '어머니')는 반복적으로 자신의 이해관계를 자신이 '돌보는' 사람들의 이해관계보다 더 우위에 둔다. 이러한 자연적 편견에 저항하기 위하여 도덕적 탐구는 다양한 당사자의 이해관계가 가능한 한 많이 고려되도록 민주적이고 비권위주의적인 방식으로 행해져야 한다. 도덕적 가치는 한 집단(부모, 교사, 학자 혹은 성직자)에 의해 형성되어 다른 집단(자손, 학생, 공동체의 평범한 구성원)에게 단순히 전수되어서는 안 된다. 모든 사람들이 도덕성을 창조하는 행위에 참여하여야 한다.

큰 공동체 집단보다는 작은 공동체 집단을 강조하고 '대서사(grand narrative)'를 비난할 뿐 아니라 대학교수들은 사라져야 한다고 주장하는 료타르(Jean Francois Lyotard)의 제안은 모두 지식과 가치 생성에 있어 권위의 역할을 축소시키고 자율적 결정을 증가시키는 것으로 보인다.[7] 유사하게 맥카시(Thomas McCarthy)에 따르면, 데리다(Jacques Derrida)가 말하는 언어에서 '차이(differance)의 유희'라는 개념은 "우리를 민주적 방향으로 이끈다."[8] 로티 또한 지식인의 역할을 축소시킴으로써 급진적인 비권위주의적 접근을 제안한다. 로티는 지식인을 여러 영역의 탐구자 중 독특한 언어와 방법론을 지닌 "특별한 경우"일 뿐이라고 생각한다.[9] 사실, 지식 생산은 모든 인간의 일이며 삶의 여정 위에 있는 사람들은 동등한 능력을 가지고 (도덕적 지식을 포함한) 지식을 생산한다.

사람들이 도덕적 문제에서 서로 도움을 주려고 할 때 가장 중요한 비권위주의적 절차는 대화다. 대화는 몇 가지 이유로 중요하다. 다른 사람들의 상황과 필요를 더 잘 이해할 수 있게 하고, 그들에게 더 나은 조언을 제공할 수 있게 하며, 그들이 우리의 가치에 대하여 피드백을 줄 때 그들로부터 배울 수 있게 한다. 그리고 이것은 모든 당사자가 이해할 수 있고 만족스러운 타협에 도달하게 하는 수단을 제공한다. 로티는 대화 또는 '대담'을 가장 강조해 온 포스트모더니스트 중의 한 명이다. 예를 들어 그는 "우리의 문화, 목적 혹은 제도는 대화를 통하지 않고서는 지지될 수 없다."라고 말한다.[10] 그리고 "대담은 지식을 이해할 수 있는 최종적인 방식"이라고 주장한다.[11]

윤리성에 대한 비권위주의적 접근도 중요하지만, 포스트모더니스트들은 때때로 어떠한 종류이든 간에 권력 구조의 필요성에 문제를 제기해 오고 있다. 그러나 많은 학자들이 지적하듯 권력으로부터의 완전한 탈출은 약하고 힘없는 사람들을 이전보다 더 안전하지 못한 곳에 방치할 위험이 있다. 예를 들어, 맥카시에 따르면 데리다가 주장하는 것처럼 자유와 평등, 정의, 권리 등과 같은 것에 대한 기존 개념을 검토하고 수정하여 이것이 지배계층에 봉사하는 방식을 폭로할 필요가 있지만, 그럼에도 불구하고 이것들을 다시 재조합하지 않은 채 해체하기만 하는 것은 이미 배제되고 주변화되었으며 억압된 집단의 중요한 토대를 박탈하는 것이 된다. 그는 이어서 다음과 같이 주장한다.

> 보편주의 구조를 뿌리째 뽑고 불안정하게 하는 것이 그 자체로서 적자생존과 약육강식의 전쟁이 일어나는 비관용적이고 공격적인 자기중심주의가 아니라 존중과 자유를 가져다줄 것이라고 가정하는 것은 순진한 낭만주의다.[12]

윤리성은 모든 이에게 단지 자유를 주는 것이 아니라 목적에 대한 체계적 추구를 가능하게 하고 이 목적에 필요한 이론적 · 정치적 · 경제적 구조를 활용하는 특정 유형의 민주주의를 지원해야 한다. 물론 체계적 행위, 수단과 방법의 전략 등과 같은 것에 대한 담론은 모더니즘, 혹은 '기계적이고' '합리주의적인' 사고로 되돌아가는 것으로 해석될 수 있다. 나의 견해로는, 필요한 다양한 수단을 활용하면서 체계적이고 강력하게 목적을 추구하지 않는다면 우리가 가치나 도덕성이라는 것을 가졌다고 말할 수 없다.

연 대

로티와 다른 포스트모더니스트들은 명시적으로든 암시적으로든 자신의 학문적 실천 속에서 다른 사람들과의 연대나 이들에 대한 관심을 특별히 강조한다. 이들은 지속적으로 억압적 권력, 조작, 착취, 폭력 그리고 타인에게 해를 끼치는 것을 거부하고, 보다 긍정적으로 공동체, 존중, 상호 조력을 조장하려 한다. 물론 나는 이러한 흐름에 전적으로 동의한다.

그러나 도덕적 동기에 대한 로티의 설명은 지나치게 '빈약하여'(그리고 다른 사람들은 이것에 대해 전혀 설명하지 않는다.), 칸트(Immanuel Kant)의 개념보다 실제에서 더 나을 것이 하나도 없다. 타인의 복지에 대하여 상당한 정도의 관심을 보이기 위해서는 이것이 우리 자신과 우리 내부 집단의 복지와 어떻게 관련되어 있는지 자세히 알아야만 한다. 도덕성이 제대로 효력을 발휘하려면 복잡한 개념의 상호 관련성, 즉 '이론'에 대한 필요를 다시 느끼지 않을 수 없다.

도덕적 동기에 대한 로티의 설명이 빈약한 것은 다음과 같이 설명될 수 있다. 사적 '아이러니'에 대한 관심, 그리고 삶에 대한 이론적 접근이 아닌 심미적 접근에 대한 관심 때문에 로티는 사적 도덕성과 공적 도덕성을 분리시키는 것에 주목한다. 그는 이 두 가지를 개념적으로 관련시키는 것이 개인적 창의성과 독창성을 구속한다고 믿는다. 공적 영역에서는 이타적이어야 하는 한편, 사적 영역에서는 개인의 독창성을 최대화할 수 있어야 한다는 것이다. 그러나 왜 이런 방식으로 개인적 혁신에서 절대적인 가치를 창조해 내야 하는가? 이러한 접근 속에서 공적 책임감은 많은 가치 중의 하나로서 임의적으로만 주장될 수밖에 없고, 따라서 공적 책임감에 대한 주장은 거부당할 수 있는 위험을 감수할 수밖에 없다.

도덕교육을 위한 몇 가지 시사점

전술한 것으로부터 도덕교육을 위한 많은 시사점을 끌어낼 수 있다. 여기서는 가장 분명한 몇 가지만을 기술하고자 한다. 다음에서 나는 '도덕교육'이라는 용어를 자주 사용할 것이다. 이때 이 용어는 '가치교육'으로도 명명될 수 있는 상당히 넓은 의미로 사용될 것이다. 이것은 이 논문에서 제시되는 광의의 도덕성에 대한 견해와 맥을 같이한다.

포괄적 접근

도덕교육에 대한 연구를 통하여 나는 도덕성 학습은 일반 학습과 통합되어야 한다는 결론에 도달했다. 도덕성을 배울 때 분리된 단위, 분리된 프로젝트 혹은 심지어 분리된 강좌들은 나름대로 의미가 있지만 이것은 잘 수용되기 어려울 때가 많다. 어쨌든 대부분의 경우 도덕성 학습은 여타 과목, '숨은 교육과정' 그리고 학급 및 학교의 조직과 분위기를 통해 일어난다.

이러한 관점은 사실과 가치를 연결시키는 포스트모더니즘의 방식과 밀접한 관련이 있다. 도덕성은 그 자체의 정초를 가진 분리된 영역이 아니다. 오히려 도덕성은 문화, 정치, 경제, 역사, 문학, 예술, 과학 그리고 기술 과목을 공부하는 상황 속에서 개발되어야만 한다. 우리 안에 건전한 '가치'를 개발시키기 위하여 상호 관련된 '사실'을 알아야만 한다. 그리고 건전한 가치가 우리 안에 개발되어 있지 않으면 우리는 도덕적으로 선하고 올바른 것을 알기 어렵다.

이것은 학교교육이 세계와 삶에 대한 교수의 관점에서 훨씬 더 효과적으로 되어야 한다는 것을 시사한다. 아이들은 몇 가지 도덕적 원칙과 규칙을 단지 전수받는 것을 통하여서는 어떻게 행동해야 하는지 배울 수 없다. 학교 공부는 광범위한 영역의 분야를 상당히 심도 깊게 가르쳐야 한다. 이것은 터무니없는 요구일 수 있다. 그러나 우리가 방향감만 갖고 있다면 실행 가능하다고 생각한다. 그리고 이때 우리가 가치에 주목하기만 한다면 방향감은 가질 수 있을 것이다. 오늘날 아이들이 학교에서 보내는 아주 많은 시간이 (전통주의적인 것이든 진보주의적인 것이든) 쓸데없이 바쁜 일이나 대체로 서로 관련성이 없는 내용을 익히는 데 낭비되고 있다. 학교교육을 위한 전체적이고 적절한 계획 없이는 상이한 교과와 활동 간의 충분한 통합, 그리고 학교급 간 학교교육(유치원, 초등, 중등)의 통합은 충분히 달성될 수 없다. 더구나 무엇을 배우는 것이 중요한가에 대한 분명한 판단이 부재하여 학생들에게는 효과적으로 학습하고자 하는 동기가 결여되는 경향이 있다.

어떤 주제나 과목을 공부하든지 간에 가치는 통합적 측면에서 고려되어야 한다. 이런 방식으로 '사실'의 가치 관련성은 강조될 수 있다. 학생들과 교사는 끊임없이 가치에 대한 자신의 이해를 일반적인 가치나 자신의 개인적 가치의 조망 속에서 키워 나갈 수 있을 것이다. 그리고 학생들과 교사는 가치와 관련된 현상에 대하여 연구하고자 하는 관심을 더 많이 갖게 될 것이다. 그러나 이것은 가치에 대하여 개방적으로 접근할 때에만 가능하다. 가치에 대한 공부가 자신들이 받아들일 수 없는 특정 가치의 주입을 위해 이용되고 있다고 느끼는 순간, 학생들은 그 공부에 대한 관심을 잃을 것이다.

차이를 확인하고 수용하는 일

교육과정 전반과 학교생활에서 가치문제를 다루기 위하여 우리는 다원적인 접근을 장려해야 한다. 우리는 삶의 방식에서 나타나는 정당한 차이를 전 세계 속에서, 지역 공동체 속에서, 그리고 학교 내에서 확인할 수 있도록 해야 한다. 차이가 단순히 상황적 차이를 반영한다는 것도 인식하도록 해야 한다. 삶의 목적에 차이가 있기는 하지만 그 목적은 똑같이 '좋은' 삶을 지향하는 것일 수 있다는 것, 그리고 동일한 목적을 달성하는 수단 중에서도 차이가 있지만 똑같이 '좋은' 수단일 수도 있다는 것을 인식하도록 해야 한다. 학교에서 나타나는 차이의 실제적 사례는 바로 이러한 태도를 가지고 접근해야 한다. 가정의 지원이 부족하여 학교에 자주 지각하는 학생, 학교 공부에는 매우 진지하지만 체육에는 무관심한 학생, 음악 혹은 예술에 특별히 관심 있는 학생을 이러한 방식으로 접근할 때 이들이 또래집단으로부터 받는 압력을 약화시킬 수 있다. 수업시간 중 많은 부분이 도덕적 차이의 사례를 고찰하는 데 주어져야 한다. 이 사례들은 역사, 문학, 시사, 학생과 교사 자신의 일상적 삶 등에서 발견될 수 있다. 즉, 가족 유형이나 아이에 대한 대우 방식, 부모에 대한 대우 방식, 성적 행위, 성적 지향성, 그리고 피임과 인공유산에 대한 태도 등에서의 차이가 이 사례들에 속한다. 이러한 공부 중 일부분은 차이에 대한 정당한 이유를 아는 것이다. 그러나 그 이유가 충분하게 이해되지 않을 때조차도 이 공부는 도덕적 차이를 받아들이는 방법을 배우게 할 것이다.

차이에 대한 공부는 문화적 · 사회적 하위 집단(민족, 종교, 성별 그리고 계급에 따른 집단)의 관점에서만 다루어져서는 안 된다. 동일한 하위 집단 혹은 동일한 범주의 사람들 사이에서 나타나는 개인적 차이에도 주목해야 한다. 예를 들어, 우리는 인도 여성이 카레 음식을 만드는 방법을 주고받는 일에 관심이 많다거나, 스페인 남성이 투우에 관심이 많고 더운 날씨를 좋아할 것이라고 생각해서는 안 된다. 학교에서의 사회적 · 문화적 학습은 자주 하나의 사회나 문화를 전형화하는 것으로 끝나는 경향이 있다. 그러므로 이제부터는 교육의 초점을 오히려 그런 식의 일반화를 제대로 정당화하는 방법을 가르치는 것에 두어야 한다. 즉, 스페인 사람들이 투우를 즐기지만 그렇지 않은 스페인 사람들도 많다는 것이다. 그리고 프랑스 사람들은 점심식사 때 적포도주를 즐기지만 어떤 사람들은 콜라를 더 좋아한다는 것이다.

삶과 도덕성을 위한 정초 발견

도덕교육은 공통성과 지속성뿐 아니라 차이와 변화를 지적하는 일에 관련되어 있다. 사람들은 삶의 방향과 의미를 줄 '정초'를 필요로 한다. 비록 '정초'가 일시적인 성격의 것이라 하더라도 그렇다. 우리는 학생들과 '형이상학(전 교육과정에 걸쳐 전제되어야 할 형이상학)'에 대해 공부할 필요가 있다. 도덕적인 것이 무엇인지, 그리고 '훌륭한 삶'을 어떻게 살 수 있는지를 알기 위해 우리와 타인이 삶으로부터 원하는 것, 그리고 그것을 어떻게 성취할 수 있는지를 보여 주는 유형을 살펴볼 필요가 있다. 삶에서 건강, 행복, 우정, 공동체, 발견, 성취 등과 같은 '기본적인' 가치, 즉 궁극적으로 삶을 훌륭하고 가치 있는 것으로 만들어 줄 가치를 확인할 필요가 있다. 그러한 가치에 대한 고려는 학생들로 하여금 자신의 가치관을 형성하도록 도울 수 있고, 또한 평소 인정되는 것 이상으로 문화와 문화 간의 거대한 유사성을 보게 할 것이다.

학교에서의 많은 시간을 사람들이 공유하는 공통성, 즉 학생, 교사, 가족 그리고 공동체가 각각 공유하는 공통성을 확인하는 일에 보내도록 해야 한다. 일상적 대화 속에서, 학교 모임에서, 공식적 수업과 토론에서 우리의 목적과 욕망, 기쁨과 두려움, 당면 문제들의 유사성에 주목하도록 이끌어야 한다. 요즈음 학교에서는 교사들이 다양한 종류의 편견에 맞서는 설교를 하느라 여념이 없다. 그러나 편견의 주요 원인은 다양한 하위 집단과 범주에 속하는 사람들 간의 차이를 과장되게 인식하는 경향성이다.

우리는 전 세계적 수준에서도 삶에 대한 '정초'의 중요한 부분을 형성하는 공통성을 발견할 수 있다. 서양의 학교에서는 벌써 학교의 행사나 세계 지리 수업, 그리고 타국에서 온 아이들을 통하여 어느 정도 세계화를 장려하고 있다. 전 세계적 이슈를 다루는 보다 적절한 방법이 개발되어야 한다. 이를 위해 전형화와 표면적 일반화를 피하고 사람들 간의 공통성에 주목할 필요가 있다.

비권위주의적 접근

포스트모더니즘의 비권위주의적 접근은 학교에서의 도덕교육에 많은 시사점을 준다. (학교의 목적이나 인간관계적 행동, 학문적 요구와 복장에 대한 규칙, 규율의 방법 등에 대하여) 도덕적 판단을 내릴 때, 학생들의 견해를 지금보다는 더 진지하게 받아들여야 한다. 가치에 대한 공식적인 수업과 토론에서 대부분 대화의 방법을 취해야 한다. 교사는 학생과 마찬가지로 자신들도 가치 영역에서 학습에 대한 광범위하고 기본적인 욕구가 있다는 것을 인정해야 한다. 그들은 심지어 초등교육 수준에서도 학생들로부터 많은 것을 배울 수 있다. 초등학생도 삶의 경험에서 많은 것을 가지고 오기 때문이다. 교사가 학생으로부터 배우기 위하여 교과에서 (나딩스[Nel Noddings]가 '배려 중심'이라고 부르는) '삶의 이슈'로 옮겨 가야 한다. 왜냐하면 삶의 이슈야말로 학생들이 관심을 갖는 영역이고 또한 기여할 수 있는 영역이기 때문이다.[13] 교사는 이때 도덕의 '전문가'라기보다는 의장, 촉진자 혹은 코치의 역할을 해야 할 것이다. 앞서 지적한 대로 교사는 자신이 생각하는 것을 말해야 하지만 학생들도 자유롭게 말할 수 있도록 해야 한다. 물론 교사는 학습 프로그램을 만들도록 되어 있고 또 이것 때문에 급료를 받는다. 그러나 이 프로그램의 설계에 학생을 가능한 한 많이 참여시키고 학생을 위하는 만큼이나 자신을 위하여 그 프로그램을 설계해야 한다. 실제로 교사가 끊임없이 배우지 않는다면 이것은 학생의 학습을 방해할 것이다. 교사와 학생 모두 도덕을 학습하는 것으로 보여야 한다.

비권위주의적 접근은 구조화되지 않고 내용이 없는 교수법을 의미하지 않는다. 교사는 가치를 다루는 문학이나 훌륭한 이야기, 그리고 도덕적 이슈와 관련되는 영상물로부터 영감에 찬 인용구절, 주요 도덕적 질문을 강조하고 토론을 독려하는 학습 자료, 그리고 신문과 잡지로부터의 관련 발췌문 등과 같은 '내용적' 자원뿐 아니라 의미 있는 개인적 프로젝트와 소집단 프로젝트를 위한 많은 아이디어를 준비해 두어야 한다. 그러나 이러한 자료가 활용되는 방식은 개방적 토론과 의사결정의 끊임없는 주제가 되어야 한다.

비권위주의적 교수법은 학교 내에서의 관계, 즉 교사와 학생, 학생과 학생, 교사와 교사의 관계를 강조하는 길을 연다. 이 관계는 대체로 도덕성 학습이 가능한 '일상적' 관계다. 학교의 구조와 기풍은 학교 구성원들이 친밀한 우정을 형성할 수 있게 하고 삶에 대하여 진정한 대화를 할 수 있게 하며 일상적 감정을 표현할 수 있게 하는 것이어야 한다. 교사는 자신이 아동과 청소년을 알아 가고 있다고 느껴야 하고, 학생들은 스스로가 성인을 알아 가고 있다고 느껴야 한다.

이타성을 위한 기초의 마련

로티가 지적했듯이 연대 혹은 타인을 배려하는 도덕성은 그것이 조금이라도 가능하려면, 일상적인 인간 감정과 동기에 기초해야 한다. 교육적 환경에서 이것은 자신의 성향을 부끄럽게 여기게 만드는 수치심을 통해 이타적이 되도록 하는 도덕주의나 설교 중심의 도덕교육이 아니라 자기 내면의 공감과 성실성을 확장시켜 나가도록 돕는 도덕교육을 의미한다. 이것은 부분적으로 공식적 수업이나 토론을 통해 가능할 수 있지만 아마도 자연스럽게 확장되어 가는 상호 이해와 수용을 이끄는 학교와 학급 내에서의 따뜻하고 진정한 관계를 발전시킴으로써 더 잘 달성될 수 있다.

이타성은 포스트모더니스트들이 말하는 유형의 동기를 넘어서도록 요구한다. 교사는 개인, 집단, 사회의 복지 간의 관계에 대하여 체계적으로 공부할 수 있도록 분위기를 만들어 가야 한다. 이타적이어야 하는 이유에 대한 자세한 이해는 유치원 때부터 시작될 수 있고, 이것은 학생들로 하여금 다른 사람을 도와야 할 순간을 알게 할 뿐 아니라 그렇게 하는 데 필요한 동기를 가지도록 할 것이다. 이러한 종류의 도덕성에 대한 이론적 이해는 포스트모더니스트들에 의해서도, 전통적 교사나 진보적 교사에 의해서도 옹호되지 않았다. 그러나 이것은 도덕적 판단과 행동에 아주 본질적인 기초다. 다시 한 번 말하지만, 포스트모더니즘이 주는 통찰을 충분히 받아들이는 한편, 우리는 이것을 넘어서서 수정해 나가야 할 필요가 있다.

후 주

1. Richard Rorty, *Contingency, Irony, and Solidarity* (Cambridge: Cambridge University Press, 1989), 189.

2. Richard Rorty, "Postmodernist Bourgeois Liberalism," in Robert Hollinger ed., *Hermeneutics and Praxis* (Nortre Dame, IN: University of Notre Dame Press, 1985), 214-5.

3. Rorty, *Contingency, Irony, and Solidarity,* 191.

4. 같은 책, 37.

5. 같은 책, 38.

6. 예를 들어, Michel Foucault, *The History of Sexuality* (New York: Random House/ Vintage, 1990, orig. 1976), 특히 11-13쪽을 보라.

7. Jean-Francois Lyotard, *The Postmodern Condition*, Geoff Bennington and Brian Massumi, trans. (Minneapolis: University of Minnesota Press, 1984), *passim*.

8. Thomas McCarthy, "The Politics of the Ineffable: Derrida's Deconstructionism," in Michael Kelly ed., *Hermeneutics and Critical Theory in Ethics and Politics* (Cambridge, Mass.: MIT Press, 1990), 161.

9. Rorty, *Contingency, Irony, and Solidarity*, 37.

10. Bernstein, *Beyond Objectivism and Relativism*, 201에서 인용된 Rorty, "Pragmatism, Relativism, and Irrationalism"

11. Richard Rorty, *Philosophy and the Mirror of Nature* (Princeton, NJ: Princeton University Press, 1979), 389.

12. McCarthy, "The Politics of the Ineffable," 157-8.

13. Nel Noddings, *The Challenge to Care in Schools: An Alternative Approach to Education* (New York: Teachers College Press, 1992), e.g., xiii, 70-1, 173-7.

_11

배려와 도덕교육

Nel Noddings

지난 몇 년 동안 도덕교육에 관한 관심이 증대되어 그 결과 도덕교육학자들 사이에 격렬한 논란이 일어났다. 인지발달론과 인격교육(character education) 사이에 벌어지고 있는 논의[1]에 덧붙여, 배려윤리(ethic of care)가 도덕교육에 대한 하나의 관점으로 소개된 바 있다.[2] 배려윤리는 여성주의와 실용주의적 자연주의(pragmatic naturalism) 양쪽에 그 뿌리를 두고 있기 때문에, 그리고 그 핵심에 도덕교육의 문제가 있기 때문에 철학자뿐만 아니라 교육학자도 배려윤리에 관심을 가지고 있다.

배려윤리와 그 원천

의무론적 윤리학과 마찬가지로 배려윤리는 의무에 대해 말하고 있다. 내가 무엇을 해야만 한다는 생각은 타인이 우리에게 다가올 때 생겨난다. 바로 이 '해야만 한다'는 생각은 직접적인 대응 상태, 즉 반응을 준비하고 있는 상태에서 일어난다. 때때로 우리는 타인을 배려하는 사람으로서 주의를 기울이고 반응을 보이게 되는데, 그것은 우리가 그렇게 하기를 원하기 때문이다. 말하자면, 우리는 우리에게 다가오는 사람들을 사랑하고 있거나, 혹은 그들에게 긍정적인 관심을 가지고 있거나, 혹은 그러한 배려의 요구가 일상생활과 잘 조화되어 아무런 내적 갈등을 느끼지 않는다. 마찬가지로 그러한 배려를 받는 사람들도 우리의 배려가 받아들여졌음을 드러내는 방식으로 반응하게 된다. 이러한 일이 일어날 때 우리는 그 관계, 그 사건 혹은 만남을 자연스러운 배려의 한 장면이라고 말한다. 여기서 '해야만 한다'는 표현은 욕구 혹은 성향을 드러내는 것이지 그것을 의무로 인식했음을 보여 주는 것이 아니다.

다른 경우에는 최초의 '해야만 한다'는 생각이 내적인 저항에 부딪힌다. 그 경우 타인의 요구를 인지하는 동시에 저항한다. 그 사람을 불쾌하게 느꼈기 때문이든, 내가 피곤해서든, 그 요구가 주는 중압감 때문이든, 어떤 이유 때문에 우리는 배려하는 자로서 반응하기를 원치 않는다. 그러한 경우에 우리는 윤리적 배려에 의존해야 한다. 다시 말하면, 만약 이 사람이 유쾌한 사람이었다면, 혹은 사랑스러운 사람이었다면, 만약 내가 피곤하지 않았다면, 혹은 그 요구가 그다지 대단한 것이 아니었다면, 어떻게 행동했을지 자문해야 하는 것이다. 이렇게 할 때 우리는 어떤 윤리적 이상을 참고한다. 즉, 우리가 최선의 자아와 최선의 인간관계를 드러낸다고 간주하는, 타인을 보살피고 보살핌을 받은 일련의 기억들에 의존한다. 우리는 애초의 '해야만 한다'는 의무를 지속하기 위해 필요한 것을 끌어모은다.

이제 우리가 왜 이렇게 해야만 하는가 하는 문제를 살펴보자. 다시 말하면, 왜 우리는 타인을 배려하는 것을 하나의 의무로 인지하는가? 만약 우리가 칸트주의자라면 이성에의 의무, 즉 논리로부터 결코 벗어날 수 없다는 이성에 대한 원칙에의 의무에 그 기원을 둘 것이다. 그러나 배려윤리에 따르면 우리가 자연적인 배려 속의 관계성을 가치 있게 여기기 때문에 우리의 의무를 받아들인다. 윤리적 배려가 항상 목적으로 추구해 온 것은 우리가 원해서 자유롭게 반응하는 그러한 종류의 관계를 맺고, 보존하고, 발전시키는 것이다. 배려윤리는 논리와 추론을 피하지 않는다. 누군가를 돌볼 때 우리는 무엇을 할 것인지, 어떻게 해야 가장 잘 돌볼 수 있는지를 결정하기 위해 이성적 추론을 해야 한다. 우리가 돌보는 사람들에게 최선을 다하고자 하기 때문에 우리는 최대의 역량을 발휘하도록 노력한다. 그러나 우리를 움직이게 하는 것은 이성이 아니다. 자연적인 배려의 과정에서 우리를 동기화하는 것은 타인과 함께 느끼는 그리고 타인에 대해 느끼는 감정이다. 윤리적인 배려의 과정에서는 이러한 감정이 표면에 드러나지 않고 바닥에 깔려 있으며 따라서 우리 자신의 윤리적 자아에 대한 감정에 의해 증폭되어야만 한다.

칸트(Immanuel Kant)는 감정보다 이성을 우선시한다. 그는 주의 깊게 추론된 원리에 따르려는 의무에서 비롯된 행위만이 도덕적 가치가 있다고 주장하였다. 칸트에 따르면 사랑, 감정, 성향 등은 모두 신뢰할 수 없는 것들로 간주된다. 배려윤리는 이러한 순위를 뒤집는다. 자연적인 배려가 더 선호되고, 윤리적 배려는 자연적 배려를 회복하기 위하여 촉구된다. 이러한 우선순위의 전복이 칸트주의 윤리학과 배려윤리 사이에 나타나는 한 가지 커다란 차이이다.

또 하나의 차이는 여성주의 관점에 그 뿌리를 두고 있다. 배려윤리는 철저하게 관계지향적이다. 그것은 우리가 어떤 대상을 수식하는 형용사로 '보살피는(caring)' 이라는 말을 쓸 때 가리키는 관계다. 하나의 관계가 배려의 관계가 되지 않는 것은 보살피는 사람이 관심을 가지지 않거나, 관여하지 않거나 '해야만 한다' 는 자세를 거부하거나, 응답하기를 거절하기 때문이다. 또 다른 경우는 보살핌을 받는 사람이 응답할 수 없거나 응답하려 하지 않기 때문에 보살핌의 관계가 이루어지지 않게 된다. 마지막으로, 보살피는 사람이나 보살핌을 받는 사람 둘 다 적절하게 반응하고자 하지만 어떤 조건이 그것을 막는 경우가 있을 수 있다. 말하자면, 너무 시간이 짧아 적절한 관계가 생겨나지 않았거나, 보살피는 사람이 자기 멋대로 보살핌을 받는 사람의 요구라고 생각한 것을 의도하는 경우가 그러하다. 배려를 관계로 해석함으로써 우리는 자신을 도덕적 행위자로 보게 될 뿐만 아니라, 보살피는 행위의 수혜자와 양쪽 당사자가 상호작용하는 조건 모두를 직시하게 된다.

물론 '보살피는'이라는 형용사는 흔히 습관적으로 보살피는 사람을 지칭하기 위해 사용된다. 늘상 타인에 주목하고 반응을 보이며 타인을 배려하는 능력이 잘 개발되어 최악의 상황에서도 배려의 관계를 형성할 수 있는 사람들이 있다. 그러나 근본적으로 배려윤리는 덕윤리로 간주되어서는 안 된다. 분명히 어떤 주어진 상황에서 타인을 돌보고 있는 사람은 덕을 실행하고 있다. 그러나 그들이 자신의 인격이나 덕행에 관심을 집중하기 시작하면 배려를 받는 사람은 소외당하는 느낌을 가질지도 모른다. 배려를 받는 사람은 더 이상 관심의 대상이 아니다. 오히려 인내심이나 관대, 유쾌함 등의 어떤 덕목이 초점이 되고 배려의 관계 자체는 위기에 처한다.

이처럼 배려윤리에 대한 간단한 설명을 통해서 볼 때, 우리는 도덕교육이 바로 그 핵심에 있음을 알 수 있다. 우리는 처음에 보살핌을 받는 법, 즉 어떻게 하면 보살피는 사람의 노력에 잘 반응하여 그러한 노력이 지속될 수 있게 할 것인지를 배운다. 유아는 자기를 돌보는 사람을 향해 방긋 웃는 법을 배우고, 이 미소는 보호자를 기쁘게 하여 아이를 방긋 웃게 하는 일에 더 많은 노력을 쏟게 만든다. 보살피는 자와 보살핌을 받는 자는 상호 만족시키는 관계로 접어든다. 훗날 아동은 우는 아이를 달래거나, 새끼고양이를 쓰다듬거나, "불쌍한 우리 엄마!"라고 말하면서 슬픔에 빠져 있거나, 피곤에 절은 엄마를 가볍게 끌어안는 등 타인을 배려하는 법을 배운다.

이렇게 볼 때 성인이 행하는 배려의 원천은 이중적이다. 우리는 (다행스럽게도) 출생 이후 배려의 관계에 푹 빠져 있었기 때문에 종종 타인에 대해 자연스럽게 배려하는 자로서 반응한다. 윤리적 배려에 의존할 필요가 있으면 우리는 배려하고 배려받던 기억으로부터 구성된 윤리적 이상에 의지한다. 따라서 배려윤리는 실용주의적 자연주의의 한 형태로 간주될 수 있다. 그것은 도덕적 생활의 원천을 사람들 간에 일어나는 실제의 상호작용 안에서 찾는다. 그것은 신이나 영원한 진리, 본질적인 인간 본성, 이론적으로 가정된 인간 의식 구조 등에 의존하지 않는다. 배려윤리가 가정하고 있는 관계적 존재론조차도 이 세계에서 관찰 가능한 것, 즉 내가 관계 속에서 규정된다는 사실, 만일 우리가 관계 속에 있지 않다면 어느 누구도 한 개인이나 한 사람, 혹은 인간이라 인지될 수 있는 어떤 존재가 될 수 없다는 사실을 보여 준다.

그러므로 분명한 것은 우리가 배려의 관계를 가치 있게 여긴다면 우리 자녀를 배려해야만 하고 그들에게 배려하는 법과 배려받는 법을 가르쳐야만 한다는 것이다. 더 나아가 우리의 의무는 아동에 대한 도덕교육으로 끝나지 않는다. 각 개인의 완성은 개인 각자의 문제라고 주장한 칸트와 달리, 우리는 우리가 만나는 각 개인의 도덕적 발달에 적어도 부분적으로나마 책임이 있다. 내가 타인을 대하는 방식은 그 사람에게 최선 혹은 최악의 상태를 가져올 수 있으며, 그 사람의 행동은 나로 하여금 현재의 모습보다 더 나은 상태로 성장하도록 하는 하나의 모범을 제공하기도 한다. 내가 남을 돌보는 사람, 다시 말해 늘상 배려의 관계 속으로 들어가는 사람이 될 수 있는가 하는 것은 상당 부분 타인이 나에게 반응하는 방식에 달려 있다. 더 나아가 윤리적 배려는 반성적 사고와 자기 이해를 필요로 한다. 우리는 우리의 역량과 여러 상황 속에서 반응하는 방식을 이해할 필요가 있다. 우리는 우리의 선하고 관대한 성향뿐만 아니라 사악하고 이기적인 성향도 이해할 필요가 있다. 그러므로 도덕교육은 배려윤리의 본질적인 부분이며 도덕교육의 상당 부분은 자신과 타인에 대한 이해에 할애되는 것이다.

도덕교육의 요소

배려의 관점에서 보았을 때 도덕교육의 첫 번째 요소라고 할 수 있는 모범(modeling)은 여타 거의 모든 형태의 도덕교육에서도 중요한 요소로 간주된다. 예컨대, 인격교육의 전통에서도 모범은 도덕철학의 기초를 이루고 있다.[3] 배려의 관점에서 볼 때, 우리는 배려한다는 것이 무엇을 의미하는지를 몸소 보여 주어야 한다는 것이다.

한편, 배려에 있어서 모범이라는 요소를 지나치게 강조하는 데 따르는 위험도 고려하지 않을 수 없다. 우리 스스로 모범을 보여야 한다는 점을 강조할 때 우리는 자칫 보살핌을 받는 자를 소홀히 할 수 있다. 스스로의 덕을 실천하는 일에만 지나치게 몰두할 때에도 이와 동일한 현상이 발생한다는 점을 우리는 본 적이 있다. 보통 세상을 살아가는 한 가지 방식으로서 스스로를 의식하지 않고 배려를 행할 때 우리는 최선의 모범을 보일 수 있다. 우리의 반성은 우리 자신과 피보호자 간의 관계에 집중되어야 한다. 우리가 보이는 반응은 충분한가? 우리가 했던 말을 더 낫게 할 수는 없었는가? 우리 행위가 도움이 되었는가, 아니면 오히려 방해를 가져다준 것은 아닌가? 우리는 종종 우리를 관찰하고 있는 사람들, 그리고 우리 행동이 그들에게 어떤 영향을 미칠지를 제대로 고려하지 않는다. 그리고 이 점은 어찌 보면 당연한 것인지도 모른다.

그러나 때때로 우리는 배려를 행하는 모범으로서 우리 스스로에게 주의를 집중해야 한다. 이를테면, 어린아이에게 애완동물을 어떻게 다루어야 하는지를 보여 준다고 할 때 우리는 애완동물에게 그다지 주의를 집중하지 않는다. 이때 우리가 주의를 기울이는 대상은 어린아이이며 그 아이가 우리가 보이는 모범에서 무엇을 배우고 있는가 하는 것이다. 마찬가지로 교사로서 우리는 우리의 주의력을 한 특정한 학생으로부터 우리를 지켜보고 있는 학급 전체로 적절히 전환한다. 한 학생에 대한 우리의 행동은 배려한다는 말의 의미에 관해서 전체 학급에게 무엇을 말해 주고 있는가? 앞에서 언급했던 것처럼, 주의집중의 대상을 전환하는 데는 위험이 따르며, 그 전환의 정도가 지나칠 때 그것은 우리의 배려활동을 훼손시킬 수 있다.

주위에 당장 보살펴야 할 배려 대상이 없는 조용한 순간에 반성은 필수적인 것이 된다. 이때 우리는 돌보는 자로서 우리가 지닌 역량에 대해 반성해야 할 뿐 아니라, 모범을 보이는 자로서의 우리 역할에 대해서도 깊이 생각해 볼 수 있다. 내가 만약 한 사람의 교사로서 학생들에게 오로지 '그들을 위하는 마음에서' 항상 엄격한 태도를 유지한다고 하면, 나는 그들에게 무엇을 전달하고 있는 것인가? 숙고 끝에 누군가는 매우 만족스러운 기분으로 배려라는 것이 돌봄을 받는 자로 하여금 그들에게 최선의 것을 실천하도록 하는 것이며 이 이유에서라면 강제도 정당화될 수 있다고 주장할지 모른다. 또 다른 교사는 자신이 행한 배려의 노력이 배려는 강제의 형태를 띨 때 비로소 적절하게 행해질 수 있다는 생각을 학생들에게 심어 줄 수도 있다는 점을 깨닫고 몹시 당황해할 수도 있다. 만약 이 두 교사가 만나서 이야기를 나눈다면 서로에게 자기 생각을 말해 주고 그에 따라 각자의 행동을 수정할 수 있을 것이다. 이상과 같은 관찰은 배려 관점에서 파악된 도덕교육에 관한 우리의 논의를 아래에서 언급할 그것의 두 번째 요소와 논리적으로 관련시켜 준다.

대화(dialogue)는 배려 모형의 가장 기본적인 요소다. 진정한 대화는 파울로 프레이리(Paulo Freire)가 서술하고 있듯이 그 결말이 정해져 있지 않다.[4] 대화에 참여하는 사람들은 대화를 시작할 때 그들의 대화가 어떤 결론에 이를지 알지 못한다. 각자는 서로에게 얘기하고 서로의 이야기를 경청한다. 대화는 단순히 서로 말을 주고받는 것(conversation)과 다르다. 대화에는 그 어떤 주제가 있어야 하지만 그 주제는 대화를 진행해 가는 도중에 변경될 수 있으며, 대화참가자 쌍방은 원래의 주제로부터 그것보다 훨씬 중요한, 혹은 덜 예민한, 혹은 보다 근본적인 주제로 주의를 전환할 수 있다.

대화에 대한 강조는 배려의 보다 기본적인 측면, 곧 그것의 현상학적 측면과 관련된다. 돌보는 자는 돌봄을 받는 자에게 관심을 기울이거나, 열중해야 하며, 돌봄을 받는 자는 돌보는 자의 그러한 노력을 수용해야 한다. 돌봄을 받는 자가 돌보는 자의 노력을 수용하는 것 또한 주의집중의 한 형태다. 배려를 주고받는 관계에 있을 때 그리고 진정한 대화를 행하고 있을 때 사람들은 온전히 지적인 대상에만 그들의 주의를 집중하는 것이 아니다. 서로에 대한 쌍방의 관심은 무작위적인 형태로 나타난다. 시몬느 웨일(Simone Weil)은 그와 같은 관계를 다음과 같이 기술하고 있다.

> 이웃을 진정으로 사랑한다는 것은 그들에게 "뭐 안 좋은 일 있니?"라고 물을 준비가 되어 있다는 것을 의미한다. 그것은 고통 속에서 사는 사람을 단지 어느 한 집단의 일원으로서가 아니라, 혹은 '불행한'이라는 꼬리표를 단 범주의 한 보기로서가 아니라 우리와 똑같은 한 사람의 인간으로 인식하는 일이다. 이 관점은 무엇보다 먼저 상대에게 주의를 기울이는 태도를 필요로 한다. 영혼은 자신을 채우고 있던 내용물을 모두 비우고 지금 그것이 바라보고 있는 존재, 그의 모습 그대로, 그의 진실된 모습으로 스스로를 채운다.
>
> 오직 타인에게 주의를 기울일 수 있는 자만이 이것을 할 수 있다.[5]

대화 상대가 반드시 고통을 경험하고 있다고 볼 필요는 없지만, 돌보는 자는 항상 그와 같은 가능성을 염두에 두어야 한다. 대화의 주제가 고통을 유발하는 것이라면 배려를 행하는 참여자는 주제를 변경할 수 있다. 대화에는 지적인 논쟁의 특징으로 간주되는 논리적 추론뿐 아니라 상호 인격적인 추론이 개입되는 사건들이 흔히 등장한다.[6] 대화참가자는 상대에게 때때로 틈을 내어 그가 지닌 능력을 환기시키기도 하고, 과거를 회상하기도 하며, 탐색하거나 관심을 표현하기도 하고, 즐겁게 웃기도 하며, 혹은 돌봄을 받는 대상으로서 그와 맺는 관계를 확인하기도 한다. 따라서 대화는 항상 대화의 주제만이 아니라 함께 대화에 참여하는 상대방에 대한 주의를 필요로 한다.

대화가 도덕교육에서 핵심적인 의미를 지니는 이유는 그것은 항상 "뭐 안 좋은 일 있니?"라는 질문을 내포하고 있기 때문이다. 그것은 상대방으로 하여금 편안한 조건에서 속내를 드러내도록 해 주며, 돌보는 자로 하여금 그에 적절한 반응을 보이는 것이 가능하도록 해 준다. 대화는 대화참가자의 신상에 관한 정보를 제공하며, 그들 간의 관계를 지원하고, 보다 광범위하고 깊은 이해를 이끌어 내도록 하며, 대화참가자들의 의사소통 능력의 향상에 기여한다. 대화의 양식들이 내면화됨에 따라 도덕적 행위주체는 타인에게 이야기하듯 자신에게 이야기하는 법을 배운다. 그와 같은 대화는 끊임없는 자기 이해의 심화를 가능하게 한다. 내가 원하는 것은 무엇인가? 내가 그렇게 행위했을 때 나는 무엇을 하려고 하였는가? 나는 어떤 선한 행위(혹은 악한 행위)를 수행할 수 있는가? 나는 자신에게 지나치게 엄격한 것이 아닌가? 나는 나 자신에게 정직한가? 타인과의 대화 혹은 자신과의 대화의 중요한 목적 중의 하나는 대화를 나누는 '타인'에 대한 이해다.

여기서 설명하고 있는 대화는 이른바 '전투형' 대화를 거부한다. 대화는 논쟁과는 다른 것이며 그 목적은 논쟁에서 승리하는 데 있지 않다. 물론, 때로 논쟁의 과정이 잠깐씩 필요하기도 하며 대화 쌍방이 오히려 그것을 원하고 있을 수도 있다. 그러나 대화의 전 과정을 통해서 참가자들은 상대방의 존재를 인지하고 있어야 한다. 배려하는 자와 배려를 받는 자로서의 역할을 때에 따라 서로 교환하며 서로 간의 이념 차이가 아무리 클지라도 그러한 이념의 간극을 넘어서 상호 관련을 맺지 않으면 안 된다.

이와 같은 '전투형' 대화를 거부하는 조직이 있는데, 이들은 스스로를

'공동의 연대(Common Ground)'라고 지칭하는, 낙태 문제에 관해 서로 상반된 견해를 지닌 여성들로 구성된 단체다(사실, 이 명칭을 사용하는 조직은 미국 내에 여러 개가 있는데, 여기서 말하는 단체는 샌프란시스코 만(灣) 지역에 있는 단체다.). '공동의 연대'의 목적은 각 측이 자신의 신념을 확인하고 그것을 주장함으로써 그에 무지하거나 사악한 반대 측을 상대로 영광스러운 승리를 쟁취하는 데 있지 않다. 그들이 표방하는 일차적인 목적은 "낙태 문제와 관련된 전투형 논쟁을 거부하고, '상대 측' 또한 잘라 내야 할 마분지 조각이 아니라 나와 똑같은 인간이라는 점을 충분히 인식하는 데 있다."[7] '공동의 연대'에 속한 여성들은 스스로를 "낙태 논쟁이 의사소통, 동정, 공감 등과 같은 전통적인 여성적 가치들에 끼친 훼손에 좌절하고 상심한" 사람으로 묘사하고 있다. 그러나 낙태와 같은 쟁점이 의사소통, 동정, 공감 등과 같은 것을 통해서 해결될 수 있는가? 이 질문은 지금 논의되고 있는 접근방식의 전체적인 논점을 비껴갈 여지가 있다. 진정한 대화의 국면으로 함께 들어가게 하는 힘은 우리의 관점이 논리적으로나 윤리적으로 상대의 관점보다 더 나은 방식으로 정당화된다고 상대를 설득하는 것에서 생기는 것이 아니다. 쟁점이 되고 있는 문제는 결코 해결되지 않을지도 모른다. 핵심은 상대방과의 관계를 새로 만들어 내거나 회복함으로써 그것을 토대로 우리의 자발적인 배려가 장차 있을 토론을 안내하고, 대화참가자들을 고통으로부터 보호하도록 하는 데 있는 것이다. '공동의 연대'에 속한 많은 여성들은 낙태를 반대하는 단체나 혹은 그것을 지지하는 단체를 후원하는 활동을 계속하고 있는데, 이는 어느 한 편을 반대하거나 찬성하는 식의 입장을 표명하는 것이 현재 미국의 정치가들에게 받아들여지는 유일한 방법이기 때문이다. 그러나 어느 한 편을 지지하는 그들의 역할은 '공동의 연대'가 추구하는 목적, 곧 차이를 넘어서 서로를 배려하는 노력에 의해 심화되거나 완화될 수 있다. 한때 대화참가자들이 정체불명의 적에 대항해서 갖추고자 했을 법한 전략들이 이제는 완강하게 거부되고 있는 것이다.

'공동의 연대'가 단지 폭력과 욕설의 중단에 그치지 않는 바람직한 실제적인 업적을 산출해 내는 데 성공하고 있는 것은 그리 의외의 일이 아니다. 이미 낙태 문제에 관해 서로 반대 편에 섰던 여성들이 빈곤 아동에게 원조를 제공하고 가난한 어머니들을 돕고 버림받거나 학대받는 여성을 변호하는 일 등과 같은 다른 목표들을 추구하는 것에 동의했다. 서로를 비난하고 쟁투하는 데 소모되던 에너지가 이제는 긍정적이고 협조적인 목표를 성취하는 데, 그리고 보다 중요하게는 상반된 이데올로기를 지닌 사람들이 서로 간의 차이에도 불구하고 건설적으로 삶을 함께 영위할 수 있는 관계를 이룩하는 데 쓰이게 된 것이다.

담소, 대담 그리고 논쟁은 모든 형태의 도덕교육에서 활용된다. 그러나 그 초점은 자주 도덕적 결정을 정당화하는 것에 있다. 인지적인 도덕교육 프로그램은 학생들의 도덕적 추론을 발전시키는 것에 집중한다. 딜레마를 분석하며 학생들은 자신이 취하는 입장을 정당화하거나 다른 사람이 내놓은 논변의 강점을 판단하도록 배운다. 학생들의 이성적 능력을 개발하고 강화시키는 것은 분명 가치가 있다. 그러나 배려적 관점을 취하는 교육자들은 학생들이 도덕적 추론의 본래 목적, 즉 개인적·사회적 차원에서 배려적 관계를 정립하고 유지하는 목적을 잊어버릴까 봐 염려한다. 물론, 인지적 접근의 도덕교육을 옹호하는 사람들은 배려의 관계가 도덕적 추론에 중요하다고 생각하지 않을지도 모른다. 대신 도덕적 추론의 목적은 무엇이 옳은지를 아는 것이라고 말할 것이다. 이것은 도덕적 행동을 안내해야 하는 원칙을 평가하고 선택하는 일과 관련되어 있다. 모든 사람이 규칙적으로 이렇게 한다면 우리는 정의로운 사회를 만들 수 있을 것이고 개인의 고통은 상당히 줄어들 수 있을 것이라고 주장한다. 그러나 배려 옹호자들은 추상적인 고립 속에서 선택된 원칙과 취해진 결정에 대해 염려하며 다른 사람들이 실제로 겪는 것을 경청하지 않은 채, 옳은 것은 논리적으로 결정될 수 있다고 가정하는 것에 대해 의심한다.

배려 관점과 정의 관점의 이론적 차이는 너무 많고 깊어서 여기서 충분히 다루기 어렵다. 그러나 한 가지 사실은 지금의 논의와 특별한 관련이 있다. 연구에 따르면, 인지적 접근에 노출된 학생들은 거의 모든 결정이 정당화될 수 있고 자신들의 주장이 진정으로 중요한 것이라고 믿는 경향이 있다.[8] 인지주의적 교육자들은 이러한 교육적 결과에 대해 우려를 표명한다. 그러나 이것을 바꾸기 위하여 학생들의 사고를 멈추게 하는 개념으로 이들을 이끌 필요가 있다. 이들은 보통 옳고 그름을 결정하는 절차적 메커니즘에 의지한다. 여기서 배려 이론가들은 주로 결과론자들과 같은 선상에 있다. 무엇이 옳은지를 이해하는 과정에서 우리는 연루된 사람들에게 무엇이 좋은 것인지를 알 필요가 있다. 그러나 이것이 곧 우리를 공리주의자로 만드는 것은 아니다. 하나의 안정되고 추상적이며 보편적인 선을 찾고 최대 다수에게 그것을 주려고 노력하는 것이 아니라 오히려 이 사람 혹은 이 사람들에게 좋은 것이 무엇인지, 그리고 우리가 제안한 행동이 배려의 관계망 속에 있는 모든 사람에게 어떤 영향을 미칠 것인지를 결정하는 일을 해야 한다. 대화는 타인이 원하고 필요로 하는 것을 배울 수 있게 하는 수단이다. 그리고 이것은 또한 우리의 행동의 결과를 살펴볼 수 있게 하는 수단이기도 한다. 행동하기 전에, 행동하면서, 그리고 행동하고 나서 "어떻게 느끼고 있습니까?"라고 묻는다. 이것이 관계 속에 우리가 있는 방식이다.

배려 관점에서 도덕교육의 세 번째 요소는 실천이다. 우리는 상호 인격적 관심을 위한 역량을 발전시키도록 노력해야만 한다. 웨일은 이 역량이 "학교 공부의 올바른 활용", 특히 지리 같은 교과목을 통해 길러질 수 있다고 보았다.[9] 그러나 우리는 지적 영역에서 뛰어난 주의력을 발휘하는 학생이 사람들과 이들의 필요에 거의 완전히 무뎌지는 경우를 잘 알고 있다. 배려하는 역량을 개발하기 위해 우리는 돌보는 활동에 참여해야만 한다.

거의 모든 문화에서 여성은 남성보다 남을 돌보는 역량을 보다 자주 그리고 보다 깊이 개발하는 것처럼 보인다. 대부분의 배려 이론가들은 타고나거나 여성의 본질 때문에 이런 문화가 있다고 믿지 않는다. 오히려 여아들은 타인을 돌보도록 기대되고 남아들은 이 기대로부터 자주 자유롭기 때문에 일어나는 일이라고 믿는다. 물론 우리는 아직 그 해답을 알 수 없다. 그러나 도덕교육자들의 희망은 여성이든 남성이든 모두 돌보는 것을 학습할 수 있다는 것이다. 실제로 대부분의 배려 이론가들은 배려를 여성의 일로 제한하는 입장에 반대한다. 왜냐하면 이것은 여성을 착취하는 분위기를 조장하고 도덕교육을 통한 우리의 노력을 방해할 수 있기 때문이다. 배려는 단지 여성의 몫도 아니고 사적인 삶의 영역에만 제한된 존재 방식도 아니다.

아이들은 어떤 종류의 실천에 참여해야만 하는가? 여아가 수학적 경험과 과학적 경험을 해야 하는 것처럼 남아도 남을 돌보는 경험을 해야 한다고 제안하는 것은 합당해 보인다. 여아처럼 남아도 손님의 필요에 주목하고 어린 아동을 돌보고 집안일을 돕는 등의 일을 해야 한다. 배려 관점에서 보면 우리가 일상의 친밀한 육체적 필요에 가까이 가면 갈수록 그것의 허약함을 더 잘 이해할 수 있게 되고, 내면에서 솟아 나오는 '해야만 한다'는 느낌, 즉 서로에게 반응하도록 우리를 움직이는 가슴의 동요를 느끼게 된다.

마찬가지로 학교에서 학생들은 학업 성취를 높이도록 독려받을 뿐 아니라 함께 공부하고 서로 돕도록 독려되어야 한다. 교사는 학생들에게 협동의 도덕적 중요성을 전달할 특별한 책임이 있다. 집단 내 경쟁을 위한 소집단 활동 방법은 면밀히 관찰되어야 한다. 경쟁은 재미있을 수 있다. 경쟁이 협동 학습에서 어떤 역할도 하지 못한다고 주장하는 것은 불필요한 대결로 나아갈 수 있다. 그러나 만약 경쟁이 무지막지한 상호작용을 유도한다면 교사는 학생들로 하여금 이것을 깨닫게 하며 대안적 전략을 제안해야 한다. 이것에 대한 개방적 토론은 사회의 다른 영역에서 일어나는 경쟁에 대해 흥미진진하고 성과 있는 분석을 하도록 할 수도 있다.

많은 고등학교—공립학교보다는 사립학교—에서는 배려의 실천 기회로서 지역 공동체 봉사활동을 학생들에게 요구한다. 그러나 이러한 봉사활동 요구는 '기하학 수강'을 요구하는 것이 의미 있는 기하학 학습을 보장하지 못하듯이 돌보는 일의 학습을 보장할 수 없다. 봉사활동은 배려를 실천할 중요한 기회로 받아들여져야 한다. 학생들은 자신의 관심과 역량에 맞는 곳에 배치되어야 한다. 이들을 책임지는 자리에 있는 사람들은 돌보는 일을 효과적으로 배울 수 있도록 모범을 보여야 한다. 이들은 이제 관심의 초점을 배려의 대상이던 이들로부터 가르침의 대상인 학생들에게로 부드럽고도 섬세하게 옮겨야 한다. 학생들은 또한 자신의 실천에 대한 대화에 참여할 수 있도록 정규 세미나에 참석해야 한다.

배려 관점에서 접근하는 도덕교육의 마지막 요소는 긍정이다.[10] 타인을 긍정하는 것은 그들에게서 최선의 것을 끄집어내는 것이다. (우리 자신의 관점에서 판단했을 때) 어떤 이가 배려 없이 행동할 때 우리는 현실에 부합하는 가능한 한 최선의 동기를 가지고 반응한다. 이러한 방식으로 반응하기 시작할 때 우리는 그 사람 속에 내재한 보다 나은 자아에 배려가 깃든 관심을 주는 것이다. 이때 우리는 배려 없는 그 행동이 그 사람을 충분히 보여주는 것이 아님을 믿는다는 것을 보여 줌으로써 그 사람을 긍정한다.

긍정은 종교교육의 다양한 형태에서 나타나는 유형, 즉 비난, 고백, 용서 그리고 회개와는 아주 다르다. 비난은 돌보는 자와 돌봄을 받는 자를 분리시키는 방향으로 나아가서 그 관계를 훼손시킨다. 고백과 용서는 권위와 종속의 관계를 암시하고 일을 저지른 자가 자신의 행동에 대하여 충분히 책임지지 못하도록 한다. 그리고 고백과 용서는 의례화될 수 있다. 이렇게 될 때 진정한 대화는 가능하지 않다. 여기서 실제 일어나는 것은 돌보는 자와 돌봄을 받는 자 간의 관계가 아니며 이 둘 간의 상호작용도 관계를 강화시키는 것을 목적으로 하지 않는다. 그리하여 돌보는 자나 돌봄을 받는 자의 내면에 윤리적 이상을 형성하는 일에 아무런 영향을 미치지 못한다. 왜냐하면 이 이상은 돌보는 것과 돌봄을 받는 것에 대한 기억으로부터 반성적으로 구성되기 때문이다.

긍정은 아무나 타인에게 행할 수 있는 의례적 행동이 아니다. 이것은 관계를 요구한다. 돌보는 자는 돌봄을 받는 자가 달성하려고 하는 것이 무엇인지 알 수 있을 정도로 충분히 그를 이해할 필요가 있다. 현실에 부합하는 가능한 한 최선의 동기를 부여하는 것은 그 현실에 대한 지식을 요구한다. 즉, 긍정은 돌봄을 받는 자로부터의 아무런 근거 없이 돌보는 자의 선의만으로 억지로 나올 수 있는 것이 아니다. 돌보는 자가 돌봄을 받는 자의 내면에 있는 동기를 확인하고 돌봄을 받는 자를 긍정하는 데 그 동기를 사용할 때, 돌봄을 받는 자는 "그것이 바로 제가 하려고 했던 거예요!"라고 말하며 그 동기를 자신의 것으로 인식한다. 부족한 행동과 못난 자아 밑에서 인정을 받기 위해 투쟁하고 있는 보다 나은 자아를 타인이 볼 수 있다고 깨닫는 것은 우리에게 자신에 대한 자신감을 북돋운다.

철학적 이슈

지금까지 논의된 도덕교육 모형은 배려윤리에 기초하고 있다. 이 윤리는 보편성의 특징을 지닌다. 이것은 세상의 모든 사람이 돌봄을 받고자 한다는 사실을 인식하는 것으로 시작한다. 돌본다는 것이 무엇을 의미하는지 우리가 정확하게 기술하려고 할 때 보편성은 사라져 버린다. 왜냐하면, 서로 돌보는 관계는 시대, 문화 그리고 심지어 개인에 따라 다르게 나타나기 때문이다. 비슷한 환경과 상황하에서도 어떤 사람은 예의를 갖춘 존중을 배려로 받아들이는 반면, 다른 이는 따뜻한 포옹이 없을 때 배려받지 못한 것으로 느낄 수 있다.

애초에 남을 돌보는 행위는 그 특성상 자연스럽고 자연 발생적으로 일어나기 때문에 배려윤리를 실용주의적 자연주의로 보는 것은 적절하다. 듀이(John Dewey)의 윤리 사상은 인간이 사회적 동물이며 소통하고자 하는 존재라는 경험적 관찰과 함께 시작한다. 배려윤리는 배려받기를 원하는, 혹은 최소한 타인들과 긍정적 관계 속에 있고자 하는 우리의 보편적 욕구를 그 출발점으로 한다. 인간은 실제로 그러한 관계에 높은 가치를 부여하고 그리하여 우리의 가장 근본적인 '의무'도 도구적인 것으로서 생겨난다는 것에 주목할 필요가 있다. 즉, 우리가 그러한 관계를 소중히 여긴다면 우리는 그 관계를 만들고 유지하며 증진시키기 위하여 행동해야 한다는 논리가 성립하는 것이다.

도덕이론을 구축할 때 듀이는 의사소통의 한 목적으로서 문제해결이라는 주제로 재빨리 옮겨 갔지만, 배려윤리를 구축하면서 우리는 돌봄의 관계를 유지하는 데 요구되는 필요와 반응의 문제에 집중할 것이다. 이 차이를 젠더(gender)의 차이에서 유래한 것으로 해석할 필요는 없다. 그러나 돌봄을 지향하는 것은 전통적으로 여성과 관련된 경험에서 보다 자연스럽고 완전한 형태로 나타난다는 것 또한 사실이다. 여성이 철학을 할 때 대개 남성과는 "다른 방식으로 한다."라고 듀이도 한때 말한 바 있다. 이러한 사실적 관찰로 인하여 젠더의 차이가 철학적 사유 방식을 영원히 양분할 것이라고 생각할 필요는 없다. 상호 영향과 비판적 호혜성은 두 관점이 지닌 요소들을 잘 통합하는 모형을 산출할 수 있다. 그러나 여성철학이 충분히 성장하려면 오랜 세월이 걸릴 것이다. 우리는 다른 경로를 통해 (남성철학과) 동일한 도착점에 도달할 것인가? 아니면 그 도착점조차 다를 것인가? 이것은 오늘날 도덕철학이 직면한 흥미로운 질문이다.

배려윤리에 보편성의 요소는 있지만 보편적 도덕교육 모형을 주장할 수는 없다. 아마도 모든 도덕교육학자는 모범이나 실천을 자신의 교육 프로그램에 수용할 것이지만, 많은 이들은 긍정을 인정하지 않고 또 어떤 이들은 대화의 중요성을 거부하며 그 대신 명령과 복종을 강조한다. 배려 옹호자들은 보편성의 결여를 약점으로 간주하지 않는다. 반대로 보편적 모형을 고집하는 것은 문화적 오만의 한 형태라고 느낀다. 여기서 우리는 최소한 두 가지 문제에 관하여 콜버그주의자들과 크게 다르다. 첫째, 세상의 모든 사람이 이성적으로 사고해야 하거나 동일한 방식으로 남을 배려해야 한다고 믿을 이유가 없다고 본다. 둘째, 우리가 지성적 행위를 강조한다고 하더라고 이성 자체에 대하여 편협하게 몰두하지 않는다. 도덕적으로 잘 성숙된 이는 이성적 사고 능력과 수준에 있어 뛰어날 뿐 아니라 자신의 행위가 자신이 맺고 있는 관계에 실제로 미치는 영향을 생각하는 데도 뛰어나다. 더구나 우리의 관심은 단지 개체로서의 도덕적 주체의 성장이라기보다는 도덕적 관계의 유지와 성장이다. 이것은 관심의 대상이 아주 다르다는 것을 의미한다.[11]

배려 옹호자들은 또한 인격교육 옹호자들과 특정 측면에서 차이가 있다. 우리는 먼저 아리스토텔레스주의자 혹은 '공동체주의자'로 불리는 이들과 근대 도덕철학을 비판한다는 점에서 의견을 같이한다. 이들에 따르면 근대 도덕철학은 논리적으로 결정될 수 있는 도덕적 문제에 혼자 고립되어 매달린 개별적 도덕 주체를 지나치게 강조했다고 본다. 다른 한편으로 우리는 아리스토텔레스주의자들이 사회적 역할이나 기능을 강조하는 것에 대하여 우려를 표한다. 이것은 덕목의 위계화나 교회 혹은 국가에 대한 흔들리지 않는 충성의 요구로 나아갈 수 있기 때문이다. 지도자와 추종자, 남성과 여성, 고용주와 노동자에게는 상이한 덕목들이 기대된다. 더구나 교육적 모형은 특정 가치나 덕목에 관하여 공동체가 합의에 도달할 수 있을 것이라고 가정하는 경향이 있다.

20세기 초 '인격개발연맹(Character Development League)'이라는 단체는 모든 학생에게 복종, 근면, 순수, 자립, 용기, 정의, 애국심 등 많은 덕목을 함양시키고자 하였다.[12] 아마 콜버그주의자들과 배려 옹호자들은 아이들이 학교에서 이러한 덕목에 대하여 논의할 기회를 가져야 하고, 덕목의 발휘를 시범적으로 보여 주는 영감에 찬 이야기를 읽고 들어야 한다는 것에 동의할 것이다. 그러나 공동체의 합의에 의존한다는 것은 화려한 그림이 그려진 부실한 담장에 기대는 것과 같다. 우리 모두가 정직함이 어느 정도 중요하다는 것에 동의한다고 하더라도, 이것이 정확하게 어떻게 행동으로 나타나야 하고 얼마나 철저하게 실행되어야 하는지에 대해서는 아마 서로 동의하기 어려울 것이다. 칸트는 거짓말을 절대로 하지 말라고 처방하고, 찰스 웨슬리(Charles Wesley)는 고대 아버지들이 말한 "모든 세상의 영혼을 구하기 위해서도 고의적인 거짓말을 하지 않을 것이다."[13]라는 진술에 금방 동의했지만, 우리 대부분은 해를 초래하지 않는다면 한 생명과 한 영혼을 구하기 위해, 혹은 타인의 기분을 상하게 하지 않기 위해 기꺼이 거짓말을 한다. 우리는 실제로 그렇게 해야 한다는 도덕적 의무감을 느낀다.

배려윤리 관점에서 보면, 외견적(apparent) 합의하에서 관계를 시작할 때에도 정당한 차이에 대한 이해를 드러내고 발전시킨다는 목적을 솔직하게 인정하고 시작할 필요가 있다. 이렇게 할 필요가 있다는 것, 즉 배려(존중, 사랑, 도움 혹은 이해)에 대한 보편적 욕구에 반응할 필요가 있다는 것은 대화의 중요성을 강조한다. 우리는 서로에게 말을 걸어야 한다. 어떤 때는 상대를 성공적으로 설득시키고 다른 때는 그들에 의해 설득된다. 그리고 어떤 때는 지대한 이념적 차이를 가로질러 단순히 서로 배려하도록 노력해야 한다. 우리가 외견적 합의의 표면 밑을 파고들어 면밀히 검토하지 않는다면 상이하고 새로운 목소리들을 잠재울 위험이 있다. 또한 지배적인 권위에 의해 이미 받아들여진 일련의 고정된 덕목과 가치가 확고하게 정립되는 것을 허용할 우려도 있다.

가치교육을 도입하는 문제에 대한 오늘날의 논쟁에서 핵심적인 질문은 앞에서 암시된 바로 그 문제다. 즉, 누구의 가치를 가르칠 것인가 하는 것이다. 한 집단은 자신의 가치를 내세울 것이고 다른 집단은 합의를 구하려고 할 것이다. 배려윤리 이론가들은 "모든 사람의 가치로!"라고 응답할 것이다. 그러나 배려윤리 이론가들은 인지론자들이 하는 것처럼 모든 가치를 신중하고 비판적으로 검토할 것이고, 인격교육론자들과 마찬가지로 우리의 선택이 공동체에 미치는 영향과 공동체가 우리의 선택에 미치는 영향을 이해하며 다룰 것이다. 공동체, 즉 국가, 마을, 학급, 가족 등은 무언가를 대변하고 있다고 받아들이며 아이들을 이미 진술된 준거에 따라 사회화시키려 할 것이다.[14] 그러나 우리는 불확실성을 염두에 두고 이 모든 것을 할 것이다. 즉, "왜?"라는 질문을 던지도록 독려할 것이며, 할 수 있는 한 정직하게 정반대의 대안도 제안할 수 있는 우리의 책임감을 인식할 것이다. 종종 해결될 수 없는 차이에도 불구하고 학생들은 도덕적 삶의 핵심 목적을 잊지 말아야 한다. 그것은 바로 배려의 필요성을 직면하고 이에 주목하며 반응하는 것이다.

이 진술은 도덕교육(학)자들에게도 마찬가지로 적용될 수 있다. 도덕철학과 도덕 심리학의 많은 이슈에 대하여 견해 차이가 있다 하더라도, 교육(학)자로서 공통 목적, 즉 학생과 교사 모두의 지속적인 도덕교육에 기여해야 할 목적이 있다. 이것을 목적으로 하여 우리는 전투형을 거부하고 건설적이고 진정한 대화의 방식을 채택해야 할 것이다.

후 주

1. Larry P. Nucci, ed., *Moral Development and Character Education* (Berkeley: McCutchan, 1989)을 보라.

2. Nel Noddings, *Caring: A Feminine Perspective on Ethics and Moral Educaion* (Berkeley and Los Angeles: University of California Press, 1984); *Woman and Evil* (Berkeley and Los Angeles: University of California Press, 1989); *The Challenge to Care in Schools* (New York: Teachers College Press, 1992)를 보라.

3. 이 관점의 기초는 Aristotle, *Nicomachean Ethics*, trans. Terence Irwin, (Indianapolis: Hackett, 1985)을 보라.

4. Paulo Freire, *Pedagogy of the Oppressed*, trans. Myra Bergman Ramos (New York: Herder and Herder, 1970).

5. Simon. Weil, "Reflections on the Right Use of School Studies with a View to the Love of God," in *Simon Weil Reader*, ed. George A. Panichas (Mt. Kisco, N. Y.: Moyer Bell Limited, 1977), p. 51.

6. Nel Noddings, "Stories in Dialogue: Caring and Interpersonal Reasoning," in *Stories Lives Tell: Narrative and Dialogue in Education*, ed. Carol Witherell and Nel Noddiongs (New York: Teacher College Press, 1991), pp. 157-70을 보라.

7. Stephanie Salton, "Pro-life+pro-choice=Common Ground," *San Francisco Chronicle*, August 30, 1992, A15.

8. 현재 모든 학생들에게 윤리학 분야의 2과목을 반드시 이수하도록 하고 있는 몬타나 대학의 교수들은 도덕적 딜레마식 접근법의 이 불행한 결과를 지적해 왔다.

9. Weil, "Right Use of School Studies."

10. '긍정' 은 Martin Buber, *I and Thou*, trans. Walter Kaufmann (New York: Charles Scribner's Sons, 1970)에 잘 묘사되어 있다.

11. 이와 관련된 관점이 Carol Gilligan, *In a Different Voice* (Cambridge: Harvard University Press, 1982); Mary F. Belenky, Blythe M. Clinchy, Nancy R. Goldberger, and Jill M. Tarule, *Woman's Ways of Knowing* (New York: Basic Books, 1986)에

심리학적 용어들로 기술되어 있다.

12. James Terry White, *Character Lessons in American Biography for Public Schools and Home Instruction* (New York: The Character Development League, 1909)을 보라.

13. 다음에서 인용. Sissela Bok, *Lying: Moral Choice in Public and Private Life* (New York: Vintage Books, 1979), p. 34에서 인용됨.

14. 심지어 콜버그도 아이들을 사회화할 필요를 인정했다. Kohlberg, "Moral Education Reappraised," *The Humanist* 38 (Nov.-Dec., 1978): 13-15를 보라. 이 논문에서 콜버그는 "위교"의 필요성을 받아들이고 있다. 그러나 나는 위교가 필요하다고 생각하지 않는다. 우리는 아이들을 사회화하지만 언제나 이들에게 이유를 묻도록 독려한다.

_12

도덕교육 영역의 확장

David E. Purpel

도덕교육에 관한 논의가 이 책의 주제로 포함되고, 많은 교육자들이 이 주제에 대해 부여하고 있는 심각성뿐만 아니라 이 주제가 근본적으로 중요하다는 점을 나딩스(Nel Noddings) 교수와 벡(Clive Beck) 교수의 논문이 잘 드러내 보여 주고 있어서 기쁘기 한량없다. 이 두 논문은 나에게 지적인 자극과 통찰을 주었을 뿐만 아니라, 보다 중요한 것은 이 두 논문이 지극히 중대한 문제들에 관하여 민감한 관심과 헌신을 표현하고 있다는 점이다. 앞의 두 논문은 두 가지 영역, 즉 (기본적으로 철학적이고 심리학적인) 학술적 이론이라는 넓은 영역과 학교라는 좀 더 좁은 응용 영역 안에서 논의를 이끌어 가고 있는 듯하다. 이론적인 문제와 질문을 교육과정과 교수실천이라는 과제와 적절히 연결시키고 있으며, 그렇게 함으로써 이론과 실제 양쪽에 모두 영감을 불어넣고 있다. 나는 이 두 분석이 확대되어 좀 더 넓은 사회적 · 정치적 · 문화적 · 정신적 · 개인적 문제를 포함할 수 있게 되리라 믿으며, 그로부터 이점을 얻게 되리라 믿는다. 이러한 믿음이 이 글의 초점이 된다.

사회적 · 문화적 맥락

타인을 배려하는 추동력에 관해 검토하고 그것을 육성하는 데 많은 에너지를 쏟아야 한다는 생각은 대단한 호소력과 의미가 있으며 감동적이다(나는 그러한 노력에 참여할 기회를 가지게 되어 기쁘다.). 그렇게 하는 중에, 가장 강력한 나의 첫 번째 추동력은 배려의 메커니즘에 관한 질문을 고민하는 데 있지 않고(그것이 비록 중요하긴 하겠지만), 배려를 필요로 하는 많은 사례를 주목하는 데, 달리 말하면 현 상황에서 인간이 겪고 있는 헤아릴 수 없는 고통과 고난을 포착하고 증언하는 데 있다. 교육자이며 시민으로서 우리의 작업은 엄청나고 수용하기 어려운 인간의 고난으로부터 출발해야 하며, 우리 작업의 가치를 가늠하는 진정한 척도는 그 고난을 얼마나 감소시켰는가 하는 것이 되어야 한다고 믿는다. 따라서 이 글에서 가장 먼저 논의하고자 하는 것은 불필요한 고통, 특히 사회적으로 구조화된 현실, 정책, 실천 등에 의해 초래되는 인간의 고통 문제다. 다시 말하면, 배려가 요구되는 고통의 사회적 · 문화적 원천을 검토하는 것이다. 일차적 관심은 고통의 원천과 성격을 검토하는 것이며, 그러한 과정에서 우리가 그 고통을 야기한 공범일 가능성을 받아들이고, 그 고통을 경감시킬 우리의 책임에 관해 숙고할 필요를 인식하는 것이다. 그러기 위해서 우리는 교육자이며 시민으로서 스스로를 잠재적인 치료자로서뿐만 아니라 가해자나 공범자, 고난의 희생자로 인지할 필요가 있다(이렇게 말한다고 해서 우리가 그 고통의 기원을 모르거나 그 문제가 특별히 연관되어 있지 않은 상황에서 도움을 필요로 하는 사람들을 배려하는 것이 중요하지 않다고 말하는 것은 결코 아니다.). 우리 이웃을 배려하라는 명령이 고통의 원천뿐만 아니라 고통의 증상과 결과를 해결할 책임까지 포함한다는 것은 명백하다. 나의 입장은 고통에 대해 포괄적으로 접근하는 것이 증상뿐만 아니라 원인에 대한 고려를 포함한다는 것이다.

한 아이가 울면서 다가올 때, 우리는 그 아이를 위로하거나 혹은 그 아이가 겪는 고통의 원천에 개입함으로써 배려를 실천할 수 있다. 이상적인 것은 우리가 이 두 행위를 모두 하는 것이다.

필요한 고통과 불필요한 고통을 구분할 수 있는 절대적인 방법은 없다. 그러나 그러한 구분이 어렵다고 해서 중요한 통찰을 제공하는 그 구분에 의존해서는 안 된다는 것은 아니다. 이 구분은 대단히 유용한 방법을 제시한다. 즉, 고통을 예방할 수 있었는가 하는 질문을 제기하는 것은 유용하고 효과적인 과정이다. 그 질문을 하고 나면 빈곤, 노숙, 사회적 특권이 불가피한 것이 아닌 반면에 죽음이나 상실은 불가피한 것이라는 점을 이해하기는 그다지 어렵지 않다. 분석의 기술을 동원할 필요도 없이, 계급이나 신분의 구분을 만들어 내는 것은 우리의 문화이지만, 사랑하는 사람을 잃었을 때 고통을 느끼는 것은 자연적인 필연이라는 점을 알 수 있다. 간통을 하여 얻게 되는 고통과 어떤 포부를 이루지 못하여 느끼게 되는 깊은 좌절은 경험의 성격 그 자체에 내재해 있는 듯하다. 그러나 이러한 고통의 원천 중에서 적어도 일부분은 특정한 문화적 가치나 기대에 그 뿌리를 두고 있다는 점 또한 명백하다. 낮은 학업 성취도 때문에 고민하고 있는 아동과 마찬가지로 자신의 특수한 외모나 생각 때문에 거부당하고 있다고 느끼는 아동 역시 잘 위로해 줄 필요가 있다. 그러나 극히 중요하고 현실감 있는 다른 문제가 있다. 즉, 이 고통이 불가피한가? 그 상황에 관하여 우리가 할 수 있는 모든 일은 그들 자신의 결함을 극복하도록 공감하고 돕는 것뿐인가? 어떻게 해서 우리는 이러한 현상을 결함으로 규정하게 되었는가? 우리는 그것 자체를 영속적인 것으로 받아들여야 하는가? 자신이 부적절하다는 생각에 뿌리를 두고 있는 모든 고통은 문화적으로 결정된 것이며 따라서 불필요한 것이 아닌가? 그 대신 비록 이러한 고난 중 일부는 피할 수 있는 것이고 따라서 분명히 불행한 일이기는 하지만, 그럼에도 불구하고 다른 유용한 가치(예컨대, 기준 유지, 경쟁, 성취)를 추구한 필연적 결과라고 말할 수 있겠는가?

그러나 나는 되도록이면 빨리 사회적 맥락이라는 추상적인 개념으로부터 1990년대의 미국이라는 특수한 상황으로 옮겨 가고자 한다. 왜냐하면, 배려와 윤리적 책임에 관해 말할 때 우리를 에워싸고 있는 것에 대해 눈감고 부정하는 죄를 저지르지 않는 것은 아주 중요하기 때문이다. 나는 전 세계적 수준에서뿐만 아니라 우리 지역사회나 이웃에도 엄청난 정도의 불필요한 고통이 있으며, 그것은 대부분 권력을 가진 사람들—다른 특성도 있지만 대개 교육을 많이 받은 사람들—의 정책이나 활동에 의해 생겨난다고 생각한다. 짐작건대, 파국적이거나 비극적인 결과를 가져오는 외교 정책이나 투자 전략, 도시 계획, 은행 정책 등을 통해 외부에 멀리 영향을 미치는 결정을 하는 사람들은 대단히 좋은 분석력과 해석력을 갖추고 있으며, 다른 집단의 대다수 사람들처럼 대인관계에 민감한 것 같다. 뿐만 아니라, 이러한 비참함의 원천 중 상당수는 특권이나 위계질서, 무자비한 경쟁이라는 도덕적 암(癌)으로서, 이러한 것들은 제도교육에 속속들이 퍼져 있을 뿐만 아니라 제도교육 속에서 정당화되고 합리화되고 있다. 이를 좀 거칠게 말한다면, 만연된 불필요한 고통의 상당 부분에 대한 책임은 형식 교육에 있다. 그 까닭은 교육을 받은 사람들이 권력을 가지고 있으며, 형식 교육은 일반적 고통을 낳는 냉담과 위계와 불평등을 구현하고 있기 때문이다. 또한 형식 교육이 능력주의적 윤리를 가치화하고 정당화하는 힘을 가지고 있기 때문이다. 그러한 능력주의적 윤리는 승리자와 패배자를 구조화하는 윤리로서 그 속에서 승리자는 타인의 희생을 딛고 승리하며, 또한 그것은 우세와 특권, 위계의 윤리로서 사치와 안락, 부, 안일을 산출하는 동시에 실직, 저임금고용, 빈곤, 기아 등을 낳고 있다. 비극적인 것은 이러한 특권이 배분되는 과정, 도덕적 용어로 다시 말하면 인간의 존엄이 배분되는 과정에 형식 교육이 중요한 부분이 되어 왔다는 점이다. 따라서 우리의 사회적 · 경제적 체제는 비록 그것이 엄청난 부를 보편적으로 폭넓게 창출해 왔으며 우리의 복지에 깊이 공헌해 오기는 했지만, 모든 이에게 정의를 제공하는 데는 실패하였다. 우리의 문화는 공적으로는 아가페적인 사랑을 수용하려고 노력하는 반면, 암암리에 탐욕을 지원하면서, 자유와 평등, 모든 인간의 존엄 및 소수의 특권을 둘 다 인정하는 내란 상태에 처해 있다.

현재 일어나고 있고 지속적이며 매우 생생하고 아주 끔찍한 이러한 고통과 불평등과 부정의가 시사하는 바는 배려하는 마음을 기르고 학생들로 하여금 윤리적 담론에 참여하게 할 것을 요구한다. 우선, 우리가 기억해야 하는 것은 도덕의 문제가 그 성격상 사회적이며, 공동체의 역사, 특수한 사례들, 신념, 구조, 논쟁 등의 특수성과 깊숙이 연관되어 있다는 것이다. 사람들이 무언가를 행할 때 그들은 특수한 환경 속에서 행하며, 도덕적으로 행하거나 생각하도록 요구될 때 그들은 특수한 맥락 안에서 그렇게 할 필요가 있다. 사람들이 도덕적 의식을 기르도록 도울 때, 미국인은 자신들의 삶을 형성한 1990년대의 미국 사회와 미국 문화의 모든 측면에 들어 있는 도덕적 차원에 집중할 필요가 있다. 의심할 여지없이, 철학적 · 심리학적 통찰은 도덕의식을 증진하는 데 절대적으로 필요하다. 그러나 사회적 · 역사적 · 문화적 · 정치적 · 경제적 맥락을 제외하거나 무시한다면, 그것은 기껏해야 도덕교육의 과정이 부적절하지는 않다 하더라도 개인적인 친절로 만들어 버리고, 최악의 경우에는 사회적 무책임을 낳는 데 기여한다.

교실 상황은 도덕적 문제에 관해 이야기하고 행할 수 있는 중요한 자리다. 가깝든지 아니면 다소 거리가 있든지 간에, 우리와 상호작용하는 교실 안의 개개인에게 주목하는 것과 그때 이들을 배려하고 공감하면서 주의를 기울이는 것은 분명히 중요하다. 그러한 교실 상황은 조심스러운 연구와 분석을 요구하며 우리의 관심을 받을 만하다. 그러나 교실 상황만이 배려와 관심을 요구하는 곳의 전부는 아니다. 우리가 보지 못하고 만나지 못하는 고통받는 사람들, 그리고 우리가 그 신원을 모르지만 불필요한 고난을 겪고 있는 사람들은 어쩌란 말인가? 우리의 상상력을 통해 그러한 사람들을 생생하게 느끼고 그들의 고통을 실감할 수는 없는가? 우리의 도덕적 책임은 우리가 개인적으로 경험하는 사람들을 넘어 우리 곁에 있지는 않지만 우리와 연결되어 있는 집단이나 개인에게까지 확장되어야 하지 않겠는가? 다시 한 번 강조하면, 나는 우리가 함께 있을 때 서로 배려하고 민감하게 느끼고 공감할 수 있도록 서로를 격려하는 일이 중요하다는 것을 확신하지만, 이것은 어딘가에서 내가 모르는 사람이 겪고 있는 극심한 고통을 부인하면서 이루어져서도 안 되고, 그러한 고통을 개선할 책임을 인정하지 않으면서 이루어져서도 안 된다.

물론, 곁에 있는 사람들에게 위안을 주는 것도 중요하지만, 자신이 그 고통의 원천 중 일부라는 것을 아는 것도 중요하다. 이 과정이 친밀한 환경이나 소집단에서 이루어지는 것은 어렵겠지만, 만연한 고통의 존재에 대한 우리의 책임과 그것을 경감시킬 우리의 책임을 구분해 내는 복잡한 과제와 비교해 볼 때 그 어려움은 그다지 큰 것이 아니다. 우리 자신을 도덕적 존재로 드러내려고 할 때 부인할 수 없고 또 부인해서도 안 되는 것은 엄청난 양의 불필요한 고통이 가혹하고 끈질기게 존재하는 현실이 있다는 것과 그러한 고통이 시작되고 유지되는 데 우리가 기여했다는 점이다. 더 나아가, 우리는 왜 이렇게 절박한 관심이 교육의 실천에 반영되지 않고 있으며 교육이론에서 그토록 무시되고 있는지에 관해 반성해야 한다. 내 생각에, 이러한 문제에 대해 관심이 없거나 이것이 무시되고 있는 까닭은 부분적으로 서로 뒤얽히고 모순적인 심리적 부정과 정치적 복잡성, 지적 합리화, 도덕적 고뇌, 개인적 혼란 등에 있는 것 같다. 이러한 인간의 역설과 딜레마의 매듭을 풀기 위해서는 우리 자신과 서로에 대한 공감과 겸손의 태도가 요구된다. 이것은 우리가 자신의 도덕적 책임에 관해 기술하거나 행할 뿐 아니라 이러한 과정을 다른 사람들에게 가르치고자 할 때 특히 그러하다.

우리가 직시해야 할 것은 불필요한 고통을 지속시키는 사회와 문화, 더 구체적으로 말하자면 교육체제가 그러한 의식을 개발하고 보존하고 정당화하는 방식에 대한 도덕적 인식이다. 그러한 의식이 지나치게 강조하고 있는 것은 사적인 성취, 개인의 성공, 물질적 풍요뿐만 아니라 지속적이고 아무런 제한 없는 경쟁을 누가 얼마나 성공과 위세를 가질 것인가를 결정하는 정당한 방법으로 받아들이는 사회다. 그러한 의식은 '극단적 개인성(hyper-individuality)'이라 불리는 국면과 가혹한 갈등, 분열, 증오의 시대를 낳았다. 그 결과 어떤 이들은 그러한 풍토 속에서 우리가 점차 타인을 배려하고자 하는 욕구를 상실하게 되리라는 점을 일깨워 주고 있다.

도덕교육에 관심 있는 사람이라면 고통을 받고 있는 사람을 배려할 필요, 그리고 그 고통의 원천에 관해 좀 더 잘 알아야 할 필요에 관해 관심을 가져야 한다. 고통의 원천은 종종 학교와 교실 상황 속에 있으며, 이것이 의미하는 바는 여기에 개인적 민감성과 개인 간의 관계뿐만 아니라 학교정책과 지역사회의 관습, 더 넓은 사회와 문화적 맥락 속에서 제기되고 있는 문제들이 결부되어 있다는 것이다. 그러한 상황 속에서 우리는 치료라는 반응을 할 필요가 있다. 그러한 치료는 따뜻한 인간관계와 아무런 대가 없이 자발적으로 주어지는 공감적 이해로부터 생겨난다. 더 나아가 우리는 고통의 원인을 분석하고 이해하며 해석하여 검토할 필요가 있다. 이성을 감정과 분리하는 것은 불필요할 뿐만 아니라 바람직하지도 않다. 왜냐하면, 개인 간이나 교실 수준에서 배려의 필요를 다룰 때조차도 고통의 원인과 증상 양쪽 모두에 대응해야 하기 때문이다. 그러나 도덕교육의 과제를 일반적이고 가설적인 도덕적 문제에 대한 인지적 이해로 한정하거나, 자기 주변의 고통에 대해 개인적으로만 대응하는 것은 그 많은 인간의 고통을 산출한 사회적 · 문화적 구조를 부정하고 이에 대해 절망하도록 한다. 시험에 실패하여 눈물을 훔치고 있는 아이를 위로할 때 이것은 분명 사랑이나 배려와 같은 것이다. 그리고 그 아이가 또다시 실패할 가능성을 감소시키고 그러한 좌절에 대해 덜 고뇌하도록 계속 지원하는 것은 도덕적으로 옳다는 생각이 든다. 그것은 단순히 도덕적인 토대를 지닌 교육만으로는 충분치 않다.

많은 고통은 그 고통의 필연성과 불가피성을 구조화해 온 사회적 · 경제적 · 문화적 · 정치적 조건이 뒤엉킨 집합체에 그 뿌리를 두고 있다. 그 고통에도 불구하고 사회적 · 문화적으로 구성되고 승인되며 확정되는 것이 어떤 것인가를 결정할 도덕적 · 지적 필연성이 바로 그러한 고통에 대응하는 고뇌에 찬 측면 중의 하나다. 이러한 책임과 함께 사회정책에 우리가 연루되어 있다는 점과 그러한 정책에 대한 우리의 태도가 문제로 대두된다. 교육자로서 우리는 그러한 정책을 지지하고 묵과하는가? 그리고 우리는 시민으로서, 타인을 희생시키고 고통과 고난을 야기하면서 나의 이익을 취하는 체제 안에 기꺼이 참여하는가? 결국 학교란 고집스럽게 학생들의 등수를 매기고, 공부한 결과가 '좋은' 만큼 사람도 '좋은' 사람이라는 치명적인 교리에 사로잡힌 문화 속에서 학생들을 그들의 성취에 비추어 끊임없이 평가한다. 그것은 마치 우리가 어느 순간 누군가의 머리를 때리고(우리 교사들은 규범을 유지한다는 명목으로 종종 이런 일을 한다.), 다음 순간 (그 구타에 대해서가 아니라) 그 고통에 대해 배려할 것을 요구하는 것과 같다. 우리는 이렇게 말해야 하는가? "학생들은 머리를 맞았을 때 울지 말아야 한다." 아니면 "학교에서 헬멧을 써야 한다." 그도 아니면, "약간 얻어맞는 것은 너한테 좋다."라고 말할 것인가? 게다가 교육자들이 자신은 단지 사회적 · 문화적 요청에 따라 행동할 뿐이며, 교육자가 학생에게 가하는 고통은 사적인 것으로 여겨져서는 안 된다는 반응을 보인다면, 그들의 윤리의식에 대해 무엇이라 말해야 하는가? 교육자는 학교나 대학, 사설 교육기관에서 일하는 문화 지도자이며 문화 창조자이며 사회운동가다. 또한 이들은 그러한 과정에 참여하여 행한 자신의 역할에 책임을 져야 하는 도덕적 존재다. 그 책임의 영역을 선택적으로 생략하거나 축소하는 것은 지적으로도 문제이며 정치적으로도 곤란하고, 이는 인류나 공동체,

심지어 전 세계적 차원에서 우리의 미래가 위기에 처해 있을 때 특히 그러하다.

우리 시대의 가장 극단적인 도덕적 악행은 헤아릴 수 없이 많은 불필요한 고통 속에 구체화되어 나타난다. 이러한 악행에 대한 우리의 반응이 고작 그것을 분석하거나 공감하는 데 그친다면, 고통의 울부짖음을 듣지 못하는 귀머거리가 될 위험은 높아지고 훨씬 더 애정이 넘치고 정의로운 공동체 속으로 우리 자신을 움직여 갈 동기와 의지는 줄어들게 된다. 우리는 눈물을 닦아 주고, 상처에 붕대를 감아 주며, 괴로워하는 사람들을 위로해 주어야 한다. 그리고 인간사의 도덕적 의미에 관해 철학적 통찰을 얻도록 노력하는 데 그쳐서는 안 된다. 뿐만 아니라 우리는 안락함에 젖어 있는 사람들을 각성시키고, 억압자들에 대한 우리의 분노를 표현해야 하며, 특정한 사회적 · 문화적 제도 및 태도를 우리의 가장 높은 포부와 가장 깊은 헌신을 충족시킬 수 있도록 재구성할 수 있는 방법을 제시하고 탐구해야 한다. 이 지구상에는 기아와 비탄, 절망이 있다. 따라서 우리는 왜 이 문제가 교육정책과 교육실천에 대한 모든 토론의 중심을 차지하는 핵심적이고 시급한 문제가 되고 있지 않은지 끊임없이 의문을 제기해야 한다. 확실히 도덕적으로 타당한 교육은 우리의 도덕적 담론을 깊이 반성하고 역사와 사회제도에 대한 분석, 특히 공감하고 마음이 통하고자 하는 우리의 욕구를 키워 주는 역사와 사회제도의 분석을 요구하는 과정을 포함한다. 그것은 또한 도덕 주체의 문제를 다룰 필요가 있다. 이 일은 부정의와 불평등을 조장하는 것에 대한 이해와 불가피하게 불필요한 고통을 감내하는 것을 단연코 거부하는 신념을 갖춘 확신과 헌신을 필요로 한다.

정신적 맥락

회의적이고 비판적이어야 한다는 학문적 서약과 경향 때문에 우리 주변에는 믿기 힘든 고통이 있고 또 그 대부분은 인간이 만들어 낸 것이라는 사실을 인정하지 않거나 거부해서는 안 된다고 생각한다. 물론, 그 고통의 원인과 기원, 해결책에 관하여 많은 불확실성과 논란이 있겠지만, 이러한 고통의 현실을 전문가적 회의주의와 강박적인 학문적 정확성의 장막으로 가려 버리지는 말자. 선과 악의 기원에 관해서라면, 고백하건대 나는 순진한 환상과 충심 어린 겸손으로 이러한 질문을 수수께끼(mystery)로 보려고 한다. 사회적 · 문화적 맥락이 아무리 중요하고 불가결하다 하더라도, 여기에는 보이는 것 이상의 것이 있다는 점이 나에게는 분명하기 때문이다. 벡 교수와 나딩스 교수는 자신의 논문에서 이러한 어려운 문제에 관하여, 까다롭기는 하지만 흥미롭고 유익한 질문을 많이 제기했다. 그러한 질문 중 몇몇에 대해서 나는 분석을 통해 해결되어야 할 문제로서가 아니라 계속 성찰되어야 할 의제로서 언급하고자 한다.

앞의 두 논문 속에는 이러한 의제와 관련하여 나에게 아주 호소력 있게 다가오는 구절이 많이 있다. 배려하고자 하는 욕구와 배려를 거부하는 욕구 둘 다에 관해 말하면서, 나딩스 교수는 "이렇게 할 때 우리는 어떤 윤리적 이상을 참고한다. 즉, 우리가 최선의 자아와 인간관계를 드러낸다고 간주하는, 타인을 보살피고 보살핌을 받은 일련의 기억들에 의존한다. 우리는 애초의 '해야만 한다'는 의무를 지속하기 위해 필요한 것을 끌어 모은다."라고 말하고 있다. 나는 이러한 견해를 심오한 진리로서뿐만 아니라 또한 깊은 신비를 담고 있는 것으로 받아들인다. 도대체, '해야만 한다'는 의무감은 어디로부터 온 것인가? 우리가 무언가를 '참고하고 끌어모은다'고 할 때, 우리가 요구하는 것은 무엇이며, 참고하고 끌어모으도록 하는 욕구를 생겨나게 하는 기원은 무엇인가? 최선의 자아라는 아이디어는 어떠한가? 그것은 이미 형성되어 있어서 잠에서 깨어나기를 기다리고 있는가, 아니면 의지와 우연에 의해 전면적으로 구성되는가? 우리 안에는 최악의 자아를 포함해서 덜 선한 자아도 있는가? 선하고 악한 차이를 만들어 내는 욕구의 원천은 무엇인가? 나딩스 교수의 다음과 같은 문장에서 그러한 욕구의 원천이 될 만한 하나의 가능성을 엿볼 수 있다. 즉, "배려 관점에서 보면 우리가 일상의 친밀한 육체적 필요에 가까이 가면 갈수록 그것의 허약함을 더 잘 이해할 수 있게 되고, 내면에서 솟아 나오는 '해야만 한다'는 느낌, **즉 서로에게 반응하도록 우리를 움직이는 가슴의 동요를 느끼게 된다.**"(고딕 강조는 필자)

벡 교수도 비슷한 문제를 제기하고 있다. "사람들은 삶의 방향과 의미를 줄 '정초'를 필요로 한다. 비록 '정초'가 일시적인 성격의 것이라 하더라도 그렇다. 우리는 학생들과 '형이상학(전 교육과정에 걸쳐 전제되어야 할 형이상학)'에 대해 공부할 필요가 있다. 도덕적인 것이 무엇인지, 그리고 '훌륭한 삶'을 어떻게 살 수 있는지를 알기 위해 우리가 아는 것, 타인이 삶으로부터 원하는 것, 그리고 그것을 어떻게 성취할 수 있는지를 보여 주는 유형을 살펴볼 필요가 있다."

형이상학은 훌륭함을 추구하는 데 꼭 필요한 부분이며, 그와 동시에 이러한 생각은 몇 가지 의문을 불러일으킨다. '마무리 안 된 생각'은 비판적 분석과 합리적 사고의 체제와 어떻게 연결되어야 하는가? 그 끄트머리는 얼마나 미완인 채로 있으며 무엇과 연결되어 있는가? 형이상학은 확증되기보다는 단지 탐구되기만 해야 하는가? 인생에 방향과 의미를 제시하는 중요한 문제를 제기하는 것은 우리 인간의 기원과 속성, 운명에 관한 인간 존재의 가장 심오하고 난해한 질문, 그 적합성이나 중요성은 아주 높으나 학교와 도덕교육 책 속에서 논의되고 있지 않은 문제를 홍수처럼 쏟아 놓는 것이다.

도덕적 딜레마, 문제, 현안 등이 학교 상황이나 공동체, 사회, 국가, 전

세계 등 사람이 서로 관계 맺는 어떤 공간 속에서도 나타난다는 점은 분명하다. 또한 심각한 사고, 반성, 연구 등은 이러한 문제들을 진술하는 데 필요하고, 우리는 그러한 사고, 반성, 연구 등에 깊숙하게 관련된 내적인 정서적 · 직관적 과정을 풍부하게 해야만 한다는 것이다. 몸과 마음이 풍요로워지고 신뢰받으려면, 우리는 정신의 문제에 관심을 가질 필요가 있다. 이 정신의 개념은 모든 불가해함과 복잡한 문제들을 함께 가지고 온다.

개인적 맥락

도덕교육은 사회적 · 심리적 · 형이상학적 탐구를 수반할 뿐만 아니라, 사적인 자기 성찰과 개인의 영혼 탐색을 필요로 한다. 우리는 각자 의미를 추구하고 그 의미에 따라 행동하고자 하는 어렵고도 벅찬 과제에 여러 형태로 연루되어 있으며, 우리 교육자들은 이러한 요구를 우리의 전문가적 책임으로 받아들여야 한다고 생각한다. 내가 볼 때, 교육자들은 그러한 투쟁에 동참해야 하며 자기 임무의 지적 · 이념적 차원 속에 개인적 성찰을 주입해 넣어야 할 필요가 있다. 이는 정당한 자기 성찰로서뿐만 아니라 진정한 대화에 반드시 필요한 부분으로서 요구된다. 우리는 모두 어떤 전통, 어떤 인생관, 우리의 존재에 관한 어떤 기본적인 자세로부터 나온다. 그것들은 물론 경험과 성찰에 의해 변형되고 개조되지만 여전히 우리가 누구이며 무엇을 하는 사람인지 어떻게든 알려 준다. 아마 더 적절하게 말하자면, 우리는 현재 우리가 하고 있는 투쟁을 공유해야 하고 그러한 투쟁이 현재 진행되고 있는 우리의 일에 영향을 미치는 의미에 관해 기본적 질문을 던질 필요가 있다는 것이다. 단지 실례로 설명할 목적으로서뿐만 아니라 내가 제안했던 과정에 실제로 연루되기 위하여, 내가 마음속에 생각하고 있는 아주 간명한 예를 들고자 한다.

나는 나의 조부모가 모두 살해된 대살육으로부터 도피한 러시아계 유대인 이민자의 아들로서 미국 이민 1세대다. 나는 유대인으로 길러졌고 또 나 자신을 확실하게 유대인으로 규정하고 있다. 그러나 유대인 전통 속에서 내가 받은 교육은 왜곡되지는 않았지만 빈약한 것이었고, 나 자신을 유대인으로 인지하는 것은 일차적으로 문화적 · 종족적인 성격의 것이었다. 아주 최근에 나는 유대 종교의 전통에 빠졌고, 경전을 아주 심각하게 읽고 연구하기 시작했으며, 점차로 그러한 연구결과를 수업 및 글쓰기에 반영하는 일에 관심을 가지게 되었다. 이러한 배경이 이러저러한 방식으로 나의 작품을 채워 온 것은 점차로 분명해졌다. 그러나 내가 이러한 영향을 명료화하고 확장하려는 의식적인 노력을 하게 된 것은 극히 최근의 일이다.

나는 예언적 전통(이는 현행의 사회정책을 끊임없이 도덕적 관점에서 비판하는 일에 관여했던 성경의 예언서에 그 기원을 두고 있다.)이라 부르는 것에서 볼 수 있는 일련의 아이디어를 윤리의식 교육에 접근하는 내 방식의 기초로 받아들여 왔다. 그것은 공동체를 신성한 언약으로 강하게 묶어 둠으로써 정신적인 것과 사회적인 것을 결합시키는 패러다임과 신랄한 비판을 깊은 희망과 결합시키는 패러다임을 보여 준다. 아브라함 조슈아 허셜(Abraham Joshua Heschel)*의 훌륭한 저서인 『예언자(*The Prophets*)』는 나로 하여금 이 패러다임에 접할 수 있게 해 주었을 뿐만 아니라, 그의 엄청난 이지적 힘과 심오한 정신세계, 힘을 용솟음치게 하는 웅변 등은 나에게 영감과 방향을 제시하는 단단하고 지속적인 원천이 되어 왔다. 모르긴 해도, 다음의 짧은 두 인용문을 통해 그러한 힘을 느낄 수 있을 것이다.

> 예언자는 설명하지 않고 사건을 일으켜 보여 준다. 그는 찬양하지 않고 징계한다. 그는 단지 현실을 시적인 운율로 바꾸는 데 그치지 않

* 역자 주: 아브라함 조슈아 허셜(1907~1972)은 폴란드의 바르샤바에서 태어난 미국 랍비다. 그는 20세기 유대 신학과 철학을 이끈 대표적 인물로 여겨진다.

> 는다. 다시 말하면, 설교자로서 그의 목적은 자기표현이나 '감정의 정화'가 아니라 소통이다. 그의 이미지는 반짝반짝 빛이 나서는 안 되며, 불타올라서도 안 된다. 예언자는 책임감을 강화하는 데 전념하고, 변명을 아주 싫어하며, 가식과 자기연민을 경멸한다. 그의 음성은 달콤하거나 부드럽지 않지만, 종종 슬픔을 위로하고 우리를 안심시킨다. 그러나 그의 말은 날카롭고 심지어 무시무시하기도 하다. 그의 말은 교화하기보다는 충격을 주기 위한 것이다. …… 예언자는 무감각해진 사람들의 양심을 흔들어 활발히 움직이도록 하는 것에 관심을 가진다.
>
> 무엇보다도 예언자들은 우리로 하여금 사람들의 도덕적 상태를 되돌아보게 한다. 죄짓는 자는 소수이지만 우리 모두에게 책임이 있기 때문이다. 개인은 어느 정도 사회의 정신에 의해 조건화되거나 영향받는다는 점을 인정한다면, 개인의 죄는 사회의 타락을 드러내 보여준다(Heschel, 1962, pp. 7, 14, 16).

허셜은 나에게 대단히 만족스러운 해결책을 제공해 주었다. 그중 몇몇은 정말 따르지 않을 수 없고 설득력이 있어서 내 저서 속에 활용되고 있기도 하다. 아직 나를 당황하게 하고 좌절시키는 부분이 있지만, 나는 허셜의 열정적인 주장을 존중하기 때문에 그것을 단순히 무시할 수 없다. 전자의 예로, 경외와 신비가 교육과정에서 가지는 중요성에 대해 확신에 찬 그의 구절들, 어떻게든 나의 사적 혹은 전문적 삶에 진정한 영향을 미쳐야 한다고까지 생각할 만큼 내가 '진리'로 받아들이는 생각들을 제시하고자 한다. 허셜은 『인간은 누구인가?(*Who is Man?*)』라는 책에서 다음과 같이 말하고 있다.

> 나에게 세상은 두 가지 방식으로 드러난다. 내가 소유하는 사물로서의 세상과 내가 대면하는 신비로서의 세상. 내가 소유하고 있는 것은 시시하며 내가 대면하고 있는 것은 장엄하다. 나는 내 소유물을 낭비하지 않으려고 조심한다. 그러나 내가 배워야 할 것은 내가 대면하고 있는 것을 놓치지 않는 법이다. …… 우리가 가진 전부는 신비로움을 느낄 수 있는 우리의 감각이 약화될 때 신비에 대한 경외와 근본적인 찬탄을 느끼는 감각이다. …… 지식은 호기심을 통해 길러진다. 그러나 지혜는 경외를 통해 길러진다. **경외는 신앙보다 앞서며 신앙의 뿌리다.** 우리는 신앙의 가치를 알도록 경외에 의해 인도되어야 한다(Heschel, 1965, p. 89).(고딕 강조는 필자)

내가 만일 이러한 생각을 충분히 받아들일 수 있다면 나의 삶을 변화시킬 수 있으리라는 것을 알지만, 지금 나를 설득하는 이러한 생각에 스스로 저항하고 있음도 알게 된다. 허셜이 핵심적인 것으로 받아들이지만 나로서는 수용하기 매우 힘든 신념의 한 중요한 예는 초월적인 것에 대한 우리의 관계라는 중대한 문제와 관련이 있다. 『인간은 누구인가?』의 결론 부분에서 허셜은 이렇게 말하고 있다.

> 그러나 내가 확신하는 것이 하나 있다. 그것은 성공의 순간에서와 마찬가지로 실패의 순간에도 내가 결코 피할 수 없는 도전이 있다는 것이다. 불가피하게 인간은 존재의 모든 수준에서 본질적으로 도전받고 있다. 이러한 도전 속에서 인간은 자신을 인간으로서 발견하게 된다. 나는 인간으로서 존재하고 있는가? 나의 대답은 이러하다. **나는 (신의) 명령을 받았다. 그러므로 나는 존재한다. 인간의 의식 속에는 빚진 것 같은 느낌이 붙박여 있다.** 이는 신세진 것에 대한 감사를 깨닫는 것으로서, 삶의 광대함 및 신비로움과 양립할 수 있는 방식으로 보답하고

> 응답하고 살아가기 위하여 어떤 순간에 요구되는 것이다(Heschel, 1965, p. 111).(고딕 강조는 필자)

나는 수많은 다른 사람들과 함께 그러한 생각에 들어 있는 의미와 중요성, 함의 등을 알기 위해 계속 노력하고 있다. 내가 비록 회의와 혼란에 빠져 있기는 하지만, 그러한 생각은 폐기될 수 없다는 것을 나는 알고 있다. 허셜이 제시한 것에 저항하는 것은 가능하지만, 그의 질문을 무시할 수는 없을 것 같다. 그의 질문은 도덕의식의 문제와 너무나 깊게 연관되어 있기 때문이다. 그래서 그 의미와 함의를 알기 위한 노력이 계속되는 것이다.

도덕교육에 관한 나의 생각이 잠깐 옆길로 샜지만, 이는 애초에 자서전적인 이야기를 하려고 의도했던 것은 아니고, 그보다는 도덕교육 영역에 대한 접근으로서 그 차원을 넓고 깊게 확장하기 위한 접근 방법을 구체화하려는 시도였다. 도덕교육 영역은 이것에 의미와 방향을 주는 다양한 관점들을 깊이 검토하는 작업에 의해 더욱 풍요롭게 될 것이다. 이 관점에는 사회적, 문화적, 정치적, 심리적, 형이상학적 그리고 영적인 관점도 있을 수 있고, 학급이나 가족, 개인적인 것, 실존적인 것 그리고 본질적인 것과 관련된 관점도 있을 수 있으며, 개인적 투쟁과 지속적인 전통에 기초한 관점도 있을 수 있다. 도덕의식과 책임감을 개발하려는 노력이 이러한 포괄적 접근을 요구한다는 사실은 하나도 놀라운 것이 아니다. 그리고 이 작업이 지니는 당혹스럽고 모호하며 복잡한 성격에 의해 위축되어서도 안 된다. 사실, 우리는 환원주의나 지나친 단순화 그리고 감상주의의 위험에 빠지지 않도록 이 이슈가 얼마나 심각하고 심오한 문제인지에 대해 분명히 인식할 필요가 있다. 항상 기억해야 할 것은 도덕적으로 교육하려는 것은 **가장 중요하면서도** 도전적인 작업이며, 또한 이 작업을 할 때에는 대담하면서도 겸손하고, 비판적이면서도 긍정적이며, 개방적이면서도 헌신적이어야 한다는 것이다. 벡과 나딩스 교수의 헌신과 기여는 이러한 것들이 절실하게 필요한 때에 그러한 노력을 위한 미래에 대해 우리로 하여금 낙관적일 수 있게 하는 강력한 이유가 되고 있다.

참고문헌

Heschel, Abraham Joshua, *The Prophets* (New York: Harper and Row, 1962)

Heschel, Abraham Joshua, *Who is Man?* (Palo Alto: Standford University Press, 1965)

제5부

불확실한 시대에서의 지식과 확실성

도 입

_13 우리 안의 이방인을 위하여:
자기 인식과 문화적 인정 그리고 교육철학

_14 교육철학에서 서사의 문제:
'불확실한' 지식에 관한 여성주의적 시각

_15 지식과 확실성:
여성주의, 포스트모더니즘, 다문화주의

도 입

제5부는 지식의 불확실성 시대라고 칭할 수 있는 포스트모던 이후의 교육철학하기의 가능성을 모색하는 세 명의 철학자 간의 대화로 구성되어 있다. 여기서는 지식의 확실성을 담보해 준다고 믿어 온 근대 철학의 합리적인 기초가 정당성을 잃었거나 회의의 대상으로 전락했다는 것을 대화의 출발점으로 삼고 있다. 그에 따라 교육에 대한 근본적인 성찰로 자처해 온 교육철학은 중대한 위기에 직면하게 되거나 새로운 탐구형태와 대응전략을 모색할 것을 요구받게 된다.

교육철학이 맞게 된 총체적인 위기 앞에서 아씰라(Rene Vincente Arcilla)와 스톤(Lynda Stone)은 각기 서로 다른 철학적 배경과 이론가에 기대어 새로운 철학하기의 가능성을 제시한다. 전자가 테일러(Charles Taylor)의 '인정(존엄)의 정치학'과 '다름(진정성)의 정치학' 사이에 놓인 긴장과 갈등을 데리다(Jacque Derrida)의 '해체'로써 철학하기를 통해 생산적인 낯설음으로 통합하고자 하는 데 반해, 후자는 여성주의 철학에 입각하여 논의함으로써 여성의 정체성을 단순히 잠정성과 불확실성으로 규정하는 관점을 극복하고, 그 대신 개방성과 수용, 경청, 관용과 판단 보류라는 적극적인 세계창조의 계기로 자리매김하는 과정을 예시적으로 드러내고자 한다.

그러한 모색에 대해서 시겔(Harvey Siegel)은 여전히 합리주의적인 철학하기의 전통을 대변하는 역할을 자임하면서 평가와 비판을 감행한다. 즉, 그는 아씰라와 스톤의 시도가 보여 준 교육철학적인 논의의 다양성 증대와 새로움에 대한 감수성 신장을 긍정적으로 수용하면서도, 그들의 시도를 '교육철학자는 누구이며 무엇을 하는 사람이며, 그것은 왜 그런가?' 라는 근원적인 질문과 연계시켜 평가하고자 한다.

아씰라는 정초주의적인 인식론의 위기 자체를 재론하기보다는 그것을 교육철학자로서의 자기정체성 문제와 연계시켜 논의를 전개한다. 그의 문제의식은 다분히 개별적이고 구체적이다. 그는 유럽의 전통에 속하지 않는 문화권 출신의 교육철학자다. 상당수의 그의 학생들도 마찬가지다. 그런데도 그는 유럽의 전통사상을 학습하는 것이 훌륭한 교사로서의 정체성을 확보하는 중요한 길이라고 믿고 그에 따라 교육하고 있다. 그러한 그의 믿음은 근거가 있는 것일까? 다시 말하면, 나의 타자, 보다 엄밀하게 말해 나의 이미지에 대해서 부정적인 혹은 적대적인 평가를 내리는 타자의 전통을 학습함으로써 나의 정체성을 확보하고자 하는 노력은 과연 가능하고 또 필요한 것인가?

그러한 질문에 답변하기 위해서 아씰라는 먼저 테일러의 '인정의 정치학' 에 기대어 논의를 전개한다. 근대의 등장과 더불어, 한편으로 계급적 차이에 근거를 둔 명예 대신에 인간의 보편적인 존엄성이 사회적인 관계의 본질로 자리를 잡는다. 인간의 존엄성에 대한 호소와 더불어 모든 인간은 동등한 인격체로서 인정받아야 한다는 실존적 · 정치적 요청이 자리를 잡게 된다. 다른 한편으로 근대의 태동과 더불어 결코 반복되거나 환원될 수 없는 자기 진정성이야말로 인간의 주체성과 정체성을 구성하는 내면의 깊이라는 생각이 부각된다. 그 결과 서로 다른 두 가지 형태의 민주적인 인정, 즉 '존엄성의 인정'과 '진정성의 인정'이 사회개혁과 교육개혁의 중핵을 차지하게 된다. 그런데 존엄성의 인정은 공통성과 보편주의 정치학으로 이어지지만, 진정성의 인정은 개성적이고 독창적인 자아에 초점을 맞추는 차이의 정치학으로 전개된다. 따라서 두 가지 형태의 민주적인 인정 사이에는 긴장이 발생한다.

이에 대한 테일러의 해법은 다문화주의적인 인정의 정치학이다. 그런데 다문화주의적인 인정의 정치학이 성립되기 위해서는 각자가 추구하는 자기 이해를 위한 철학적 탐색들이 조화 속에서 서로 지원을 받을 수 있어야 한다. 이를 위해서 각자가 타자와 타자의 전통으로부터 자신이 누구인지를 학습하는 것이 가능해야 한다.

스톤은 새로운 철학하기의 가능성을 이야기(서사)에서 찾고자 한다. 특히, 그녀는 여성주의적인 접근(가상 편지)에 기대어 여성의 불확실성에 대해서 이야기하고 있다. 그녀는 한 통의 가상 편지가 교육철학을 하는 데, 즉 여성적인 삶에 대한 기술(記述)을 통해 설명을 구조화하고 진전시키는 데 어떻게 이용될 수 있는지를 보여 주고자 한다. 그 이야기는 네 명의 여성, 즉 저자인 스톤과 아프리카의 작가인 마리아마 바(Mariama Bâ), 그리고 그녀의 작품에 나오는 라마툴라예와 아이사투 사이에서 전개된다.

그러한 가상의 이야기를 통해서 스톤은 '마치 친구인 것처럼(as if friends) 대하는 태도'야말로 불확실성이라는 여성의 공통성에서 비롯되는 '개방과 겸손 그리고 신뢰'의 바탕이라는 것을 보여 주고자 한다. 여성의 불확실성은 행위를 망설이는 것을 의미하지 않는다. 사실은 정확하게 그 반대를 의미한다. 즉, 마치 친구인 것처럼 대하는 태도를 앞장서서 주장하는 것을 의미한다. 여기서 말하는 불확실성은 모든 삶, 특히 사람들의 모든 신념과 욕구, 지식, 행위의 잠정성, 애매성, 유동성을 자연적인 것으로 받아들이는 것을 의미한다. 이러한 불확실성은 여성의 삶에 포함된 부정적인 특성으로 남는 것이 아니라 긍정적인 것으로 바뀌게 된다. 역설적이게도 무언가 불확실한 것은 모종의 확실성, 즉 자신과 타자에 대한 새로운 종류의 지식을 가정하게 된다.

이에 대해서 시겔은 스톤과 아썰라가 인식론적 본질주의를 비판하고 지식의 보편성을 부정하고 있지만, 그들의 논의는 여전히 일종의 보편주의적 논의 양상을 띠고 있다고 비판한다. 시겔은 데리다에 기대어 논의하고 있는 아썰라에 대해서 언어의 잠정성과 불확정성을 주장하는 데리다의 주장 자체도 잠정적이고 불확정적인 것이 아닌가 하는 의문을 제기한다. 그러면서 그는 데리다 스스로도 자신이 비판하고자 하는 본질주의를 넘어서지 못하고 거기에 구속되어 있는 형국을 보여 주고 있는 셈이라고 말한다.

시겔은 '교육철학자는 누구인가?'라는 질문을 좀 더 진지하게 답할 것을 요구한다. 그러면서 그는 교육철학자는 '교육의 목적은 무엇인가?' '그러한 목적은 어떻게 정당화될 수 있는가?' '어떤 도덕적 · 지적 고려가 교육활동을 올바르게 안내하고 규제하는가?' '교육자와 교육기관은 어떤 의무와 책임을 이행하여야 하는가?' 등의 질문에 진지하게 답하려고 노력하는 사람이라고 규정한다. 교육철학자들은 그러한 질문에 대답하기 위해서 과거부터 있었던 노력을 토대로 하여 탐구하는 사람이다. 그러한 노력을 통해 교육철학에는 탐구의 전통이 형성된다.

사람에 따라서는 그러한 전통을 거부할 수도 있다. 하지만 그러한 거부가 알고서 하는 거부, 즉 믿을 만한 거부가 되려면 거부하고자 하는 전통에 내재된 미세한 차이점을 철저하게 이해하고, 거부의 이유를 상세하고도 면밀하게 제시할 수 있어야 하며, 그 이유 또한 비판적인 검토를 견뎌 낼 수 있는 것이어야 한다. 중요한 점은 철학적인 전통 자체가 그러한 비판적인 자기검토 활동을 적극 권장한다는 사실이다. 다시 말하면, 철학적 전통은 성장과 수정 그리고 개선에 대해서 언제나 개방되어 있다. 철학적 전통은 모든 영역으로부터의 도전적인 비판과 통찰력 있는 안내를 필요로 한다. 그러한 생각에 따라 시겔은 교육철학에서 상이한 입장 간에 토론과 대화가 이루어지는 것을 환영하며, 다양하고도 독특한 목소리들이 교육철학적인 논의에 참여하는 것을 고무적으로 받아들인다.

생각해 볼 문제

1. 아씰라는 공부(학습/교육)란 한마디로 "자기를 이해하기 위한 노력(애씀)"이라고 주장한다. 그러면서 그는 "자기 이해는 대화를 통한 인정에 의존한다."라고 말한다. 이 주장을 다소 극단적으로 표현하면, 자기 이해는 타자 이해에 의존한다는 말이다. 이렇듯이 나에 대한 이해가 타자에 대한 이해라는 긴 여정의 끝에서나 기대할 수 있는 것이라면, 공부의 실제적인 모습은 나와는 다른 것, 즉 타자를 탐구하는 것이 될 것이고, 누군가가 말했듯이, 정작 교육이 지향하는 나는 나에게서 영원히 "가장 먼(낯선) 존재"(니체, 『도덕의 계보학』, §1)로 남는다. 달리 표현하면 우리가 '위기지학(爲己之學: 자기 수양을 위한 배움)'을 꿈꾼다고 하더라도, 정작 교육의 실제 모습은 그와 정반대인 '위인지학(爲人之學: 타자의 평가를 위한 배움)'에 머무르게 된다. 이것은 물론 아씰라의 논의를 잘못 이해한 결과라고 할 수 있다. 이러한 오해에 빠져들지 않는 방식으로 아씰라의 논의를 자신의 언어로 재구성해 보자.

2. 테일러는 근대 정신, 즉 민주적인 상호 인정과 존중을 분석하면서 근대 정신의 양면성 때문에 내부적인 전선(대립)이 생겨난다고 했다. 그는 그러한 대립을 철학적 요구 vs. 정치적 요구, 공통성의 정치학 vs. 차이의 정치학, 존엄성 vs. 진정성, 보편적 자유평등주의에 대한 열망 vs. 다문화주의에 대한 열망 등으로 표현하였다. 테일러가 말하는 대립의 문제(예컨대, 대학 기여입학제)를 재구성해 보고, 테일러의 제안(다문화주의적인 교육)에 기대어 기여입학제가 생산적인 제도로 될 수 있는 가능성을 논의해 보자.

3. 많은 학생들은 철학을 어려운 공부 대상으로 여긴다. 왜냐하면, 철학을 힘들고 지겹고 소득 없는 '지적 노동'으로 여기기 때문이다. 이러한 선입견은 전혀 근거가 없지는 않은 것 같다. 왜냐하면, 아씰라도 철학은 "지적 노동(인식론)에서 감사의 축제(존재론)"로 전환해야 한다고 주장하기 때문이다. 그러면서 그는 철학의 본래 의미(philosophia)를 되살려 불확정적인 존재(sophia)에 대한 관심/애정/환영(philia)으로 이해하고자 한다. 이러한 아씰라의 제안대로 철학을 한다면, 그것은 어떤 형태의 철학이 될 것이며, 어떤 철학하기가 필요하며, 그로 인해 철학을 등졌던 학생들이 되돌아올 것인가에 관하여 논의해 보자.

4. 스톤은 여성주의적 철학하기의 구체적인 방법으로 서사(이야기)를 꼽고 있다. 서사는 적어도 '설명의 영역'에서 여성의 행위가 가지는 불확실성을 새롭게 해석할 수 있는 대안적인 담론이라고 한다. 왜냐하면, 불확실성은 '망설임'을 의미하기보다는 '사람들의 모든 신념과 욕구, 지식, 행위의 잠정성, 애매성, 유동성을 자연적인 것으로 받아들이는 개방, 겸손, 신뢰'를 의미하기 때문이다. 그러한 제안에 따라 우리 스스로가 학교생활에서 경험한 불확실성의 사례를 하나 들고 그것이 '다른 의견과 시각에 대한 개방성', 즉 '수용' '경청' '관용' '판단 보류'로 이어진 과정을 재구성해 보자.

_13

우리 안의 이방인을 위하여:
자기 인식과 문화적 인정 그리고 교육철학

René Vincente Archilla

나는 현직 교사나 예비 교사에게 철학을 가르치고 있는 교육철학자다. 나는 학생들에게 무엇보다도 철학자의 사상 속에서 보다 낫고 보다 이상적인 자아를 인식하기를, 또 교사로서의 자아를 인식하기를 희망한다. 그리하여 나는 그들에게 가령 옳은 가르침의 편에 서야 한다는 소명감은 타인에게서 이상주의를 읽어 내는 방법을 배워야 한다는 소명감의 연장선상에 서 있다는 것을 이해시키려고 노력한다. 이런 방식으로 교육철학을 가르치는 모습에서 사람들은 다른 누구보다도 오크쇼트(Michael Oakeshott)와 카벨(Stanley Cavell)의 생각을 발견할 수도 있다. 왜냐하면, 이들은 자기 이해를 위한 탐색이야말로 학습의 핵심이라고 주장하기 때문이다. 그들에게서 배운 것을 토대로 하여, 나는 여기서 가장 훌륭하고 가장 정직한 가르침은 (숙련된 교사의 역할과는 구분되는) 제대로 된 자기 이해로부터 비롯된다는 것을 제안하고자 한다.[1]

물론, 그러한 노력은 명백한 도전에 직면할 수밖에 없다. 내가 지속적으로 부딪히는 문제는 타인의 생각에서 자신을 인식하는 것을 거부하는 학생들이 있다는 것이다. 왜냐하면, 이러한 학생들은 타인의 생각이 자신뿐만 아니라 자신의 이상을 적대시하는 문화에 뿌리를 내리고 있지는 않을까 하고 두려워하기 때문이다. 유럽철학을 가르치는 나의 시도에 저항하는 학생 중에는 유럽에 의해 억압적으로 식민지화된 문화에 속하는 이들이 있다. 나 자신도 그러한 문화 출신이다. 그렇기 때문에 유럽철학에 대해 배우기를 거부하는 저항에 부딪힐 때, 나는 곰곰이 생각해 본다. 우리는 학생들에게 역사적으로 그들을 적대시한 문화를 통해서 자신의 이상적인 자아를 인식하도록 독려해야 하는가? 그렇게 하는 데는 어떤 위험이 도사리고 있는가? 설사 약간의 위험이 있다고 치더라도, 그런 식으로 가르치는 데는 어떤 희망적인 것이 있지는 않은가? 만약 그렇다고 한다면, 그러한 희망은 어떻게 보호될 수 있는가?

그러한 질문들은 철학자 테일러(Charles Taylor)의 최근 논문 「인정의 정치학(politics of recognition)」[2]에서 자극을 받았고 동기를 얻게 되었다. 테일러의 논의에 따르면, 근대 철학자들이 자기 이해는 바로 '대화를 통한 인정(dialogical recognition)'에 의존한다는 것을 깨달았을 때, 그들은 마침내 자기 이해를 추구하는 전통적인 철학적 탐색과 민주주의에 대한 근대적인 노력에서 파생하는 새로운 다문화주의적인 '인정의 정치학'을 함께 묶어서 생각하게 되었다. 그러한 시도는 내가 볼 때 패권적인 동화정책에 대한 도덕적인 가책과 문화적 다양성에 대한 관심의 증대를 이해하게 해 주는 유용한 방법이 될 수 있을 것 같다. 하지만 걱정스러운 것은 다양성에 대한 관심에 포함된 철학적 요소와 정치적 요소가 서로 불안한 긴장(대립) 속에 있는 것처럼 보인다는 점이다. 그리고 그러한 긴장은 내가 독려하고 있는 철학 학습을 위협하는 것처럼 보인다. 이러한 긴장과 앞에서 제기한 일련의 문제들에 대한 하나의 대응방안을 내놓기 위해서, 나는 테일러의 논의를 약간 변형하여 그가 말하는 다문화주의적인 정치학과 내가 주장하는 자기 이방인화(self-defamiliarization)의 추구를 서로 연관시키는 논의를 개략적이나마 전개하고자 한다. 자기 이방인화의 추구를 독려하는 교육자는 우리 모두에게 공통된 우리 안의 이방인을 우리 스스로가 확인하고 개발하는 것을 돕고자 노력하는 사람이다.

테일러의 「인정의 정치학」은 오늘날 사회적 차별에 대항하는 다양한 정치운동에서 자기 이해라는 것이 왜 문제가 되고 있는지를 설명하는 것으로 시작한다. 다양한 정치운동은 사회의 모든 구성원이 자기의 이미지가 적절하게 인정받을 것을 요구하는 것으로 특징지어질 수 있다.

> 인정과 정체성 간의 관련성을 전제로 하게 될 때, [그와 같은] 인정에 대한 요구는 …… 시급한 사안이 된다. 이때 정체성이라는 개념은 자신이 누구인지에 대한 자기 이해나 하나의 인간으로서 자신을 정의하는 근본적인 특성들에 대한 자기 이해 등을 가리킨다. 여기서 내가 대변하고자 하는 테제(These)는 우리의 정체성이 부분적으로 인정에 의해서 혹은 인정의 부재에 의해서, 그리고 종종 타인에 의한 잘못된 인식에 의해서 형성된다는 것이다. 그렇기 때문에 한 사람이나 한 집단을 둘러싸고 있는 사람들이나 사회가 그들에게 배제적이거나 자기 비하적이고 경멸적인 모습을 되비출 때, 그들은 실제적으로도 손상과 왜곡으로 인한 고통을 받을 수 있다. 따라서 타인을 인정하지 않거나 잘못 인식하는 것은 그에게 곧 해를 입힐 수도 있는 억압의 한 유형이 되며, 그를 잘못되고 왜곡되고 축소된 존재 양식 속에 가두어 놓을 수도 있다.[3]

테일러의 논문에 따르면, 내가 가지는 나에 대한 이미지뿐만 아니라 나를 인식하고 나와 소통하는 타인들이 갖는 나에 대한 이미지에 의해서 나의 자기 이해가 결정된다는 것이다. 타인들이 나를 제대로 인식하지 못하거나 잘못 인식하여서 내가 인식하고 있는 나의 이미지와 일치하지 않는 이미지를 갖는다면, 게다가 그러한 타인들이 나에게 영향력을 발휘한다면, 나는 타인들이 투사하는 그 이미지의 특성을 받아들일 수밖에 없다. 그에 따라 나의 자기 이해는 심각하게 왜곡될 수 있다. 그러한 특성은 내가 인식했던 나의 이미지를 축소시킬 수도 있다. 따라서 이러한 것들은 세계 속에서 스스로를 풍요롭게 하거나 개선시킬 수 있는 나의 잠재력조차도 사라지게 할 수 있다. 여기서 우리 자신의 자기 이해는 타인의 잘못된 인식에 의해 영향받을 수 있을 정도로 취약하기 때문에 공격받을 수도 있고 또한 방어될 수도 있는 것이 된다. 그렇기 때문에 그것은 중요한 정치적 관심사가 된다.

> 그리하여 어떤 여성주의자들은 가부장적 사회 속의 여성이 자기 비하적인 이미지를 가지도록 길들어진다고 주장한다. 여성은 열등한 자기 이미지를 내면화해 왔다. 그 결과로 여성은 자신의 승진을 가로막는 객관적인 장애물이 없을 때조차도 새로운 기회를 이용하는 능력을 가지지 못하게 되었는지도 모른다. 나아가, 여성은 낮은 자아 존중감 때문에 고통당하도록 운명 지어진다. 흑인에 대해서도 유사하게 말할 수 있다. 백인 사회가 여러 세대 동안 그들에게 저속한 이미지를 투사한 결과, 흑인 중 일부는 그것에 대해 저항할 수조차 없었다. 이렇게 볼 때 자기 비하는 억압의 가장 강력한 도구 중 하나가 된다. 억압받은 이들이 해결해야 할 첫 번째 과제는 그런 식으로 강요된 파괴적인 정체성으로부터 스스로 벗어나는 것이다. 최근에는 원주민과 식민지화된 민족에 대해서도 동일한 주장이 제기되고 있다. 1492년 이래로 유럽인은 그들에게 열등하고 '미개한 존재'라는 이미지를 투사시켜 왔고 무력적 정복의 힘으로 그러한 이미지를 강요해 왔다.[4]

테일러는 그렇게 파괴적인 오인(誤認)과 싸우는 좋은 방법은 바로 교육이라고 제안한다. 하지만 그것을 고려하기에 앞서, 타인의 인정을 요구하는 것이 왜 자기 이해에 그렇게나 중요한지를 보다 분명하게 해 둘 필요가 있다. 타인이 나의 이미지를 정확하게 인식하는 것은 우리 사이에 공정하고 건설적인 의사소통이 이루어지기 위해서 매우 중요하다. 이것은 당연한 주장이라고 할 수 있다. 그렇지만 그러한 인식이 나에 대한 나의 이미지에 영향을 주지 못하도록 막지 못할 이유가 어디에 있는가? 게다가 타인이 인식해 주기를 기대하는 나의 자아는 이미 형성되어 있지 않은가? 그렇다면 어떤 인식, 특히 잘못된 인식이 내가 누구인지를 알고 있다는 사실에 대해서 어떻게 악영향을 끼칠 수 있게 되는지는 불분명하다고 할 수 있다. 물론, 어떤 도덕적인 이유를 들고 나와서, 우리는 타인에게 사려 깊게 인정받을 자격이 있다고 주장할 수도 있을 것이다. 그러나 그러한 관점이 핵심적으로 강조하는 것이 바로 자기 이해라고 주장하는 것이라면, 그것은 분명 잘못된 관점이다.

그와 같은 비판을 피하기 위해서 테일러는 역사적 논거뿐만 아니라 이론적인 논거를 통해 자신의 주장을 뒷받침하고 있다. 역사적인 논거로서 테일러는 우리가 스스로를 이해하는 방식에서 일어난 중요한 변화를 그 예로 든다. 즉, 그는 우리 스스로가 다른 방식으로 인식됨으로써 초래되는 우리 자신에 대한 자기 이해의 변화를 분석한다(이러한 논증은 그의 저서 『자아의 원천[*Sources of the Self*]』이라는 책에서 상당히 자세하게 설명되고 있다).[5] 역사적인 논증은 중세 사회를 근대 민주주의 사회로 바꾼 투쟁이 어떻게 우리의 정체성도 바꾸게 하였는지를 설명하고 있다. 18세기 유럽에서 명백한 형태로 등장하기 시작한 그러한 변화는 두 가지의 구성요소로 이루어진다.

그중 첫 번째 요소는 우리 스스로를 사회적으로 우월한 사람이나 열등한 사람으로 간주하는 것이 아니라 다른 모든 시민과 동등한 사람으로 생각하게 만들었다. 테일러는 그러한 변화를 가리켜 "명예(honor)를 근간으로 하여 존재해 오던 사회적인 위계의 붕괴"라고 기술하고 있다.

> 여기서 말하는 명예는 본질적으로 불평등과 관련되어 있다는 점에서 '전근대적' 의미의 명예를 의미한다. 이런 의미에서 볼 때, 어떤 사람이 명예롭기 위해서는 모든 사람이 명예를 소유해서는 안 된다. 이것은 바로 몽테스키외(Montesquieu)가 군주제를 묘사하면서 명예라는 말을 사용했던 방식이다. 명예는 본질적으로 '특혜(préférences)'의 문제다.[6]

그러한 사회적인 위계가 붕괴됨으로써 우리는 마침내 누구나 소유하고 있는 것에 관심을 가지게 되었다. 그 결과 우리의 상호적인 인식 방식에서 변화가 생겨났다.

> 그와 같은 명예라는 개념에 맞서 우리는 근대적인 의미의 존엄성(dignity)이라는 개념을 가지게 되었다. 이것은 보편주의적이고 평등주의적인 의미로 쓰이는 개념이다. 우리가 본래적인 '인간의 존엄성' 혹은 시민으로서의 존엄성에 대해서 말하게 될 때, 우리는 모든 사람이 그것을 소유한다는 것을 전제로 하게 된다. 이러한 존엄성의 개념이야말로 분명 민주주의 사회와 조화를 이룰 수 있는 유일한 개념이다. 그래서 명예라는 오래된 개념이 대체되어야 하는 것은 불가피해졌다. 그러나 그것은 또한 서로를 평등하게 인정하는 양식이야말로 민주적인 문화의 본질에 속한다는 것을 의미하게 되었다.[7]

여기서 테일러는 민주적인 제도가 성립되는 것을 방해하던 중세의 위계에 대한 투쟁이 자연스럽게 그러한 위계에 의해 유지되어 오던 명예의 개념에 대한 투쟁으로 이어졌다는 점을 지적하고 있다. 명예의 개념에 반대하기 위해서, 각자의 존엄성이 보편적이고 동등하게 인정되어야 한다고 요구하는 목소리가 높아졌다. 그리하여 우리 스스로를 다른 모든 시민과 동등한 인격으로 인식하고자 하는 요구, 즉 우리 스스로를 새로운 관점에서 이해하고자 하는 요구가 민주적인 사회개혁이라는 근대적 요구의 본질적인 요소로 되었다.

그러한 첫 번째 요소와 함께 사회의 변화를 구성하는 두 번째 요소가 등장했다. 이것 또한 우리의 정체성이 명예라는 관점에 의해 결정되는 것을 반대한다. 그 대신에 우리는 스스로를 고유한 개인으로 인식하기 시작했다. 테일러는 이러한 변화의 시초를 루소(Jean Jacques Rousseau)와 헤르더(Johann Gottlob Herder)의 저술에서 발견한다. 그래서 그는 그들을 스스로 명명한 자기 진정성이라는 이상(ideal of authenticity)의 대변자로 내세웠다.

> 나에게는 내 방식이라고 할 수 있는, 인간이 되는 특정한 방식이 있다. 나는 다른 사람의 삶을 모방하는 것이 아니라 나의 고유한 방식으로 나의 삶을 살도록 소명을 부여받았다. 그런데 이러한 생각은 나에게 진실한 것에 대해 특별한 중요성을 부여하게 된다. 만일 진실되지 못하다면, 내 삶은 의미를 잃어버린다. 즉, 나로서는 한 사람의 인간이 된다는 의미를 잃어버린다.[8]

나를 발견하고 내가 누구인가 하는 것에 진실하기 위해서, 나는 이미 내 안에 깊숙이 존재하고 있는 내면의 목소리에 귀 기울일 필요가 있다. 첫 번째의 변화에서처럼 이 두 번째의 변화로 인하여, 내가 만들지 않은 위계적인 사회구조에서의 위치에 따라 나의 정체성이 결정되어야 한다는 생각은 타파되기 시작한다.

> 자기 진정성이라는 이 새로운 이상은 존엄성이라는 이상과 마찬가지로 부분적으로는 위계적인 사회가 몰락한 결과로 생겨난 파생물이다. 이전의 사회에서는 우리가 오늘날 정체성이라고 부르는 것을 대체로 그 사람의 사회적 지위에 의해서 결정하였다. …… 그런데 민주주의 사회의 탄생 자체가 그러한 현상을 제거하지는 못한다. 왜냐하면, 사람들은 여전히 자신의 사회적 지위에 따라 자신을 정의할 수도 있기 때문이다. 그러나 이렇게 사회적으로 파생된 자기 정체성을 약화시킨 결정적인 계기는 바로 자기 진정성이라는 이상이다. 이것의 등장과 더불어 우리 자신의 고유한 존재 방식을 발견할 것이 요구되었다. 그런데 이러한 존재 방식은 정의상 사회적으로는 파생될 수 없고 오히려 내면적으로 형성되어야만 한다.[9]

자기 진정성이라는 이상은 우리에게 사회적 명예 뒤에 숨어 있는 자아, 즉 자신의 자연스럽고 독립적인 경향에 따라 성장하는 자아를 인정하도록 요구한다. 그것은 또한 그 자체로 민주주의의 요구에도 잘 부합된다.

그리하여 명예를 중시하는 중세적인 위계에 따라서 우리의 정체성이 결정된다는 생각은 한편으로 각자의 자아가 지니는 동등한 존엄성을 존중하는 제도로 변해 가게 되었고, 다른 한편으로 우리의 정체성은 진실한 자기 발견과 자기 계발에 의해서 결정된다는 생각으로 이동하게 되었다. 이 두 생각은 근대 민주주의 사회로의 전반적인 전환을 뒷받침해 주었다. 이와 같은 역사적인 설명은 인정에 대한 요구와 자기 인식은 거의 아무런 상관이 없다는 주장을 반박하기에 충분하다. 그러한 설명에 따르면, 동등한 자기 존엄성 혹은 자기 진정성이라는 생각은 처음부터 자연스럽게 우리에게 주어져 있는 것이 아니라 오직 파생적으로 주어지는 것이다. 그에 따라서 자기 존엄성과 자기 진정성은 인정을 요구하게 되는 핵심 대상이 되었다. 이러한 사실이 암시하는 바는 우리 자신에 대한 새로운 생각이 우발적인 정치투쟁에서, 즉 일차적으로 새로운 자아상에 대한 필요에 의해서 유발된 정치투쟁의 과정에서 조금씩 힘들게 만들어져 왔다는 것이다. 그러한 투쟁이 있기 전의 우리는 비교적 특혜의 관점에서 자신을 이해하는 것으로 만족했다. 그런데 특혜에 대해 적대적인 일련의 정치적 사건들이 민주적인 권리투쟁과 보상투쟁을 불러일으키고 나서야, 우리는 자의 반 타의 반으로 우리 자신을 그 이전과는 다른 방식으로 정의할 필요가 있다는 것을 알게 되었다.

그러나 테일러의 역사적 설명이 아무리 정확하다고 할지라도, 인정에 대한 요구라는 측면에서의 변화와 자기 이해라는 측면에서의 변화 사이에 과연 인과적인 관련이 있는지, 아니면 단지 우연의 일치에 불과한지는 여전히 불확실하다. 그러한 관계가 인과적이라는 것을 입증하기 위해서, 테일러는 자기 인식을 위한 모색이 대화적인 성격을 띤다는 것을 입증할 수 있는 이론적인 논의를 발전시킨다. 그는 언어학습이 자기 규정(self-definition)의 과정에서 수행하는 결정적인 역할을 분석함으로써 그러한 대화적 성격을 추론해 내고 있다.

> 우리는 표현을 위한 풍부한 언어를 습득함으로써 자신을 이해할 수 있고 또 자신의 정체성을 정의할 수 있는 성숙한 주체로 될 수 있다. 여기서 나는 논의의 목적에 맞추어서 언어를 단순히 우리가 하는 말뿐만 아니라 예술의 '언어', 몸짓의 '언어', 사랑의 '언어' 등 우리 자신을 정의하는 모든 표현 양식을 포괄하는 광의의 의미로 이해하고자 한다. 그런데 우리는 타인과의 교류를 통해서 표현 양식을 배운다. 우리는 자기를 규정하기 위해서 필요한 언어를 혼자의 힘으로 습득하지는 않는다. 오히려 우리에게 중요한 타자—미드(George Herbert Mead)가 말하는 '의미 있는 타자'—와의 상호작용을 통해서 그러한 언어를 접하게 된다. 이러한 의미에서 볼 때, 인간 마음의 기원은 독

> 백적인 것, 즉 각자가 자신의 방식대로 성취하는 것이 아니라 대화적인 것이다.[10]

테일러는 다음과 같이 추론하고 있다. 첫째, 나는 언어를 통해서만 나를 향해서든 타인을 향해서든 나를 규정할 수 있다. 둘째, 나뿐만 아니라 어느 누구도 언어 사용법을 알고 태어나는 것은 아니다. 따라서 다른 사람으로부터 언어 사용법을 배워야만 한다. 셋째, 그러한 언어학습은 나와 가르치는 사람 사이의 대화적인 과정을 필요로 한다. 넷째, 이러한 전제들에 따를 때, "나는 대화의 과정을 통해 유능한 언어 사용자로부터 자기 규정의 언어 사용법을 배워야만 비로소 나를 규정할 수 있다. 따라서 우리의 자기 이해는 자아를 인정할 수 있도록 언어를 가르쳐 주는 타자와의 대화에 의존한다." 그러므로 우리가 스스로를 인정할 수 있는 능력을 그러한 특별한 타자와 그들의 언어에 기꺼이 내맡기고자 할 때, 그들은 참으로 의미 있는 타자가 된다.

여기서 테일러는 마치 자신을 묘사할 수 있는 언어가 부족한 아이의 경우에 일어나는 학습적인 대화를 기술하고 있는 것처럼 보인다. 그래서 그 아이가 일단 언어를 습득한다면, 그는 대화를 통한 인정에 대해서 더 이상 아무런 필요성도 느끼지 않을 것이다. 왜냐하면, 그는 자신의 진정한 내적 목소리를 스스로 이해할 수 있게 되었기 때문이다. 그러나 테일러는 그런 식으로 대화에는 종착점이 있다는 생각을 받아들이지 않는다. 오히려 그는 우리가 평생에 걸쳐 대화를 필요로 한다고 주장한다.

> 나아가, 그러한 대화는 '기원(genesis)'에만 관계되기 때문에 성장한 이후에는 무시될 수 있는 것이 아니다. 즉, 대화를 통해 일단 언어를 습득한 후 그것을 우리의 목적을 위해 계속 사용하기만 하면 되는 것이 아니다. …… 우리는 의미 있는 타자가 우리에게 기대하는 것과

> 늘 대화를 하면서, 혹은 때로는 그것에 맞서 싸우면서 우리의 정체성을 규정하게 된다. 심지어 의미 있는 타자(예컨대, 부모)보다 더 성장하고 난 후에도, 그리고 그들이 우리의 삶에서 사라지고 난 후에도 우리가 살아 있는 한 그들과의 대화는 우리 안에서 계속된다.[11]

우리는 의미 있는 타자를 프로이트 심리학의 용어대로 내면화한다. 따라서 만일 우리가 통합성을 지닌 자아로 남아 있으려고 한다면, 우리는 살아오는 동안 만난 모든 목소리에 충실하고 그것과 화합을 이룰 필요가 있다. 역으로 말하자면, 진정한 자아는 루소와 헤르더가 믿었던 것처럼 우리의 내면 깊은 곳에서 저절로 출현하는 것이 아니라, 내가 어느 정도 타율적으로 의지하고 있는 의미 있는 타자에 의해서 나의 깊은 내면으로부터 이끌어 내야만 하는 것이다. 내가 귀를 기울이는 내면의 목소리(inner voice)는 바로 그러한 의미 있는 타자의 것이다.

테일러에 따르면, 자기 이해를 위한 모색이 대화를 통한 타자의 인정에 의존할 수밖에 없는 이유는 자아가 오직 학습된 언어로만 인식될 수 있기 때문이다. 그러한 언어를 배우기 위해서 나는 의미 있는 타자와의 대화에 참여해야 한다. 이처럼 나를 규정하기 위해 타자의 언어를 채택하게 될 때, 타자는 나의 일부로 내면화된다. 그러면 실재하는 인간이든 아니면 내 정신 속에서만 존재하는 인간이든 간에 나의 대화 상대와 관계를 지속하게 될 때, 나는 비로소 자신에게 진정으로 진실할 수 있다. 이러한 대화를 통한 인정의 이론은 우리의 자기 이해가 어떻게 변화해 왔는가에 대한 역사적인 설명에 덧붙여 그러한 변화가 일어나게 된 원인을 밝혀 주고 있다.

자기 이해에 대한 철학적 탐색에 정치적인 차원이 함께 포함되어 있다는 것은 당연하다. 그리고 인정의 정치학에 대해 일차적으로 관심을 가지게 되는 영역은 바로 교육이라는 것도 당연하다. 테일러의 논의는 나에 대한 이해는 곧 내가 배우는 언어 그리고 내가 의미 있게 받아들이는 교사, 특히 역사적으로 특정 문화에 뿌리를 둔 언어와 교사에 의존하게 된다는 것을 잘 보여 주고 있다. 그런데 만약 우리의 문화가 내가 체현하고자 하는 다른 언어나 교사에 대해서 적대적이라면 어떻게 되겠는가? 역으로 나에게 의미 있는 언어와 교사가 대변하는 이상(ideal)이 나에게 익숙한 문화에 뿌리를 두고 있는 이상을 명시적으로나 또는 암묵적으로 낮추어 보도록 요구한다면 어떻게 되겠는가? 이러한 질문에 대한 답변으로 테일러는 대학교 인문학 프로그램의 '고전 필독 도서'를 비판한다. 그러면서 그는 인문학 프로그램을 개방하려는 시도나 아프리카문화 중심의 중등학교를 설립하려는 시도에 대해서 긍정적인 평가를 내린다. 그가 그러한 교육과정 개혁을 지지한 이유는 넓은 시야를 갖는 것 자체를 높게 평가하기 때문이 아니다. 그보다는 식민지 사람들에게 열등감을 심어 주기에 급급했던 지배문화에서 발견되는 반민주적인 경향에 맞서고, 그에 대한 보상으로서 권리가 침해된 문화와 하위 문화를 정당하게 인정해 주기를 원하기 때문이다.

> 그러한 변화를 제안한 이유는 특정한 성이나 특정한 인종 혹은 특정한 문화를 배제하게 될 때 무엇인가 중요한 것을 놓칠 수도 있기 때문이 아니다. 오히려 배제된 집단의 여성과 학생들이 직접적으로 혹은 배제를 통해서, 마치 모든 창의성과 인간적 가치가 유럽 출신의 남성만이 타고 나는 것인 양, 자기 비하적인 자기 이미지를 가지게 되기 때문이다. 그렇기 때문에 교육과정을 확장하고 변형하는 것은 모든 이에게 보다 넓은 문화를 제공한다는 명분 때문이 아니라, 지금까지 배제된 이들을 정당하게 인정한다는 점에서 필수적인 것이다.[12]

다문화주의 교육운동은 원칙적으로 자기 규정의 가능성을 확보하는 것에 관심을 가져야 한다. 특히, 차별의 역사로 인해 충분히 고통을 겪은 문화의 구성원이 자기 규정을 추구할 수 있는 가능성을 저지하는 이미지와 언어를 폭로하고 비판하는 것에 관심을 가져야 한다. 나아가, 그러한 운동은 억압적인 이미지와 언어 대신에 어느 누구에게나 잠재해 있는 성장과 성취의 능력을 일깨워 줄 수 있는 보다 희망적인 이미지와 언어를 제시하기 위해서 노력해야 한다. 그럴 때 비로소 교육은 다양한 출신의 청년 속에 단일 문화의 지배라는 씨앗이 뿌리를 내리지 못하도록 예방할 수 있을 것이다.

테일러는 우리의 정체성이 얼마나 쉽게 다칠 수 있는지, 그러한 약함에서 생겨나는 상처로부터 교육자들이 어떻게 우리를 보호할 수 있는지에 대해서 설명하고 있다. 그것은 대체로 나의 경험에 비추어 볼 때 호소력이 있다. 하지만 그의 설명에는 최소한으로 나를 혼란스럽게 하는 두 가지의 긴장이 포함되어 있다. 그중 하나는 테일러도 인정하고 있는 것이다. 그것은 한편으로 다문화주의를 표방하는 민주적인 인정의 정치학과 다른 한편으로 보다 전통적인 자유주의와 보편주의를 표방하는 또 하나의 민주적인 인정의 정치학 사이의 긴장이다. 여기서의 긴장은 두 가지 형태의 민주적인 인정, 즉 존엄성에 초점을 두는 것과 자기 진정성에 초점을 두는 것이 서로 다른 방향으로 사회개혁을 이끈다는 점에서 비롯된다.

존엄성의 인정은 공통성의 정치학(politics of commonality)을 요구한다. 테일러는 모든 시민의 동등한 존엄성을 강조하면서, "명예에서 존엄성으로 옮겨 감에 따라 보편주의 정치학이 탄생했고, 그러한 정치학의 내용은 바로 권리와 자격을 모든 사람에게 동등하게 만드는 것"이라고 말한다.[13] 그러한 정치학은 내가 나의 동료 시민들과 얼마나 동등한지를 인식하도록 요구한다.

그에 반해 자기 진정성의 인정은 독창적이고 개성적인 자아에 초점을 맞춘다. 이것은 나의 자아가 다른 자아들과 차별화되는 특징을 잘 인식하도록 요구한다. 이러한 인식은 동등한 존엄성을 지닌 자신과 다른 사람들을 동일하게 만드는 특징들을 인식하는 것과는 대조를 이룬다. 그리하여 차이의 정치학(politics of difference)을 위한 무대가 만들어진다.

> 동등한 존엄성의 정치학에서 보면, 확립되어야 할 것은 바로 보편적인 동일함, 즉 일련의 동일한 권리와 면책(특권)이다. 하지만 차이의 정치학의 관점에서 보면, 우리가 인정해야만 하는 것은 한 개인 혹은 집단의 고유한 정체성, 즉 다른 모든 이와 구분되는 개인이나 집단만의 독특성이다. 여기에 들어 있는 기본적인 생각은 이러한 독특성이 지금까지는 무시되어 왔고 얼버무려져 왔으며, 지배적인 정체성 혹은 다수의 정체성에 동화되어 왔다는 것이다. 그런데 그러한 동화야말로 자기 진정성의 이념을 어기게 되는 가장 핵심적인 잘못이다.[14]

따라서 다문화주의 정치학은 다양한 문화의 구성원으로 하여금 지배적인 공통성에 동화되어서는 안 되는 정체성, 즉 각각의 독특한 정체성을 서로 인정하도록 장려하는 정치학이라고 할 수 있을 것이다. 그것은 동등한 존엄성의 정치학과는 다르다. 따라서 이것과는 종종 갈등에 빠질 위험이 있다. 역사적으로 볼 때에는 두 가지 형태의 인정의 정치학이 모두 민주주의 사회를 촉진하는 경향이 있었다고 하더라도, 그 둘을 엄격히 구분함으로써 테일러는 민주적인 사회에 붙박여 있는 중요한 양면성을 확인할 수 있었다.

> 한 (가지 형태의) 정치학에 따르면, 동등한 존중의 원칙은 우리로 하여금 차이를 무시하는 방식으로 사람들을 대하도록 요구한다. 기본적으로 누구에게나 그와 같은 존중을 받을 권리가 있다는 직관 때문에 우리는 모든 사람에게 동일한 것에 초점을 두게 된다. 그와는 다른 정치학에 따르면, 우리는 특수성을 인정해야 하고 심지어 그것을 육

> 성해야 할 필요가 있다는 것이다. 전자의 정치학은 후자의 정치학에 대해서 바로 비차별의 원칙을 어기고 있다고 비난한다. 그에 반해 후자의 정치학은 전자의 정치학에 대해서 사람들에게 자기 것이 아닌 동질적인 틀을 강요함으로써 그들의 정체성을 부정한다고 비난한다. 만약 동질적인 틀 자체가 중립적인 것이라면, 즉 특별히 어느 누구의 틀도 아니라고 한다면, 그 정도의 문제로 그칠 수도 있을 것이다. 하지만 후자의 정치학이 제기하는 것은 그 이상이다. 그것은 동등한 존엄성의 정치학이 가지고 있는 전제, 즉 차이를 무시하는 일련의 중립적인 원리들이 실은 특정한 지배 문화의 반영이라고 주장한다. 그럴 경우에는 실제로 드러나고 있는 것처럼, 오직 소수 집단 혹은 억압된 문화에게만 낯선 삶의 양식을 받아들이라는 강제가 부과된다. 그 결과, 표면적으로는 그저 공평하고 차이를 고려하지 않는 사회이지만, 그것은 실로 (정체성을 억압하기 때문에) 비인간적일 뿐만 아니라 드러나지 않고 무의식적인 방식으로 매우 차별적인 사회인 것이다.[15]

이것은 다문화주의에 대한 열망이 자유주의를 향한 열망과 어떻게 충돌하게 되는지를 잘 보여 주는 통찰력 있는 설명이다. 테일러는 그 둘이 종국적으로 서로 화해할 수 있을 것이라는 희망을 가지고 있다. 그러나 나는 그가 그러한 충돌을 구조화하는 방식에 대해서 다소 의문을 품게 된다. 그래서 이제부터 나는 대화를 통한 인정의 의미를 보다 충실하게 받아들이는 다문화주의 정치학이 보편주의 정치학으로 될 수는 없는지에 대해서 탐색해 보고자 한다.

두 가지 형태의 민주적인 인정 사이의 긴장 이외에도 테일러가 제시하는 설명의 일관성을 심각하게 훼손시킬 수도 있는 또 하나의 긴장이 있다. 그것은 바로 다문화주의적인 인정의 정치학과 자기 이해를 위한 철학적 탐색 사이의 긴장이다. 테일러는 다문화주의적인 인정의 정치학을 긍정적으로 받아들인다. 왜냐하면, 그것은 우리의 자기 이해를 위한 탐색을 존중하고 지지할 뿐 아니라 그러한 탐색이 타자의 잘못된 인식에 의해 부당하게 구속받지 않도록 보호해 주기 때문이다. 그러나 그러한 정치적 감수성으로 인해 우리는 우리의 현재 이미지가 적대적인 집단에 의해 잘못 인식되고 있는지도 모른다는 의심을 제기하게 되어 모든 것에 대해서 너무 민감해진다. 문화적 차이가 강조되는 한, 그 속에 내재된 적대감도 그 자체로 지속될 수밖에 없는 것처럼 보인다. 왜냐하면, '근본적으로 다른' 세계에 속한 사람이 마치 나 자신이나 지인들이 나를 보는 것과 같은 방식으로 나를 인정하게 된다는 것은 있을 법한 일이 아니기 때문이다. 그런 식으로 의심이 많고 방어적인 태도를 취하게 될 때, 우리는 나와 나의 세계를 다른 세계의 이방인들과는 다르게 그리고 보다 생동감 있게 기술하는 방법에 대해서 철학적으로 애써 학습하려고 시도하지 않을 것이다. 그 결과, 자기 이해를 위한 나의 가능성 자체가 제한될 것이다. 다시 말하면, 내가 이 논문의 서두에서 기술한 철학 수업에서 내가 성공을 거둘 수 있는 기회는 심각한 장애에 부딪힐 것이다.

나는 이 후자의 긴장에 대해 먼저 논의해 보고자 한다. 다문화주의적인 인정의 정치학이 성립되기 위해서, 그리고 자기 이해를 위한 철학적 탐색이 조화 속에서 서로 지원을 받을 수 있기 위해서 나는 타자로부터, 즉 나를 인식하는 낯선 언어로부터 내가 누구인지를 학습하게 되는 것이 가능해야만 한다. 물론, 이때 나는 나에 대한 축소된 이미지를 내면화하지는 않을까 하고 두려워해서는 안 된다. 특히, 타자에게서 전해지는 이미지가 내가 이미 가지고 있는 나에 대한 이미지와 갈등을 일으킬 때 더욱더 그렇다. 그러한 학습이 가능할 것인가? 나는 테일러의 '진정한 자기 이해'에 대한 생각을 다소 수정한다면, 그것이 가능하다고 본다.

테일러는 나의 자기 이해와 내가 누구인지에 대한 진술, 즉 나의 고유한 이름을 분명하고 뚜렷한 아이디어로 발전시키는 진술을 동일한 것으로 받아들인다. 그것은 분명 유용한 생각이다. 나에 대한 그러한 진술에 대해서 반성해 봄으로써, 그리고 그것이 다양한 의미 있는 타자와의 내적 · 외적 대화에 의해 어떤 영향을 받게 되는지에 대해서 반성해 봄으로써, 나는 그 진술이 상대적으로 일관되는지, 그래서 진정한 것인지를 결정할 수 있다. 나 자신에 대해서 말하고 있는 것들이 서로 모순되고 진정성이 없다는 것을 문득 깨닫게 되는 경우를 한번 예로 들어보자. 우리는 이러한 자각을 어떻게 기술해야 할 것인가? 이러한 자각 때문에 나 자신, 즉 총체적인 나는 내가 배운 진정성이 결여된 인식의 언어, 즉 갈등하는 정체성을 표현하는 언어를 회피하려고 하는 어떤 존재라는 것을 깨달았다고 말할 수 있을 것이다. 그렇지만 나의 진정한 자아는 이젠 인식할 수 없는 이방인으로 나타난다. 즉, 나 자신에 의해서도 또 나의 의미 있는 타자에 의해서도 분명하고 뚜렷하게 규정되기 어려운 존재로 나타난다. 이러한 이해는 곧 신비스러운 존재를 낳게 된다. 그런데 진정한 자아가 인식될 수 없다고 한다면, 도대체 나는 진정한 자아가 존재한다는 것을 어떻게 알게 되는가? 나는 진정한 자아를 알 수 있다. 왜냐하면, 나는 그와 같은 더 나은 자아를 단지 하나의 규제적인 이상(a regulative ideal)으로 제시함으로써, 나 자신을 기술하는 모순적인 말들과 내가 긍정하는 자기 이미지에 어떠한 문제가 있다는 것을 깨달을 수 있기 때문이다.

우리 중의 대부분은 진정한 자아에 대해 보다 일관된 이해와 인식을 위한 탐색으로 우리를 이끌어 가는 그러한 자각을 매우 특별한 지적 곤란(aporia)의 순간으로 여길 것이다. 만일 그러한 순간이 자기 이해를 위한 수단이 되지 못한다면, 우리는 지적 곤란을 그저 파괴적인 것으로 여길 것이다. 그럴 경우, 그것은 이전의 자기 이해보다 더 나은 자기 이해를 낳지 못할 것이고, 나아가 삶의 요구에 대처해 가는 데 필요한 자기 정체성을 잃어버리게 될 것이다. 따라서 그것은 실천적인 가치가 전혀 없는 공허한 사고의 과정이 되고 말 것이다.

그렇다면 자기 인식을 위한 탐구가 인정의 정치학과 철학적 학습을 적절한 긴장관계 속에 놓이게 하는 경향이 있다는 것에 대해서는 도대체 어떻게 설명해야 할 것인가? 이와 관련하여 내가 제안하고 싶은 것은 다음과 같다. 만약 교육자들이 자기 이해의 언어에 쏟아 넣는 교육적인 투자를 줄인다면, 그리고 그러한 언어는 쟁취할 만한 가치조차 그리 크지 않다는 것을 알게 된다면, 지나친 긴장은 분명히 완화될 수 있을 것이다. 그리고 반대로 교육자들이 자기 이해에서 겪는 지적 곤란의 순간을 자아에 대해 보다 분명하고 진실한 정의에 도달하기 위한 예비적인 순간 정도로 간주할 것이 아니라, 우리 자신이 존재하고 있다는 사실의 신비로움을 보다 진실하고 정직한 방식으로 드러내는 계기로 지적 곤란 자체를 받아들여 그것을 학생들의 내면에 진작시키려고 든다면, 자기 이해의 언어에 투자하는 교육적인 노력을 줄일 수 있을 것이다. 그러한 신비로움은 우리 각자의 고유한 이름 속에 새겨져 있다. 우리의 자아는 인식 가능한 것 이상의 그 무엇을 지니고 있다. 이러한 지각이야말로 진정한 자기 이해는 해결을 기다리는 문제가 아니라는 것, 그리고 우리 자신이 어느 수준에서는 규정되지 않는 존재여야만 한다는 것을 이해할 수 있게 해 주는 첩경이다. 그리고 우리의 자아를 그렇게 이해하는 것은 앞에서 언급한 긴장의 문제뿐만 아니라 또한 일반적으로 문화적인 갈등의 문제를 포괄하기 때문에, 실제적인 가치를 가지게 된다.

나는 내가 이해하면 할수록 더 높이 평가한 '해체'라는 비판적인 작업에서 그러한 제안을 발견하게 되었다. 데리다(Jacques Derrida)와 그를 둘러싼 학자들은 나에게 철학사를 새롭게 보는 관점을 가르쳐 주었다. 즉, 철학사는 보편적인 진리를 향해 진보해 나가는 하나의 통합된 연구가 아니다. 그것은 오히려 언어에 있어서의 지적 난제에 의해서 유발되기도 하고 또 이것을 재생산하기도 하며, 여러 종류의 서로 다른 등장인물을 끌어모아서 끊임없이 새롭게 시도하는 대화로 이해될 수 있다. 그러한 학자들은 이상적인 명료성과 검증된 의사소통과 도출된 합의를 권장하는 언어를 가치 있게 여기는 '과학적인' 경향의(특히 기호 표현의) 철학, 그리고 물질적인 불투명성과 무의식적인 의미 부여 같은 정해지지 않은 해석의 가능성을 잘 드러내 주는 언어적인 속성들에 대한 '문학적인' 접근의 철학을 서로 균형 있게 받아들일 것을 권고하고 있다. 그들에 따르면, 언어는 우리의 자기 의식적 사유를 위한 하찮은 매개체로 가정되어서는 안 된다. 오히려 언어는 우리의 사유를 위해서 필요한 재료이고 관습적 지원체제이면서도, 동시에 사고의 '주체(author)'를 포함한 어느 누구에 의해서도 완전히 정의될 수 없게 만드는 것이면서, 우리의 사고를 사고되지 않은 채 머물러 있는 것에 노출시키기도 하는 것으로 인정되어야 한다. 그와 같은 언어의 속성들을 잘 드러냄으로써 해체적인 철학자들은 자신들의 철학적 담론을 통해 우리로 하여금 우리의 확정되기 어려운 속성(불확정성)에 관여하도록 만든다.[16] 이렇듯이 철학이 언어적 반영이라는 관점에서 철학사를 보면, 철학자들이 미확정이라는 것을 제거하기 위해서 끊임없이 새로운 담론을 개발한다고 치더라도, 그러한 불확정성은 마치 자연법칙을 따르는 것인 양 번번이 되돌아와 담론의 언어에 늘 붙어 다니는 것을 볼 수 있다. 그래서 담론의 언어가 일단 맥락을 벗어나서 낯설어지면, 이 의심스러운 언어는 새로운 화자로 하여금 이미 짜여 있는 옛 담론을 해체하게 만들고, 또 다른 세대의 작가로 하여금 그러한 낡은 담론의 언어로부터 독립을 선언하도록 자극한다. 이런 식으로 철학은 스스로를 영속시킨다. 그러나 미확정은 철학이라는 살아 있는 대화에 다른 학자들을 불러들이는 가능성의 조건으로 남아 있음으로써 마찬가지로 자기 스스로를 영속시켜 나간다.

우리로 하여금 의미 있는 타자와의 대화에 참여하도록 이끄는 자기 규정의 담론도 마찬가지로 그러한 지적 곤란으로 특징지어진다. 예를 들면, 타자를 통해서 나 자신을 '남성'이며, '아시아계'이고, '교수'일 뿐 아니라, '건강하고 친절한 사람'이라고 부르도록 배운다. 그러나 담론의 어느 순간에라도 그러한 용어들은 여러 가지 원인으로 인해 갑자기 나에게 의심스러운 것으로 보일 수 있다. '남성'으로 존재하는 것이 진정으로 무슨 의미인가? 그리고 나는 이 용어가 가리키는 특징으로 나를 규정하도록 원하는가? '아시아계'라는 용어는 인종을 말하는가, 문화를 말하는가? 이것은 누구를 위하여 그리고 무슨 목적으로 하나의 정의로 사용되고 있는가? 친절과 같은 '미덕'은 무엇인가? 이러한 의문이 드는 순간 나는 나에게 그러한 용어를 가르쳐 준 타자들이 혹시 나의 불안을 덜어 줄 수도 있을까 하고 희망하면서 그들에게 호소하는 것으로 그치기 쉽다. 그러나 그러한 타자들조차도 그 말이 어떤 명확한 의미를 가지고 있는지 확신할 수 없다는 것을 인정하게 될 것이다. 그렇다면 내가 그들로부터 배운 의미는 도대체 무엇인가? 그들의 언어를 통해서 내 자신 안에서 인식하도록 요청받았던 그 의미 있고 진정한 자아는 도대체 어떻게 되는 것인가? 나에게 한때 그렇게나 중요했던 그 사람들은 누구인가? 그렇다면 지금 나는 타자들이 어떤 사람으로 인정해 주기를 원하는가? 나는 누구인가?

그들처럼, 당신처럼, 나도 이방인이다. 나를 인정해 달라!

이것이 모든 실제적인 요구에 대한 충분한 답변일 수 있는가? 예를 들면, 이것은 직장 동료에게 업무 분담에 대한 신뢰할 만한 지침이 될 수 있는가? 그렇지 않다. 많은 장면에서 예상할 수 있는 방식으로 일이 진척되려면, 우리 각자는 우리 삶의 상당한 부분에서 하나의 실제적인 역할과 정체성을 가정해야만 한다. 하지만 우리는 그러한 정체성을 가정할 수 있게 하는 것이 무엇인지, 특히 정체성 간에 충돌이 있을 때 과연 무엇이 정체성을 규정하게 되는지에 대해서 여전히 질문하지 않을 수 없다. 나는 그것에 대해서 우리가 생각해 낼 수 있는 가장 솔직한 이름은 미확정(未確定)의 신비로운 자아라고 주장하고자 한다. 이러한 자아에는 적극적인 특징이 하나도 없다. 그렇기 때문에 우리가 가정하는 어떤 다른 '가상적인' 정체성보다 '더 진실하다'고 판단될 수 있는 그 어떤 것도 없다. 그러나 우리는 그러한 정체성을 엮어 내는 안전선을 인식하기 위해서 최소한 자아라는 존재를 인정해야 한다.

그러한 자아를 인정하는 일에 가장 잘 어울리는 사회는 다문화주의적인 민주주의 사회다. 그러한 사회는 우리 각자가 문화적인 이방인을 대면할 가능성을 높여 준다. 그리고 그러한 문화적 이방인이 가지고 있는 자기 규정이라는 대안적 언어는 우리의 자기 이해를 도와준다. 즉, 특정한 언어로 규정된 나 자신을 규정되지 않은 것으로 인식하도록 이끈다. 그리하여 우리는 불확정적인 자아를 존중하고 성장시키기를 원하게 된다. 그렇기 때문에 우리는 그러한 사회를 권장하는 정치학을 지지하게 된다. 우리가 그러한 정치학을 지지하는 이유는 테일러가 말하는 것과 다르다. 즉, 자기의 문화적 정체성에 들어 있는 고유한 특징에 대한 존중 때문이 아니다.

물론, 아무런 방향성도 없이 무작정 불확정성에 노출되기만 하는 것은 우리를 서로 화합하게 만들기보다는 혼란과 두려움, 그리고 반목으로 인한 분열이라는 심연으로 이끌게 될 것이다. 그러므로 다문화주의적인 교육의 임무는 정체성의 불안정성을 불확정적인 정체성에 대한 적극적인 환영으로 바꾸어 놓는 것이다. 즉, 자아를 이방인화하는 것이다. 그러한 교육은 이방인의 문화적 정체성을 인정하고 존중하는 것을 넘어서서 우리 자신의 문화적 정체성조차도 명확하지 않고, 또 자기 스스로에게도 낯설다는 것을 인식하도록 만들고, 나아가 그러한 불확정성이야말로 공동의 담론을 시작하게 만든다는 것을 인정하도록 하는 것을 목적으로 삼는다. 이러한 담론을 통해 우리는 우리 자신에게 이방인이며 다른 이방인과 함께 낯선 세상에 내던져 있다는 것을 배울 것이다. 또한 그러한 담론을 통해서 문화적 차이에 민감했던 정치학은 그러한 차이들에 주목하여 상호적으로 이해 가능한 정체성이라는 이상에 포함된 자연적인 한계를 발견하는 정치학이 될 것이다. 문화가 서로 화합하지 못한 채로 뒤섞여 있을 때, 낯설음은 상식이 될 것이다. 그리하여 새로운 공통성의 정치학에 대한 희망이 태어나게 된다. 이러한 정치학은 특권적인 문화어로 이해될 수 있는 우주로서의 자연에 근거를 두는 정치학이 아니라, 언어와 언어적 존재라는 확정될 수 없는 원천으로서의 자연, 즉 신비로운 X로서의 자연에 근거를 두는 정치학이다. 그러한 정치학은 '누구나 다문화적인 사회를 누릴 수 있는 보편적인 권리를 가진다.'는 담론에 의해 이끌릴 것이다. 그것은 위에서 논의한 테일러의 설명에 나타나는 첫 번째의 긴장, 즉 인정의 민주주의 정치학에 나타나는 요소들 간의 긴장(대립)을 완화시킬 것이다.

건설적이고 민주주의적인 목적을 실현하기 위해서, 다문화주의적인 교육은 어떻게 그러한 자기 이방인화를 장려할 수 있을 것인가? 이것은 교실에서의 담론을 두 종류의 교육내용 중심으로 재편함으로써 가능할지도 모른다. 첫째, 교사는 역사나 인류학 그리고 예술에서 나타나는 타자성(otherness)의 이미지를 학생들에게 제시하고, 그들이 그러한 이방인에 대한 이해를 당연한 것으로 받아들이기 전에 그것을 다시 한 번 생각해 보도록 요구하는 것이다. 그리하여 테일러와 마찬가지로, 나도 문화적인 이미지가 편견에 가득 찬 해석으로 얼룩지게 되는 것을 예방하고자 한다. 둘째, 교사는 그러한 이미지를 활용하여 학생들로 하여금 자신의 정체성을 표현하는 언어에 대해 회의를 품게 하고, 학생들에게 잠재되어 있는 강력하고도 스스로 낯설게 하는 지적 혼란이 일어나도록 하는 것이다. 이러한 질문들과 지적 혼란에 대해 우리가 진지하고 진실되게 논의할 수 있다는 것은 곧 가장 깊은 차원에서 우리가 그러한 문화적 이방인과 맞닿아 있고, 또 비슷하다는 것을 수업에 참여한 모든 이에게 간접적으로 암시해 줄 것이다. 그리하여 우리는 차별적이고 적대적인 방식으로 타인과 우리 자신을 구분할 필요가 있다는 생각을 버리게 될 것이고, 그 대신에 그러한 타자들을 통해서 어떻게 타자적인 측면의 나 자신을 함께 안고 살아갈 것인가에 대해서 배우게 될 것이다. 이러한 방식의 질문을 추구하기 위해서는 철학적인 문헌이 더 없이 소중하다.

만약 우리가 불확정성은 제거할 수 없다는 것에 주목하는 해체의 관점에서서 철학적인 문헌들을 읽는다면, 철학사는 분명 인간의 본성에 대한 중요한 교훈을 가르쳐 줄 것이다. 그것은 바로 우리가 너무나도 쉽게 상처받을 수 있는 나약함을 공유하고 있는 존재라는 것이다. 불확정성의 출현은 철학자들로 하여금 자기 인식이 어떤 문제에 봉착하고 있는지에 대해서 대화를 하도록 촉구한다. 불확정성이 철학자들을 밀어붙이는 힘에 비례해서, 그것에 의해 위협을 느끼는 사람들 간에는 공동체 의식이 생겨날 것이고 또 그러한 공동체를 확장시킬 것이다. 그렇지만 불확정성에 사로잡힌 용어들의 의미가 불분명해지는 정도에 비례하여, 공통의 관심, 모종의 우정, 즉 필리아(philia)의 의미가 새롭게 조명될 것이다. 그리고 대화에 참여함으로써 내적으로 공유된 정체성, 즉 애정의 연대를 이해하는 것을 배우고자 하는 사람들에게는 그러한 불확정성이야말로 서로를 무장해제시키는 선(善)의 원천으로 작용할 수도 있을 것이다. 이것은 아마도 우리가 환영해야 할 소피아(sophia)다. 이것은 친밀감을 선물한다. 그리하여 철학(philosophia)은 불확정성을 제거하거나 감소시키는 작업인 인식론적 과제에서 벗어나게 될 것이다. 나아가, 철학은 불확정성으로의 복귀를 통한(하이데거가 보여주듯이, 문화적으로 확정되는 개별자로서의 존재자와는 존재론적으로 구별되는) 불확정적인 존재(indefinite Being)와의 만남이 얼마나 두렵고 경이로우며 숭고한 것인가에 대해서 감사하는 작업으로 전환될 수 있을 것이다.[17] 즉, 철학은 곧 존재론적인 작업으로 변형될 수 있을 것이다. 그에 따라 철학은 우리가 태어났던 밤, 그리고 우리가 죽어서 돌아가게 될 밤, 즉 우리 모두를 하나로 끌어안을 밤에 대한 평온한 명상이 될 수 있을 것이다.

랭보(Arthur Jean Nicolas Rimbaud)는 다음과 같은 선언을 통해 예술에서 선구적인 족적을 남겼다. "나는 타자다(Je est un autre)." 우리 모두는 자기 자신이 타자라는 것을 수긍함으로써 우리가 누구인지—당신이 말하는 우리가 내가 말하는 우리를 포함하는지—에 대한 의심을 일으키는 불화에 반응할 시간이 된 것같이 보인다. 그러한 수긍은 적대적이라기보다는 평화주의적인 인정의 정치학을 다문화주의적인 교육, 즉 자기 규정과 자기 이방인화를 통한 교육과 결합시켜 준다. 또한 그러한 수긍은 문화적으로 다양한 맥락에서 전개되는 철학학습의 가치를 새롭게 밝혀 준다. 그것은 우리에게 철학을 다르게 이해할 것을 제안한다. 즉, 철학은 더 이상 결론에 이르는 힘이 아니라 오히려 전제를 의심하는 힘이다. 그리고 철학은 차이를 하나의 결론으로 환원시키는 능력이 아니라 모든 사람, 즉 교사, 학생 그리고 방관자에게 해답이 없는 당혹스러운 질문을 던지는 다양한 관점을 활용하는 힘이다. 그러면 우리는 질문 뒤에 이어지는 침묵 속에서, 우리가 어떤 것이기도 전에 이미 서로의 곁에 나란히 그리고 신비롭게 존재하고 있다는 것을 기억할지도 모른다.

후 주

1. 예를 들어, Stanley Cavell, *Conditions Handsome and Unhandsome: The Constitution of Emersonian Perfectionism: The Carus Lectures, 1988* (Chicago: The University of Chicago Press, 1990)과 The Voice of Liberal Learning, Michael Oakeshott on Education, ed. Timothy Fuller (New Haven: Yale University Press, 1989)를 보라.

2. Amy Gutmann(ed.), *Multiculturalism and "Politics of Education"* (Princeton: Princeton University Press, 1992)에 수록된 논문.

3. 같은 책, 25.

4. 같은 책, 25-26.

5. Charles Taylor, *Sources of the Self: The Making of the Modern Identity* (Cambridge, MA: Harvard University Press, 1989).

6. Taylor, "The Politics of Recognition," 26-27.

7. 같은 책, 27.

8. 같은 책, 30.

9. 같은 책, 31-32.

10. 같은 책, 32.

11. 같은 책, 32-33.

12. 같은 책, 65-66.

13. 같은 책, 37.

14. 같은 책, 38.

15. 같은 책, 43.

16. Jacques Derrida, *Speech and Phenomena and Other Essays on Husserl's Theory of Signs*, trans. with an intro. by David B. Allison (Evanston, IL: Northwestern University Press, 1973)와 Jacques Derrida, *Limites Inc* (Evanston, IL: Northwestern University Press, 1988)을 보라.

17. 이와 관련하여 나는 특히 Martin Heidegger, *What is Called Thinking?* trans. by J. Glenn and F. Wieck, (New York: Harper and Row, 1968)에서 잘 드러나고 있는 하이데거의 명상적인 사유에 기꺼이 경의를 표하고 싶다. 존재와 존재자 간의 존재론적 차이에 대해서는 무엇보다도 Martin Heidegger, *Identity and Difference*, trans. with an intro. by Joan Stambaugh (New York: Harper and Row, 1969)를 보라.

_14

교육철학에서 서사의 문제: '불확실한' 지식에 관한 여성주의적 시각

Lynda Stone

지난 10여 년 동안 서사(narrative)는 교육연구와 교육실천 전반에 걸쳐, 그리고 교육철학에서 점차적으로 중요한 위치를 차지하게 되었다. 그렇게 된 데는 몇 가지 이유가 있다. 일반적으로 볼 때 학술연구 분야에서 해석을 중시하는 경향이 나타났고, 교육 분야는 실증주의적이고 계량적인 형태의 편협한 연구로부터 질적인 형태의 연구로 발전하였으며, 교수 행위와 교사의 삶에 주목하는 연구 분야가 성장하였고, 공동체에 대한 관심과 그다지 중요해 보이지 않은 서사에 대해서 보다 포괄적인 사회적 · 낭만적 갈망이 생겨났기 때문이다. 이러한 움직임에 기여한 위더롤(Carol Witherall)과 나딩스(Nel Noddings)의 말을 들어 보자.

> 이야기와 서사는 그것이 개인에 관한 것이든 꾸며 낸 이야기든 간에, 우리의 삶에 들어 있는 의미와 소속감을 제공한다. …… 이야기는 이미지와 신화, 비유 등을 보여 준다. 이것들은 우리에게 도덕적인 반

향을 불러일으킬 뿐만 아니라 또한 앎의 과정과 그 결과로 습득하게 되는 지식에 기여하게 된다.[1]

이러한 서사로의 선회에 영향을 미친 또 다른 요인은 교육을 포함한 모든 지적 탐구 영역에서 나타난 여성주의 이론화에서 발견될 수 있다.[2] 이것은 이 논문의 일차적 관심사다. 이에 관해 간략하게 살펴보도록 하겠다.

서사로의 강한 선회는 일반적으로 그 형식과 직접 연관된 미술이나 시학 분야에서 이루어진 것이 아니라, 그것과 대체로 관련이 없는 지적인 학문 분야에서 이루어졌다. 말하자면 그러한 강조점의 이동은 테일러(Charles Taylor)의 두 가지 의미, 브루너(Jerome Bruner)가 말한 두 종류의 앎, 스노우(C. P. Snow)의 두 문화의 개념[3] 속에서 이루어졌다. 그 결과, 19세기 낭만주의가 만개했던 시기를 제외하고 과거 300여 년 동안 예술보다는 분석(과학)이 우세했지만, 이제 더 이상 그렇지 않게 되었다.

오랫동안 과학과 분석, 설명이 우위를 점해 왔던 까닭은 철학 안에서 주로 '논쟁을 위한 논쟁'이라는 극단적인 입장이 견지되었다는 점에 비추어 이해될 수 있다. 그러한 관점에서 바라볼 때 서사는 정신착란, 즉 뜬구름 잡는 것 또는 '아무런 구조도 가지지 않은 순수한 상상'이며 무책임한 것이다. 그렇지만 분석은 프로이트가 주장했듯이, 여성이 할 경우에만 히스테리이며, 진지하고, 지배적이거나 경직되지 않으면서 체계적이며, 책임감 있는 진리를 지향한다.[4] 그런데 이러한 대비는 분석철학이 유럽의 사회이론에 의해 영향을 받기 시작하면서 퇴색하기 시작하였다. 지식은 비록 전체적으로 비객관적인 것은 아니지만, 대체로 사회적으로 구성된다고 여기게 되었고, 그와 더불어 확실성에 대한 추구를 포기하였다. 이제 철학은 좀 더 문학에 가깝게 되었다.

그와 더불어 점차로 여성 철학자나 여성주의적 경향을 띠는 학자들이 나타나기 시작했다. 서사(이야기)는 대안적인 담론이다. 이론가들은 그 속에서 대안을 찾고 또 그렇게 활용해 왔다. 그 까닭은 철학에서와 마찬가지로 모든 학문 분야를 통해 여성이 무시당하고 있다고 느껴 왔기 때문이다. 전통적으로 여성적인 삶의 경험, 여성의 의미, 여성의 소통 방식은 존재하지 않았다. 비평가 헤일브룬(Carolyn Heilbrun, 그녀는 추리 작가다.)은 이야기의 중요성에 대해서 이렇게 강조한다.

> 우리는 읽고 들은 이야기를 통해 이야기하고 또 살 수 있다. …… (이야기는) 어머니의 속삭임처럼 관습이 우리에게 무엇을 요구하는지를 말해 준다. …… 그래서 우리는 새로운 소설, 새로운 서사를 만들기 위해 …… 그리고 새로운 삶을 살기 위해 이야기를 이용해야만 한다.[5]

여성 혹은 여성주의 학자가 학술적인 영역에서 서사에 주목하는 것처럼 교육철학자들도 철학적인 저술 속에서 서사를 이용하고 있다. 서사의 기능이나 형식, 범위는 다양하다.[6] 그러한 예로 선각자 그린(Maxine Greene)을 꼽을 수 있다. 그녀는 서사가 주는 철학적 의미를 글로 쓰고 있다. 그녀는 자신의 경험이나 특수한 이야기, 비평 등을 비유적으로 사용함으로써 다른 사람들도 그것을 사용할 수 있도록 길을 열어 주었다. 마찬가지로, 최근에 나딩스에 의해 소개된 서사적 현상학은 의미 있고 새로운 철학하기 방법을 제시하고 있다. 사적인 형태와 허구적 형태가 결합된 서사가 다른 학술 영역에서 활용되는 예는 얼마든지 찾아볼 수 있다. 소위 '교육과정 재개념론자'라 불리는 그루메(Madeleine Grumet)와 파가노(Jo Anne Pagano)는 자신들의 교육 '이야기'를 하기 위해 (영향을 미친 많은 이론 중에서) 현상학과 정신분석이론을 사용하고 있다. 보그단(Deanne Bogdan)은 문학이론과 비평을 철학적 교수이론 속으로 끌어들이고 있다. 마지막으로, 레어드(Susan Laird)와 부흐만(Margret Buchmann)은 분석을 목적으로 자신들의 철학 저술

속에 많든 적든 허구적인 이야기를 사용하고 있다.[7]

정리해 보면 일반적인 학술 분야에서 그렇듯이, 서사는 교육철학에서도 점차로 중요해졌다. 다른 분야처럼 교육철학의 작업도 체계적이고 엄격하고 진지하다. 서사의 지지자들은 어느 여성주의 미학자가 말한 것처럼 '단순한 경험 광신자'[8]가 아니다. 이제 교육철학에서도 서사는 전통적인 방법과 내용에 대해 대안적이며 의미 있고 추가적인 탐구방법과 내용을 제공하고 있다. 나는 아래에서 한 통의 가상편지가 교육철학을 하는 데, 즉 여성적인 삶에 대한 기술(記述)하기를 통해 설명을 구조화하고 진전시키는 데 어떻게 이용될 수 있는지를 보여 주고자 한다. 그 이야기는 네 명의 여성* 에 관한 것인데, 그 중 두 명은 실제 인물이고 나머지 두 명은 가공의 인물이다.

> 친애하는 바(Bâ) 양에게,[9]
>
> 1992년 12월; 1994년 1월
>
> 당신이 가상 편지를 쓰기 시작한 것처럼 나도 이제 당신께 가상 편지를 쓰기 시작합니다. 나 역시 심사숙고하고 있기 때문에 '깊이 숨을 들이 쉽니다'. 나는 편지의 수취인이나 그의 우정에 대해 아무런 확신도 없지만, 마치 우리가 친구 사이인 것처럼 이 편지가 받아들여질 것을 갈구합니다. 이 편지는 서양의 여성주의 전통 속에서 있습니다. 말하자면, 이 편지는 학구적이고 교육적인 것 못지않게 또한 사적이며 정치적입니다. 그것은 당신이 한 일처럼 정치적입니다. 나는 당신을 나의 동료작가로 삼았고, 당신의 가상 친구인 라마툴라예와 아이사투를 모델로 삼았습니다. 그럼 용기를 내서 계속해 보겠습니다.

---

*역자 주: 이 논문의 저자 스톤(Lynda Stone)과 아프리카의 작가인 마리아마 바(Mariama Bâ) 그리고 그녀의 작품에 나오는 라마툴라예와 아이사투.

나는 우리가 작가라는 전제하에 이야기를 시작합니다. 당신을 마리아마라고 이름만 불러도 될까요?[10] 당신은 아프리카에서 남녀 간의 불평등을 제거하는 데 헌신한 '여권신장의 선각자'로 알려져 있습니다. 나는 북미의 백인 학자이며 교육자입니다. 당신과 마찬가지로 나도 학교에서 가르칩니다. 우리는 둘 다 사회에서 중산층에 속합니다. 우리는 변화의 시대에 살고 있지만, 우리 사이에는 중요한 차이가 있습니다. 그것은 아프리카 국가들이 외적인 식민주의의 잔재를 계속 쓸어 내고 있으며, 더 좋아지든 더 나빠지든 전통에서 벗어나 모던/포스트모던 시대로 접어들고 있다는 것입니다. 그렇지만 북미의 국가들은 포스트모던 시대가 되었음에도, 여전히 소수 민족에 대한 모종의 내적인 식민주의를 견지하고 있다고 말할 수 있습니다. 몇몇 유사점에도 불구하고 내가 보기에 우리는 너무나 다릅니다. 나는 그러한 차이를 계속 견지하면서 소통을 나누고 싶습니다.

당신은 여성주의 운동을 발전시키기 위해서 친구들 간의 가상 편지를 소설로 썼습니다. 그 친구들은 어렸을 때 서로 비슷했지만, 커서는 완전히 달라져 버렸습니다. 그래도 그들은 여전히 가깝게 지내는 사이입니다. 마찬가지로, 우리 사이에도 차이를 넘어서 당신의 중요한 문학적 성과가 나의 교육철학 안의 새로운 목적에 기여할 수 있게 되면 좋겠습니다. 그래서 나는 당신께 편지를 씁니다. 이 일의 중요성을 아실 수 있다면, 부디 이를 허락해 주시기 바랍니다.

세네갈의 교사이며 장학사인 마리아마 바는 "이제는 옛날 문화유산의 한 부분에 불과한 오래된 습관과 전통, 관습"에 저항하기 위하여, 중편소설 『편지여 안녕(*So Long a Letter*)』을 썼다. 바는 오랜 와병 끝에 1981년에 사망했는데, 사망 직후 두 번째 소설이 출판되었다. 불어로 쓴 첫 번째 소설은 16개 국어로 번역되었으며, 아프리카 출판물에 주어지는 노마출판상

(Noma Award for Publishing)을 첫 번째로 수상했다.[11]

이 가상 편지의 주제—그것이 또 다른 편지에 기초하고 있듯이[12]—는 확실성과 불확실성을 경험하는 여성의 삶에 관한 것이다. 그 주제의 핵심은 일종의 역설 형태로 진술된다. 즉, 많은 여성에게 있어서 자신의 삶에 관해 확실한 것이 있다면, 그것은 불확실하다는 점이다. 이러한 불확실성은 세 가지 차원에서 드러나는데, 바의 편지는 바로 주체, 본질주의, 우정이라는 차원에서 불확실성을 잘 드러내고 있다. 첫 번째는 주체 차원이다. 주체는 전통적이고 남성중심의 담론에서 형성된 개념으로 그것이 과연 '천성적'인 것인가 하는 의문이 제기된다. 두 번째로 본질주의 차원은 여성의 삶에서 차이가 가지는 의미와 이것이 주체에 미치는 영향에 관한 탐구와 연관되어 있다. 세 번째로 우정 차원은 우정이 생겨날 수 있음을 보여 주기 위해서 여성이 지닌 차이를 파헤치는 난제를 수행한다. 그러한 시도의 바탕에는 다음과 같은 아이러니가 깔려 있다. 현재의 포스트모던 시대가 불확실성으로 특징지어진다고 한다면, 오늘날에는 여성이 몇몇 (혹은 상당수) 남성보다 심리적으로 훨씬 더 잘 살아갈 수 있다는 것이다. 왜냐하면, 여성은 불확실성, 잠정성, 애매성에 익숙하기 때문이다. 즉, 만일 확실성이라는 기준이 불확실성이라는 기준으로 바뀐다면, 누가 이 시대에 가장 적합할 것인가 하는 문제는 새로운 의미를 갖는다.[13]

세월을 통해 드러났고 또 현재의 분석이 보여 주고 있는 것처럼, 이 시대는 점차로 불확실성의 시대로 가고 있다. 계속성보다는 변화, 안정성보다는 변동이 일상생활에 대한 서술을 지배하는 주제가 되고 있다. 이 시대를 이론적으로 파악하기 위해서는 일종의 변증법이 필요하다. 즉, 경험을 기술(記述)하는 것은 설명과 관련되고, 설명을 하는 것은 다시금 경험과 관련된다고 보는 것이다. 그런 방식으로 이론화하는 방법 중 한 가지는 모든 사적인 경험을 잠정적으로 공적인 것으로 보고(실제로 경험의 소통은 공적이다.), 그에 따라서 그것을 정치적인 것으로 간주하는 것이다. 여성주의의 최초 선언에서 주장했던 것처럼, 사적인 것은 곧 정치적인 것이다. 그래서 사적 경험과 공적 경험이라는 영역 구분은 붕괴된다. 이론은 비사적인 주장을 하기 위해 사적인 것을 취하게 된다. 문학평론가인 밀러(Nancy Miller)는 그것을 '사적 평론'이라고 명명하고 있다.

> 비평에서 사적인 입장을 취하는 것은, 비록 자신을 드러내는 정도나 형태는 대단히 다양하지만, 전형적으로 자기 묘사를 향한 정교한 움직임을 포함한다. 비판적인 논증 속에 자기 이야기가 섞여 들어가고, …… 또한 자신의 사고 구조나 삽입된 자료가 들어가게 된다. …… 마찬가지로, 사적 평론은 자화상 …… 혹은 '친밀한' 타인의 초상을 그려 내는 형태를 취할 수 있다. …… 그것은 고백적이고 국지적이며, …… 일화(逸話)와도 같은 성격을 가진다. …… 모든 것은 일종의 친필과 같은 기능을 한다.[14]

요컨대, 여성주의 글쓰기는(점차 다른 장르도) 공적 · 정치적 · 전문적인 목적을 추구하기 위하여 때때로 고도로 사적이고 개인적인 형태를 띤다. 그것은 의식화라는 시도의 연장이지만, 사실 그 이상을 의미한다. 의식화는 과거 혁명기 중국에서 '신랄한 비평'이라 불리는 실천에서 발전하여 공동 목적을 성취하기 위한 최초의 정보 공유를 의미하였다.[15] 오늘날의 학술적인 실천도 역시 공동의 목적을 설정하지만, 여기에는 그러한 노력을 경주하는 서로 다른 분과들에 대해 훨씬 더 철저한 이해가 따라야 한다.

이제, 이 편지 안의 편지로, 라마툴라에와 아이사투에 대한 마리아마 바의 설명으로 돌아가 그들이 여성의 삶에 관해 무슨 말을 하고 있는지 살펴보자.

마리아마, 편지 잘 받았습니다.

여성은 이 세계 속에서 자신의 행위에 관해 무엇을 아는지 질문하는 것으로 시작하겠습니다. 그들에게 확실한 것은 무엇인가요? 나의 경험과 다른 사람의 이야기에 근거해서 생각해 보건대, 나는 우리 사이에 존재하는 기준이 불확실성이라고 봅니다. 이는 우리가 하는 일이 결코 이루어지지 않는다는 말이 아닙니다. 그것은 이루어집니다. 그러나 그것은 기준에 관해 무언가를 말해 줍니다. 내 견해는 이렇습니다. 과거의 성공과 신념, 확신에도 불구하고, 우리의 시도가 성취될 수 있을지를 결코 알지 못한다는 것입니다. 그리고 여성에게 상대적으로 특권이 주어지는 삶의 영역에서도, 우리는 종종 불확실성뿐만 아니라 통제력의 결핍을 '의식하도록' 요구받습니다. 나아가, 나는 그러한 기준이 대부분의 남성에게는 해당되지 않는다고 생각합니다. 그뿐만 아니라, 그러한 조건에서 우리가 취하는 행위와 우리를 위해 타인이 하는 행위는 우리 자신의 최선의 이익을 위한 것이 아니라는 점을 우리 중 많은 사람이 알고 있습니다. 우리는 이것을 당연한 것으로 여깁니다. 이는 '원래 그런 것'—삶이나 '사회체제'의 일부—인 것입니다. 만약 우리에게 깊이 성찰할 안전한 공간이 주어진다면(금방 깨닫게 되겠지만), 그러한 삶이나 사회체제는 우리가 바라는 것이 아닙니다.

당신은 라마툴라예와 별거 중이던 남편 무두의 장례식과 애도 행사에 관해 서술하면서 행위의 불확실성에 관해 쓰고 있습니다. 라마툴라예는 이슬람 전통에 따라 그것을 설명합니다.[16]

> 가족 재산에 대한 각 유가족의 몫은 두 배가 되어야 한다. 즉, 고인의 모든 남녀 사촌들의 자손들이 받을 유산처럼 무두의 손자들의 몫도 두 배가 되어야 한다.

> 그리하여 우리의 시가 친척은 유가족으로부터 고통으로 장식된 돈뭉치를 가져가고, 우리를 극도로 곤궁한 상태로 내버려둔다. 우리야말로 물질적인 지원이 필요해질 터인데(7쪽).

> 이는 모든 세네갈 여성이 두려워하는 순간이다. 자신의 재산을 희생하는 순간 ……. 그리고 더 나쁜 것은 자기와 결혼했던 남자 그리고 그의 가족을 위해 봉사하는 하나의 물건이 되면서부터 자신의 인격, 자신의 존엄성을 포기한다는 것이다(4쪽).

라마툴라예와 그녀의 친구 아이사투에게 확실한 것처럼 보이는 것은 남성들이 그들의 삶에서 행하는 행위가 그들의 '운명'을 결정하고, 따라서 내가 탐구하고 있는 불확실성을 구성한다는 것입니다. 각각의 경우, 사랑하는 젊은 연인이 되고 사랑받는 남편이 됩니다. 하지만 중년기가 되자 남편은 타인을 조종하여 훨씬 젊은 새 아내를 얻기로 결정합니다. 라마툴라예와 아이사투는 서로 다른 반응을 보입니다. 여기에 자기 결정적인 행위가 있으나 이는 제한된 사회 조건 속에서 이루어집니다. 금세공업자의 자존심 센 딸인 아이사투는 왕족의 후손인 남편과 이혼합니다. 그녀는 일부다처제를 용납할 수 없습니다. 라마툴라예의 '선택'은 그녀가 탐욕스러운 시어머니의 행동에서 배운 대로 이혼보다는 별거를 하는 것입니다. 후자의 행위는(그것이 그녀의 자율적 선택인지 의심스럽지만) 아이들과 불운한 두 번째 신부가 연루되어 있기 때문에 여러 사람의 삶을 황폐하게 합니다. 이 모든 것은 무두의 돌연한 죽음으로 '끝이 나고' 참을 수 없을 만큼의 재정적 부담을 짊어집니다. 라마툴라예는 혼자 살기로 결정하는데, 그것은 대단히 '근대적인' 결정으로서 부적절한 새 구혼자를 거절하는 것입니다.

개인적인 위기와 변화의 시대는 사회의 위기와 변화를 반영합니다. 라마툴라예와 아이사투는 신흥 중산층 출신으로서 여러 면에서 운이 좋았습니다. 그들은 또한 교원양성대학 졸업생으로서 어느 정도 경제적인 자립을 이루고 있습니다. 라마툴라예는 자기 친구에게 어린 시절의 경험과 목표를 회상하며 이렇게 말하고 있습니다.

> 우리는 친자매나 마찬가지로 해방이라는 동일한 소명을 추구했지. 전통의 늪에서 스스로를 건져 내기, …… 우리의 문명을 포기하지 않으면서 다양한 문명을 인정하기, 세계에 대한 우리의 비전을 높이 세우기, 흑인 여성의 지위 향상을 위해 …… 우리의 …… 자질을 강화하기(15-16쪽).

마리아마, 당신도 아시다시피 세월이 변하듯이 전통도 변하였습니다. 힘겹게 거둔 승리에서, 라마툴라예는 죽은 자기 남편의 재산 분배를 둘러싼 법적 투쟁에서 이겨 본부인으로서 인정받는 승리를 쟁취합니다.

라마툴라예와 아이사투와 같은 여성은 자신의 선택과 행위를 두 가지 상식의 차원, 즉 하나는 전통과 관련하여, 다른 하나는 그들이 관계를 맺은 타자들과 관련하여 설명하고 있다. 여기에서는 의존이라는 의미의 타율성이 기준이며, 많은 여성에게(그리고 몇몇의 남성에게) 이 기준은 자연적이고 확실하고 좋은 것이다. 이에 비해, '좋은' 인간적 행위는 서양철학자(아주 최근까지 그들은 남성 철학자들임)에 의해 독립을 의미하는 자율성, 자유 의지, 합리성 등의 용어로 규정되었다. 그 경우 행위의 확실성은 합리적인 개인이 행위를 선택하고 결정하기 위하여 자신의 자유 의지를 발휘할 때 이루어진다. 누군가가 어떤 일을 강력하게 원한다면, 그는 그 일을 하기 위해 합리적으로 계획하고 가능한 한 행위의 선택과 그 결과를 잘 따져 봐야 한다. 그러면 그러한 행위는 수행될 수 있다고 널리 받아들여진다. 이러한 생각은 주로 성공할 수 있도록 계획된 행위인지 아닌지 끈질기게 묻는다. 인간의 행위나 주체는 자발적인 것이며 합리적으로 정당화될 수 있다는 것이다.

주체에 관한 이러한 묘사는 여성주의자들에 의해 종종 주체성(subjectivity)으로 거론되는데,[17] 여성주의자들(그리고 탈식민주의 이론가와 같은 다른 이론가들)로부터 비판받아 왔다. 그들이 비판을 제기하는 이유는 앞의 이야기에서 지적된 바와 같이, 역사를 통해 여성의 삶이 한정되고 제한되어 왔기 때문이다. 즉, 여성은 남성과 마찬가지로 '자율적으로' 행동했다는 것이다. 그러나 여성이 자유롭게 개인적으로 행동하지 못했다는 것은 단순히 경험적인 사실이 아니다. 만약 이것이 경험적 사실이라면, 오늘날 행동하는 적극적인 여성은 전통과 관습을 변화시킬 것이며, 그 변화는 다시 행위의 가능성을 변화시킬 것이다. 물론, 그것은 오랜 시간에 걸쳐 진행되고 있다. 하지만 그러한 견해는 첫 번째로는 종교 안에, 두 번째로는 철학 안에 들어 있는 전통과 관습의 기초를 부인하기 때문에 충분한 설명이 되지 못한다.

서양철학은 아리스토텔레스부터 시작하여(그 정도는 아니지만, 플라톤에서도 볼 수 있는데) 여성을 합리성이라는 측면에서 남성보다 열등한 것으로 규정한다. 이 모든 것은 일종의 불평등 생물학에 기초하고 있다.[18] 최초의 기준은 이렇다. 남성은 삶의 창조자이며, 여성은 수동적인 관리자라는 것이다. 그 결과, 후자는 힘이 약하고 신체와 동일시되며, 반대로 남성은 좀 더 힘세고 정신과 동일시된다. 이는 사회 속에서 그리고 역사를 통해 정신(곧, 합리성)이 중시하는 영역, 즉 공적 영역에서 여성이 거부된다는 것을 의미해 왔다. 여성은 사적 영역, 가정으로 내몰렸기 때문에 문화와 시민권에 참여하여 기여하는 것이 거부되었다. 고전적인 여성주의 분석이 설명하고 있는 바와 같이, 여성에게는 합리성(rationality)이 아니라 감성(emotionality)이 부여되고, 기본적인 철학적 독단(dogma)에 따라 남성에 종속된다는 위계적인 이원론이 수립되었다.[19]

이미 지적한 바와 같이, 감정(emotion)은 철학적 시나리오에서 특수한 역할을 수행한다. 왜냐하면, 감정은 열정과 결합하기 때문이다. 그에 따라서 감정은 비합리성과 결합하는 것으로 간주된다. 즉, 열정이 솟구치면 모든 힘은 '공모하여' 합리성을 차단한다는 것이다. 오랜 역사를 통해 여성은 감정 뒤에 숨은 존재, 즉 강한 주체인 생각하는 남성에 의해서 지배당하는 객체로 여겨졌다. 감정적인 여성이 남성을 비합리적인 존재가 되도록 유혹하지 못하게 하기 위해서, 그러한 지배는 중요하다. 이것은 명백히 서양종교의 연도(連禱)와도 관련된다.[20]

여성주의 철학의 반응은 다양하며 계속 진화하고 있다. 첫 번째 단계의 여성주의 철학은 여성도 합리적인 인간으로 남성과 마찬가지로 마음을 사용할 수 있다고 주장한다. 두 번째 단계는 감정적 측면이 모든 인간에게 가치 있음을 주장하고 따라서 감정의 가치를 높이는 것이다. 세 번째 단계는 남녀의 삶과 행위, 의사결정 방식이 서로 다름을 주장하는 것이다. 마지막으로 가장 최근의 두 단계는 합리성과 감정과 같은 개념이 가정하는 일원론을 깨뜨리는 것이다. 한편으로는 여전히 부분적인 중요성을 지닐 뿐이지만, '무의식'도 합리성에 기여한다는 생각이 부가되었다. 그리고 다른 한편으로는 여성의 합리적 사고과정과 남성의 합리적 사고과정 안에 권력, 인종, 계급의 차이라는 요소가 편입된다. 이제 각 개인 안에서나 사회 전역에 걸쳐서나 주체 혹은 주관성이 여러 개가 된다.[21]

앞에서 언급된 또 다른 요소는 주체성에 관한 것이다. 이것은 자율성, 즉 개별성-집합성의 문제이며, 이것과 관련된 측면은 독립-의존의 문제다. 여기서 가족의 사사로운 구성원으로서 여성이 공동체의 남성을 통해서 가지게 되는 역사적 경험으로 들어가 보자. 다시 말하면, 아동의 중요한 보호자로 간주되어 온 여성이 최우선적으로 아동과 관계를 맺게 된 역사로 들어가 보자. 여성으로서의 역할에 대해 그것이 선천적으로 주어진 것인지 혹은 후천적으로 길러진 것인지에 관한 논쟁이 있다. 하지만 어느 누구도 그러한 논쟁의 중심에 의존성과 집단성이 놓여 있음을 부인할 수 없을 것이다. 그리하여 여성주의의 분석은 여성의 합리성에 심각한 모순이 있음을 지적해 왔다. 그런데 여성의 합리성은 개인의 자율성이라고 하는 일반적인 차원의 합리성과 대비된다. 그것은 미묘한 문제다. 전통적으로 남성은 혼자 행동하고 자기 가족을 거느렸으며, 이에 비해 여성은 가족과 조화를 이루며 행동하고 종종 타인의 요구, 소망, 목적을 자신의 것보다 우선시하였다.[22]

요점을 정리해 보자. 여성의 행위가 가지는 불확실성은 두 가지 영역으로부터 생겨난다. 하나는 경험의 영역이며 다른 하나는 설명의 영역이다. 그런데 후자와 관련해 볼 때, 여성의 경험은 모두 같은 것이 아니다. 이러한 점은 비교적 최근에 여성주의 이론에서 강조되고 있다.

> 안녕하세요, 마리아마.
>
> 내가 맨 처음에 지적했던 차이의 문제에 대해 당신과 함께 이야기하고자 합니다. 여성주의자인 우리들에게 이 문제는 본질주의의 문제라고 알려져 있습니다. 라마툴라예와 아이사투가 보여 주었듯이, 차이는 개인의 환경뿐만 아니라 또한 사회적 상황과 연관되어 있습니다. 일련의 형식적인 질문으로 이번 대화를 시작해 보겠습니다. 만일 여성이 같은 문화 안에 있다면, 사적인 차이가 좀 더 쉽게 받아들여지고 또 잘 해소될 것이라고 생각하십니까? 아니면 지위나 권력과 같은 요인, 즉 부족이나 직업, 인종적 · 민족적 정체성, 사회 계급 등의 요인이 개재할 것이기 때문에, 그러한 차이가 오히려 복잡하게 될 것이라고 생각하십니까? 다시 말해서, 그러한 구조적 측면들이 (그리고 그와 결합된 삶의 경험들이) 거리감을 느끼게 하는 '타자'를 만들어

내기 때문에, 사적인 차이가 어려운 문제 또는 심지어 해결할 수 없을 정도의 난제라고 생각하십니까?

라마툴라예와 아이사투는 어린 시절부터 공통의 문화를 경험했기 때문에 평생에 걸쳐 우정을 공유합니다. 라마툴라예는 아이사투에게 '청소년기에서 성년기까지 같은 길을 걸었다는 것'을 상기시킵니다(1쪽). 학교교육이 같았습니다. 그러고 나서는 직업의 경로가 달라졌고, 결혼이라는 어려운 문제에 대한 반응이 달랐습니다. 라마툴라예는 이렇게 적고 있습니다.

> 책을 읽음으로써 너(아이사투)는 더 나은 사람이 되었어. 책은 너에게 …… 처음에 '노동 계급'의 여성이었기 때문에 사회가 거부했던 것을 제공해 주었지. 시험을 보고 합격하여 너는 프랑스까지 가게 되었어. 통역학교를 마치고 …… 너는 주미 세네갈 대사관에서 일하게 된 거고. 너는 잘 살게 되었고, 네가 편지에서 말한 것처럼 안식을 얻게 되었지(32쪽).

이혼과 직장생활을 통해 아이사투가 겪은 고생과 고통은 변화의 시기를 지나면서 고통스러운 결과를 낳습니다. 라마툴라예의 장녀인 다바의 경우에는 그러한 투쟁을 견뎌 내기가 좀 더 용이했습니다. 어머니가 유산을 상속받도록 하기 위해 법정투쟁에 나선 것은 바로 다바입니다. 그녀의 결혼생활은 자기 어머니나 친지의 결혼생활과는 차이가 있습니다.

> 다바에게는 집안 일이 부담되지 않아. 남편이 그녀만큼이나 능숙하게 요리를 잘하거든. …… 그는 강하게 말하기를, "다바는 내 아내야. 노예나 종이 아니야."

> 라마툴라예가 계속 말하기를, "나는 이 젊은 부부 사이에 부드러움이 자라나고 있다는 것을 느낀단다. …… 그들은 서로 인정하여 서로 동의할 수 있도록 모든 것을 함께 의논한단다."(73-74쪽)

다바에게는 자기 어머니보다 훨씬 더 많은 선택지가 가능했습니다. 그러나 다바 세대에서도 변화는 끊임없이 계속됩니다. 다바는 자신의 정치적인 현재의 위치와 '상대적인' 권력에 대해서 이렇게 말합니다.

> 정당 안에서 여성이 쉽사리 뚫고 나가기란 흔치 않은 일입니다. 오랫동안 남성이 계속 결정하는 권한을 가질 것입니다. …… 저는 저 자신의 조직을 원해요. 거기에는 경쟁자도 없고 분열도 없지요. …… 그 안에서 우리 각자는 자기 아이디어를 발전시킬 수 있는 동등한 기회를 가집니다. …… 우리는 … 건전한 투쟁 정신에 의해 …… 결집된 …… 여성의 진보를 위해 일할 것입니다(74쪽).

다바는 결혼에서 더 큰 평등과 자기 어머니에게는 허용되지 않았던 여성들 간의 공적인 결집을 경험합니다. 라마툴라예가 처했던 사회적 상황에 비추어 볼 때, 독립적인 생활을 선택한 라마툴라예의 행위는 참으로 용감한 것입니다. 상식적으로 판단해 보더라도, 그녀의 행위는 물론 순전히 그녀 혼자만 이루어 낸 것이 아닙니다. 또한 다른 용감한 여성들에 의해서도 이루어졌던 것입니다. 하지만 그녀에게만 있는 독자적인 것은 마리아마, 당신의 말을 통해 볼 때 그녀는 그것을 공적으로 표현했다는 점입니다.

라마툴라예와 아이사투 그리고 다바의 이야기가 보여 주고 있듯이, 여성의 삶은 동일한 문화 안에서나 또한 여러 문화 사이에서나 언제나 중요한 차이에 에워싸여 있다. 이러한 차이의 문제는 여성주의 이론에서 '본질주의'로 알려져 있다. 이 용어는 여성주의를 넘어 폭넓게 사용되어 왔다. 본질주의는 '총체성' '단일성' '동일성' 혹은 '독자성'에 대한 일체의 설명과 평가를 의미한다.[23] 설명의 틀로서 본질주의는 개인적 경험을 혼합하고 화석화한다. 그리고 그것은 정의상 모든 사람에게 '같은 것'이 있다고 가정한다. 본질주의의 예는 객관주의, 정초주의, 보편주의 등 확실성을 추구하는 현대철학의 탐구 안에서 얼마든지 찾아볼 수 있다.[24] 객관주의는 외적인 설명의 틀이 있다는 주장이며, 정초주의는 시간적으로나 공간적으로 최초의 출발점이 있다는 주장이다. 그리고 여러 문화를 넘어서서 탐구할 때 종종 적용되고 있는 보편주의는 전통과 관습에 공통성이 있다는 주장이다. 다양한 형태로 전개되어 온 여성주의적 본질주의는 보편주의와 관련이 있으며 또한 다른 형태인 구조주의와도 관련이 있다.

여성의 경험에 적용된 보편주의는 타고난 여성성을 가정한다.[25] 이러한 주장은 전통적인 여성의 역할이 출산과 가사 능력으로 표준화된 것에 비추어 보면 전혀 놀라운 일이 아니다. 쟁점은 그러한 능력이 선천적—생물학적이거나 '신이 부여한'—인 것인가 하는 것이다. 또는 그러한 능력이 모든 여성에게 동일한 것인가 하는 것이다. 또한 여성주의 이론에서 나타나는 본질주의는 보편주의를 젠더(gender)에 미치는 인종과 계급의 영향에 주목하는 구조주의 이론 속에 결합시킨다. 그렇지만 양식을 가진 사람들은 여성의 경험적 삶에 주목하면서 그러한 새로운 이론화가 여성의 차이를 보다 적극적으로 환영해야 한다고 요구하고 있다.

라마툴라예와 마찬가지로, 아이사투와 다바도 하나의 문화 안에서의 개인의 위치가 개인적인 진로를 '결정'하는 데 도움을 준다는 것을 예시하고 있다(저자인 마리아마 바의 사회 속에서의 위치를 상기하라.). 그들의 이야기는 주체가 때때로 구조 안에 '개입'한다는 것과 그 결과 어떤 사람은 '자신에게 주어진 틀을 깨고 나올 수 있다.'는 것을 보여 준다. 잘 알다시피, 그러한 사례는 매우 드문 일이며 오직 변화의 시기에만 어쩌다 일어날 수 있다. 자유주의는 지속적으로 기회균등을 희망해 왔고 지금도 여전히 그렇다. 그렇지만 균등한 기회가 전 세계적으로 주어지고 있다는 증거는 여전히 찾아보기 어렵다.

작가들은 다양한 여성주의적인 입장에 서서 계급, 인종 등의 구조적 문제를 다룰 뿐만 아니라, 여성들이 겪는 '비공통(uncommon)' 투쟁에 포함되어 있는 문제를 탐구한다. 과거의 '공통(common)' 투쟁이 여성의 본질주의적인 동일성에 주목했던 것과는 반대로, '비공통'이라는 용어는 여성들 간의 차이를 명명하는 것이다. 마르크스주의 여성주의자들(요즘은 대체로 사회주의 여성주의자들)은 가정, 직장, 교육 그리고 생산과 재생산에 동등한 기회와 관련시켜 사회 계급적 위치의 다양한 차원을 고려하고 있다. 그들의 기본적 입장은 어머니와 근로자라는 여성의 이중 생활에서 작동하는 헤게모니를 해체하는 것이다. 직장에서는 남성과의 차이가 중요한 열쇠가 된다. 그러나 가사에서는 그 이상의 것이 포함되어 있다. 말하자면, 노동계층인가 중산층인가 하는 것도 문제가 된다. 즉, 여성이 항상 집 밖에서 일하고 있는가 혹은 그렇지 않은가, 그리고 여성이 출산조절의 선택권을 가지고 있는가 아닌가 하는 것이 문제가 된다. 출산과 관련해서, 다문화주의 여성주의자들은 인종적인 지위가 출산조절의 기회에 미치는 영향을 검토한다. 그들은 서양의 백인 중산층 계층에서 특권을 누리는 여성들을 지적하면서 그들을 구조적 헤게모니 속에 함부로 '편입'시킬 때 생겨나는 위험을 상기시킨다. 예컨대, 그저 서로 다른 사람들을 가리켜 서로로부터 구별된다는 의미로 타자라고 명명하는 일이 어떤 의미를 갖게 되는지, 그리고 소수자에 맞선다는 의미로 다수자라고 부르는 일이 어떤 의미를 낳게 되는지 살펴보라.[26]

물론, 여성들 사이의 비공통 투쟁을 명료하게 설명하는 것은 여성이 남성과 맺게 되는 상이한 관계 그리고 권력의 핵심과 맺게 되는 상이한 관계와 관련이 있다. 오늘날 다양한 부류의 여성주의자들은 권력의 구조를 탐구하고 있지만, 점차로 권력의 '탈구조'에 대해서도 탐구한다. 포스트모더니즘 여성주의자와 탈구조주의 여성주의자는 특수주의의 경향을 보이면서 계급이나 인종과 같은 구조에 의한 이론적인 결정주의를 '포기'하고 있다. 그러나 여기에 한 가지 위험이 도사리고 있다. 젠더에 영향을 미치는 인종과 계급과 같은 문제로부터 관심이 이탈하는 것은 새롭게 위장된 형태로 과거의 본질주의를 또다시 불러들이는 것을 의미할 수도 있다. 자유주의적인 여성주의를 개별화하는 것으로 복귀하는 것도 해답이 될 수 없다. 왜냐하면, 그것은 자웅동체(雌雄同體)적인 사회 안에서 여성을 중성화할 뿐만 아니라 더 나아가 여성을 정치적 (권력) 투쟁에서 소외시키기 때문이다.

마지막으로, 비본질주의가 여성주의에서 수행하는 중요한 공헌은 여성주의 탐구 자체를 '여러 형태의 여성주의'로서 재규정하는 것이다. 이는 자유주의적, 근본주의적, 마르크스주의적, 사회주의적, 포스트모더니즘적, 탈구조주의적, 그리고 다문화주의적인 입장이 최근 활발하게 이론을 생산하고 있는 까닭을 잘 설명해 준다. 또한 다른 이론들도 마찬가지로 활기를 띠고 있다. 예컨대, 흑인 여성주의, 아프리카계 미국인 여성주의, 우머니즘**, 동성애 여성주의, 동성애 분리주의적 여성주의, 정신분석적 여성주의, 그리고 심지어 좌파로부터 나온 신전통주의와 보수적 · 본질주의적 여성주의에까지 이르고 있다. 이 밖에도 수많은 이론들이 있다.[27] 내가 여기서 말하고자 하는 것은 여성주의 이론 내에서 본질주의는 특수한 의미를 지니고 있다는 점이다. 그것은 여성이 자신의 목소리를 내고 다수의 정체성을 주장하고 여성들의 서로 다른 투쟁 안에 있는 권력 문제와 씨름하지만, 여

** 역자 주: 일종의 흑인 여성주의

전히 여성들 전체의 초기 기획에 포함된 유사점***을 계속 유지하고 있기 때문이다. 그것은 오늘날 한시적일망정, 차이를 통한 연대의 구축을 의미한다.

친애하는 마리아마. 마지막으로 한 가지 더 말하겠습니다.

나는 우정이라는 문제로 돌아가서 이 편지를 마무리하도록 하겠습니다. 내가 맨 처음에 이 일에 포함되어 있는 위험성, 즉 우리의 차이를 넘어 그리고 백인 여성주의자의 본질 추구를 넘어 친밀한 관계를 추구하는 것에 포함된 위험성에 관해 말한 것을 기억하실 것입니다. 나는 우리의 공통 투쟁 속에서와 마찬가지로 우리 사이에 지속되고 있는 비공통 투쟁 속에서 피어나는 우정의 가능성에 관해 탐구하고자 합니다. 왜 우정을 논해야 하는가라고 당신은 물어볼지도 모릅니다.

내가 보기에, 우정은 가부장적인 지배에도 불구하고 언제나 번성해 온 여성적인 삶의 한 영역입니다. 당신은 라마툴라예가 아이사투에게 쓴 편지에서 그들이 함께 시작하는 것에 관해서 다음과 같이 말하고 있습니다.

> 내 삶에 있어서 너의 존재는 결코 우연이 아니야. 네 할머니랑 우리 할머니는 담 하나를 사이에 두고 살았고, 매일 연락을 하였지. 네 어머니와 우리 어머니는 자기 친척을 얼마나 닮았는지에 관해 논쟁을 벌이곤 했고. 우리로 말하자면, 옷 입고 신발 신고 코란 학교로 가는 자갈길을 같이 갔지. …… 나는 아직도 …… 우리 사이의 추억을 고스란히 간직하고 있어. …… 내 친구여 …… 나는 너를 친구라고 부른다(1쪽).

***역자 주: 여성의 해방

이렇게 시작하면서 당신은 공통의 배경 안에 들어 있는 우정의 전통적인 차원—같은 동네에 살고, 같은 학교에 다니고, 같은 사람들을 아는 등—을 제시하고 있습니다. 어린 시절 친구들의 삶은 때로 라마툴라예와 아이사투의 경우처럼 갈라지기도 합니다. 그러나 중요한 것은 그러한 결별에도 우정은 계속된다는 것입니다.

여성의 우정이 지속되는 한 가지 이유는(비록 오늘날 다르기는 하지만) 연대, 즉 억압에 대항하여 함께해 왔다는 것입니다. 이에 관해 라마툴라예는 다음과 같이 말합니다.

> 한 여성이 어둠으로부터 빠져나올 때마다 내 가슴은 기쁨으로 가득 찬다. 우리가 차지한 영역은 불안정하고 우리의 정복지를 계속 보유하기가 어렵다는 것을 나는 알아. 사회적 구속은 여전히 존재하고 있고 남성적 이기주의는 우리에게 저항하고 있지.
>
> 누구에게 수단이 되든지, 누구에게 미끼가 되든지, 존경받든지 경멸당하든지, 또 종종 재갈이 채워지든지 간에, 모든 여성은 대부분 같은 운명이며, 그러한 운명은 종교나 불공정한 법률에 갇혀 있다(88쪽).

이건 다른 이야기인데, 짧지만 중요한 이야기입니다. 당신의 저서는 이 세상에서 여성의 삶의 조건이 아주 다르다는 것을 나에게 일깨워 주었습니다. 내가 지닌 상대적 특권 때문에 나는 때때로(나보다 젊은 사람들은 더 자주) 사태가 변화하고 있다고 믿게 됩니다. 맞아요. 세상은 변화해 왔습니다. 그것은 당신이나 당신의 동료들에게도 마찬가지입니다. 그러나 이러한 변화 속에서도 여전히 지속되고 있는 차별을 기억하고 계속 관심을 기울일 필요는 여전히 남아 있습니다. 이러한 관심을 통해 차이를 초월할 수 있으며, 공통의 목적을 향한 쌍방 간의 행위를 촉진할 수 있습니다. 그리고 함께 일함으로써 우정을 향해 나아갑니다.

원래의 이야기로 되돌아와서, 라마툴라예와 아이사투의 우정은 중요한 측면을 모범적으로 보여 주고 있습니다. 그것은 정서적인 유대가 개인의 차이를 초월한다는 것입니다. 친구들은 서로에 대해서 공공연히 비판하지만, 그 비판은 상대를 지원하는 방식으로 이루어집니다. 친구들은 이데올로기의 차이, 일상적 실천의 차이에 관해 토론하지만 결코 화를 내지 않으면서 이야기합니다. 그러나 잘못된 의사소통이 너무 심각하게 받아들여져서 설사 분노가 치밀어 오른다 할지라도 친구들은 관계를 파괴할 정도까지 몰고 가지 않습니다. 종종 서로를 보고 웃음으로써 따뜻한 친밀감을 회복합니다. 관계를 지속할 뿐만 아니라 이렇게 차이를 인정하는 것을 라마툴라예는 다음과 같이 표현하고 있습니다.

> 아이사투, 내일 정장을 입을 거니? 아니면 긴 드레스를 입을 거니? …… 멀리 떨어져 살아서 …… 식탁과 접시, 의자, 포크가 있었으면 하겠지? …… 그러나 나는 네 뜻대로 하도록 내버려두지 않을 거야. 나는 매트를 깔 거야. 그 위에는 김이 나는 큰 그릇이 있어서, 너는 다른 사람들이 손을 담글 수 있도록 해야만 할 거야.
>
> 너를 경직되게 하는 단단한 외피 밑에서 …… 나는 네가 고동치고 있는 것을 느끼게 될 거야. 나의 새로운 길에 네가 동참하는 것을 보고 싶은 나의 희망을 북돋우는 말을 너한테서 듣고 싶은 마음이 간절하구나.
>
> 내가 이미 너에게 말했잖아. 나는 내 삶을 개조하고자 하는 나의 열망을 한 번도 포기한 적이 없어(89쪽).

여성주의 이론가들은 현재 본질주의 문제와 씨름하고 있다. 그것은 첫째로는 앞에서처럼 본질주의를 기술하기 위해서이고, 둘째로는 연합을 통해서 그것의 한계를 극복하기 위해서다. 이제까지 있어 온 하나의 해결책은 아주 다른 여성들이 그들 간의 차이를 잠시 젖혀 두고 공통의 목적을 위해 함께 일하고, 그러고 나서 결별하도록 하는 차이의 정치학을 세우는 것이다. 영(Iris Marion Young)이 제안한 모델은 최상의 현대적인 도시 생활을 제공하는 계몽된 다원적 사회다. 영은 이를 이렇게 설명한다.

> 오늘날 많은 사람들이 살고 있는 삶의 방식을 진지하게 들여다보면, 사람들은 도시를 즐기는 것처럼 보인다. 도시란 이방인들이 우연히 만나서 사는 장소다. …… 도시는 무한정 심미적 경험을 하게 하는 시공간적 차별성을 보여 준다. …… 이는 …… 계획되거나 정합되지 않은 차이를 경험하는 것이며, …… 항상 전체로서의 도시를 넘어서는 느낌을 가지지만 …… 결코 전체로서의 도시를 파악하지 못하는 경험인 것이다.[28]

그러한 입장은 여성의 정치를 촉진하는 것처럼 보인다. 하지만 그 이상의 것이 요구된다. 왜냐하면, 일차적으로 함께 살아가기 위해서는 일련의 조건들이 필요하기 때문이다. 즉, 효과적인 정치활동에 필수적인 신뢰와 의사소통을 허용하는 조건이 필요하다. 여기가 바로 우정의 개념이 생겨나는 지점이다.

그렇다면 지금 내가 하는 제안은 이제는 친구가 아닌 사람들이나 결코 친구일 것처럼 보이지 않는 사람들, 아니면 막 친구가 된 것처럼 보이는 사람들 사이에 있는 우정의 기억을 차용해 오는 것에 관한 것이다. 그것은 바로 마치 친구인 것처럼 대하는 태도다. 아주 다른 사람들, 심지어 멀리 떨어져 있는 사람들이 서로 다른 의견이나 시각에 대해서 개방된 모습을 보인다면, 그리고 다른 사람들을 신뢰하려고 노력한다면, 그것이 바로 마치 친구인 것처럼 대하는 것이다. 이러한 태도는 각 사람을 관용적인 분위기 속에서 가능한 한 가장 좋게 보는 것을 의미한다.

이제 이 논문의 중심 주제로 돌아가면, 불확실성이라는 최초의 입장에서부터 개방, 겸손, 신뢰는 함께 작동하고 있다. 여기서 말하는 불확실성은 행위를 망설이는 것을 의미하지 않는다. 사실은 정확하게 그 반대를 의미한다. 즉, 마치 친구인 것처럼 대하는 태도를 앞장서서 주장하는 것을 의미한다. 여기서 말하는 불확실성은 모든 삶, 특히 사람들의 모든 신념과 욕구, 지식, 행위의 잠정성, 애매성, 유동성을 자연적인 것으로 받아들이는 것을 의미한다. 이러한 불확실성은 여성의 삶에 포함된 부정적인 특성으로 남는 것이 아니라 긍정적인 것으로 바뀐다. 역설적이게도 무언가 불확실한 것은 모종의 확실성, 즉 자신과 타인에 대한 새로운 종류의 지식을 가정한다.

다른 의견과 시각에 대한 개방성은 수용, 경청, 관용, 판단 보류라는 네 가지 차원을 수반한다. 수용은 개방의 최초 상태로 요구된다. 개방적이기 위해서는 무언가 새롭고 다른 것에 대해 반드시 '스스로를 열어야만' 한다. 이는 부정적인 방식이 아니라 긍정적인 방식, 즉 반감이 아니라 기대의 상태를 의미한다. 수용에 이어 '진정한 경청'이 온다. 이는 대개 다른 시각에 대한 공감의 자세—그것을 전적으로 받아들이는 것은 아닐지라도 그것을 고려하는 자세—를 의미한다. 이러한 '진정함'의 차원은 경청 자체가 진정한 것이어야 하고, 그러한 긍정적인 태도를 지속해야 하기 때문에 의미가 있다. 다음은 관용이다. 이것은 매우 중요한 단계다. 관용은 차이를 인정하는 것, 그리고 설사 동의하지는 않더라도 그것이 괜찮다는 점에 동의하는 것을 의미한다. 마지막으로 연합을 지속시키기 위한 보류, 일시적인 판단 보류가 있다. 그러한 보류는 자신의 것과 반대가 되는 입장을 지지해야만 한다는 생각에 사로잡히는 것, 즉 "자신 스스로의 관용에 사로잡히는 것"[29]을 의미한다. 하지만 시간이 흐름에 따라 실지로 일어나는 것은 보류된 부정적 판단이 새로운 이해로부터, 그리고 바로 새로운 이유 때문에, 긍정적이고 지지적인 것으로 변해 간다는 것이다.

자신의 견해에 대해 겸손한 것도 역시 **마치 친구인 것처럼** 대하는 태도에 본질적인 것이다. 겸손의 세 차원은 회의(懷疑), 유희, 자아 거리두기다. 회의의 태도 혹은 계속 의심하기는 상호작용 안에 스며들어야 한다. 여기서 의심은 타인을 겨냥한 것이 아니라 자신을 향한 것이다. 이는 확신의 결핍을 의미하는 것이 아니라, 오히려 자신의 한계를 항상 인지하려는 것을 의미한다. 유희는 각 참여자가 일반적인 한계, 인간적 실패와 단점의 한계를 잘 알 때 등장한다. 생각에 관련지어 말하자면, 유희는 가장 훌륭한 생각도 오래 지속되지 않는다는 것을 깨닫는 것을 의미한다. 끝으로, 내가 보기에 자아 거리두기가 아주 중요하다. 이것은 자신의 아이디어를 앞에 두고 그 안에 들어 있는 정서적 상태와 일시적인 신념을 서로 분리하려고 시도하는 것을 의미한다.[30] 새로운 아이디어와 실천은 그것이 누구 소유인가 하는 점이 문제가 되지 않는 분위기 속에서 성찰될 때, 훨씬 더 쉽게 발전한다.

마지막으로, 신뢰 쌓기는 **마치 친구인 것처럼** 대하는 노력의 최고봉이다. 우정은 어느 시점에선가는 반드시 시작되어야만 하는 상호 간의 지속적인 신뢰에 기초하고 있다. 우정은 대부분 실제적인 친밀한 관계 속에서 오랜 시간에 걸쳐 그것이 무엇인지 의식하지도 못한 채 생겨난다. **마치 친구인 것처럼** 대하기에서 그것은 일종의 위장을 뜻한다. 이러한 위장은 긍정적인 것이며, 결과적으로 관용적인 시각으로 타인을 최대한 좋게 보는 것이다. 내가 보기에 여기에서 한 가지 중요한 요소는 시간을 가지고 실수를 봉합하려는 시도를 허용하는 것이다. 친구는 실수를 하고, 자기 의사를 잘못 전달하고, 때로는 서로에게 상처를 입히기도 한다. 친구인 것처럼 대하더라도 마찬가지일 것이다.

마치 친구인 것처럼 대하는 태도로부터 이론적으로 출현하는 것은 불확실성의 윤리라는 새로운 윤리다. 이 윤리는 대부분의 여성들의 경험에 기초하고 있는데, 서로 다르고 멀리 떨어져 있고 서로 '타자'인 여성들로 하여금 잠정적으로 연합하도록 돕는다. 과거에는 공통 투쟁이라는 의미에서 연대라는 희망으로 다가오던 것이 그러한 윤리를 통해 오늘날에는 여성의 비공통 투쟁 안에서 이루어진다.

불확실성의 윤리는 편지의 저자인 마리아마 바와 나(Lynda Stone)로 하여금 의사소통을 하도록 하고, 상호 이익을 위해서 노력하도록 하며, 자신의 불확실성에 대해서 특정한 방식으로 이해하면서 잘 살도록 하고, 우정을 공유하도록 한다. 이것은 분명 여성에게 유익한 지식이다.

> 그린은 이렇게 말한다. "우리가 서로 마음의 친구가 될 수 있을 때 비로소 교육이 이루어질 수 있을 것이다."[31]

크게 보아서 영미권의 독자를 위해 나는 이 논문에서 타계한 흑인 여성주의자, 마리아마 바(Mariama Bâ)가 쓴 서사를 교육철학하기의 한 실례로 활용했다. 그것은 하나의 특별한 이야기로서 많은 여성이(그리고 또한 소수 남성이) 경험적으로 공감할 수 있는 것이다. 그것은(그 작가도 똑같은 정신과 정직성으로 희망한 바이지만) 여성의 주체성과 차이의 문제를 풀어 나가는 데 활용되어 왔다. 그것은 10여 년 전에 쓰였지만, 여전히 현재의 이야기다.

이 논문은 현재의 여성주의적인 이론화와 쟁점을 예시하는 것에 그치지 않고, 철학과 교육철학을 하는 데 필요한 다양한 방법론의 활용에 대해서 탐구하고 있다. 그러한 탐구는 교육연구에서 상식적인 것으로 되어 가고 있다. 실제로, 이 시대는 "서사의 시대"[32]인 것 같다. 그러나 그것을 활용하는 데는 주의가 필요하다.

이야기 또는 지역적이고 특수한 설화가 지니게 되는 위험은 두 가지다. 첫 번째는 이 논문에서 논의했듯이, 본질화의 가능성이라는 위험이다. 즉, 분석을 통해 논리적으로 일반화하는 것처럼 서사를 통해 일반화하여 모든 사람들의 삶에 그러한 것이 똑같이 일어난다고 주장하는 경우다. 일반화에서 생겨나는 문제의 핵심은 사람들이 그런 식으로 비슷하게 살지 않는다는 것에 놓여 있는 것이 아니라, 일반화된 주장을 마치 법칙이나 자연적인 것처럼 내놓는다는 데 있다는 것은 두말할 필요도 없다. 두 번째 위험은 특수성을 보수적으로 낭만화할 가능성이다. 만일 어느 한 사람에게만 고유한 이야기에 대해서 다른 사람들의 이야기보다 우위에 서는 특별한 위상을 부여한다면, 이것도 역시 일종의 본질주의가 된다. 이 두 가지의 위험은 모두 근대성의 잔재다. 그것은 포스트모던에게 자리를 양보해야 할 필요가 있다.

이제 다시 한 번 잠정성, 불확실성 그리고 차이로 되돌아가 보자. 포스트모던적, 탈구조주의적 이론에서는 개개인의 경험이 일어나는 사회적 맥락, 예컨대 인종, 계급, 성별 등의 문제에 주목한다. 그런데 이러한 구조들은 나름의 이론화, 즉 어떤 역사적인 순간에 대한 나름의 설명 안에서 드러나게 된다. 구조들은 잠정적이고 불확실하며 서로 다르기도 하고 또한 각각의 이야기나 독해 속에서 다르게 나타난다. 중요한 것은 서사의 특수성이 전혀 손상되지 않은 채 윤리적인 형태로 남아 있다는 것이다. 도대체 이것이 의미하는 바가 무엇일까? 특수한 이야기는 우리에게 그 특수성만을 말해 준다. 하지만 그것은 결코 하찮은 것이 아니다. 그 속에 과거의 본질주의나 차별을 다시 새겨 넣음으로써 생겨나는 위험을 피하는 것이 중요하다. 또한 단순히 차이를 위한 차이를 주장하는 데서 드러나는 현재나 미래의 해악을 피하는 것이 중요하다. 왜냐하면, 하나의 차이를 내세우는 일은 너무나 쉽게 다른 것에 대한 우위를 가장하기 때문이다. 그렇다면 서사를 활용하는 것은 확실히 교육의 핵심 목적과 관련된 윤리적인 과업이다. 그것은 결국 라마툴라예와 아이사투, 마리아마 바와 같은 가상의 혹은 현실의 인물들이 아무런 해악도 당하지 않고 살 수 있는 세계를 창조하는 것이다. 이러한 목적을 탐색하는 것이 곧 철학을 하는 것이다. 그러니

까 철학을 하는 것은 사회적이고 교육적인 의미를 포괄적으로 담아내는 것이다.[33]

후 주

1. Carol Witherall and Nel Noddings, *Stories Lives Tell: Narrative and Dialogue in Education* (New York: Teachers College Press, 1991), p. 1을 보라.

2. Lynda Stone, ed., *The Education Feminism Leader* (New York: Routledge, 1994).

3. 인간의 앎의 과정에 관한 두 가지 전통은 수천 년에 거쳐 존재해 왔다. Charles Taylor, "Language and Human Nature," in *Human Agency and Language: Philosophical Papers I* (Cambridge: Cambridge University Press, 1985), pp. 217-47; Jerome Bruner, "Narrative and Paradigmatic Models of Thought," in E. Eisner, ed., *Learning and Teaching the Ways of Knowing* (Chicago: National Society for the Study of Education, 1985), pp. 97-115; 그리고 이보다 앞서 출간된 C. P. Snow, *The two Cultures and the Scientific Revolution* (Cambridge: Cambridge University Press, 1959)을 보라.

4. 나는 여기에서 David Hall, *Richard Rorty: Prophet and Poet of the New Pragmatism* (Albany: State University of New York Press, 1994), p. 139 이하에서 아이러니에 관해 Hall이 논의한 것을 폭넓게 차용하였다.

5. Carolyn Heilbrun, *Writing a Woman's Life* (New York: W. W. Norton, 1988), p. 37.

6. 이것이 내 동료들에 의해 견지되고 있는 '교육여성주의(education feminism)' 시각에 관한 나의 해석이다.

7. Maxine Greene, *The Dialectic of Freedom* (New York: Teachers College Press, 1988); Nel Noddings, *Women and Evil* (Berkeley and Los Angeles: University of California Press, 1989); Madeleine Grumet, *Bitter Milk: Women and Teaching* (Amherst: University of Massachusetts Press, 1988); Jo Anne Pagano, *Exiles in Communities: Teaching in the Patriarchal Wilderness* (Albany: State University of New York Press, 1990); Deanne Bogdan, *Re-Educating the Imagination: Toward a*

Poetics, Politics, and Pedagogy of Literary Engagement (Portsmouth, NH: Boynton Cook Publishers, Heinemann, 1992); Susan Laird, "The Concept of Teaching: Betsey Brown vs. Philosophy of Education?" in J. Giarelli, ed., *Philosophy of Education: 1988* (Normal, IL: Philosophy of Education Society and Illinois State University, 1989), pp. 32-45를 보라. 또한 여성의 삶에 관한 것은 아니지만 Margret Buchmann, "Teacher Thinking, Teacher Change, and the 'Capricious Seamstress-Memory'", in H. Alexander, ed., *Philosophy of Education*: 1992(Urbana: Philosophy of Education Society and the University of Illinois, 1993), Lynda Stone, "Contingency: The 'Constancy' of Teaching," *Teachers College Record*, 94, (1993) 4: 815-35를 보라.

8. 이 용어는 Meike Bal에 의해 인용되었다. 이 용어를 통해 말하고자 하는 것은 여성주의나 기타 비주류 학자들에 대한 공격이 여전히 빈약한 학문이라는 말로 일반화되고 있다는 점이다.

9. Mariama Bâ, *So Long a Letter*, trans. M. Bode-Thomas (Oxford: Heinemann, [1980] 1989). 편지를 사용한 다른 저서로는 고전적인 것으로서 Virginia Woolf, *Three Guineas* (San Diego: Harcourt Brace Jovanovich, [1938] 1966)와 최근의 예로서 Dianne Smith, "'Why Do We Have to Read About Girls Living in Austalia and London?' Reflections from a Womanist Theorist on Critical Education," in L. Stone, ed., *The Education Feminism Reader*, pp. 328-335가 있다.

10. 위치 정함(positioning)은 각자의 저술을 특수하고 역사적인 것으로 만듦으로써 저자의 '권위(author-ity)'를 탈특권화한다. 각자는 오로지 자신에 대해서만 말하고 타인에 대해서는 말하지 않는다.

11. 이 설명은 Bâ의 책에서 Bâ가 자신의 생애를 설명하는 부분에서 인용한 것이다.

12. 이러한 설명의 서사와 분석적 구조를 명료화하는 것은 중요하다. Bâ의 중편 소설은 라마툴라예가 아이사투에게 보내는 편지의 형식을 취하고 있다. 여기에서는 먼저 Lynda Stone이 Mariama Bâ에게 보내는 편지의 형식을 보여 주고 두 번째로 분석과 설명이 뒤따르게 될 것이다.

13. 이는 남성과 함께 혹은 남성들 속에서 겪는 모든 여성적 경험에서 본질적 요소를 추출하는 것이 아니라 여성의 삶에 초점을 맞추고 경험적으로 시작하는 것이다. 즉, 사실상 과거 모든 사회에서 남성의 지배가 가정되며, 여성의 위치는 파생적인 '다른' 것이고 안정적이지 못하다는 것이다.

14. Nancy Miller, *Getting Personal: Feminist Occasions and Other Biographical Acts* (New York: Routledge, 1991), pp. 1, 3, 2.

15. 간략한 설명은 Hester Einstein, *Contemporary Feminist Thought* (Boston: G. K. Hall, 1983), p. 35 이하에서 인용함.

16. 편지 내의 모든 인용문은 Mariama Bâ의 『편지여 안녕(*So Long a Letter*)』에서 인용하였다. 보기 편하게 인용 쪽수는 본문에 적어 넣었다.

17. 그 예로 Susan Hecman, "Reconstituting the Subject: Feminism, Modernism, and Postmodernism," *Hypatia*, 6(2), 1991: 44-62와 Lorrain Code, "Taking Subjectivity into Account, in L. Alcoff & E. Potter, eds., *Feminist Epistemologies* (New York: Routledge, 1993), pp. 15-48을 들 수 있다. 또한 유럽의 경우 Rosi. Braidotti, "The Female Feminist Subject, or: From 'She-self' to 'She-other'," in G. Bock & S. James, eds., *Beyond Equality and Difference: Citizenship, Feminist Politics and Female Subjectivity* (New York: Routledge, 1992), pp. 177-92를 보라.

18. Susan Okin, *Women in Western Political Thought* (Princeton: Princeton University Press, 1979).

19. 광범위한 문헌이 합리성에 대한, 그리고 그 귀결로서 주체성과 개인성에 대한 여성주의적 비판에 매진하고 있다. 그 예로 Genevive Lloyd, *The Man of Reason: "Male" and "Female" in Western Philosophy* (Minneapolis: University of Minnesota Press, 1979); Moira Gatens, *Feminism and Philosophy: Perspectives on Difference and Equality* (Bloomington: Indiana University Press, 1991)를 보라.

20. Nel Noddings, *Women and Evil* (Berkeley and Los Angeles: University of California Press, 1989).

21. 여기에서 특히 도움이 되는 것은 탈식민주의 문학이다. Trinh Minh-Ha, *Women, Nature, Other: Writing Postcoloniality and Feminism* (Bloomington, Indiana University Press, 1989); Gayatri Chakravorty Spivak with Elizabeth Grosz, "Criticism, Feminism, and Institution," in *The Post-Colonial Critic*, ed., S. Harasym (New York, Routledge, 1990)을 보라.

22. Caroll Gilligan과 Nel Naddings가 설득력 있게 이론화했다시피, 이는 돌봄이다. 다음과 같은 그들의 고전적 저서 Gilligan, *In A Different Voice* (Cambridge: Harvard University

Press, 1982)와 Noddings, *Caring: A Feminine Approach to Ethics and Moral Education* (Berkeley and Los Angeles: University of California Press, 1984)를 보라.

23. Lynda Stone, "The Essentialist Tension in Reflective Teacher Education," in L. Valli, ed., *Reflective Teacher Education: Cases and Critiques* (Albany: State University of New York, 1992), pp. 198-212. 대부분의 '주의(isms)'는 본질주의적이거나 그렇게 될 위험을 안고 있다. 이러한 모순과 더불어 일하는 것은 포스트모더니즘의 일부분이다.

24. 나는 이에 대한 David Hall의 다음과 같은 말을 좋아한다. "실제적인 문제로서 우리 자신과 우리가 추구하는 가치를 보존하고 정당화하기 위해 초월적인 타자에 의지하는 것은 실효성이 없다." Hall, *Richard Rorty: Prophet and Poet of the New Pragmatism*, p. 173을 보라.

25. Theresa de Lauretis, "Feminist Studies/Critical Studies: Issues, Terms, and Contexts," in *Feminist Studies/Critical Studies* (Bloomington, Indiana University Press, 1986), p. 2.

26. Elizabeth Spelman, *The Inessential Woman: Problems of Exclusion in Feminist Thought* (London: The Woman's Press, 1988), Patricia Hill Collins, "The Social Construction of Black Feminist Thought," *Signs, 14*(4), 1989: 745-73; Nancie Carraway, *Segregated Sisterhood: Racism and the Politics of Amercan Feminism* (Knoxville: University of Tennessee Press, 1991)을 보라. 기타 bell hooks의 저작, 특히 *Talking Back* (Boston: South End Press, 1989)도 보라.

27. 최근의 목록은 다음 논문에서 찾아볼 수 있다. Sue Rosser, "Are There Feminist Methodologies Appropriate for the Natural Sciences and Do They Make a Difference?" *Woman's Studies International Forum, 15*(5-6), 1992: pp. 535-50.

28. Iris Marion Young, "The Ideal of Community and the Politics of Difference," in L. Nicholson, ed., *Feminism/Postmodernism* (New York: Routledge, 1990), pp. 300-23.

29. 이 아이디어와 관련하여 대화를 나눈 나의 친구 앤 펠랜(Anne Phelan)에게 감사한다.

30. 이는 Paolo Freire가 말한 "세계에 대한 중재"와 비슷하다고 생각한다. P. Freire, *Pedagogy of the Oppressed* (New York: Continuum, 1971)을 보라.

31. Maxine Greene, Forward to Carol Witherall and Nel Noddings, *Stories Lives Tell*, p. xi.

32. 교육에서 서사문학의 예로는 Ivor Goodson & Rob Walker, *Biography, Identity and Schooling: Episodes in Educational Research* (London: Falmer, 1988); William Schubert and William Ayers eds., *Teacher Lore: Learning from Our Own Experience* (New York: Longman, 1991) 등이 있다. 그 밖에 Susan Douglas Franzosa, "Authoring the Educated Self: Educational Autobiography and Resistance," *Educational Theory*, 42(4) 1992: 395-412를 보라.

33. 이 글을 가다듬는 데 도움을 준 Wendy Kohli와 비평을 해 준 Harvey Siegel에게 감사드린다.

_15

지식과 확실성:
여성주의, 포스트모더니즘, 다문화주의

Harvey Siegel

스톤(Lynda Stone)과 아씰라(René Vincente Arcilla)는 앞선 두 편의 논문을 통해서 다양한 차원에서 우리의 사고를 자극하는 흥미로운 논의를 전개하고 있다. 그들은 '근대적인' 인식론 속에서 발전되어 온 지식과 확실성의 개념에 대한 전통적인 이해 방식에 의문을 제기할 뿐만 아니라, 근대적 인식론과 연관된 대부분의 논의에 전제된 가정들에 대해서 비판적인 질문을 던지고 있다. 그러한 질문과 관련하여 토론할 기회가 주어진 것에 대해 나는 기쁘게 생각한다.

아씰라와 스톤이 그랬던 것처럼, 나 또한 내가 누구인가를 규정하는 것에서부터 논의를 시작하겠다. 나는 백인 남성이며 분석철학의 전통 속에서 훈련된 철학자다. 나는 지배적이고 (그러나 더 이상 주도적이라고 할 수는 없는) 분석적인 문체로 철학과 교육철학 분야에서 저작활동을 하고 있다. 나의 주된 철학적 관심은 정당화, 진리, 합리성, 상대주의 등 오랫동안 인식론의 핵심적인 문제로 간주되어 온 논제들이다. 내 생각에 이 논제들은 교육철학을 하는 사람들에게 가장 중요한 문제다. 나는(나 말고도 많겠지만) 특히 합리성을 교육의 가장 근본적인 목적 혹은 이념으로 옹호해 왔다. 이 개념을 이해하는 나의 방식, 그리고 그것을 교육의 근본적인 이념으로 옹호하는 나의 관점은 명백히 내가 속해 있다고 할 수 있는 근대적 인식론의 전통을 토대로 하고 있다. 그렇기 때문에 그러한 전통에 대해서 앞선 두 논문이 제기하고 있는 비판적인 질문들은 나에게 대단히 큰 흥미를 불러일으킨다. 그것은 지극히 당연하다고 할 수 있다.

이 논문들을 통해서 볼 때, 우리가 함께해야 할 일은 우리 서로 간에 존재하는 차이를 넘어서 상호 존중과 이해의 정신에 입각하여 대화를 진행해 나가는 것이다. 나 또한 그러한 조건을 받아들인다. 그러나 '토론'과 '대화'라는 말이 그저 상냥함과 유쾌함만을 표현하는 것은 아닐 것이다. 상이한 입장을 지닌 사람들과의 대화에 참여하게 될 때, 우리는 그저 상대방의 의견에 동의하거나 그들에게 찬사를 보내기만 하는 것이 아니다. 따라서 앞으로 진행할 논의에서 내 의견이 다소 비판적이더라도, 나의 대화 상대뿐 아니라 이 글을 읽는 일반 독자는 그것이 원래 의도했던 정신, 곧 '토론을 촉진시키고자 하는 선의'에 입각하여 나의 의견을 상대할 수 있기를 희망한다.

스톤에 대하여

스톤은 자신의 논문에서 교육철학에서의 서사(narrative)의 역할과 그것의 적합성을 대단히 통찰력 있게 탐색하고 있다. 그녀의 논문은 내용의 측면에서뿐만 아니라 형식의 측면에서도 그녀가 여성주의 이론에 깊이 참여하고 있다는 점을 충분히 반영하고 있다. 여기서 나는 그녀가 직면해 있는 인식론적 질문들에 대하여 서사가 어떤 의미를 지니는지를 이해하고 비판적으로 검토하고자 한다.

스톤은 '지식'과 '확실성'이라는 두 개념을 결합시켜서 이해하고 있다. 그녀의 관심은 지식과 확실성에 놓여 있는 것이 아니라, '확실한 지식'에 놓여 있다. 스톤에 따르면, 여성에게 확실한 것은 오직 하나뿐이다. 그것은 곧 그들의 삶이 불확실하다는 점이다. 다시 말해서, "많은 여성에게 있어서 자신의 삶에 관해 확실한 것이 있다면, 그것은 불확실하다는 점이다."[1]

> 여성의 경우 과거의 성공과 신념, 확신에도 불구하고 우리의 행위가 성취될 수 있을지를 결코 알지 못한다는 것입니다. 그리고 여성에게 상대적으로 특권이 주어지는 삶의 영역에서도, 우리는 종종 불확실성뿐만 아니라 통제력의 결핍을 '의식하도록' 요구받습니다. 나아가, 나는 그러한 기준이 대부분의 남성에게는 해당되지 않는다고 생각합니다. 그뿐만 아니라, 그러한 조건에서 우리가 취하는 행위와 우리를 위해 타인이 하게 되는 행위는 우리 자신의 최선의 이익을 위한 것이 아니라는 점을 우리 중 많은 사람이 알고 있습니다.

여기서 알 수 있듯이, 지식의 대상은 행위다. 스톤에 따르면, '행위'는 남성과 여성에게 각기 다른 의미를 지닌다. 스톤이 보기에 전통적인 인식론과 행위이론을 특징짓는 '확실성이라는 척도'는 남성적인 관점, 혹은 남성중심주의의 관점에서 성립된 인식론적 척도다. 남성에게 행위는 실현되어야 하고 성공해야 할 것으로 기대되는 것이다. 하지만 여성에게는 그렇지 않다. 자율적이고 자유롭게 선택되고 이성의 안내를 받는 것으로 이해되는 행위—즉, 서양 근대 철학의 전통에서 그 성격이 명백히 규정된 행위—는 그 개념이 형성되는 과정에서 남성중심적인 성격을 지니는 것으로 결정되었다. 더욱이 남성에 의해서 수행되는 행위는 적어도 가장 일반적인 형태를 기준으로 판단할 때, 남성의 이익을 가장 효과적으로 충족시키기 위해서 수행된다. 그러나 앞에서 인용한 구절에 표현되어 있는 바와 같이, 여성에게는 사정이 다르다. 여성에게 지식과 행위는 불확실한 것이기 때문이다.

그러한 불확실성은 본질주의(모든 여성은 '타고난 여성성'을 가진다는 생각)에 대한 거부라는 점과 차이에 대한 관심 집중이라는 점에서 철학적인 중요성을 지니게 된다. 실제로 이 둘은 모두 스톤의 철학적 여성주의 개념에서 핵심적인 위치를 차지한다. 그녀는 '사람들 모두에게 공통적인 그 무엇인가를 상정하거나' 백인 중류계급 여성들의 경험과 시각에 특권을 부여하는 것과 같은 종류의 본질주의를 개탄한다. 스톤은 이론적으로뿐만 아니라 정치적으로도 쇠약해져 가는 본질주의를 극복하려고 하는 노력의 중요성을 강조한다. 그래서 그녀는 오늘날의 여성주의가 '우리의 탐구활동 자체를 다양한 형태의 여성주의로 재명명하고자' 하는 움직임에 대해서 박수갈채를 보낸다. 그녀는 차이를 부정하는 일체의 본질주의를 거부하고자 하는 노력을 가장 적절하게 체계화하고 이론화하기 위해서 애쓰는 여성주의의 여러 갈래에 대해 골고루 논의하고 있다. 그것은 참으로 유익하고도 고무적인 시도다. 그녀가 대변하는 여성주의는 시종일관 불확실성에 의해 그 성격이 규정되고 있다. 하지만 그녀가 말하는 불확실성은 행위의 불확실성에 관한 것이 아니라 여성주의 이론 자체에 관한 것이다.

스톤은 불확실성을 우정과 연계시킬 것을 제안한다. 나아가, 여성(뿐만 아니라 모든 사람들) 모두를 '마치 친구인 것처럼 대하는' 태도를 채택할 것을 요구하면서 논문을 마무리하고 있다.

> 아주 다른 사람들, 심지어 멀리 떨어져 있는 사람들이 서로 다른 의견이나 시각에 대해서 개방된 모습을 보인다면, 그리고 다른 사람들을 신뢰하려고 노력한다면, 그것이 바로 마치 친구인 것처럼 대하는 것이다. 이러한 태도는 각 사람을 관용적인 분위기 속에서 가능한 한 가장 좋게 보는 것을 의미한다.

> 이제 이 논문의 중심 주제로 돌아가면, 불확실성이라는 최초의 입장에서부터 개방, 겸손, 신뢰는 함께 작동하고 있다.

스톤의 설명에 따르면, 그러한 우정은 수용성, 관용, 신뢰, 겸손 그리고 차이에 대한 개방적인 태도를 유지하면서 차이를 적극적으로 극복하려는 노력을 수반한다. 스톤이 제안하고 있는 대로, 우리의 철학적 사고를 새롭게 규정함으로써 확실성에 대한 전통적인 욕구를 거부하는 일, 그리고 여성들의 삶과 행위를 특징짓는 불확실성을 긍정적인 그 어떤 것으로 포용하는 일—사실, '하나의 새로운 윤리'로서 받아들이는 일—은 이론적으로나 정치적으로나 대단히 중요한 일이다.

> 여기서 말하는 불확실성은 모든 삶, 특히 사람들의 모든 신념과 욕구, 지식, 행위의 잠정성, 애매성, 유동성을 자연적인 것으로 받아들이는 것을 의미한다. 이러한 불확실성은 여성의 삶에 포함된 부정적인 특성으로 남는 것이 아니라 긍정적인 것으로 바뀐다.

논문 전체를 통해서 스톤은 여성이 자신의 행위에 대해서 알고 있는 지식은 불확실한 것이라는 점, 차이를 인정하는 것은 결정적인 중요성을 지니고 있다는 점, 그리고 서로 간에 차이를 지닌 여성들은 수용성, 관용, 신뢰, 겸손, 우정에 대한 희망에 입각하여 그러한 차이를 극복하기 위해 노력하여야 한다는 점 등을 독자들이 받아들이도록 요구하고 있다. 그러한 주장은 '지금과 같은 불확실한 시대'에 여성과 남성 모두에게 참으로 고무적인 발상이 아닐 수 없다.

그럼에도 불구하고 나는 스톤의 관점 가운데 몇 가지를 주목하고 그에 관해 의문을 제기하고자 한다. 내가 보기에 가장 명백한 것은 다음과 같은 점이다. 첫째, 스톤이 논의하고 있는 지식은 일반적인 지식이 아니라 목적 지향적인 행위의 결과물에 대한 지식이다. 이 점에서 그녀가 논의하는 초점은 보기보다 그 범위가 훨씬 좁다. 둘째, 지식과 확실성을 구분하지 않는 스톤의 관점은 적어도 금세기의 대다수 남성적 인식론의 시각과 모순된다. 현대 인식론은 적어도 퍼스(Charles Sanders Peirce) 이후, 지식의 성립 조건으로서 확실성을 꾸준히 부정해 왔으며, 지식은 확실할 필요가 없다는 생각을 토대로 한 지식이론들을 개발하기 위해서 부단히 노력해 왔다. 이처럼 지식의 조건으로서의 확실성을 부정하는 일과 함께, 대부분의 현대 인식론은 지식의 특징으로서의 불확실성에 대한 스톤의 '여성주의적' 비판을 아무런 문제없이 받아들이고 있다. 셋째, 스톤은 여성주의 이론 내에서 본질주의를 부정하고 있다. 하지만 정작 그녀 자신은 서양철학의 전통에서 이루어져 온 이론적 논의의 윤곽을 사실상 결정짓는 중요한 차이들을 무시한 채, '남성중심적인' 인식론과 행위 이론을 본질주의적인 방식으로 다루는 일을 다분히 즐기고 있는 듯하다. 나는 본질주의를 거부하는 스톤을 적극적으로 지지한다. 하지만 그러한 거부가 왜 여성주의라는 테두리를 넘어서 확장될 수 없는지 궁금하다. 또한 나는 본질주의에 대한 스톤의 거부가 때에 따라서 의미상의 미묘한 차이를 인정해야 하는 것이 아닌지 궁금하다. 물론, 진짜 차이라면 결코 부정되어서는 안 될 것이다. 그러나 예컨대, 여성에 대한 가부장적인 억압은 그러한 억압의 희생자 사이에 존재하는 차이가 무엇이든지 간에 상관없이, 일반적으로 나쁜 것이라고 보아야 할 것이다. 이렇듯이 때로는 차이란 논점과는 상관없는 것이라고 생각하는 것이 더 적절하지 않을까?[2]

스톤은 본질주의를 거부하면서 여성 간에 존재하는 차이를 인정해야 한다고 주장한다. 그러나 만일 우리가 그러한 차이를 진지하게 인정한다고 하면, 그녀는 "여성의 특성은 불확실성이다."라고 주장하는 그녀의 테제(These)를 일반화하고자 할 때 보다 주의를 기울였어야 하는 것이 아닌가? 여성에 따라서는 삶을 살면서 확실성을 더 즐기며 사는 사람들도 있지 않겠는가? 또한 남성 중에 자기 삶에서 확실성이 부족하다고 생각하는 사람은 없겠는가? 내가 보기에 스톤의 시각은 비록 그녀 자신이 그러한 것을 진정으로 부정하고 있다고 하더라도, 결국 그 자체로 다분히 본질주의적인 성격을 띠고 있다. 아마도 다음과 같은 주장이 그녀가 취할 수 있는 가장 무난한 입장이 될 것이다. 말하자면 어찌 되었건 여성들 간에, 사람들 간에, 그리고 이론들 간에는 차이와 동일성이 모두 존재하는 것이다. 만일 그렇다고 한다면, 그녀의 논의는 그 사실을 보다 충실히 고려했어야 한다.

마지막으로, 스톤은 다른 많은 사람들과 마찬가지로(내가 보기에 다분히 문제가 있는 방식으로) 지식과 이론의 '상황 종속성'을 강조한다. 이론을 만드는 활동은 모두 어떤 상황 내에서 이루어진다. 이러한 지적은 물론 옳은 말이다. 그러나 그 어떤 이론적 작업이든지 간에 특정한 시대와 맺는 관련성은 그 이론이 처음 생산되었을 당시의 상황 이상의 것에 달려 있다. 따라서 어느 특정한 상황의 입장에서 개발되고 제안된 이론들이라고 할지라도 종종 그와 다른 상황 혹은 그와 다른 시대에도 관련성을 지닐 수 있을 뿐만 아니라 또한 타당할 수도 있다.[3]

라마툴라예의 삶에서, 보다 일반적으로 말하자면 모든 여성의 삶에서 찾아볼 수 있는 불확실성과 불공정성에 주목함으로써, 스톤은 철학적으로 대단히 중요한 한 가지 교훈을 우리에게 전해 주고 있다. 그것은 바로 우정에 대한 그녀의 시각이다. 그것은 여자뿐만 아니라 (바라건대) 남자도 열심히 추구할 만한 가치가 있다고 생각된다. 스톤은 분명하고도 힘찬 여성주의의 목소리를 대변하고 있다. 그것은 오늘날의 교육철학 내에서 하나의 강력한 목소리가 될 것임에 틀림없다.

아씰라에 대하여

스톤의 논문은 주로 여성주의적인 목소리로 이루어져 있다. 그에 반해 아씰라는 다문화주의와 포스트모더니즘의 목소리로 자신의 주장을 표현하고 있다. 그의 주제는 자기 이해다. 그는 최근의 다문화주의에 대한 교육학계의 관심—특히, 문화적 다양성을 보호하고 촉진하는 것에 대한 관심—이 교육과 교육철학의 성격에 관하여 주목할 만한 새로운 통찰력을 제공한다고 주장하고 있다.

아씰라의 관점은 테일러(Charles Taylor)의 최근 저작들에 대하여 설명하고 해설하는 방식으로 전개되고 있다. 테일러는 자기 인식과 자기 이해에 대한 근대주의적 요구를 충족시키기 위해서는 상이한 문화 간에 대화를 통한 관계를 형성하는 것이 중요하다고 주장한다. 테일러는 다문화주의적인 교육을 옹호하면서, 한 사람의 자기 정체성은 부분적으로 다른 사람들에게 비친 그 사람의 이미지에 의해서 구성된다는 점, 타인들로부터 자신에게로 되돌아오는 부정확하고 왜곡되고 혹은 폄하적인 이미지들은 그 사람의 자기 이미지에 파괴적인 영향을 미칠 수 있다는 점을 강조하고 있다. 테일러는 다음과 같이 주장하고 있다.

> 한 사람이나 한 집단을 둘러싸고 있는 사람들이나 사회가 그들에게 배제적이거나 자기 비하적이고 경멸적인 모습을 되비출 때, 그들은 실제적으로도 손상과 왜곡으로 인해 고통을 받을 수 있다. 따라서 타인을 인정하지 않거나 잘못 인식하는 것은 그에게 곧 해를 입힐 수도 있는 억압의 한 유형이 되며, 그를 잘못되고 왜곡되고 축소된 존재 양식 속에 가두어 놓을 수도 있다.[4]

테일러에 따르면, 다문화주의적인 교육은 그와 같은 형태의 억압에 대한 저항을 중심적인 과업 중의 하나로 삼아야 한다. 아쎌라는 자아개념의 역사적인 변천과정에 대한 테일러의 복잡한 분석을 검토하고 있다. 그의 논의는 결국 테일러의 생각으로 귀결된다. 테일러에 따르면, "자기 이해를 위한 모색은 대화적인 성격을 띤다." 왜냐하면, "언어학습이 자기 규정의 과정에서 결정적인 역할을 수행하기" 때문이다. 이 부분에서 인간과 인간관계에 대한 보편주의적인 관점과 개인주의적인 관점 사이에, 그리고 "다문화주의를 표방하는 민주적인 인정의 정치학과, 보다 전통적인 자유주의와 보편주의를 표방하는 또 하나의 민주적인 인정의 정치학" 사이에 긴장이 발생한다. 모든 사람의 공통적인 권리와 자격은 존중되어야 한다. 하지만 그와 동시에 모든 사람이 지닌 독특한 정체성 또한 존중되어야 하며, 차이에 무관심하거나 그것을 부정하고자 하는 유혹에 저항해야 한다는 것이다. 테일러에게 중요한 질문은 다문화주의적인 특수성의 추구와 차이의 인정이 근대주의적이고 보편주의적인 자유주의와 조화될 수 있는가 그렇지 않은가 하는 것이다. 한편, 아쎌라에게서 중요한 문제는 자기 이해가 요구하는 타인과의 대화를 통한 상호작용은 과연 어떤 방식으로 이루어지는가 하는 것이다. 아쎌라는 정작 자기 이해를 위태롭게 하는 것은 바로 그러한 상호작용이라고 주장한다.

테일러는 진정한 자아가 출현하기 위해서는 타자와의 대화를 통한 상호작용이 반드시 필요하다고 주장한다. 그러한 주장은 아쎌라가 그것을 재구성해서 말하고 있듯이, 다음과 같은 결론에 도달한다. "나는 대화의 과정을 통해 유능한 언어 사용자로부터 자기 규정의 언어 사용법을 배워야만 비로소 나를 규정할 수 있다. 따라서 우리의 자기 이해는 자아를 인정할 수 있도록 언어를 가르쳐 주는 타자와의 대화에 의존한다." 왜냐하면, 나에게 의미 있는 타자와 대화하는 과정에서 타자들은 나의 내면화된 일부분이 되고, "나에 대한 나의 이해는 내가 배우는 언어와 나 스스로를 체화시키는 교사들에 따라 결정되기" 때문이다. 아쎌라는 그와 같은 대화는 자기 인식을 위해서 반드시 필요하며 결코 종료되지 않는 조건이라고 주장한다. 그뿐만 아니라 앞서 언급하였듯이, 소외된 타자들에게 스스로에 관하여 자기 폄하적인 혹은 왜곡된 이미지를 갖도록 강요함으로써 생겨나는 억압에 대해서는 결연히 맞서 싸워야 한다는 도덕적인 명령도 바로 그와 같은 방식으로 충분히 설명되고 정당화된다.

> 다문화주의 교육운동은 원칙적으로 자기 규정의 가능성을 확보하는 것에 관심을 가져야 한다. 특히, 차별의 역사로 인해 충분히 고통을 겪은 문화의 구성원이 자기 규정을 추구할 가능성을 저지하는 이미지와 언어를 폭로하고 비판하는 것에 관심을 가져야 한다. 나아가, 그러한 운동은 억압적인 이미지와 언어 대신에 어느 누구에게나 잠재해 있는 성장과 성취의 능력을 일깨워 줄 수 있는 보다 희망적인 이미지와 언어를 제시하기 위해서 노력해야 한다. 그럴 때 비로소 교육은 다양한 출신의 청년 속에 단일 문화의 지배라는 씨앗이 뿌리를 내리지 못하도록 예방할 수 있을 것이다.

소외된 문화에게 가해지는 부정의와 그 구성원들에 대해 행해지는 억압은 방지되어야 한다는 도덕적인 명령—완벽하게 모더니즘에 의해 지지되는 명령—은 테일러에게(그리고 나에게도) "교육에서 우리의 다문화주의 교육운동"을 완벽하게 정당화할 수 있을 것으로 보인다.

그러나 테일러는 그러한 운동을 지지하고 법제화함으로써 학생들 모두의 진정한 자아가 출현하는 길을 마련해야 하며, 또한 그렇게 함으로써 그들이 순수한 자기 이해를 성취할 가능성을 열어 놓아야 한다고 제안한다. 아쎌라는 이 대목에서 이의를 제기한다. 그는 여기서 데리다(Jacques Derrida)와 포스트모더니즘을 참조하여, 자기 이해가 지닌 끝없는 대화적 본질에 관한 테일러의 주장은 그러한 대화를 가능하게 하는 언어에 관한 중요한 사실 하나를 간과하고 있다고 말한다. 왜냐하면, 그러한 대화에 동원되는 용어들과 대화를 통해서 촉진되는 상호 인정의 용어들이 갖는 의미는 다만 잠정적으로만 정의될 수 있을 뿐이며, 따라서 끊임없는 재정의의 과정을 거칠 수밖에 없기 때문이고, 그로 인해 대화는 항상 미확정인 채로 남을 수밖에 없으며 대화의 필요는 종결될 수 없기 때문이다. 이것은 결코 부정될 수 없는 사실이다.

데리다의 통찰력은 우리로 하여금 "언어에서의 아포리아(aporia: 지적 곤란)"를 간파할 수 있게 해 준다. 아씰라는 언어와 언어적 의미의 '불확정성'에 관한 데리다의 이론을 나름의 방식으로 이해하는 가운데 그와 유사한 방식으로 테일러와의 견해차를 기술하고 있다.

> 철학자들이 미확정이라는 것을 제거하기 위해서 끊임없이 새로운 담론을 개발한다고 치더라도, 그러한 불확정성은 마치 자연법칙을 따르는 것인 양 번번이 되돌아와 담론의 언어에 늘 붙어 다니는 것을 볼 수 있다. 그래서 담론의 언어가 일단 맥락을 벗어나서 낯설어지면, 이 의심스러운 언어는 새로운 화자로 하여금 이미 짜여 있는 옛 담론을 해체하게 만들고, 또 다른 세대의 작가로 하여금 그러한 낡은 담론의 언어로부터 독립을 선언하도록 자극한다. 이런 식으로 철학은 스스로를 영속시킨다. 그러나 미확정은 철학이라는 살아 있는 대화에 다른 학자들을 불러들이는 가능성의 조건으로 남아 있음으로써 마찬가지로 자기 스스로를 영속시켜 나간다.
>
> 우리로 하여금 의미 있는 타자와의 대화에 참여하도록 이끄는 자기 규정의 담론도 마찬가지로 그러한 지적 곤란으로 특징지어진다.

그러나 테일러가 명백하게 드러낸 다문화주의와 자기 이해 간의 연계는 아쎌라에 의해 자기 이해의 가능성에 대한 원천적인 비판으로 이어진다. 자기 이해의 언어가 지닌 불확정성, 아포리아는(아쎌라에 따르면) 우리로 하여금 자기 이해가 일종의 도깨비불—결코 도달할 수 없는 목표점—과 같다는 결론을 받아들일 수밖에 없게 한다. 언어의 불확정성과 아포리아는 자기 이해에 도달하고자 하는 우리의 노력이 결국 실패할 수밖에 없다는 것을 확신시켜 준다. 그리고 이 점은 다문화주의적인 교육에 관한 하나의 곤혹스러운 결론으로 연결된다. 만약 자기 이해라는 것이 가능하지 않다고 한다면, 다문화주의적인 교육은 자기 이해를 실현하는 데 아무런 도움도 되지 않을 것이요, 그러한 실현 불가능한 목적에 대한 교육의 기여 또한 아무런 중요성도 띨 수 없을 것이라는 점이다. 아쎌라에 따르면 다문화주의적인 교육에 대한 테일러의 정당화는 이러한 이유로 실패하고 만다.

그러나 아쎌라는 자신이 다문화주의적인 교육을 옹호하는 또 다른 이유—자기 이방인화(自己異邦人化, self-defamiliarization)—를 들고, 그것을 기반으로 하여 일종의 보편주의를 제시한다. 그의 주장에 따르면, 언어의 아포리아적인 속성(aporetic nature)과 대화를 기반으로 한 의미의 불확정성 때문에 우리의 자기 이해는 비극적인 미결로 남거나 때때로 붕괴될 수밖에 없는 운명을 피할 수 없다. 그러나 우리는 이러한 상태가 정치적 · 사회적 긴장을 조장하는 것으로 나아가는 것을 일종의 교육철학/정치학을 통해서 예방할 수 있다. 우리의 자기 이해를 방해하는 불확정성과 아포리아는 사람들 모두의 자기 이해를 방해하므로, 모든 사람은 예외 없이 자기 이해를 위협받는 사람들로 이루어진 공동체의 구성원이다. 따라서 결론적으로, 우리들은 함께 공동체에 참여하고 있으며, "불확정성을 제거하거나 감소시키기 위한 인식론적 과제"를 수행하기보다는 "불확정성으로의 복귀를 통한 불확정적인 존재와의 만남이 얼마나 두렵고 경이로우며 숭고한 방식인가에 대해서 감사하는 작업"을 할 수 있다. 그렇다면 '다문화주의적인 민주주의' 내에서 이루어지고 있는 교육은 다음과 같은 하나의 독특한 임무를 지니고 있다고 생각할 수 있다.

> 다문화주의적인 교육의 임무는 정체성의 불안정성을 불확정적인 정체성에 대한 적극적인 환영으로 바꾸어 놓는 것이다. 즉, 자아를 이방인화하는 것이다. 그러한 교육은 이방인의 문화적 정체성을 인정하고 존중하는 것을 넘어서서 우리 자신의 문화적 정체성조차도 명확하지 않고, 또 자기 스스로에게도 낯설다는 것을 인식하도록 만들고, 나아가 그러한 불확정성이야말로 공동의 담론을 시작하게 만든다는 것을 인정하도록 하는 것을 목적으로 삼는다. 이러한 담론을 통해 우리는 우리 자신에게 이방인이며 다른 이방인과 함께 낯선 세상에 내던져 있다는 것을 배울 것이다. 또한 그러한 담론을 통해 문화적 차이에 민감하게 반응했던 정치학은, 그러한 차이들에 주목함으로써 상호적으로 이해 가능한 정체성이라는 이상 속에 포함된 자연적인 한계를 발견하는 정치학이 될 것이다. 문화가 서로 화합하지 못하는 채로 뒤섞여 있을 때, 낯설음은 상식이 될 것이다. 그리하여 새로운 공통성의 정치학에 대한 희망이 태어나게 된다. 이러한 정치학은 특권적인 문화어로 이해될 수 있는 우주로서의 자연에 근거를 두는 정치학이 아니라, 언어와 언어적 존재라는 확정될 수 없는 원천으로서의 자연, 즉 신비로운 X로서의 자연에 근거를 두는 정치학이다. 그러한 정치학은 '누구나 다문화적인 사회를 누릴 수 있는 보편적인 권리를 가진다.'는 담론에 의해 이끌릴 것이다.

아씰라가 여기서 밝히고 있는 전망은 대단히 흥미로운 것이라는 점은 부정할 수 없지만, 몇 가지 눈에 띄는 의문을 유발하게 된다. 우리는 어떻게 '불확정적인 존재'를 이해할 수 있는가? 이것 또한 문화적 특수성을 지닌 개념은 아닌가? 상이한 문화의 구성원 혹은 그 어떤 문화이든지 간에 그 구성원이 이러한 교육을 통해서 확장된 철학적 담론을 '숭고한' 것으로 인식하는 것은 있을 법한 일인가? 특정한 부류의 사람들에게 설사 그것이 대단히 숭고한 것으로 보인다고 하더라도, 독특한 철학적인 이해방식이라고 하는 것이 보편적인 형태로 존재한다고 상정하는 것에 대해서 혹은 그런 것을 추구하는 사회적 · 교육적 사안들에 담겨 있을 것으로 기대되는 지혜에 대해서 나는 의구심을 품는다. 그뿐만 아니라, 아씰라가 주장하는 대로 자기 이해에 대한 근대주의적 요구를 약화시킨다고 하는 불확정성과 아포리아가 왜 아씰라가 제안하고 있는 긍정적인 사회적 · 교육적 전망에는 아무런 영향을 미치지 않거나 그것을 약화시키지 않는지 나는 이해할 수 없다. 왜냐하면, 아씰라의 제안 자체는 불확정적인 것의 확정적인 성립을 토대로 하고 있는 것처럼 보이기 때문이다(말하자면, "나, 데리다는 모든 언어와 의미—따라서 지식—는 불확정적이라는 점을 확실하고도 견고한 사실로 확립하였다."). [5] 이러한 질문은 아포리아에 대한 아씰라의 논의에 대해서 내가 품고 있는 몇 가지의 일반적인 질문으로 이어진다.

먼저, 아씰라의 주장은 기본적으로 다음과 같은 형태로 이루어져 있다.

(1) 언어는 잠정적이고 불확정적이다.
(2) 그러므로 대화는 종결되지 않는다.
(3) 그러므로 대화에 의존하는 자기 이해는 불확정적이고 결말이 없으며 붕괴될 위험을 안고 있다.

첫째, 기본적인 전제는 언어의 아포리아적인 속성에 대한 데리다의 주장을 표현한 것이다. 우리는 이 전제를 받아들여야 하는가? 그러기 위해서는 이 전제에 다소의 수정이 불가피하다. 이대로는 다음과 같은 헤어 나올 수 없는 함정을 도저히 피해 갈 수 없기 때문이다. 즉, 언어가 오직 잠정적인 의미만을 지닌다면, 그리고 불확정적인 것이라면, 이 주장을 표현하고 있는 전제 자체 또한 잠정적이고 불확정적일 것이다. 만약 잠정적이고 불확정적이라고 한다면, 언어의 본질에 관하여 그 주장이 내세우고 있는 것은 (백 번 양보한다 하더라도) 심각하게 제한될 수밖에 없을 것이다. 따라서 그 주장의 강도는 적어도 어느 정도 약화될 것이 분명하다. 다시 말하면, 언어와 의미가 일반적으로 잠정적이고 불확정적이라고 한다면, 데리다의 주장을 표현하고 있는 언어와 그것의 의미 자체도 잠정적이고 불확정적이라는 것이다. 그렇다면 위의 (2)번 진술과 (3)번 진술 모두는 (1)번의 진술(대전제)로부터 따라 나올 수 없다. 그리고 (1)번의 진술이 자기 인식의 가능성을 약화시킬 수도 없을 뿐만 아니라, 또한 소외된 문화의 구성원으로 하여금 진정한 자기 인식—그러한 인식에 대한 전망은 다문화주의적인 교육의 결핍으로 인해 지장을 받고 있다—을 지니게 하는 강화된 통로로서 다문화주의적인 교육을 정당화하는 테일러의 방식을 약화시킬 수도 없다. 아포리아에 관한 데리다의 테제는 바로 그 자체에도 적용된다는 사실 때문에, 아썰라가 기대하는 그것의 역할은 불가피하게 약화될 수밖에 없다.

둘째, 데리다의 테제는 그 자체에도 적용 가능하다는 점이 또 다른 난점을 제기한다. 언어는 아포리아적인 속성을 지니고 있다는 것을 우리는 아는가? 만약 언어라는 것이 실제로 해소 불가능한 모순성을 지니고 있다면, 우리는 도대체 그 사실을 어떻게 알 수 있겠는가? 물론, 이 문제에 대한 답은 안다는 것이 무엇을 의미하는지에 달려 있다. 만약 안다는 것이 의미하는 바가 언어에 대한 어느 한 가지 이해방식이 다른 모든 방식과 동일한 정도로 좋다는(즉, 가장 좋은 이해방식이라는 것이 확정되었다는 것을 확신하는) 것이라고 한다면, 언어로 표현 가능한 어떤 주장에 대해서도 우리는 아는 것이 불가능할 것이다. 물론, 이 테제는 다른 것에도 적용되지만 그 자체에도 적용된다. 인식론적 회의주의가 채택하는 방법이 바로 이 방법이며, 이는 의미에 관한 데리다의 언어적 회의주의를 기반으로 하고 있다(나에게는 그러한 회의주의의 장점에 관해 여기서 논의할 겨를이 없다.). 그러나 데리다의 테제를 반드시 그와 같이 경직된 방식으로 읽을 필요는 없다. 그것은 회의주의로 이해되기보다는 보다 긍정적으로 오류 가능주의(fallibilism)의 한 형태로 이해될 수도 있기 때문이다. 곧, 언어라는 것은 해소 불가능한 모순성을 불가피하게 안고 있으므로, 우리가 알고 있다고 생각하는 것(아썰라의 예를 인용하자면, 가령 나는 남자라는 것)에 대해서 그 어느 순간에 그것은 알 수 없는 것이라고 결론 내리는 일이 항상 있을 수 있다는 것이다. 이처럼 새로운 관점, 새로운 학설, 새로운 증거, 의미의 새로운 해석방식이 출현할 가능성은 항상 존재한다는 사실을 받아들인다면, 자기 인식을 포함해서 현재 타당한 것으로 통용되고 있는 지식이 수정될 수 있는 가능성에 대하여 우리는 항상 개방적인 태도를 유지해야 한다. 이런 의미에서 지식은 원칙상 수정 가능한 것이다. 그러한 사실은 회의주의로 연결되는 것이 아니라 다만 오류 가능주의로 연결될 뿐이다. 우리는 바로 이와 같은 의미에서, 즉 오류 가능성이라는 기반 위에서 언어는 해소 불가능한 모순성을 지니고 있다는 점을 알 수 있다(우리가 진짜로 알고 있는가 아닌가 하는 것은 또 다른 문제다.). 그러나 이러한 것이 가능하기 위해서 우리는 언어에 대한 어느 한 가지 이해방식이 다른 모든 방식과 동일한 정도로 좋다는 견해를 버려야 한다. 그 대신에 언어는 해소 불가능한 모순성을 지니고 있다는 데리다의 이해방식이 원칙상 수정될 수 있는 것이라 하더라도, 현재 우리에게 주어진 가장 좋은 언어 이해방식이라는 식으로 생각하여야 할 것이다. 여기서 지식, 이해, 의미는 '보다 좋은' 혹은 '보다 나쁜'이라는 형태로 평가되어야 할 대상이다. 어떤 종류의 주장이건 간에 하나의 주장이 데리다의 전제를 기반으로 하는 일이 가능하기 위해서는 이와 같은 식의 해석, 즉 오류 가능주의적이지만 회의주의적이지는 않은 해석이 아썰라를 포함한 데리다의 주장을 따르는 학자에게도 필요하다. 그러나 만약 그렇다면, 데리다의 전제는 실제로는 아썰라의 논의 가운데 몇몇 군데에서 나타난 것보다는 훨씬 더 힘이 약하다고 보아야 할 것이다. 사실, 그러한 전제를 언급할 필요도 없다. 우리 모두는 오류 가능주의자이며 퍼어스(Charles S. Peirce) 이후 우리는 계속 그래 왔다. 오류 가능주의에 입각하여 이해한다면, 데리다의 논의와 테제는 딱히 우리에게 공헌하는 바가 없다. 회의주의에 입각하여 이해한다면 데리다의 테제는 자신을 부정하게 되므로 그 역시 우리에게 공헌하는 바가 없다. 그렇다면 이렇게 보나 저렇게 보나 데리다의 테제는 처음에 언뜻 봤을 때보다 훨씬 덜 인상적인 것이 된다.

지금까지 나는 데리다의 '아포리아'에 대한 아셀라의 논의는 자기 인식에 대한 회의주의가 아니라 오류 가능주의를 필요로 한다는 점, 그리고 그러한 오류 가능주의는 보편적인 것과 특수한 것 사이의 테일러 식의 '자유주의적' 화해와 완벽하게 양립 가능하며, 다문화주의적인 교육에 대한 테일러의 자유주의적 정당화와도 아무 문제없이 조화될 수 있다는 점을 주장하였다. 다시 말하면, 데리다의 아포리아 개념이 지니고 있는 한계가 명확하게 파악되고 이해되었으므로 다문화주의적인 교육에 대한 테일러의 정당화는 성공적으로 그 타당성을 인정받을 수 있다는 것이다(말이 나온 김에 덧붙이자면, 자기 인식이 이와 같은 식으로 포스트모더니즘적이고 회의주의적인 망각으로부터 빠져나올 수 있다면, 타인에 대한 지식, 다른 종류의 지식도 마찬가지로 그렇게 될 수 있을 것이다.).

나는 아셀라의 주장이 기반으로 하고 있는 데리다의 전제를 받아들이기를 주저한다. 또한 언어의 불확정성으로 인하여 자기 인식은 불안정할 수밖에 없는 운명에 놓여 있지만, 그러한 사실이 역으로 자기 인식의 불안정성을 보편적으로 인지할 수 있는 가능성을 마련해 줌으로써 우리로 하여금 '불확정적인 존재와의 숭고한 교류'에 참여할 수 있도록 하는 하나의 선물을 제공할 수 있다는 아셀라의 긍정적인 결론도 받아들이기를 주저한다. 하지만 테일러와 데리다에 대한 아셀라의 분석은 대단히 세심하고도 명료하며 도전적이다. 다문화주의적인 교육에 대해서 자신이 제기한 난점을 해결하는 그의 긍정적인 방식은 독창적이고도 철저하며 지극히 도전적이다.

앞에서 내가 열거한 몇 가지 염려 때문에 아씰라의 전망을 전폭적으로 지지할 수는 없으나, 그럼에도 불구하고 포스트모더니스트들과 다문화주의자들의 목소리가 우리의 공동의 대화에 기여할 수 있는 바가 무엇인지를 그가 결정적으로 보여 주었다는 점을 부인할 수는 없을 것 같다. 바로 그 점에서 우리—우리 모두와 특히 우리 중의 굼뜬 모더니스트들(물론 나도 이들 가운데 한 사람이다.)—은 그에게 큰 빚을 지고 있다.

결 론

스톤과 아씰라의 논문을 논의하면서 나는 지식이 확실성과 반드시 구분되어야 한다는 점을 강조하였다. 우리가 살고 있는(혹은 다른 그 어떤) 시대가 아무리 불확실한 시대라 하더라도, 오류 가능한 지식을 지니기 위해 우리가 필요로 하는 공간은 확보되어 있기 마련이다. 스톤과 아씰라의 통찰력이 제공해 준 여성주의, 포스트모더니즘 그리고 다문화주의의 중요한 관점들을 우리가 긍정적으로 평가한다면, 그로 인해 그러한 공간이 확보된다는 점은 매우 다행스러운 일이라고 하지 않을 수 없다. 그러한 중요한 관점이라는 것이 정확하게 무엇을 가리키는지, 그리고 그 관점이 어느 정도로 심각한 수준에서 근대주의적 논의의 양식들에 문제를 제기하고 있는지 등에 대해서는 아직도 논쟁의 여지가 있을 수 있다. 하지만 스톤과 아씰라의 사고가 제공하고 있는 여성주의, 포스트모더니즘, 다문화주의의 조류들은 너무나 빈번하게 침체를 보이고 있는 교육철학의 논의 흐름에 활력과 새 기운을 불어넣게 될 것이라는 점에는 의심의 여지가 없어 보인다. 이 점도 분명히 교육철학이라는 분야에서 중대하게 공헌할 것이다.

이 책의 편집자인 콜리(Wendy Kohli)는 다음과 같은 질문을 던지고 있다. 교육철학자는 누구이며, 무엇을 하는 사람이며, 왜 그런가? 스톤은 이 질문에 대하여 직접적인 대답을 제시하지 않는다. 아씰라는 그에 대한 대답이 불가피하게 불확정적일 수밖에 없는 것으로 간주한다. 만일 나에게 대답을 하라고 하면, 교육철학자는 교육에 관하여 다음과 같은 근본적인 질문들을 탐구하는 사람을 가리킨다고 말할 것이다. 교육의 목적은 무엇인가? 그러한 목적은 어떻게 정당화될 수 있는가? 어떤 도덕적 · 지적 고려가 교육활동을 올바르게 안내하고 규제하는가? 교육자와 교육기관은 어떤 의무와 책임을 이행하여야 하는가? '가르침' '배움' '지식' 등과 같은 주요한 교육적 개념들과 교육과 밀접하게 관련되어 있는 주요한 철학적 개념들을 우리는 어떻게 이해하여야 하는가? 교육과정은 어떤 방식으로 하면 가장 잘 이해될 수 있고 가장 잘 계획될 수 있는가? 교육철학자는 이와 같은 형태의 질문들을 방법론적으로 세련된 방식으로, 그리고 그 질문들에 대답하기 위해서 과거부터 있어 온 노력을 토대로 탐구하는 사람이다. 확실한 것은 이렇게 함으로써 교육철학은 하나의 전통을 형성할 수 있다는 것이다. 사람에 따라서 그러한 전통을 거부하고자 할지도 모른다. 하지만 그러한 거부가 알고서 하는 거부(informed rejection), 즉 믿을 만한 거부(credible rejection)가 되려면 거부하고자 하는 전통에 내재된 미세한 차이점들을 철저하게 이해하고, 거부의 이유를 상세하고도 면밀하게 제시할 수 있어야 하며, 그 이유 또한 비판적인 검토를 견뎌 낼 수 있는 것이어야 한다. 중요한 점은 전통 자체가 그러한 비판적인 자기 검토 활동을 적극 권장한다는 사실이다. 정당한 근거에서 이루어진 것이라면 전통 자체에 대한 거부조차도 금기시할 이유는 전혀 없는 것이다. 이와 같은 관점에서 보자면, 현대 서양 교육철학의 바탕을 이루고 있는 철학적 전통은 여성주의, 포스트모더니즘, 다문화주의 그리고 그 밖에 교육의 철학적 차원에 관한 새로운 형태의 사고가 보여 주고 있는 비판적인 정신을 환영한다.[6] 철학적 전통은 성장과 수정 그리고 개선에 대해서 언제나 개방되어 있으며, 그것들을 추구하고 있다. 진보는 모든 방식으로 유발될 수 있다. 철학적 전통은 모든 영역으로부터 항상 도전적인 비판과 통찰력 있는 안내를 필요로 한다. 그것은 다양한 '주의(主義)'의 도움을 필요로 한다. 교육철학의 중심에 자리 잡고 있는 뛰어난 철학적 질문들—지식, 정당화, 합리성, 본질주의, 지배, 주변화, 보편성, 특수성 등과 관련된 문제들—을 탐색하는 데에도 마찬가지로 그러한 도움이 필요하다. 그러므로 나는 교육철학이 상이한 입장 간에 토론과 대화가 이루어질 수 있게 한다는 것과 또 이 책에 포함되어 있는 다양하고도 독특한 목소리들이 교육철학적인 논의에 참여하고 있다는 사실을 대단히 고무적으로 받아들인다. 결론이 어떻게 날지에 대해서는 토론을 계속 지켜보기 바란다. 그보다 더 좋은 것은 대화에 직접 참여하는 것이다.[7]

후 주

1. Stone을 인용한 부분은 모두 이 책에 수록된 그녀의 논문에서 인용한 것이다.
2. 나의 논문 "Gimme That Old-Time Enlightenment Meta-Narrative: Radical Pedagogy (and Politics) Requires Traditional Epistemology (and Moral Theory)," *Inquiry: Critical Thinking Across the Disciplines* (May 1993) 7(4): 1, 17-22를 보라.
3. 이 점은 나의 논문 "'Radical' Pedagogy Requires 'Conservative' Epistemology," in *Journal of Philosophy of Education*, 1995(출간 중)에서 충실하게 논의되고 있다.
4. Arcilla를 인용한 부분은 모두 이 책에 수록된 그의 논문에서 인용한 것이다.
5. 한편으로 언어와 의미, 다른 한편으로 지식 사이의 관계는 Arcilla가 인정하고 있는 것보다 훨씬 더 불명확하다. '언어와 의미는 잠정적이다.'는 말은 '지식은 잠정적이며 불확정적이다.'는 말을 함의하는가? 그다지 명백하지 않다. 후자가 주장하는 바가 무엇인지조차도 그리 분명하지 않다. 그것은 오류 가능주의를 주장하는 것인가 아니면 회의주의를 의미하는가? 간략하게 언급하기는 했으나 이하에서 좀 더 체계적으로 이 문제를 탐구할 수 없는 것이 아쉽다.
6. 나의 논문 "Gimme That Old-Time Enlightenment Meta-Narrative"를 보라.
7. 여러 가지 유익한 제안과 조언을 제공해 준 Wendy Kohli에게 감사드린다.

제6부

공공생활을 위한 교육

도 입

_16 공공생활을 위한 교육

_17 시민교육

_18 시민교육: 장애 요인과 기회 요인

도 입

공교육이란 무엇인가? 그리고 공교육과 사교육의 관계는 무엇인가? 공교육은 공적인 목적을 위한 것이며 사교육은 사적인 목적을 위한 것인가? 경쟁에서 이기게 하기 위해 이루어지는 과외, 학원 교습을 사교육이라 규정하는 우리의 관점에서 사교육은 사적인 목적을 위한 것이라고 쉽게 답할 것이다. 그러나 우리나라처럼 과외, 학원 교습이 만연하지 않은 외국에서는(일본은 제외하고) 일반적으로 사교육이라고 하면 주로 사립학교 교육을 의미한다. 이 경우 사립학교 교육이 공적 목적을 위한 것인지 사적 목적을 위한 것인지 일률적으로 답하기 어려우며, 또한 공교육기관이 그야말로 공적 목적에 기여하고 있는지도 의문이다.

제6부에서는 '공공생활을 위한 교육'을 주제로 지아렐리(James M. Giarelli)와 해리스(Kevin Harris) 그리고 화이트(Patricia White)의 논문을 수록하고 있다. 지아렐리는 공공생활을 위한 교육과 관련된 논의를 소개하고 있으며, 해리스는 자본주의 국가가 주도하는 교육에서 진정한 시민교육이 가능한가의 문제를 다루고 있다. 화이트는 지아렐리와 해리스의 글을 개관하면서 시민교육의 장애 요인과 기회 요인에 관해 논의하였다.

지아렐리는 '좋은' 학교라고 여겨지는 미국의 공립학교가 민간경제에서 요구되는 개별적인 경쟁에서 성공하도록 학생들을 준비시키기 때문에 그렇게 여겨지고 있지만 그 학교에서 이루어지는 교육은 그 본질과 목적에 있어서 사적인 학교교육이라고 비판한다. 그리고 어떤 사립학교는 공립학교보다 훨씬 더 공적인 교육을 하고 있음을 인정한다. 만일 사립학교가 공적인 교육을 한다면, 이를 사교육이라 해야 할까, 아니면 공교육이라 해야 할까? 지아렐리는 공교육이 진정 공공생활을 위한 교육인지, 더 나아가 공교육과 사교육이라는 용어가 공적인 영역과 사적인 영역을 젠더(gender)와 관련하여 구분하는 경향과 관련이 있고, 그렇게 구분함으로써 성차별적인 위계질서를 제공하게 되는 것은 아닌지 질문을 던지고 있다.

1980년대 미국에서는 교육의 목적에 관해서, 특히 학교교육과 교육 그리고 공적 생활과 사적 생활의 요구조건, 시민공동체 등과 관련해서 논쟁이 이루어졌다. 지아렐리는 그 논쟁에 나타난 양극단의 입장을 버츠(R. Freeman Butts)와 매킨타이어(Alasdair MacIntyre)의 주장을 통해 정리하였다. 버츠는 미국 사회의 공공이념을 구체적으로 제시하고 학교교육은 그것을 토대로 공적인 교육을 한다고 보는 보수주의적인 극단의 입장을 제시하였다. 이에 반해, 매킨타이어는 정반대 입장인 회의주의를 표방하였는데, 근대 문화에 바탕을 둔 공중의 개념은 이미 사라졌으며, 따라서 교육받은 공중이 없는 공교육은 사적인 소비를 조장하는 기제가 될 뿐이라는 것이다.

버츠에 따르면, 모두의 합의에 의해 지지되는 기초가 존재한다. 그것은 미국 사회를 하나의 공동체로 결합하는 공동의 신념이며 효력 있는 제도들이다. 교육을 받은 공중이 형성되기 위해서는 공동체의 모든 사람이 그러한 신념을 배우고 또 그러한 제도적인 실천 속에 입문해야 한다. 이것이 바로 공교육의 기본적인 목적이고 공립학교와 교사의 기본적인 역할이다.

그러나 매킨타이어에 따르면, 오늘날의 교사는 한편으로는 학생을 그가 속한 사회에서의 역할과 기능에 알맞도록 사회화하고 다른 한편으로는 학생이 스스로 사고하고 스스로 계몽되는 법을 터득하도록 개별화하는 실행 불가능한 임무를 담당하고 있다. 이 두 목적이 서양의 근대라는 조건하에서 서로 양립할 수 없는 이유는 이러하다. 적어도 계몽의 전통에 따를 때 사고는 합리적 정당화 혹은 합리적 객관성과 같은 개념을 요구한다. 그렇지만 합리성에 대한 표준이 없는 한 독자적인 생각이나 계몽에 대한 일관된 개념이 있을 수 없다. 그리고 합리성의 표준이 무엇인지에 대한 합의가 없는 한 문화에의 입문이나 문화의 숙달이 정당화될 수 있는 가능성도 배제된다. 따라서 "교육받은 공중이라는 개념은 현대사회에서 살아남을 길이 없다. 그것은 기껏해야 우리의 교육체제에 붙어 다니는 유령일 뿐이다." 그러나 매킨타이어도 인정하듯이, 교육받은 공중이라는 이념은 "그럼에도 불구하고 …… 축출될 수 없는 유령이다."

그러면, '공중'이라는 이념은 어떻게 구현될 수 있는가? 지아렐리는 버츠와 매킨타이어의 양극단의 입장을 제시한 후 근대 문명 속에서 공공생활을 위한 교육과 관련된 문제를 다루고 있는 세 가지 관점을 벨라(Robert Bellah)와 그의 동료들, 허쉬(E. D. Hirsch), 지루(Henry Giroux)의 저서를 통해 살펴보고 있다.

우선, 벨라와 그의 동료들은 공공생활을 위한 교육과 관련된 이러한 문제에 개인주의라는 이데올로기가 놓여 있다고 보았다. 개인주의의 부정적인 측면이 민주주의와 자유 그리고 공적인 공동체라는 이념 자체를 위협한다는 것이다. 공공생활을 위한 교육은 사적인 선택을 초월하는 모종의 공유되고, 실체적이고, 공통적인 선의 개념을 요구한다고 그들은 주장한다.

허쉬는 공교육의 실질적인 의미가 문해(literacy)의 관점에 기초를 두어야 한다고 말한다. 여기서 문해란 단순히 상징을 해독하는 기계적인 능력이 아니며, 진정한 문해는 의사소통, 이해, 시민생활 그리고 공유된 목적의 성취를 가능하게 해 주는 것으로, 진정한 문해를 위해서는 상징에 대해 보다 폭넓은 문화적 · 공적 의미를 제공하는 배경지식, 생각의 틀 그리고 당연시되는 가정 등에 대한 지식에 입문할 필요가 있다. 허쉬는 문해자가 되기 위해서 모든 사람이 배워야 하는 문화적 지식의 구체적 체계가 존재하며, 그것은 문화적으로 교육받은 사람들에 의해 확정될 수 있다고 믿는다.

이에 비해, 지루는 학교교육, 문해, 정의 그리고 정치적 민주주의 간의 연계가 진지하게 고려된다면 공교육에 대한 논의는 명백히 규범적이어야 하고 특별한 형태의 정치적 공동체를 추구할 수밖에 없다고 본다. 학교는 기계적으로 작동하는 국가 연대성의 도구이거나 혹은 소비자 문화와 기업적 자본주의를 위한 훈련 기지로 봉사하는 것이 아니라, 권력, 역사, 정체성, 관심의 망 속에서 공과 사, 교육과 학교교육의 의미를 구성하는 경합적인 영역으로 작용한다. 이런 관점에서 볼 때, 공교육은 저항하고 공적으로 재창출하는 비판적인 공공영역(counterpublic spheres)의 역량을 강화하는 것이다. 교수행위는 공적이고 지적인 실천의 한 형태로서, 국가나 그 진리성에 힘입어 정당성을 갖게 되는 것이 아니라, 비판적 지식을 통하여 사회적 자유와 공적 변혁에 대한 논의를 창출함으로써 비로소 정당화된다. 교사는 국가기능인이거나 자율적인 전문가가 아니라, 공공의 교육자다. 그리고 공공생활을 위한 교육은 학교교육 자체와 동의어다.

마지막으로 지아렐리는 처음 문제의식으로 되돌아가 이러한 논의에 들어 있는 여성학적 함의, 즉 공공생활을 위한 교육이 한 여성에게 가지는 의미에 관해 논의한다. 정치이론이나 교육이론과 관련된 모든 여성주의적인 연구의 핵심에는 공적인 영역과 사적인 영역, 생산영역과 재생산영역이라는 개념에 대한 재평가가 놓여 있다. 지아렐리는 이러한 여성주의적 관점에서 '공공생활을 위한 교육'이 문제시되어야 하고 새롭게 고찰되어야 하며, 결국 공공생활을 위한 교육은 '인간다운 생활'을 위한 교육이어야 한다고 주장하고 있다.

해리스는 한 인간이 사회의 구성원으로 살아가기 위해서는 단순한 성숙 이상의 의도적인 교육과정이 필요하지만, 그것이 반드시 국가 주도적인 공교육 제도를 필요로 하는 것은 아니라고 하면서, 공교육과 교육을 구분하여 논의하고 있다. 국가 주도의 공교육은 항상 보수적이며, 나치나 스탈린 시대의 학교교육에서 볼 수 있듯이 학교교육은 시민정신 교화를 주요 목적으로 삼고 있기도 하다. 그러나 자유민주주의 국가의 교육은 어떠한가? 근대적 자유민주주의 사회에서 이루어지는 학교교육과 사회화도 이와 마찬가지로 보수적이고, 사회 질서를 무비판적으로 재생산하는 시민을 길러 내는 역할을 한다고 주장할 수 있는가?

마르크스주의에 따르면, 국가는 민족적 혹은 지리적 관점보다 국가권력으로 파악하는 것이 적절하다. 이 권력은 국가기관, 혹은 알뛰세(L. Althusser)의 용어인 국가기구를 통하여 발휘되는데, 국가기구는 사회 지배계층의 이익을 안전하게 확보하고 그것에 봉사하는 일을 한다. 자본주의 사회에서 공교육은 자본 계급의 이익에 봉사하고 그것을 보존하고 확보하기 위한 것이며, 이는 자본의 이익에 봉사하도록 잘 자리 잡은 지식과 가치들을 합법화하고 촉진하는 것을 통해서 이루어진다.

해리스는 자유민주주의 국가에서의 교육 및 시민정신과 관련된 여섯 가지 쟁점을 다루면서 그것들을 환상으로 간주한다. 그리고 이는 민주주의와 권력, 자유주의의 환상과 연결된다. 이러한 논의들로부터 우리는 시민교육에 대해 비관적인 결론에 이를 수 있다. 즉, 교육은 일차적으로 생산관계를 재생산한다는 의미에서 보존을 지향하며, 그리하여 교육의 목적은 기꺼이 현존하는 생산관계를 재생산하고자 하는, 계층별로 차별화된 기술을 가진 유순한 시민을 제공한다는 것이다.

그러나 해리스는 이러한 논의가 간과하고 있는 것은 학교가 저항의 장소일 수 있다는 것과 교육은 본질상 비판적이고 변혁적이라는 점이라고 한다. 자유민주주의 사회에서의 학교교육을 전체주의 체제에서의 학교교육과 구분하는 것은 바로 교육과 더불어 존재하는 저항의 수준이라는 것이다. 교사는 '변혁적 지식인'으로서, 자신이 이데올로기적 주체로 형성되어 온 방식을 인지해야 하고, 비판적 시각을 수립하는 방법을 배워야 하며, 학생도 그와 같이 하도록 가르쳐야 한다.

해리스가 볼 때, 자본주의가 주요한 장애물이다. 왜냐하면, 자본주의 국가는 항상 "자본과 자본가 계급의 이익을 확보하고 보호하기 위하여" 작동하기 때문에 "진정한 평등, 진정한 자유, 진정한 민주주의"를 허용할 수 없다는 것이다. 비판적이고 변혁적인 교육에 참여하는 것은 사람들(시민들)이 이데올로기적 주체로서 어떻게 구성되는지, 사회화와 환상이 어떻게 만들어지는지, 그리고 비판적 관점이 어떻게 확립될 수 있는지 인식할 것을 요구한다. 그것은 또한 학교교육과 보다 넓은 맥락의 사회화의 산물인 교사 자신이 이데올로기적 주체로서 구성되는 바로 그 과정을 스스로 인식하고 또한 극복하도록 요구한다.

이 주제에 관하여 화이트는 다른 입장을 취하고 있다. 해리스와 지아렐리는 시민교육의 길목에 있는 장애 요인을 자본주의 그리고 특권과 권력을 떠받치는 영역들로 삶을 구분하는 것과 같은 거시적이고 일반적인 것으로 묘사한다. 그러나 이러한 묘사는 시민교육을 최선의 경우 강력한 사회악과 싸워 이기기 위한 투쟁으로 보도록 하거나, 최악의 경우 불가능한 것으로 보도록 한다는 것이다.

사회 곳곳에 있는 장애물에도 불구하고 선을 육성하기 위해서는 우리의 정치적 · 사회적 삶의 세세한 국면을 좀 더 살펴보는 노력을 해야 한다. 공공생활을 위한 교육을 염두에 두면서, 교사는 초등학교 때부터 계속 민주시민에게 요구되는 성향을 형성시키는 일을 한다고 할 수 있다. 다원주의적 다문화 사회에서 학교의 주요 역할은 학생들이 신뢰할 만한 사람이 되고, 타인에 대한 신뢰를 배우고, 제도에 대한 적절한 신뢰와 불신을 형성하도록 돕는 것이다. 학교는 다른 주요 기관들과 함께, 체제에 대한 분별 있는 불신을 북돋는 일을 해야 할 것이다. 학교는 이러한 맥락 속에서 학생들에게 근본적이고 절차적인 불신의 가능성에 관해 가르치게 될 것이다. 근본적 불신은 체제나 제도의 목적에 관한 것이며, 절차적 불신은 수단과 절차에 관한 것이다. 제도는 만일 그 목적이 받아들여진다면 많은 절차적 불신을 허용할 수 있다.

화이트가 보기에 시민교육의 가장 큰 장애물은 한 가지 가치 또는 고정된 가치체계에 헌신하고 있는 교사, 무엇이 틀렸는지 그리고 어떻게 하면 그 잘못을 바로잡을 수 있는지에 관해 대단히 확고한 생각을 가지고 있는 교사, 그리고 학생으로 하여금 그러한 방식으로 세상을 보도록 만드는 것을 자신의 의무로 생각하고 있는 교사다. 민주시민의식은 때로는 학생들에게 문제를 복잡하게 제시하는 교사, 학생들에게 그들이 여러 가치에 헌신하고 있음을 상기시키는 교사를 필요로 한다.

생각해 볼 문제

1. 공교육은 공적인 목적을 추구하고 사교육은 사적인 목적에 부응하는가? 교육의 본질과 목적의 측면에서 볼 때 공교육과 사교육은 어떤 차이가 있는지 생각해 보라.

2. 버츠가 주장하듯이 공동체를 하나로 통합하기 위해서는 그 사회의 기초가 되는 공통의 신념을 배워야 하며, 그것을 가르치는 것이 공교육의 목적인가? 우리 사회를 지탱하고 있는 기본 신념은 무엇이며, 교육을 통해 잘 가르쳐지고 있는지 생각해 보라.

3. 매킨타이어는 근대의 교사가 학생을 사회화하는 동시에 개별화(혹은 개성화)해야 한다는 양립할 수 없는 임무를 담당하고 있다고 본다. 그래서 교육받은 공중이라는 이념은 현대의 교육에서 이룰 수 없는 유령에 불과하다고 주장하면서도 그 유령을 결코 버릴 수 없다고 한다. 이러한 매킨타이어의 입장은 근대 교육의 어떤 측면을 지적하는 것인가? 그렇다면 그 이념은 어떻게 실현될 수 있는지 생각해 보라.

4. 공적인 것과 사적인 것, 공적 영역과 사적 영역은 성적인 구별과 어떻게 연관되어 있는가? 그러한 구별이 성적 차별을 낳는가? 교육에서 나타나는 성적 차별의 예를 들고, 그것이 공/사 영역의 구별 혹은 공/사 교육의 구별과 관련이 있는지 생각해 보라.

_16

공공생활을 위한 교육

James M. Giarelli

우리 부부는 둘 다 교육학 연구를 직업으로 하고 있지만, 우리 딸이 학교에 갈 나이가 되었을 때 비로소 처음으로 학교교육의 실제적인 문제들을 진지하게 생각하기 시작했다. 우리는 초등학교에서 대학원까지 공교육체제를 경험한 학생으로서, 공공적이고 보편적인 학교교육을 민주주의와 결합해 주는 이상에 적극적으로 헌신해 오면서, 우리 스스로를 공교육의 옹호자로 간주해 왔다. 그러나 우리 딸에게 허용될 수 있는 여러 대안을 검토하면서 훨씬 복잡한 양상과 수많은 선택지가 떠올랐다.[1]

우리가 살고 있는 미국 북동부 교외의 공립학교체제는 '좋은' 학교체제로 널리 받아들여지고 있다. 그렇게 보는 이유로는 학생들의 높은 시험성적과 졸업률, 대학 입학률, 특별 선발, 장학금, 개별화된 프로그램과 교육과정, 그리고 졸업생에 대한 취업 시장의 선호도 등이 언급되고 있다. 요컨대, 이 학교체제가 '좋은' 것으로 여겨지는 까닭은 일자리에서 성공하기 위해 요구되는 기술과 태도, 성향을 학생들에게 효과적으로 갖추어 준다고 생각하기 때문이다. 이 공립학교가 효과적인 것으로 여겨지는 까닭은 민간 경제에서 요구되는 개별적인 경쟁에서 성공하도록 학생들을 준비시키기 때문이다. 그렇지만 그것은 그 본질과 목적에 있어서 사적인 학교교육이다.

그렇다면 어떤 의미에서 이것이 공교육으로 간주될 수 있는지 궁금했다. 좀 더 깊이 들여다봄에 따라, 우리는 'The Friends School'이라는 퀘이커교(敎)의 철학에 따라 소박하게 운영되는 어떤 사립학교가 오히려 공교육에 대한 우리의 이상에 더 부합되는 방식으로 교육목표와 프로그램을 편성하고 있다는 것을 확인할 수 있었다. 이 학교에서는 연령, 성별 혹은 능력집단에 따른 차별이 없다. 그 대신 교사와 학생, 학부모와 관심 있는 지역사회 구성원이 차별과 위계 질서를 무력화하기 위해 노력하고 있다. 교육과정은 학교 전체에 걸쳐 주제별로 시행되는데, 참여자 간의 토론을 통해서 구성되고, 되도록이면 관심에 따라 편성하되 측정된 능력에 따라 편성하는 것을 가급적 피한다. 이 학교는 학습 공동체, 즉 협력, 대화, 참여의 관계를 형성하는 학교의 능력에 기초하여 그 효과성을 측정하고 있다. 이 학교의 효과성은 이상적인 기준, 즉 체계적인 발달에 도움이 되는 지식과 관심 그리고 자원이 얼마나 풍부하고 자유롭고 공평하게 분배되었는가라는 기준에 비추어 평가된다. 그것은 그 목적과 본질에 있어서 공적인 교육이다.

여기서 이미 모순 혹은 적어도 문제점이 저절로 드러나고 있다. 지방세와 국세의 지원을 받는 공립학교는 자신의 목표와 기준으로 사교육의 이상을 받아들이고 있고, 반면에 적어도 여기서 언급한 사립학교, 즉 수업료와 기부금에 의존하고 있는 이 학교는 자신의 목표와 기준으로 공교육의 이상을 채택하고 있다. 보다 정확하게 말하자면, 우리와 같이 자신의 자녀가 공교육을 받는 것에 관심을 가진 부모가 취할 수 있는 최선의 '선택'은 정부의 지원을 받는 공립학교가 아니라 바로 사립학교다.

여기서 분명한 한 가지 시사점은 재정적인 것이다. 우리 가족을 포함하여 대다수의 주민은 수업료에 의존하고 있는 The Friends School이라는 사립학교를 이용할 수 없다. 그리고 주립 · 공립 학교가 지금처럼 공교육에 거의 관심을 가지고 있지 않는 한, 그것은 곧 대부분의 아이들이 내실 있고 유의미한 공교육을 접할 수 없다는 것을 의미한다.

이러한 재정적인 문제가 언제나 중요한 것이기는 하지만, 우리 부부가 이러한 실제 세계의 교훈으로부터 얻게 된 것은 공교육에 대한 담론의 언어를 문제로 삼는 것이 절대적으로 필요하다는 점이다. 그들 담론은 원인보다는 결과에 초점을 맞추고, 나아가 문제를 드러내기보다는 거꾸로 더 많은 것을 덮어 버린다고 여겨지기 때문이다.

이러한 회의주의에 입각하여, 이 글의 나머지 부분에서는 우리가 채택한 바로 그 주제 자체를 이 논문의 이슈로 삼을 계획이다. 공공생활을 위한 교육이라는 말은 무엇을 의미하는가? 그것에 대한 대안은 사적인 생활을 위한 교육인가? 학교교육은 이 두 가능성 중에서 어떤 쪽의 역할을 맡을 것인가? 공교육과 사교육의 관계, 학교교육과 교육의 관계는 무엇인가? 정부의 역할은 무엇인가? 공교육과 사교육이라는 용어가 공적인 영역과 사적인 영역을 보다 근본적으로, 어쩌면 해로운 방식으로 구분할 수 있게 해 주며, 그렇게 구분함으로써 어떤 삶은 보다 높게 평가하고 다른 삶은 평가절하하는 성차별적인 위계질서를 제공하게 되는가?

나는 용어를 분석하고 언어적으로 명료화하는 것을 통해서가 아니라(물론, 때때로 이 방법이 도움이 될 수도 있겠지만), 오히려 교육철학에 나타난 최근의 문헌을 비판적으로 검토함으로써 이러한 문제를 다루고자 한다. 1980년대 미국에서는 교육의 목적에 관해서, 특히 학교교육과 교육, 그리고 이른바 공적 생활과 사적 생활의 요구조건, 국내시장과 국제시장, 그리고 시민 공동체 등과 관련하여 활발한 논의가 재등장하였다. 이러한 '1980년대에서 전수된 관점'이 이 논문의 주된 관심사가 될 것이다. 논문의 마지막에 맨 처음의 내 이야기, 즉 우리 딸을 위한 부모로서의 선택의 문제로 되돌아갈 것이다. 우리의 이야기가 다른 사람들에게 너무나 오랫동안 잊혀졌지만 이러한 이슈를 논의할 수 있는 또 하나의 시각을 제공해 줄 수 있기를 희망한다.

교육과 학교교육, 공교육과 사교육: 전통적인 목소리

두말할 것도 없이, 서양의 지적 전통에 등장하는 많은 고전 문헌은 공공생활을 위한 교육의 목적과 형태를 다루고 있다. 사람들은 즉시 『국가(*The Republic*)』에 나오는 플라톤의 주장을 떠올릴 것이다. 그는 공적인 것과 사적인 것을 화해시키려는 시도로서 개인적인 본성의 타고난 차이와 공정한 폴리스에 요구되는 차별화된 역할을 서로 결합시키는 차별화된 교육을 옹호했다.[2] 루소(Jean Jaques Rousseau) 또한 『에밀(*Emile*)』에서 특별한 형태의 교육을 통해 공적인 것과 사적인 것, 국가와 개인의 개성을 연결시키고자 시도한다.[3] 공적인 것과 사적인 것에 대한 듀이(John Dewey)의 결과론적 분석은 공공생활을 위한 교육에 대한 논의에 대해서 강력한 분석의 도구를 제공한다.[4] 듀이가 볼 때, 공/사의 구별은 동기, 인간의 본성 혹은 내재적인 특성에 대한 호소에 의해 결정되기보다는 지각할 수 있는 상호작용의 결과에 대한 분석에 의하여 결정되기 때문에, 어떤 제도 혹은 상호작용의 '공적' 혹은 '사적' 특성은 언제나 지속적인 탐구의 주제가 되어야 한다. 그리하여 듀이로서는 어떻게 하면 사립학교 제도가 공교육이 될 수 있는가에 관해 탐구하는 것이 아주 의미 있는 일이다. 마찬가지로 공교육 제도가 사적인 학교교육으로 귀결될 수도 있다.

이외에도 공적인 것과 사적인 것, 학교교육과 교육에 대한 더 많은 고전 문헌이 인용될 수 있을 것이다. 그러나 이 논문은 좀 더 현대적인 유형—물론 그 유형 중 상당수는 이러한 고전적인 입장을 반복하고 있기는 하겠지만—에 초점을 맞추고자 한다.

공공생활을 위한 교육: 1980년대의 목소리

미국에서 1980년대는 확실히 교육과 학교교육, 공적인 것과 사적인 것에 대한 격렬하고 광범위하고 공개적이고 때로는 철학적이기도 한 토론의 시기였다. 비록 이러한 논의가 부분적으로 민주주의와 학교교육 그리고 시민교육 간의 관계에 대한 공통적인 관심에 집중되었지만, 그것은 또한 다양한 입장을 낳았다. 나는 다른 논문에서 이 관점들을 대안적인 공교육의 철학으로 논의한 바 있고 몇 개의 주제상의 연속성과 차이점을 제안한 바 있다.[5] 이 논문에서 나는 1980년대 논쟁의 주요 유형 중 몇몇을 다시 언급하면서 특히 공공생활과 사생활을 위한 교육과 학교교육의 관계에 대한 엇갈린 평가에 관심을 집중하고자 한다.

극단의 입장: 버츠

1980년, 저명한 교육사학자 버츠(R. Freeman Butts)는 학교의 '가장 근본적인 목적'이 학교의 시민사회적인 목적, 즉 공공생활을 위한 교육에서 제 역할을 다하는 것이라고 주장했다. 몇몇의 문헌을 통해[6] 버츠는 이러한 관점을 정립하는 개념적인 기초를 제공했을 뿐만 아니라, 또한 그것이 성취될 수 있는 일련의 특정한 교육실천 방안을 자세하게 제시했다.

간단히 살펴보면 버츠의 생각은 이러하다. "미국의 학교에 요구되는 시민교육의 목적은 모든 학생으로 하여금 현대의 민주적 정치체제의 지적이고 책임감 있고, 헌신적이고 효율적인 구성원으로서의 역할을 수행하도록 동기를 부여하고 또 그렇게 할 수 있는 역량을 기르도록 하는 것이다. 이러한 교육은 …… 실제적인 대안 중에서 숙고된 선택을 하는 데 필요한 정치적 가치와 정치적 지식, 그리고 정치적 참여의 기술이라는 세 가지의 기본적인 측면을 포함해야 한다."[7] 이 세 가지 기초적인 측면의 핵심에는 모두가 지지하는 시민사회적인 가치가 놓여 있다. 버츠는 "우리의 헌법적인 질서가 기초하고 있는 근본적인 생각과 가치가 …… 유치원에서 고등학교에 이르기까지 지속적이고 명시적인 학습의 핵심이 되어야 한다."라고 주장한다.[8]

버츠는 미국 사회에서 핵심적인 중요성을 가지는 열 가지 특수한 정치적 가치를 옹호하는 데 많은 노력을 기울인다. 이 가치들 중에서 정의, 평등, 권위, 참여, 공공선에 대한 인격적 복종 등의 다섯 가지 가치는 단일성, 즉 단일한 경향성에 관계되고, 나머지 다섯 가지 가치, 즉 자유, 다양성, 프라이버시, 적법한 절차, 국제적인 인권 등은 다원주의, 곧 다수성이라는 목적을 지지한다.

버츠가 볼 때, 입헌민주주의의 본질적인 특성을 규정하는 것은 정치적인 지식이지만, 이러한 핵심 가치가 미국의 정신을 규정하고 있다. 버츠는 자신이 제시하는 열 가지 핵심 가치가 시민사회의 논의 결과 도출된 것이라기보다는 그러한 논의를 불러일으키는 시작이라는 것을 분명히 잘 알고 있지만, 그는 그것들이 교육의 목적이라는 것에 대해서는 근본적으로 전혀 의심하지 않았다. 버츠에 따르면, 모두의 합의에 의해 지지되는 기초가 존재한다. 그것은 미국 사회를 하나의 공동체로 결합하는 공동의 신념이며 효력 있는 제도들이다. 교육을 받은 공중이 형성되기 위해서는 공동체의 모든 사람이 그러한 신념을 배우고 또 그러한 제도적인 실천 속에 입문하는 것이 요구된다. 이것이 바로 공교육의 기본적인 목적이고 공립학교와 교사의 기본적인 역할이다.

극단의 입장: 매킨타이어

매킨타이어(Alasdair MacIntyre)는 1985년에 강연하고 1987년에 출판한 '교육받은 공중이라는 이념(The Idea of an Educated Public)'이라는 강연문에서 이러한 정초주의적인 관점을 거부하고 그와는 극단적으로 다른 역사주의적인 설명 방식을 제시하고 있다.[9] "교사들은 서양 근대 문화의 버림받은 희망이다. …… 오늘날의 교사에게 맡겨진 임무는 필수불가결하지만 동시에 불가능하다. 그것이 불가능한 이유는 교사들이 수행해야 하는 두 가지의 중요한 목적이 근대 서양이라는 조건하에서 서로 양립할 수 없기 때문이다."[10]

매킨타이어가 볼 때, 이 두 가지 양립 불가능한 목적은 첫째가 "젊은이를 특정한 사회적인 역할과 기능에 알맞도록 만드는 것"이고, 둘째가 "젊은이에게 스스로 생각하는 법과 마음의 독립을 성취하는 법, 그리고 계몽되는 법"을 가르치는 것이다.[11] 매킨타이어에 따르면, 근대 문화는 이 두 목적 중의 어느 하나를 성취할 가능성을 배제하고 있다. 우선, 적어도 계몽주의 전통에서 사유는 합리적인 정당화 혹은 합리적 객관성과 같은 개념을 요구한다. 그렇지만 합리성에 대한 기준이 없는 한, 독자적인 생각이나 계몽에 대한 일관된 개념이 있을 수 없다. 그리고 합리성의 기준이 무엇인지에 대한 합의가 없는 한, 문화에의 입문이나 문화의 숙달이 정당화될 수 있는 가능성도 배제된다. 매킨타이어가 볼 때, "근대성은 …… 교육받은 공중이 존재할 가능성을 배제"하고, 그리하여 공교육의 정당한 체제가 가능하고 그 안에서 사회화와 개별화라는 쌍둥이 목적이 둘 다 존립할 수 있는 가능성도 배제한다.[12]

교육받은 공중이라는 이념과 근대적인 문화가 서로 부합할 수 없다고 한다면, 공적인 학교교육은 어떤 모습일 수 있는가? 매킨타이어가 볼 때, 교육받은 공중이 없는 공교육은 사적인 소비를 조장하는 기제가 된다. "정당화에 대한 기준을 공유하고, 공중이 하나의 핵이라는 사회관을 공유하고, 공통된 공적인 논쟁에 참여하는 능력을 공유하는 공중이라는 개념을 던져 버려라. 그러면 자유 교양교육의 기능은 …… 수동적으로 전수받은 소비재를 제공하는 것으로 환원된다."[13] 내부적으로 아무리 많은 땜질을 한다고 하더라도 그러한 체제를 '개혁'할 수는 없다. 매킨타이어는 계속해서 말한다. "교육받은 공중이라는 개념은 현대사회에서 살아남을 길이 없다. 그것은 기껏해야 우리의 교육체제에 붙어 다니는 유령일 뿐이다."[14]

이러한 두 견해는 우리가 공공생활을 위한 교육을 둘러싸고 있는 질문에 관해 생각함에 있어서, 양극단의 입장을 보여 준다고 할 수 있다. 버츠의 관점, 즉 (우리 문화 속에는) 일련의 확인 가능한 신념과 가치, 제도의 체계가 존재하고 교육자는 그것을 기초로 교육과정과 방법을 개발하여 젊은이를 공중으로 이끄는 일을 시작할 수 있다는 입장은 매킨타이어의 역사주의적 글 읽기와 정면으로 대립된다. 즉, 매킨타이어에 따르면, 그러한 기초는 근대 문화에서 회복할 수 없을 정도로 파괴되었고, 교육받은 공중이 없게 된 이상 일관되고 실체적인 의미의 공교육이 존재할 가능성도 없다는 것이다.

버츠의 관점은 문제될 소지가 거의 없지만, 매킨타이어는 우리 교육자들에게 이룰 가능성이 없는 희망만을 남겨 준다. 그러나 매킨타이어도 인정하듯이 우리의 교육체제에 붙어 다니는 유령인 교육받은 공중이라는 이념은 "그럼에도 불구하고 …… 축출될 수 없는 유령이다."[15] 매킨타이어가 말하듯이, 우리가 알고 있는 것과 반대로 그 이념을 추구하기 위해 애쓰는 것은 교사들로 하여금 아예 존재하지 않거나 앞으로 더 이상 존재하지 않을 공동체라는 것을 발명하거나 재발명해야 한다는 요구 조건을 진지하게 수용할 것을 요구한다. 이러한 공동체는 어떻게 표현될 수 있을까? 우리는 어디에서 답을 찾을 수 있을까?

다음 절에서는 버츠의 낙관이라는 바위와 매킨타이어의 비관이라는 소용돌이 사이에 위치한 1980년대의 세 가지 관점을 고찰할 것이다. 벨라

(Robert Bellah)와 그의 동료들, 허쉬(E. D. Hirsch), 지루(Henry Giroux) 등은 각각 그들의 저서 『마음의 습관(*Habits of the Heart*)』, 『문화적 문해(*Cultural Literacy*)』, 『학교교육과 공공생활을 위한 투쟁(*Schooling and the Struggle for Public Life*)』을 통해 근대 문명 속에서 공공생활을 위한 교육과 관련된 문제를 다루고 있다.[16] 그들의 관점에는 고전 문헌과 현대의 극단적인 입장들 모두에 대한 반응의 메아리가 담겨 있다.

공공생활을 위한 교육: 1980년대의 관점

벨라와 그의 동료들은 『마음의 습관』에서 공적인 것과 사적인 것, 그리고 공공생활을 위한 교육과 관련된 핵심적인 문제를 다루고 있다. 우리의 '마음의 습관'은 무엇이고 우리의 '성품'은 무엇인가? 그리고 우리는 어떻게 우리 자신을 규정하고 있으며, 타인과 더불어 사는 우리의 삶을 어떻게 규정하고 있는가? 우리의 몸짓과 상징은 우리에게 무엇을 의미하는가? 그것들은 우리의 삶에 의미를 주고 있는가, 아니면 그렇지 못한가? 벨라와 그의 동료들은 이러한 문제의 핵심에 개인주의라는 이데올로기가 놓여 있다고 보았다. 개인주의의 해로운 작용은 민주주의와 자유 그리고 공적인 공동체라는 이념 자체를 위협한다는 것이다. 그에 대한 대응책으로 저자들은 철학적인 분석보다는 일종의 대중적인 지식을 제공하고 있는데, 그들은 이것을 대중철학으로서의 사회과학이라고 부른다. 그들의 연구에 따르면, 사회과학은 객관적인 지식을 추구하는 것이 아니라, 현대 미국인이 자신의 삶에서 찾고 있는 의미를 담아 내는 인물과 신화, 드라마 등의 이야기를 전해 주는 것을 목적으로 삼는 규범적인 관심과 결합되어 있다. 끝으로 그들은 이러한 의미의 원천으로서 국가나 정부가 아니라, 결혼, 가족, 치료, 시민활동, 자원봉사와 같은 지역적인 연계와 면 대 면의 인간관계 제도를 꼽고 있다.

벨라와 그의 동료들은 근대성에 대한 매킨타이어의 회의주의에 부분적으로 공감한다. 그러나 그들은 초기 전통의 역사적인 편견은 인정하지만, 소유적 개인주의(possessive individualism)라는 파편화된 문화에 대해 효과적으로 대응하는 유일한 대응책은 일종의 목적론적인 전통일 것이라고 본다. 모종의 '선', 즉 보다 높고, 보다 크고, 보다 보편적이고, 보다 객관적으로 파악할 수 있는 어떤 도덕적 목적을 의도적으로 추구하는 데에서 삶의 의미를 찾고 있는 목적론적인 전통에 대한 새로운 해석이 해법일지도 모른다는 것이다.

중요한 것은 공공생활을 위한 교육이라는 문제에 대해 마음의 습관이 어떻게 기여할 수 있는가다. 벨라와 그의 동료들은 공공생활을 위한 교육이 사적인 선택을 초월하는, 모종의 공유되고 실체적이고 공통적인 선의 개념을 요구한다고 주장한다. 의사소통만으로는 답이 되지 않는다. 왜냐하면, 전수된 전통에 대한 호소가 불가능하기 때문이다. 그들이 사회생태학이라고 부르는 모종의 새로운 형태의 통합, 그리고 일관된 문화와 기억 공동체에 따른 논의가 사회적이고 교육적인 운동을 통해 성취되어야 한다. 벨라와 그의 동료들이 볼 때 파이데이아(paideia), 즉 지적이고 도덕적인 삶의 방식을 가르치는 교육제도의 통합체는 존재한다. 그러나 그것이 학교와 같은 국가 기관이나 수용할 만한 공공담론의 영역에서 이루어지는 '일차 언어적인' 교류로부터 벗어나 존재하는 일이 종종 벌어진다. 우리가 전통을 만나고 전통에 참여하는 것은 보다 넓은 조직에서 이루어지는 '이차 언어적인' 담론 속에서다. 그 전통은 자유롭고 고립된 개인이 아니라 합의에서 시작되고, 그리하여 공통선(common good)의 가능성에 대한 동의를 공유하는 데에서 출발한다.

그러므로 이러한 이차적 언어, 즉 공유된 기억과 목적이라는 전통은 공교육을 위한 출발점이 될 수 있다. 각자의 전통을 공공담론이라는 일차적 언어로 새롭게 고쳐 써서 소비나 즐거움 혹은 비난의 소재로 만드는 것으로는 충분하지 않다. 벨라와 그의 동료들이 볼 때, 각자의 이야기는 반드시 그가 살았던 언어나 그가 속한 공동체나 전통을 규정하는 실천을 통해 다시 언급되어야 한다. 이런 식으로 우리 모두는 일관된 의미의 공중이나 공교육을 위한 유의미한 목적을 의미 있게 말할 수 있는 하나의 전통, 하나의 세계로 들어갈 수 있다. 그것은 경전(經典) 속의 과거에 입문하거나 그것에서 귀납적으로 끌어낸 것을 통해서가 아니라, 대화와 연합을 통해서 가능하다. 이렇게 하여 우리는 공적인 것이라는 이념에 대해서 진지한 관심을 보일 수 있고, 근대 문명의 개별화된 사회적 무질서(아노미)에 저항할 수 있는 일련의 강력한 공적인 의미의 대안영역에 접근할 수 있다. 이는 버츠처럼 공공생활의 기초를 제도화된 언어의 추상성 안에서 찾으려는 것과 매킨타이어처럼 교육받은 공중이라는 가능성 자체를 부정하는 것을 여전히 거부하는 것이다.

『마음의 습관』은, 그 책의 기획에 있어서는 중대한 결함이 있지만, 일련의 중요한 질문을 제기하고 있다. 공공생활을 위한 교육은 공공생활의 목적에 대한 공유된 의미를 요구하는가? 이것은 철학에서 가장 오래된 논쟁적 질문에 대한 하나의 답을 요구하게 되는가? 즉, '선'이라는 것이 있고 또 그것을 가르칠 수 있는가? '선'이라는 이념은 일관성 있고 정당화될 수 있는 공교육을 위해 요청되는가, 아니면 그것에 해로운 것인가? 다음에 소개할 견해는 이러한 질문에 대한 대답이 불필요하고 공교육이라는 정당한 체제가 근대라는 단편화된 문화 자체에 기초할 수 있음을 주장한다.

벨라와 그의 동료들이 공유된 의미에 기초한 공중의 쇠퇴와 시민사회의 상실을 안타까워하듯이, 허쉬도 그의 저서 『문화적 문해』에서 공교육의 실질적인 의미는 문해(literacy)의 관점에 기초를 두어야 한다고 말한다. 여기서 문해란 단순히 상징을 해독하는 기계적인 능력이 아니라 그 이상이다. 허쉬가 볼 때, 진정한 문해는 의사소통, 이해, 시민생활 그리고 공유된 목적의 성취를 가능하게 해 주는 것으로서, 진정한 문해를 위해서는 상징에 대해 보다 폭넓은 문화적 · 공적 의미를 제공하는 배경정보, 생각의 틀 그리고 당연시되는 가정 등에 대한 지식의 세계에 입문할 필요가 있다. 허쉬는 시험점수가 하락하고 있음을 염려하지만, 그에 못지않게 문화적 문해의 전통이 상실됨으로써 민주주의, 시민사회의 제도, 경제, 평등이라는 이상, 균등한 기회, 사회적 이동성, 그리고 민족국가 자체가 위협받는 것을 더 많이 걱정한다.

허쉬는 근대 교육이론가들을 비판한다. 그들은 루소와 듀이를 잘못 결합함으로써, 지식의 습득과 숙달을 희생하면서 심리적 발달을 도모하는, 내용 없고 추상화된 교육과정을 옹호하는 이론적 근거를 제시하였다. 그와는 대조적으로 허쉬는 "오직 특수하고 사회적으로 공유된 정보를 축적함으로써 아동은 공동체의 다른 구성원들과 복잡하게 상호작용하는 활동에 참여하는 것을 배울 수 있다."라고 주장하고,[17] 나아가 "공동체 내에서 이루어지는 교육의 기본적인 목표는 문화화, 즉 성인 집단과 정치 공동체가 공유하는 특수한 정보를 아동에게 전달하는 것"이라고 말한다.[18] 벨라가 역사적 전통과 기억 공동체라는 이차적 언어가 의사소통의 규범적 기초와 실체를 제공한다고 생각하는 데 반해, 허쉬는 문화적으로 교육받은 사람들에 의해 판정될 수 있고 문해자가 되기 위해서 모든 사람이 알아야 하는 문화적 지식의 구체적 체계가 존재한다고 믿는다. 그는 또한 공립학교의 일차적인 목적, 즉 시민사회적인 목적은 직접적인 수업을 통해 그러한 정보를 전수하는 것이라고 믿는다.

허쉬는 이것을 이루기 위한 명쾌한 실천방안을 제시한다. 우선, 교과서 출판인과 교육자와 같은 전문가들이 민족 어휘, 즉 직접적인 전달을 통해 젊은이들에게 가르쳐야 할 배경정보, 민족문화의 특수한 단면 등의 내용을 결정해야 한다. 허쉬가 포괄적인 국가교육과정이라고 부른 이러한 특수한 문화적 내용은 공교육의 재료가 될 것이다. 그것은 용인된 문화적 의미라는 문맥을 통해 일상적인 경험을 집약적인 교육과정으로 만들기 위한 사고의 틀을 제공한다. 허쉬는 이를 다른 곳에서 전형, 정신적인 속기(速記)의 형식, 조직화의 도구 등으로 표현하고 있다. 이러한 문화적 문해의 항목은 현재의 경험이 과거에 유용했던 관습적인 의미 속으로 부호화될 수 있게 하는 범주를 제공할 것이다. 그리하여 그것은 교육받은 문화적 엘리트의 상징으로 표현된 시민 공동체의 전통을 보존하게 될 것이다. 끝으로, 그러한 학습의 효율성을 평가하기 위해서 일반적인 지식 시험이 개발될 것이다.

우리의 목적과 연관해서 볼 때, 일차적인 질문은 허쉬의 연구에 들어 있는 기술적인 것과 처방적인 것 사이의 긴장에 관한 것이다. 예를 들어, 어떤 사람들은 허쉬에게서 버츠의 입장, 즉 규범적이고 정치적인 공동체가 존재하고 그 공동체의 기본적인 신념과 가치에 대한 논의가 공교육의 목적과 내용에 기초를 제공해야 한다는 입장의 메아리를 발견할 수도 있다. 그러나 허쉬는 그의 의도에 들어 있는 규범적인 부분에 대해 얼버무린다. 그는 "문화적 문해는 처방적인 추천 도서목록에 의해 제시되는 것이 아니라, 교육받은 미국인이 실제로 소유하고 있는 정보의 사실적인 목록에 의해 표현된다."라고 말한다.[19] 다른 곳에서 그는 다양성과 공동체성, 그리고 단일과 다수 간의 긴장은 오직 문화적 분업을 통해 해소될 수 있다고 주장한다. 하나의 차원에 일종의 시민사회적인 종교, 즉 시민적인 공동체의 규범적 목적과 목표에 대한 가치평가적인 신념체계의 필요성이 존재한다. 다른 차원에는 시민사회적인 종교에 의해 이끌리지만 논쟁과 지적인 상호교류에 의해 그 내용이 지속적으로 성장하는 문화 자체가 존재한다. 그리고 마지막으로 시민사회적인 어휘, 즉 다른 두 영역에서의 논의를 가능하게 해 주는 가치중립적인 상징과 합의된 의미의 체계가 존재한다. 허쉬는 그가 내놓은 가치중립적이고 기술적인 문화적 문해의 목록이 이 세 번째의 영역에 속한다고 주장한다. 그렇지만 허쉬는 다른 곳에서 이 주장과 크게 상충되는 주장을 한다. 그는 플라톤의 주장에 동의하면서 다음과 같이 인용하고 있다. "학교교육의 어느 특정한 내용에 대해 관심을 가져야 할 많은 이유가 있는데 …… 그중의 하나는 …… 인간이 선한지 아니면 악한지 하는 윤리적인 것" 이다.[20] 허쉬는 문화적 문해가 지역적인 정보보다 국가적인 정보에, 그리고 실천적 지식보다 개념적 지식에 '더 높은 가치'를 부여하는 방식에 관하여 말하고 있다. 만일 허쉬가 '존재'에서 '당위'를 이끌어 내는 것과 같이 다소 넓은 의미의 자연주의적 오류, 즉 공유된 문화적 내용이 있기 때문에 우리가 젊은이들을 그것으로 이끌어야 한다는 주장을 펼치는 것이 아니라면, 허쉬가 말하는 문화적 단편은 기술적이면서 동시에 처방적인 것이 분명하다. 허쉬에게 있어서 '미국인이 아는 것'에 대한 그의 목록은 '미국인이 알아야 하는 것'과 똑같이 분류될 수 있다. 그리고 그러한 처방이 당연히 필요하다고 한다면, 허쉬가 그러한 처방에 대한 규범적 근거를 내놓지 않는 것은 심각한 잘못이다. 사실, 허쉬의 처방이 가지는 규범적인 힘은 권위에의 호소, 즉 전문가, 서적 출판인, 문화엘리트 그리고 궁극적으로 민족국가라는 권위에 놓여 있다. 공공생활을 위한 교육이라는 명목하에 허쉬는 어린이들로 하여금 정보를 축적함으로써 처방된 추천 어휘와 전형적인 사고의 틀 속으로 들어갈 것을 강요하는 셈이다. 그러한 처방된 추천 어휘와 전형적인 사고의 틀을 정당화하는 것은 국가가 제공하는 의무적인 학교교육이라는 강압적인 권위에 지나지 않는다. 그리고 문화적 문해의 항목화된 목록을 축적하려는 허쉬의 시도는 통합적이거나 결합하는 힘으로 작용하기는커녕 가장 근대적이고 소유적인 개인주의 문화의 파편화를 반영하고 있다. 공중이 개개인을 늘어놓은 목록이 아니듯 문화도 항목의 목록이 아니다.

공공생활을 위한 교육에 관한 허쉬의 관점이 권위주의적인 국가교육체제를 위한 왜곡되고 상업화된 기제임이 드러나기는 했지만, 그가 제기한 것은 권위와 '선'에 대한 진지한 질문이다(그러나 그에 대한 답변은 없다.). 그가 말하듯이, " '교육내용이 무엇이어야 하는지를 누가 말할 수 있는가?'

라는 질문은 전통적으로 논의를 중단시키는 역할을 해 왔다. 그러나 앞으로는 그렇게 되어서는 안 된다."[21] 허쉬는 그의 작업이 "폭넓은 도전을 제시한다."라고 생각하는데, 이에 대해서는 나도 같은 생각이다. 그러한 도전은 "숨은 교육과정을 그것이 속해 있는 공개된 마당으로 끌어내고, 그 내용을 민주적인 토론의 주제로 삼게 하는 것이다."[22]

그다음으로 공공생활을 위한 교육에 관해 고찰하게 될 마지막 현대적 관점은 지루의 연구로서, 이는 직접적으로 이러한 도전에 응하고 있다.

지루는 '교육내용이 무엇이어야 하는지를 누가 말할 수 있는가?'라는 질문이 논의를 가로막지 않는다는 것을 입증하는 데 몰두했다. 허쉬와 마찬가지로, 지루는 숨은 교육과정을 공공연하게 드러내서 그 내용을 민주적인 토론의 주제로 삼는 것에 관심을 가졌다. 한편, 허쉬와는 달리, 지루는 그러한 관심을 진지하게 받아들일 때 요청되는 핵심적인 윤리적 결정에서 물러나거나 그 앞에서 주저하지 않는다. 지루가 볼 때, 학교교육, 문해, 정의 그리고 정치적 민주주의 간의 연계가 진지하게 고려된다면, 공교육에 대한 논의는 명백히 규범적이어야 하고 특별한 형태의 정치적 공동체를 추구할 수밖에 없다.

지루가 볼 때, 학교는 기계적으로 작동하는 국가 연대성의 도구이거나 혹은 소비자 문화와 기업적 자본주의를 위한 훈련 기지로 봉사하는 것이 아니라, 권력, 역사, 정체성, 관심의 망 속에서 공과 사, 교육과 학교교육의 의미를 구성하는 경합적인 영역으로 작용한다. 지루의 관점에서는 투쟁과 갈등의 불가피성과 그것들이 갖는 교육 가능성, 즉 공적 영역이 창조되고 민주주의와 정치적 공동체가 재창조되는 적극적인 재구성이 핵심이 된다. 시민의 자질은 비판과 반대의 담론뿐 아니라 가능성과 희망의 담론 속에 자리 잡은, 역사적 지식을 갖춘 주체성에 기초하여 성취된 것이다. 민주주의 사회에서 공공생활을 위한 교육은 국가 주관의 학교교육과 구별되어야 할 뿐만 아니라, 또한 사적 시장경제에서의 경쟁을 위해 기능적으로 준비시키는 것과도 구별되어야 한다. 그리하여 시민교육은 엘리트 문화적인 지식을 축적하거나 누구나 가지도록 처방된 기초적인 사상의 목록에 입문하는 것으로 이루어질 수 없다. 그보다는 공공생활을 위한 교육이 "공공생활이 가능하며 연대의 형식이 발전한다는 근본적인 믿음에 기초한 대화와 실천의 과정이 된다. 그러한 형식의 연대는 국가 권력을 비판하고 제한하기 위하여, '인간성의 실현을 억제하고 방해하는 관계를 내던져 버리기 위하여' 사람들로 하여금 성찰하고 공동체를 조직할 수 있도록 해 준다."[23] 지루가 볼 때, 공적인 민주생활을 위한 교육은 일종의 능동적인 주체성의 고양을 요구한다. 이러한 능동적인 주체성은 "종종 인종적, 계급적, 성차별적인 이해관계를 실체화하는 사회적 형식에 의해 표현되는 다양한 형태의 종속과 분리, 야만, 주변화를 조장하는 이데올로기적, 물질적 조건"을 비판하고 제거할 수 있다.[24]

이런 관점에서 볼 때, 공교육은 저항하고 공적으로 재창출하는 (비판적인) 대안적 공공영역(counterpublic spheres)의 역량을 강화하는 것으로서, 시민과 국가, 시장 그리고 문화적 엘리트 간의 수직적 관계보다는 "시민과 시민 사이의 수평적 유대"를 강화하는 것에 초점을 맞춘다.[25] 이러한 입장을 따를 때, 공립학교는 대안적인 공공영역이 된다. 여기서 집단 및 개인을 구분하는 경계는 진정한 차이와 힘 있는 연대를 재구성하고 정당화해 주는 교육의 기회를 제공한다.

지루가 행한 연구의 핵심에는 상대주의와 권위주의 둘 다를 지양하면서 처방이 지닌 명령적 특성을 직접 표현하려는 노력이 있다. 민주적인 형태의 권위, 강압에 의하지 않고도 공통적이고 공공적인 선에 대해 말하는 방법, 교화 없이도 민주 공동체와 민주적 공립학교에 대한 특정한 윤리적·정치적 관점을 촉진하는 길이 있는가? 처방이 지니는 명령적 특성을 피할 어떤 방법이 있는가?

지루가 볼 때, 하나의 인간 공동체라는 맥락 안에서 인간은 어떤 존재여야 하고 어떻게 행위를 해야 하는가라는 문제에 대해서 모든 교육자가 암묵적이든 명시적이든 어떤 입장을 가진다면, 그들이 학급생활을 구성하기 위해 동원하는 권위는 궁극적으로 윤리와 권력이라는 문제에 기초를 두게 된다. 공교육 이론가들은 권위에 대해 연속선상의 어느 한 입장을 취한다. 허쉬와 같은 문화적 보수주의자들은 지배 문화를 아무런 문제의식 없이 재생하는 것에서 교육적 권위를 발견한다. 자유주의 이론가들 또한 전통에서 권위를 찾지만, 다수성과 단일성을 추구하는 정치적 가치들로 이루어진 버츠의 십계명과 정당성을 얻기 위해 공공담론과 경쟁하는 이차적 언어의 실천과 기억에 호소하는 벨라의 입장에서 드러나듯이, 전통은 그 자체의 특성상 갈등하는 것으로 간주된다. 근대 문화에서 공교육의 권위에 대한 어떤 원천도 찾을 수 없다는 매킨타이어의 뿌리 깊은 비관주의는 일체의 권위를 권위주의로 간주하고, 그리하여 공교육에 대한 어떤 관점도 옹호될 수 없다고 보는 많은 좌파계열 및 비판적 교육자로부터 강한 지지를 얻고 있다.

지루는 그의 저서 『학교교육과 공공생활을 위한 투쟁』에서 교육적인 권위에 대해 분명한 대안적인 관점을 제시한다. 벤(Kenneth D. Benne)의 연구[26]를 그대로 수용하는 지루가 볼 때, 권위는 규칙, 전문지식 또는 민주사회의 윤리에 기초할 수 있다. 이러한 대안적인 원천들은 교수, 학교교육 그리고 공교육의 서로 경쟁하는 모형에 근거를 제공한다.

규칙에 근거한 권위는 궁극적으로 국가의 강제력에 의존하게 되고, 그리하여 국가교육체제를 지지하는 논리를 제공한다. 이런 관점에서 보면, 교사는 이데올로기적 국가기구를 운영하는 기술자이고, 공공생활을 위한 교육은 사실상 현존하는 규범적이고 정치적인 질서에 적응하도록 하는 기능적 준비다. 전문지식에 근거한 권위는 궁극적으로 지적인 주장에 의존하지만, 그 자체는 권력과 이해의 관계에 깊이 연루되어 있다. 이런 관점에 따를 때, 교사는 자율적인 전문가이고 교수활동은 서비스 산업이다. 이곳에서 지식은 학교라고 불리는 시장에서 요금을 지불하는 학습자라는 소비자에게 제공되는 상품으로 거래된다. 이런 입장에 서게 되면, 공공생활을 위한 교육은 '선택'이라고 불리는 어떤 것에 자리를 내주게 되거나, 아니면 국가적 · 국제적 소비문화를 위한 효과적인 준비로 받아들여진다.

지루가 볼 때, 이 두 입장은 그 어느 것도 민주적 공교육의 정당한 실천을 담보할 수 없다. 그 반대로, 민주적 공동체의 도덕성에 기초하는 교육적 권위, 지루가 때때로 해방적 권위라고 부르는 것은 국가권력이나 지적인 특권에 대한 호소에 의존하는 것이 아니라, 오히려 '강한 민주주의'를 고무하고 허용하는 교육적 실천에서 기인하는 것으로서, 그 자체로 "공공적 사유와 정치적 판단 그리고 사회적 행위를 통해 교육받은 시민정신"에 의해 특징지어진다.[27]

이런 관점에서 볼 때, 교수행위는 공적이고 지적인 실천의 한 형태로서 국가나 그 진리 주장에 힘입어 정당성을 갖게 되는 것이 아니라, 비판적 지식을 통하여 사회적 자유와 공공적 변혁에 대한 논의를 창출함으로써 비로소 정당화된다. 교사는 국가기능인이거나 자율적인 전문가가 아니라, 공공의 교육자다. 그리고 공공생활을 위한 교육은 그것이 언제나 어려운 경쟁과 실제 경험과의 관계 속에 뿌리박고 있는 한, 학교교육과 동의어다.

이 논문의 한 가지 핵심 목적은 공공생활을 위한 교육이라는 질문을 문제시하는 것이었다. 이상과 같은 1980년대의 관점에 대한 간략한 검토에서 알 수 있는 것처럼, 보다 포괄적인 대안 마련을 위한 공통의 어휘, 논의의 출발점, 혹은 예견되는 결과에 대한 어떠한 합의도 거의 찾을 수 없었다. 사실, 그 질문의 기본적인 개념은 영원히 빠져나올 수 없는 해석학적인 순환에 갇혀 있는 것처럼 보인다.

이 논문의 마지막 장에서 나는 도입에서 말했던 우리 딸의 교육에 대한 이야기로 돌아가 또 하나의 이야기, 어쩌면 가장 핵심적이고 문제가 되는 이야기, 즉 성(gender)의 역할에 대해서 말하고자 한다.

전통의 극복: 교육과 성, 그리고 공교육

지난 30년간 이루어진 여성을 주제로 한, 여성에 대한, 그리고 여성을 위한 연구는 그들이 처한 위치에서 벗어나 추상적인 인격체에 대해 말하는 것이 엄격한 학문의 세계에서 더 이상 통용될 수 없다는 것을 알게 해 주었다. 그래서 내가 서두에서 말한 이야기에 나오는 그 '아이'가 딸, 젊은 여자, 여성이라는 것을 기억하는 것이 중요하다. 공공생활을 위한 교육은 그 여성에게 무엇을 의미하는가?

이제까지 여성학 연구에서 또 하나의 중심 요소는 남성 지배적인 학문영역을 구성해 온 개념과 범주에 대한 근본적인 회의였다. 마틴(Jane Roland Martin)은 이렇게 말한다. "1970년대 이래의 연구는 역사학과 심리학, 문학과 예술, 사회학과 생물학과 같은 학문분야가 성에 따라 편향되어 있는 방식을 문헌자료를 통해 보여 주었다. 그 연구들은 위의 학문들이 적어도 세 가지 측면에서 인식론적으로 여성을 평등하게 이해하는 이념에 이르지 못했음을 보여 주었다. 즉, 그들은 여성을 탐구주제에서 배제하고, 여성에 대한 남성의 이미지에 따라 여성의 이미지를 왜곡하고, 사회에서 여성적인 것으로 간주되는 특성에 대해 가치를 부여하지 않았다."[28] 정치이론과 교육이론 역시 이러한 비판적 검토 혹은 고발로부터 자유롭지 못하다.

정치이론과 교육이론에서 이러한 여성주의적인 연구의 핵심에는 공적인 영역과 사적인 영역, 생산영역과 재생산영역이라는 개념에 대한 재평가가 놓여 있다. 엘쉬테인(Jean Bethke Elshtain)은 서양의 정치적 전통에 대한 고전적인 진술을 분석한 결과, 공적인 것과 사적인 것이 "세계 안에서 우리가 방향을 설정할 때 기초적인 지침"이 된다는 것을 발견했다.[29]

일부 정치학자에게 "공적인 것과 사적인 것은 분석의 대상이 되지 않는다. …… 왜냐하면, 그들은 그러한 영역의 존재를 이미 전제로 삼기 때문이다." 다른 학자들은 "사적인 영역은 무엇보다 우선하는 공적인 영역으로 완전히 통합되어야 한다."라고 믿고, 또 다른 학자들은 "공적 영역을 그것의 표준, 이상, 목표를 추구하도록 되어 있는 정치를 이용해 사적인 것으로 만들 것을" 요구한다. 또 어떤 부류의 학자들은 여전히 "사적인 영역을 도구적으로 인식하여, 공공생활을 위해 필요한 기초이지만 상대적으로 가치가 낮은 인간 활동의 형식으로 취급하면서, 두 영역을 엄격하게 분리할 것"을 요구한다.[30] 엘쉬테인이 볼 때, 이런 식으로 공적인 것과 사적인 것을 구분하는 방식은 "공과 사라는 각각의 영역을 보존하되 사회 재구성이라는 이상에 도달하기 위하여 공과 사의 경계를 재규정하려는"[31] 노력의 일환으로, 즉 "재구성적 이상의 기초로"[32] 수용될 수 없다.

정치이론 그리고 우리의 특정한 목적과 관련된 교육이론은 전승되어 온 공중의 의미에만 초점을 맞춤으로써 성차별적인 모습을 드러내고 있다는 주장이 여성주의적인 과학철학자와 사회과학자들에 의해서 다른 형태로 제기되고 있다. 하딩(Sandra Harding)은 이렇게 말한다. 남성 및 남성의 활동을 보편적인 주제로 보아 그것에 초점을 맞추는 것은 "'재생산, 성, 그리고 모성적 보살핌과 같은 사회적 실천에서의 변화가 어떻게 국가, 경제 그리고 다른 공공기관을 형성시켰는가?'와 같은 중요한 주제를 간과하도록 한다."[33] 밀먼(Marcia Millman)*과 캔터(Rosabeth Moss Kanter)**는 "공적이고 공식적인" 역할 행위자와 상황에 초점을 맞추고, "여성이 가장 빈번하게 참여하는 사적이고 …… 비공식적이고 지역적인 구조"를 무시하는 것이 어떻게 "개개인 간의 비공식적인 연결망과 형식적이고 공식적인 사회구조 간의 상호작용"을 이해할 수 없게 하는가에 주목한다.[34] 하트만(Heidi Hartmann)***은 전형적인 "사적" 영역인 가정을 "생산과 재분배가

---

* 역자 주: UC. Santa Cruz 사회학과 교수.

** 역자 주: Harvard Business School 교수.

이루어지는 공간"으로 간주한다. "그러한 공간으로서 가정은 다양한 활동과 관심을 가진 사람들이 서로 갈등하는 장소다."[35]

이러한 연구와 많은 다른 연구들은 공과 사, 생산과 재생산이라는 전통적인 구분과 평가가 어떻게 우리의 정치 · 사회이론에 침투해 있는지, 그리고 이러한 구분이 성차별적으로 기술된 세계와 그러한 세계 안에서 이루어지는 행위의 가능성을 어떻게 반영하고 지원하고 있는지를 명확하게 보여주고 있다. '공공생활을 위한 교육'이 문제시되어야 하고 새롭게 고찰되어야 하는 것은 바로 그러한 이유 때문이다.

마틴은 서양 교육이론의 고전들, 특히 이러한 이론 중 여성 및 여성교육에 부과된 공적인 역할에 초점을 맞춰 분석한 후에, 사회 재구성이라는 이상을 지향하는 교육실천을 위한 새로운 이론을 제안한다. 마틴에 따르면, 공적인 생활을 위한 교육인가 아니면 사적인 생활을 위한 교육인가, 생산을 위한 교육인가 아니면 재생산을 위한 교육인가, 성별에 기초한 교육인가 아니면 그와 무관한 교육인가 등은 잘못 설정된 딜레마의 오류인데, 이는 "교육받은 여성이라는 대안적 이상을 간과할 때 당연히 따라오는 결과다."[36] 마틴이 볼 때, 남성을 위해서든 여성을 위해서든, 교육이론을 적합하게 수립하는 데에는 역사적으로 생산적인 영역이라고 규정된 것—시민생활과 직장을 위한 준비—과 재생산적인 영역, 즉 마틴이 말하기를 "단지 임신과 출산뿐만이 아니라, 아동을 다소간 성숙한 인간으로 길러 내기, 그리고 환자 돌보기, 가족 챙기기, 가계 운영하기와 같이 그와 연관된 활동으로 이루어지는" 영역, 둘 다를 동등하게 고려할 것이 요구된다.[37]

우리가 만약 교육이론은 사람을 공동체의 구성원으로서 해야 할 일을 잘 하도록 준비시키는 '실천'에 관한 이론이라는 생각, 교육은 그 자체로 사회

*** 역자 주: George Washington University 연구교수, 여성경제학자, IWPR(Institute for Women's Policy Research) 창설자 및 회장.

적으로 확립된 협력적 인간 활동의 전형적 유형으로서 그것을 통해 인간이 지닌 모든 종류의 능력과 탁월성을 체계적으로 확장하려고 시도하는 일이라는 생각, 그리고 이러한 실천과 탁월성은 공과 사, 생산과 재생산이라는 성별에 따라 성립된 범주로 산뜻하게 나뉘어 포장되지 않는다는 생각을 진지하게 받아들인다면, 공공생활을 위한 교육에 대한 탐구는 어떤 모습을 띠게 될 것인가?

내가 보기에, 이 질문에 대한 한 가지 바람직한 논의의 출발은 상식적인 용어로서의 탁월함(혹은 훌륭함)이 무엇을 의미하는지에 관한 대화에 참여하는 일이다(여기서 상식이라는 말은 문자 그대로 대중이 일반적으로 받아들이는 의미를 가리킨다.). 이 점을 염두에 두고 논의를 진행해 가면, 우리가 존중하고 사랑하고 기꺼이 알고자 하고 이웃으로서 함께 일하는 사람들을 대할 때, 우리가 그 사람들을 단지, 물론 전적으로 배제할 수는 없더라도, 학교를 기반으로 형성된 지식과 상징적인 문해라는 범주, 혹은 공과 사를 구분하는 이론적인 범주에 따라서만 파악하는 것은 아니라는 점이 금방 분명해진다. 우리가 알고 있는 사람들 중에는 강연을 듣기 위해서 혹은 심장수술을 받기 위해서 찾아가기는 하지만, 함께 하이킹을 가거나 생일파티에 초대하고 싶지 않은 사람들도 있을 것이다. 즉, 우리는 사람들이 자신의 삶에서 보여 주거나 혹은 우리에게 가져다주는 능력과 자질의 정도로 구성되는 스펙트럼상에서 공적 관계를 구성한다. 달리 말하면, 우리의 공적 활동은 맥신 그린(Maxine Greene)이 말한 것과 같은 다양한 수월성의 체계에 따라 이루어지고, 그것에 대해서 세련되고 잘 다듬어진 형태로 비교, 판단한다.[38] 이러한 판단을 하는 능력, 세계를 재창조하는 데 그 기술과 방법적 지식, 명제적 지식, 공감과 상상력을 유의미한 형태로 동원하는 능력은 교육된다는 의미의 큰 부분을 이룬다. 이러한 과정 속에서, 공과 사, 생산과 재생산 사이의 벽은 허물어진다. 다시 말하면, 효율성과 합리성 같은 이른바 공적인 덕목과 능력이 사적인 세계에서 이루어지는 활동에 없어서는 안

될 요소이며, 또한 양육과 격려와 같은 이른바 사적인 덕목과 능력이 유능하고 관대한 공공생활을 이루는 데 필요한 요소라는 점을 곧바로 알게 된다. 만일 공교육의 목적이 공공생활을 위해 교육하는 것이고 공중을 형성하고 재형성하는 것이라면, 학교교육의 목적은 그들 공중에게 나름의 자질과 독특성과 연대성을 제공하는 다원적 수월성을 갖추도록 준비시키는 것이다. 그리고 공공담론에 교육의 내용과 그 가능성을 제공하는 것은 대부분 사적이고 재생산적인 실천에 관한 담론이다.

결 론

모든 구별, 특히 공과 사, 생산과 재생산 사이의 구별은 권력과 특권을 은폐한다. 여성주의 학문은 이러한 구별이 공교육의 이론에 어떤 왜곡된 결과를 가져다주었는지를 보여 주었고, 그와 동시에 사회 재구성이라는 이상을 볼 수 있는 시야를 열어 주었다. 그 시야를 통해서 우리의 딸과 아들은 듀이의 표현을 빌자면, "인간답게 되는 것을 배울" 것이다.[39]

후 주

1. 1986년 C. Gilligan이 이끄는 애정심리학 세미나에 참석했을 때, 한 참석자가 (애석하게도 그녀의 이름을 잊어버렸다.) "남자들은 다 엉터리다. 남자들은 자기 자녀 문제를 논의에 끌어들이려 하지 않는다."라고 말했다. 나는 이러한 지적에 큰 충격을 받았고 그 후 철학 논문을 쓸 때 그 말을 내 머리와 가슴에 간직하려고 애써 왔다. 이 글을 이렇게 시작하는 것도 그러한 방향으로 나가는 노력의 일환이다.

2. *The Republic of Plato,* trans. by Francis W. Cornford (London: Oxford University Press, 1973).

3. J. J. Rousseau, *Emile, or On Education,* introduction, trans., and notes by Allan Bloom (New York: Basic Books, 1979).

4. John Dewey, *Democracy and Education* (New York: Free Press, 1966); *The Public and Its Problems* (New York: Henry Holts, 1927).

5. James M, Giarelli, "Public Philosophies and Education," *Educational Foundations,* 4 (Winter 1990): 7-18.

6. R. Freeman Butts, *The Revival of Civic Learning: A Rationale for Citizenship Education in American Schools* (Bloomington, IN: Phi Delta Kappan Educational Foundation, 1980); *Teacher Education and the Revival of Civic Learning,* Seventh Annual DeGarmo Lecture (Society of Professors of Education, 1982).

7. Butts, *Revival of Civic Learning,* p. 123.

8. Butts, *Teacher Education,* p. 14.

9. Alasdair MacIntyre, "The Idea of an Educated Public," in Graham Haydon, ed., *Education and Values* (London: Institute of Education, University of London, 1987).

10. 같은 책, p. 16.

11. 같은 책.

12. 같은 책, p. 17.

13. 같은 책, p. 29.

14. 같은 책, p. 34.

15. 같은 책.

16. Robert Bellah, et. al., *Habits of the Heart* (Berkeley and Los Angeles: University of California Press, 1985); E. D. Hirsch, *Cultural Literacy* (Boston: Houghton Mifflin, 1987); Henry Giroux, *Schooling and the Struggle for Public Life* (Minneapolis: University Of Minnesota Press, 1989).

17. Hirsch, *Cultural Literacy,* p. xv.

18. 같은 책, p. xvi.

19. 같은 책, p. xiv.

20. 같은 책, p. xvi.

21. 같은 책, p. 144.

22. 같은 책, p. 145.

23. Henry Giroux, *Schooling and the Struggle for Public Life,* p. 6. Giroux의 글 속에 있는 인용은 Douglas Kellner and Harry O'Hara, "Utopian and Marxism in Ernst Bloch," *New German Critique* 9 (Fall 1976): 22이다.

24. 같은 책.

25. 같은 책, p. 30.

26. Kenneth D. Benne, "Authority in Education," *Harvard Educational Review,* 40 (August 1970): 345-410.

27. 같은 책.

28. Jane Roland Martin, *Reclaiming a Conversation* (New Haven: Yale University Press, 1985): 6.

29. Jean Bethke Elshtain, *Public Man, Private Woman* (Princeton: Princeton University Press, 1981): 3.

30. 같은 책, p. 4.

31. 같은 책, p. 342.

32. 같은 책, p. 4.

33. Sandra Harding, ed., *Feminism and Methodology* (Bloomington: Indiana University Press, 1987): 4-5. 원저자 강조.

34. Marcia Millman and Rosabeth Moss Kanter, "Introduction to *Another Voice: Feminist Perspectives in Social Life and Social Science*," in Harding, *Feminism and Methodology,* p. 32.

35. Heidi I. Hartmann, "The Family as the Locus of Gender, Class, and Political Struggle: The Example of Housework," in Harding, *Feminism and Methodology,* p. 111.

36. Jane Roland Martin, *Reclaiming a Conversation,* p. 176.

37. 같은 책, p. 6.

38. Maxine Greene, "Excellence, Meaning, and Multiplicity," *Teachers College Record* 86 (1984): 283-97을 보라.

39. John Dewey, *The Public and Its Problems* (Chicago: Swallow Press, 1954): p. 154.

_17

시민교육

Kevin Harris

밀(John Stuart Mill)은 "국가가 그 나라의 시민으로 태어난 모든 사람의 교육을 어느 수준까지 요구하고 의무화하는 것을 …… 거의 자명한 원리"로 보았다(Mill, 1964: 160). 많은 이들은 이 원리를 여기서 단언하는 것처럼 자명한 것으로 보기보다는 오히려 모종의 정당화가 필요하다고 보겠지만, 극단적인 무정부주의자를 제외하고는 밀의 주장이 담고 있는 근본적인 내용에 동의하지 않을 사람은 거의 없다.

그러나 넓은 맥락에서는 별로 문제가 없어 보이는 다른 많은 주장들이 그 속에 아주 복잡하고 논쟁이 분분한 쟁점을 포함하고 또 그러한 쟁점에 기초하고 있는 것처럼, 이 주장도 그러한 측면이 잘 드러나 보이지는 않지만, 일단 이 주장을 풀어 헤치기 시작하면 그 안에 들어 있는 온갖 문제들이 나타나게 될 것이다. 당장 '교육'이 의미하는 바는 무엇이며, 어떤 수준까지 교육해야 하며, 시민을 어떻게 정의할 것인지 등과 같은 문제들이 제기된다. 이러한 문제들은 누가 교육의 내용을 결정해야 하며, 어떻게 강제성이 확보될 것이며, 어떻게 기준을 세우고 유지할 수 있는지와 같은 계속되는 질문들로 이어진다. 그리고 거기에서 다루기 곤란한 문제들이 계속 꿈틀거리며 나온다.

나는 이 논문집에서 진행되고 있는 대화에 도움이 되고자 내가 진열한 그 상자를 조심스럽게 개봉할 것이지만, 거기에서 따라 나올 모든 난제를 관리하거나 통제할 수 있다고 생각할 정도로 야심적이지도 않고 어리석지도 않다. 그 대신, 나는 단지 그 상자의 뚜껑을 제거하자마자 밖으로 기어나올 첫 번째 사안 중의 하나를 둘러싼 특정한 측면을 살펴보고자 한다. 그것은 한 국가의 활동적인 시민이 되도록 사람들을 준비시킬 때 국가가 제공하거나 인가한 교육의 역할이 무엇인가 하는 것이다.

밀의 말을 인용하면서 나는 의도적으로 '시민'이라는 말을 계속 사용해왔다. 사람이 처음에 태어났을 때 우리는 그를 제 기능을 하는 시민으로 간주하지 않는다. 그러나 처음에는 한 쪽(입)으로는 성가신 소음을 내고 다른 쪽(항문)으로는 불쾌한 냄새를 풍기는 것 외에는 아무것도 할 수 없는 50cm 정도의 사지가 달린 생명체에 대해, 일정 기간 (오늘날 흔히 18년으로 정한) 후에는 그가 복잡한 사회조직에 기여하는 통합된 구성원으로서 제 구실을 할 수 있을 것으로 기대한다. 그는 그 사회의 경제, 문화, 정치, 즉 한 사회 혹은 국가의 전체적인 발전에, 충분히 참여하고 공헌할 수 있도록 학습할 것으로 기대되는 것이다.

성숙 자체만으로는 이러한 결과를 가져올 수 없다. 그보다는 의도된 교수와 학습의 과정이 요구된다. 그러나 이것이 반드시 국가의 관여나 오늘날 우리가 알고 있는 것과 같은 국가 주도의 공교육 제도를 필요로 하는 것은 아니다. 밀 자신은 국가가 시행하는 보편적이고 의무적인 학교교육을 옹호하지 않았다. 그는 아이들의 교육에 대한 책임을 부모의 '신성한 의무'로 간주하였다. 밀이 볼 때, 교육에 대한 국가의 요구와 강제는 부모가 그 책임을 다하는 시점을 결정해 주는 것에 그치지 않는다. 부모가 자신의 의무를 다하지 않거나 자녀를 제대로 교육시킬 여유가 없을 때, 많은 경쟁적 모델 중의 하나로서 국가가 학교에 개입할 수 있다는 것이다. 그러나 오늘날 최소한 선진국의 경우, 국가는 교육에 대한 '요구'와 '강제'를 다른 각도에서 취하고 있다. 밀이 살았던 시대와는 많이 달라진 오늘날, 국가가 제공하거나 인가한 학교교육은 보편적으로 그리고 의무적으로 제공되는 경우가 보통이며, 그것은 교육이 이루어지는 합법적이고 공식적인 환경으로 간주된다. 그리고 자녀의 교육을 스스로 수행하고자 하는 부모는 그것을 허용해야 할 필요를 국가에 입증해야 한다.

학교교육 및 교육의 내용과 목적

국가의 경제적 · 문화적 · 정치적 삶에 잘 참여하는 데 필요한 학습은 학교 안팎에서 얻는 경험의 내용을 무한히 재배열하고 조합함으로써 이루어질 수 있다. 그리하여 복잡한 사회에서는 어디든 그 사회의 미래 시민들이 만날 다양한 교육과정이 광범위하게 있기 마련이다. 그러나 여기에서도 두 가지 특징은 지속적으로 나타날 것이다. 각 사회의 생존과 지속을 위해 필수적이라고 판단되는 특정 내용을 전수하려는 시도와 더불어, 그 사회를 지금과 거의 같은 방식으로 나아가도록 안내할 가치와 신념 체계를 주입하려는 시도가 그것이다.

바로 이러한 방식을 통하여, 미래의 시민들을 길러 내는 것을 포함하여 모든 사회화는 현 상태를 존재하게 만든 지배적 가치와 지식 및 신념 체계를 보존하고 유지하는 것을 추구한다는 점에서, 문자 그대로 보수적이다. 그래서 학교교육이 사회화에 관심을 가지는 한, 그만큼 학교교육은 보수적이라고 할 수 있다. 그리고 국가의 지배적 가치와 신념, 지식체계에 공식적으로 도전하는 보편적인 의무 제도를 의식적이고 의도적인 방식으로 육성하는 국가는 결코 없을 것이라고 본다면, 국가에 의해 필수적으로 요구되고 제공되고 인가되는 것으로서의 학교교육은 더더욱 보수적이라고 보는 편이 타당하다. 만약 그렇지 않다면, 자기 자신을 형성시켰거나 사회화했던 바로 그 국가를 전복할 수 있는 그런 유형의 미래 시민을 길러 낼지도 모르는 기관을 설립하고 인가하게 될 것이다.

그래서 학교교육을 시민정신 교화의 한 형태로 보는 견해가 실제로도 가능한 것으로 판명되고, 우리는 그 사례들을 매우 쉽게 찾아볼 수 있다. 우리는 당장 나치와 스탈린 시대의 학교교육, 중국의 문화혁명하의 학교교육, 일부 종교적 근본주의자들의 학교교육 등을 생각할 수 있다. 그러나 이러한 것들은 모두 여러 가지 일원론적인 사회, 지배적인 가치와 신념에 대한 비판과 심지어 공개적인 논쟁조차 금하는 사회에서 이루어지는 학교교육과 사회화를 보여 주는 사례다. 과연 근대적 자유민주주의 사회에서 이루어지는 학교교육과 사회화도 이와 마찬가지로 보수적이고, 대체적으로 사회질서를 무비판적으로 재생산하는 시민을 길러 내는 역할을 한다고 주장할 수 있는가?

그러한 주장은 당장 세 가지 문제에 직면한다. 첫째, 자유민주주의는 자유와 민주의 입장을 선언할 때 그 속에 강요와 일원론적 관점에 대한 불만을 드러내고, 그리하여 신념의 다원성과 자유를 조장하고자 하는 욕구를 나타낸다. 둘째, 자유민주주의 사회에서 학교교육과 관련된 지배적인 담론은 학교교육이 사회화뿐 아니라 미래 시민을 교육해야 하는 책임이 있으며, 온순하고 무비판적인 무리나 독단을 좇는 시민이 아니라 오히려 자율적인 시민을 길러 낸다고 선언한다. 셋째, 근대의 복합적인 사회는 예컨대 보로 인디안(the Boro Indians)이 선사시대 이래로 자신의 삶의 방식을 고수해 온 것과 같은 방식으로 순전히 재생산적인 보존에 관심이 있는 것이 아니라, 미래를 위한 발전과 미래에 차지할 우리의 위치에 더 관심이 있다. 이때 자율적인 시민을 교육하고자 하는 복합적인 근대 자유민주주의 사회는 보수적일 때조차도 최소한도로만 보수적이다. 즉, 자유로운 경험과 민주적인 토론을 통해 보유할 가치가 있다고 결정된 것만을 계속 유지하려고 노력할 뿐이다.

그러나 적절한 균형은 여전히 유지되어야 한다. 지나치게 자유롭고 최소한의 보수성도 없는 자유민주주의 국가는 밀이 옹호하는 극단적 형태의 자유나, 아니면 루소에 의해 장려되고(Rousseau, 1966) 일부 진보주의 학교교육의 형태로 종종 실현되는, 극단적 형태의 개인주의를 허용할 위험이 있다. 한편, 지나치게 보수적이고 민주주의가 충분히 발전하지 못한 국가는 플라톤의 이상 국가에 근접할 위험이 있다. 지적 엘리트의 마음을 자유롭게 하는 동시에 모든 사람이 행복하게 자신의 위치에 고착되도록 교육을 구성하여, 그 결과 대장장이는 만족스럽게 대장장이 일만 하고 국가를 운영하는 일은 현명한 사람에게 맡겨 버린다(Plato, 1986: 2-4권).

근대의 자유주의 이론은 대체로 합리성과 공동체, 정의를 강조하는 자유주의적 합리주의 담론을 통하여 이 두 극단을 피한다. 개성은 여전히 환영받지만 자율적 시민성의 관점에서 재구성된다. 그리고 개인행동의 자유는 자율적인 주체가 합리적으로 수용하는 사회적 맥락 내로 제한된다. 그것은 우리가 수용할 수 있는 최대한의 다양성을 조장하면서도 모두의 이익을 위해 움직이는, 정의롭고 규칙이 지배하는 사회 안에서 살아갈 필요가 있음을 인정하는 것이다. 자유주의적 합리주의를 앞장서서 옹호해 온 존 화이트(John White)는 "자유민주주의 사회에서 정부가 해야 할 일은 모든 시민으로 하여금 자율적인 삶의 조건을 갖추도록 함으로써 그들의 복지(well-being)를 증진하는 것이다."라고 제안하였다(White, 1988: 229). 그리고 정부는 이 일을 수행함에 있어서, 학생들을 특정한 이상으로 이끄는 것이 아니라, 오히려 그들로 하여금 편견 없이 전체 범위 내에 있는 좋은 삶의 다양한 이상에 익숙해지도록 교육해야 한다는 것이다. 이러한 담론의 틀 안에서 정부, 자유주의, 자율성, 선택, 다원주의, 관용, 민주주의, 참여적 시민, 학교교육 그리고 교육은 모두 겉보기에 비교적 편안한 관계 속에 공존한다.

이것은 모두 현 상태를 유지하고자 하는 학교교육에 대한 견해나 실천과는 매우 다른 것 같다. 그리고 바로 이런 실제적인 의미에서, 공식적으로 다원적 자유민주주의를 취하는 사회의 학교교육을 향하여 특별히 선택된 가치와 지식을 보존하거나 교화, 선전하고 있다고 비난을 퍼붓기는 어렵다. 이러한 비난을 할 수 있고 또 먹혀들게 하려면 보존이나 교화, 선전 등이 어떻게 이루어지고 그것이 추구되는 이유가 무엇인지 설명할 필요가 있다. 어떤 국가도 그 국가의 지배적인 가치와 신념 및 지식 체계에 공공연하게 도전했던 보편적인 의무교육의 형태를 의식적으로 그리고 의도적으로 제도화하지 않았을 것이라는 점을 상기시키면서, 나는 신마르크스주의적 분석을 학교교육의 사회적 역할과 보존의 개념에 모두 적용하여 설명하고자 한다.

국가를 흔히 민족적이고 지리적인 관점에서 규정하지만, 마르크스주의에 따르면, 국가권력으로 파악하는 것이 적절하다(Marx, 1971; Marx & Engels, 1976; Engels, 1975). 이 권력은 국가기관 혹은 알뛰세(L. Althusser)의 용어로, 국가기구(apparatus)를 통하여 발휘되는데, 이들은 사회 지배계층의 이익을 안전하게 확보하고 그것에 봉사하는 일을 한다(Althusser, 1984: 15-22). 또한 마르크스주의에 따르면, 한 사회 구성체를 규정짓는 핵심적인 특징은 민주적이냐 전제적이냐 하는 사회의 정치적 양태가 아니라, 오히려 봉건적이냐 자본주의적이냐 혹은 사회주의적이냐 하는, 그 사회의 지배적인 생산양식이다. 그 결과, 어느 사회에서나 국가권력이 합법화하고 안전하게 확보하고 보존하려고 하는 것은 기본적으로 생산조건, 즉 지배적인 생산양식을 안전하게 보호해 주고, 지배계층, 즉 생산수단을 소유하고 통제하는 계급의 이익에 계속 봉사하게 될 생산관계다. 물론, 이는 지식 및 가치와 밀접한 관계가 있다. 그러나 마르크스적 용어로 '보존'은 '지배적 생산양식을 확보하는 생산관계의 재생산'으로 해석된다.

만약 이 설명이 받아들여진다면, '왜 보존이나 교화가 추구되고 있는가?' 라는 질문은 쉽게 해결된다. 보편적인 의무교육은 지배계층의 이익을 보존하고 지배적인 생산수단의 재생산을 안전하게 확보하도록 하게 하는 지식과 가치를 전수하고 합법화하기 위해 수립된다. 그리하여 자본주의 사회에서 국가가 제공하고 인가하는 학교교육은 자본 계급의 이익에 봉사하고 그것을 보존하고 확보한다. 이것은 자본의 이익에 봉사하도록 잘 자리 잡은 지식과 가치들을 합법화하고 촉진하는 것을 통해서 이루어진다.

좀 더 어렵고 복잡한 질문은 이것이 어떻게 달성되는가다. 그리고 마르크스주의에 따르면, 이는 대체로 이데올로기에 의해서, 즉 세계를 실지로 존재하는 방식과 다르게 보이도록 함으로써 이루어진다는 것이다(Marx & Engels, 1976).[1)] 이것을 예증하기 위하여 나는 자유민주주의 국가에서의 교육 및 시민정신과 관련된 여섯 가지 쟁점을 고려해 보려 한다. 그러나 보다 중요한 것은 내가 그것들을 **환상**(illusions)으로 간주할 것이라는 점이다. 이때 환상은 또한 분명히 **암시**(allusions)로 작용하기 때문에 쉽사리 환상으로 드러나지 않는다. 알뛰세(1984: 36)가 다시 지적하는 것처럼, 그러한 환상은 세계에 대한 우리의 경험을 지시하거나 암시하기 때문에, 그것이 모두 환상이라는 것은 쉽게 알려지지 않는다. 그 환상들은 어떤 경우에는 무언가를 암시하고, 다른 경우에는 이론적 맥락 속에 제시되어 자연스럽게 혹은 논리적으로 우리의 경험을 암시하는 것처럼 보인다. 그리하여 이들이 보편적으로 적용되고 정확하게 세계를 기술한다는 환상이 일어나도록 한다. (그러나 설명을 시작하기 전에 미리 말해 둘 것은 다음에 제시될 설명은 이 설명이 끝난 후에야 제대로 모양을 갖추게 된다는 점이다. 그래서 나는 다음에 바로 소개되는 내용이 조야한 재생산 이론이나 음모 이론에 가깝다고 생각하는 이들에

1) 저자 주: 이것은 가장 복잡하고 문제시되는 이슈다. 유용한 초보 수준의 논의를 위해서는 Larrain, 1979를 보라.

게 인내심을 가지라고 간절히 요청한다.)

첫째, 교육 자체에 대한 환상이 있다. 보다 정확하게 말하자면, 그것은 학교교육이 일차적으로 교육에 관한 일이라는 환상이다. 이때 암시는 두 가지 측면에서 일어나는데, 하나는 학교와 교육 간의 일상적인 언어적 결합을 통해서이고, 다른 하나는 학교가 교육활동을 제공하며 그리고 확실히 다수의 사람들을 다양한 영역에서 높은 수준에 이르도록 교육시킨다는 점에서다. 그러나 이와 동시에 학교는 사회 통제의 주체로 작용하고, 그렇게 할 때 대부분의 미래 시민을 다소간 고분고분한 사람으로 만들어 생산수단의 재생산에 공헌할 수 있도록 잘 자리 잡게 해 주는 지식, 기술, 태도를 주입한다. 비판적 사고의 계발은 지속적으로 학교 교육과정의 공공연한 의제였지만, 그것이 실천되는 경우는 그다지 흔치 않다. 오늘날 학교에서 사람들은 과거 어떤 때보다도 더 많은 것을 배우지만, 이러한 경기 불황의 시기에 학교는 비판적 사고의 계발보다는 고용에 필요한 기술의 제공을 더 지향하게 되었으며, 학생들은 이데올로기적 맥락에 의한 제한으로부터 자유롭게 해 줄 수 있는 그런 반성적 실천을 하도록 교육받는 일이 거의 없다. 사회학, 인류학, 철학 그리고 정치경제학은 그러한 고등교육 수준을 위한 학문분야이지만, 그 시기에 이르기 전에 대다수의 사람들은 중도에 학업을 그만두거나 그렇게 하도록 내몰린다. 고등교육을 받는 경우에도 이러한 학문분야의 내용은 기존의 합법화된 지배적 가치들을 비판할 수 있는 기초를 형성하기보다는 오히려 그러한 가치들을 촉진시킬 수 있는 방식으로 통제된다. 학교나 고등교육이 제공하는 것을 그냥 받아들이는 것은 이것에 대해 진지하게 비판적으로 되는 것보다 쉽다. 학생들에게는 기본적으로 충족시켜야 하는 필수 요건이 많다. 그리고 정통적인 것을 완전히 습득하고 이것에 대한 비판적 견해를 발전시키거나 상세히 설명하는 것에 쏟을 시간이나 공간, 기회는 거의 없다. 또한 특히 실업률이 높은 시대에 공부의 목적이 일자리를 구하기 위해 좋은 학점을 따는 것이라면, 비결을 분석하고 그것을 누가 소유하고 있는지 발견하려는 위험하고 이득 없는 과제에 헌신하기보다는 그 비결을 배우는 데 학교교육 혹은 공식적 교육 기간을 보내는 것이 더 현명할지도 모른다.

교육과정의 내용이 확실한 지식과 가치를 촉진하도록 통제된다고 하는 위의 지적은 바로 두 번째 환상을 낳는다. 즉, 이것은 지식의 중립성이라는 환상이다. 의문의 여지없이 중립적으로 보이는 지식이 있다는 암시가 이 환상을 지지한다. 이런 지식의 예로는 '둘 더하기 둘은 넷이다.' '워싱턴은 미국의 수도다.' '암모니아는 소금과 산소와 수소로 이루어져 있다.' '헤이스팅스(Hastings) 전투는 1066년에 일어났다.' '에트나 산(Mt. Etna)은 활화산이다.' 등이 있다. 이들은 우리가 공화당원이든, 민주당원이든, 마르크스주의자든, 흑인이든, 백인이든, 동성애자든, 이성애자든, 남자든, 여자든 아무 상관없이 모두 중립적인 지식이다. 또한 지배적인 이론적 배경 중의 하나가 그것을 지지한다. 그것은 플라톤까지 거슬러 올라가는데, 이것에 따르면 (신념이나 견해와 구분되는 것으로서의) 진정한 지식은 우리의 개인적 편애에 의해 구속되지 않고, 우리가 세상을 보는 방식에 대한 한계나 구속에 의해서도 기본적으로 영향을 받지 않는 영원불변한 진리를 이해하는 것이다(Plato, 1986: 7권). 이 견해는 학교 지식이 세계를 중립적으로 파악하고 있다고 인정하고 합법화한다. 그리고 지식이 무한하고 학교의 교육과정이 선택적임에도 불구하고, 선택된 교육과정의 내용, 즉 '가장 가치 있는' 지식은 중립적인 인식론적 기반이나 실용주의적 근거 위에, 혹은 그 둘 다를 기초로 하여 만들어진 것이라고 주장한다. 그러나 지식은 항상 이론과 더불어 성립하며 중립적이지 않다. 학교교육과정에 포함된 지식은 아주 특정한 선택의 결과다. 모든 사람의 지식, 모든 사람이 세계를 보는 방식, 그리고 모든 사람이 가진 우선적 관심이 의제가 되는 것은 아니다. 인간의 지식을 인류 전체가 세계에 대해 발설해 온 말의 총체로 생각할 때, 학교교육과정 속에 오직 소수의 목소리만이 (심지어 우리 사회에서 나온 소수의 목소리만이) 담겨 있는 것은 분명하다. 그리고 이들 중 훨씬 적은 숫자의 목소리만이 합법화된다. 이 때문에 학생들은 결국 학교 지식과 불평등한 관계를 맺게 되고, 세 번째 환상은 바로 여기서 나타난다.

이는 동등한 교육 기회와 사회 이동에 관한 환상이다. 여기에 관련되는 암시는 모든 아이가 성별, 인종, 신념, 피부색, 종교 혹은 계급에 상관없이 학교교육을 받을 수 있고, (국가 수준의 교육과정이 출현함에 따라) 어느 정도 동일한 교육과정을 제공받으며, 교사와 다른 자원들에 훨씬 동일하게 접근할 수 있을 뿐 아니라, 특정 시점에서 모두가 어느 정도 동일한 시험과 선발의 장치를 거쳐야 한다는 것이다. 이러한 교육의 기회는 다른 어떤 종류의 기회보다도 더 동등하게 제공되는 것으로 보인다. 그러나 현실을 보자면, 자유민주주의로 알려진 사회 내에서의 학교교육은 여성, 유색인종, 특정 소수민족 집단, 특정 소수자 집단, 그리고 노동자 계층이나 가난한 집안의 아이들을 체계적으로 차별하고 있다. 그 이유는 부분적으로 학교교육이 육성하고 전수하며 합법화하는 것이 이들의 지식이나 경험이 아니라는 데 있다. 사실, 학교교육은 자주 그들의 지식과 경험을 깎아 내리고, 이렇게 하면서 그러한 집단 사람들의 열등감과 그들이 처한 주변적인 사회적 위치를 강화한다. 그러나 물론 그 아이들 중 일부는 사회 이동에 성공한다. 이 중 많은 이들이 불평등에 대항했거나 이해심이 많은 교사나 다른 교직원들로부터 도움을 받았을 것이다. 그리하여 이것은 사회 이동의 신화를 위한 암시를 제공한다. 학교교육이 일부 학생들로 하여금 사회적 지위 획득(불균형적으로 획득되는 경향이 있는 성취)을 통해 아주 극적으로 사회적 상승을 이루게 하는 수단을 제공하는 것이 사실이지만, 콜만 보고서(Coleman Report)가 말하듯이 "학교교육은 아이들의 배경이나 일반적인 사회 환경과 상관없이 아이들의 성취를 가져오는 데 거의 영향을 미치지 않는다."는 것이 보편적으로 밝혀진 사실이다(Coleman, 1966: 325). 학교교육이 아이들의 사회 이동을 촉진하기보다는 그들의 사회적 위치를 강화한다는 것, 그리고 일단 부모가 자신의 자손을 재생산하면, 학교교육은 적절한 자손으로부터 사회의 생산관계를 재생산한다는 것이 사실에 더 부합한다. 부유한 전문가나 사업가 부모를 둔, 백인이면서 앵글로 색슨인 이성애자 아들은 두드러진 이점을 가진다.

이제 학교교육을 약간 넘어서서 존재하는 네 번째 환상을 살펴보자. 그것은 자율성이라는 환상이다. 이것은 자유민주주의 사회에서 사람들이 그들 삶에 대해 일정한 권리나 통제와 더불어 실제로 선택의 기회와 선택지를 가진다는 부인할 수 없는 암시 속에서 확보된다. 그러나 개인적 삶과 사회적 삶, 그리고 우리가 선택을 할 수 있는 조건을 형성하는 기본적인 구조적 문제에 대해 우리가 아무런 힘이 없다는 것을 인식할 때, 이것은 환상으로 드러난다. 우리가 가진 자유와 자율성은 정부와 은행, 그리고 거대한 기업체들이 하는 행위와 결정에 대해 제한된 방식으로 적응할 수 있다는 데 있을 뿐이다. 예를 들어, 우리 모두가 서로 다른 수준의 자유와 선택을 행사하여 세계적인 경기침체의 영향에 우리의 삶을 적응하려고 하는 지금의 상황을 생각해 보자. 그러나 이 경기침체는 흔히 이야기하듯이 자연적이거나 불가피하게 일어나는 순환적인 것이 아니다. 그리고 이것은 일반적으로 '보통 시민'이 책임을 지도록 비난받는, 즉 수입품을 너무 많이 구매한다든가, 사업을 그르치는 임금 인상을 요구한다든가 하는 행위의 결과도 아니다. 사실, 이것은 우리 중 아주 소수가 행한 특정 행위의 구조적 결과이고, 대부분의 사람들은 이러한 행위의 어떤 것에 대해서도 막을 만한 능력이 없다. 이것을 보여 주는 분명하고 구체적인 예가 있다. 독일연방은행이 1992년 8월, 독일이 통일된 후 동독 지역에서 서독 지역으로 이주해 온 사람들을 동화시키는 과정에서 생긴 문제 때문에 발생한 인플레를 막기 위해 이자율 인상을 한 것이 바로 그것이다. 단지 17명에 의해 이루어진 이 행위는 이제 다른 나라에 낮은 이자율로 투자되었던 거대한 자금의 유동을 재촉하였고, 그리고 통합된 유럽을 발전시키려는 현재의 여러 움직임(이러한 움직임에 대해 국민투표를 통해 국민들의 견해를 표현할 기회를 제공한 정부는 거의 없었다.)과 관련된 다른 요소들과 연계되어, 많은 주요국 화폐의 가치를 급속도로 떨어뜨리는 결과를 초래하였다. 독일연방은행 관리들의 행위, 그리고 최대한의 자본 이윤을 좇아가는 사람들의 행위는 모든 국가로 하여금 그동안 벗어나려고 사투해 왔던 경기침체에 더욱더 깊이 빠지게 하는 결과를 가져왔고, 수억의 사람들의 삶에 심각한 영향을 미쳤다. 그러나 그들은 자신이 가진 자유와 자율성 때문에 그 과정에서 힘없는 관망자가 되었던 것이다.

그러나 우리에게는 정부에게 정책을 바꾸도록 압력을 가하고 그 정부에게 일을 맡기지 않으며 은행이나 기업에게 책임을 물을 수 있는 자유와 사회적 장치가 있다는 반론이 가능할지도 모른다. 이것이 다섯 번째 환상인 민주주의와 권력에 대한 환상이다. 이 환상에도 역시 암시가 있다. 자유민주주의 사회에서 모든 시민은 매번 정부에서 일할 대표들을 선출할 자격이 있고, 모든 은행과 기업은 주주들에게 정기적으로 책임을 지며, 정부와 이 사회가 선거 결과에 따라 일을 맡지 못하게 되는 경우도 드물지 않다. (자본주의가 지속되는 한 공화당원은 민주당원과 크게 다르지 않다는 주장이 있을 수 있지만,) 명백히 사람들은 권력과 의사결정의 기회를 가진다. 하지만 내 주장의 핵심은 시민들이 그 권력을 진정으로 중요한 곳, 중요하게 발휘되는 방식으로 가지고 있는 것은 아니라는 점이다. 코졸(J. Kozol)이 아주 신랄하게 보여 주었던 것처럼(1985: 94), 대표를 선출하기 위해 4년마다 실시되는 투표는 그 나라 정부에서 거의 영향력을 가지지 못한다. 그리고 흔히 한 정당에 투표한다고 해서 그 정당이 여론화하거나 나중에 시행하는 정책을 지지하는 것은 결코 아니다. 1960년대와 1970년대에 공화당에 표를 던졌던 이들이 모두 베트남 전쟁에 대한 미국의 참전을 지지했던 것은 아니듯이, 1993년 영국의 보수당에 표를 던진 사람들이 모두 영국이 마스트리히트 조약(the Maastricht Treaty)*을 받아들인 것을 지지한 것은 아니다. 자유민주주의 사회에서 국민의 정부는 국민에 의해 선출될 수 있지만, 정부의 업무수행은 반드시 국민이 원하는 것을 대표한다는 의미에서 국민을 위해 통치하는 것은 아니다.

그러나 앞의 진술 중 어느 것도 이 사회를 변화시킬 힘이 사람들에게 없다는 것을 암시하지는 않는다. 분명히 생활의 수준이나 사회적 가치는 바뀌어서, 유색인종, 여성, 동성애자, 노동자 계급은 일반적으로 말해 100년 전보다 더 잘 살게 되었다. 우리는 그렇게 변화된 조건과 변화 자체를 낳은 번영을 가져오는 데 기울인 거대한 노력을 보잘것없는 것으로 생각하지 않도록 유의해야 한다. 그러나 우리는 또한 다수자 집단들의 아주 작은 권리를 확보하기 위하여 피를 흘렸을 뿐만 아니라 엄청나게 큰 노력이 소모되었다는 것을 인식해야만 한다. 그리고 비록 이 중 일부는 결코 유복하게 살지 못할지도 모르지만, 여전히 자유민주주의 사회 내에서 상대적으로 심하게 고통을 받고 있다. 부유한 이들은 더욱 부유하게 되고 가난한 자 중 일부는 부자가 되는 한편, 그들의 빈곤함의 정도 그리고 부와 권력에 접근할 수 있는 기회의 정도가 증가함에 따라, 가난한 자의 숫자는 더욱 증가하고 있다. 하류 계층은 점차 증가하고, 인종적 평등과 성적 평등을 위한 투쟁은 어떤 방식으로도 성공적으로 달성되지 않는다.

이것은 마지막 환상으로 자연스럽게 연결된다. 그것은 자유주의의 환상이다. 여기에도 다시 암시가 있다. 좀 더 많은 대안이 제공되고 허용되며, 거의 모든 곳에서 규제가 느슨해지고, 언론은 어느 때보다도 더 자유로워진 것처럼 보인다. 실제로, 자신이 찬성하지 않는 내용을 말할 타인의 권리를 보호하기 위해 자유주의자들이 목숨을 걸고 싸우는 것을 자랑하는 분위기 속에서, 반체제적인 발언이 자주 허용될 뿐 아니라 심지어 환영을 받기

* 역자 주: 1991년 네덜란드의 마스트리히트에서 열린 EC 정상회담에서 합의되고 1993년 11월 발효된 유럽연합(EU)조약

도 한다. 나는 이러한 성격의 글을 자유롭게 쓸 수 있지만, 만약 비자유주의 사회에서 이러한 행동을 한다면 곧 정신병동으로 옮겨지거나 악명 높은 소금광산으로 보내질 것이라는 점을 지적할 필요가 있다. 그러나 두 가지 점을 더 언급하고자 한다. 첫째, 자유주의 사회에서 급진주의자들은 사하로프(A. D. Sakharov)나 솔제니친(A. I. Solzhenitsyn)과 같은 사람만큼 오랫동안 고생을 할 필요는 없지만, 사회적 인정을 받기 어렵고, 흔히 일자리가 거부되고, 청중으로부터 외면받으며 캠페인을 벌이기도 힘들 뿐 아니라, 특히 자문의 상대로는 기피 대상이 된다. 둘째, 가장 자유로운 사회에서조차 실지로 권력을 가지고 있는 이들에 의해 즉각 엄호되는 자유주의 방해꾼이 있을 수 있다. 수십 년간에 걸친 대중의 모진 투쟁 후에 획득된 지위는 대법원장 자리를 임명하는 것과 같이 단순한 일을 행하는 권력을 가진 소수에 의해 한순간에 물거품이 될 수 있다. 실지로 자유민주주의 사회는 생산관계와 지배적인 생산양식을 재생산하기 위한 조건을 위협하는 것들에 대해 충분히 허용적이지도 충분히 자유롭지도 않은 경향이 있다.

앞의 논의들로부터 우리는 시민교육에 대해 비관적인 결론에 이를 수 있다. 즉, 교육은 일차적으로 생산관계를 재생산한다는 의미에서 보존을 지향하며, 그리하여 교육의 목적은 기꺼이 현존하는 생산관계를 재생산하고자 하는, 계층별로 차별화된 기술을 가진 유순한 시민을 제공한다는 것이다. 그러나 그것은 1970년대에 우리 중 일부가 주장했던 조야한 재생산 이론(Bowles & Gintis, 1976; Harris, 1979: 140-4)과 우리 중 많은 사람들이 동시에 거부하고자 했던 음모 이론(Harris, 1979: 67-9)의 색채가 너무 짙다. 그러나 지금 와서 보건대 음모 이론을 지지할 이유가 충분히 있다고 하더라도, 앞의 경우에서 언급된 재생산적 측면은 너무 쉽고 거칠게 추론된 것 같이 보인다.

학교교육은 변혁적/혁명적일 수 있는가

앞의 논의는 두 가지 중요한 점에 관해 적절히 주목하지 않았다. 그것은 학교가 저항의 장소일 수 있다는 것과 교육은 본질상 비판적이고 변혁적이라는 점이다. 자유민주주의 사회에서의 학교교육을 전체주의 체제에서의 학교교육과 구분하는 것은 바로 교육과 더불어 존재하는 저항의 수준이다.

저항은 조야한 재생산 이론을 주장한 초창기 비판가들이 주로 주목했던 것이긴 하지만, 위에서 지적된 두 가지 중에서 보다 덜 중요한 쟁점이다. 물론, 학교에서나 사회 전체에서나 모든 것이 아무 문제없이 잘 진행되어 가는 것은 아니다. 다양한 입장은 서로 경쟁하는 경향이 있고 때때로 그 경쟁은 치열하고 지저분한 것이 될 수도 있다. 이전에 학교에서 가르친 경험이 있거나, 국지적인 사안이나 좀 더 일반적인 대의를 위해 싸운 경험이 있는 이들은 누구나 그 경쟁과 분규에 대해 알고 있을 것이다. 그러나 학교교육에서 아이들은 상대적으로 어리고 힘이 없으며 유순한 편이다. 그리고 이들은 자기 앞에 놓인 모든 것을 온순하게 받아들이지 않을지 모르지만 거기서 전달된 지식이나 가치를 합법적인 것으로 받아들이거나 단순히 인식하는 입장에 놓여 있다. 이것은 자격이 보다 적극적으로 요구되고 잘 보상되는 시기, 그리고 학교교육이 사회 통제의 주체로서 훨씬 더 강력하게 제 역할을 하는 경기침체와 높은 실업률의 시기에 더욱 악화될 것이다.

변혁적이고 비판적인 교육이라는 것은 더 큰 쟁점이다. 그리고 학교교육의 보수적인 성격에도 불구하고 그것은 이미 지나간 희망 없는 명분은 아니다. 학생과 교사는 진공 상태에서 학교로 오는 것이 아니라 오히려 자신의 신념과 경험의 보따리를 가지고 온다. 그리고 교육적 상호작용을 위하여 비판이라는 무기와 변화시키고자 하는 욕구를 가지고 오는 사람들이 학교 내에 있다고 생각할 수 있고, 또 실제로도 그렇다. 그러나 이와 연계된 많은 어려움이 있으며, 이것에 대하여 최소한 세 가지는 언급되어야만 한다.

첫째, 비판적이고 변혁적인 교육에 참여하는 것은 사람들(시민들)이 이데올로기적 주체로서 어떻게 구성되는지, 사회화와 환상이 어떻게 만들어지는지, 그리고 비판적 관점이 어떻게 확립될 수 있는지 인식할 것을 요구한다. 그것은 또한 학교교육과 보다 넓은 맥락의 사회화의 산물인 교사 자신이 이데올로기적 주체로서 구성되는 바로 그 과정을 스스로 인식하고 또한 극복하도록 요구한다. 이 두 가지 인식은 모두 성취 가능한 것이다(Harris, 1992).

둘째, 비판적 교육은 우리가 속해 있는 바로 그 체제를 비판하고 변화시키려고 한다는 엄청난 어려움을 수반한다. 이것은 기본적으로 그 체제의 요소들을 그 체제에 대항하는 데 활용하도록 요구한다. 이는 보기보다 어려울 수 있다. 예를 들어, 학교의 구조와 교재, 교육과정, 권력관계의 문제가 있다. 이러한 것들은 그것들을 직접적으로 변화시키거나 그 안에 실체화된 문화를 변화시키려고 시도하는 바로 그 행위를 할 때 따르고 활용할 수밖에 없는 것이다. 이것은 실천에 있어 모순을 낳고 (현재의 학생들을 위해 여전히 추구되어야만 하는) 합법화된 목적과 비판적 목적을 둘 다 달성하지 못하게 할 수도 있다. 아로노비츠(Stanley Aronowitz)와 지루(Henry Giroux)가 지적했던 것처럼, 변혁적 지식인(교사)은 학교에서 모순적이고 역설적이며 긴장으로 가득 찬 역할을 맡고 있다. 그리고 그들에게 이 이상의 고통을 주는 것은 체제를 잘 따르는 교사들이 찬사와 성공, 승진을 얻는 반면, 이들은 그 자신의 영역 내에서 스스로를 탈합법화하는 고통을 겪는다는 점이다(1985: 23-45).

셋째, 비판적으로 변혁적인 교사도 모든 교사가 그런 것처럼 학습자에 대해서는 특권적 위치에 놓여 있지만, 비판적으로 반성적인 사람으로서 이러한 특권적 위치를 악용하고 싶어 하지는 않을 것이다(Bereiter, 1972: 26; Lankshear, 1987: 240). 여기서 교사는 국가의 예를 따를 수도 있다. 왜냐하면, 특권의 발휘와 악용은 국가권력으로서의 국가가 하는 일이기 때문이다. 그러나 비판적으로 교육적인 교사는 아이들을 '상처받은 채 살아가는' 대의명분의 희생자로 만드는 것뿐만 아니라, 한 가지 형태의 교화를 다른 형태로 대체하는 것을 피해야 한다. 그러한 교사는 학교 내에서는 많은 것을 경청해야 하고, 학교 바깥에서는 반성적 지식을 많이 습득해야 할 것이다.

결론

다른 맥락에서 진술된 것이지만, 여기서 내가 쉽게 대답할 수 있는 것에 대해 응답하면서 이 대화에서의 나의 역할을 마무리 짓고자 한다. 즉, 나는 자유민주주의라는 불완전한 체제에 대해 단순히 문제를 제기한다고 볼 수 있다. 어떤 자유주의자도 현재 우리가 진정으로 국민을 대표하는 정부를 가지고 있다고 정말로 믿지는 않는다. 그리고 우리의 학교교육제도가 완벽하다고도 믿지 않는다. 평등과 완전한 자율성을 모든 사람들에게 제공할 수 있는 조건을 달성하는 일에 충분히 성공했다고도 믿지 않는다. 자유주의자들은 이러한 것들을 역사적 발전의 과정으로 볼 것이며 발전과정 중에 있는 이러한 국면을 구조적 장벽으로 오인한다고 나를 비난할 수도 있다. 이에 대해 나는 마지막으로 다음과 같은 점을 강조하고자 한다. 내가 보기에 중요한 쟁점은 자유주의와 민주주의의 상대적 완벽성이나 발전의 상황이 아니라, 오히려 자본주의가 지배적인 생산양식인 국가에서의 사회 정치적 요구조건이다. 자본주의가 많은 사람들에게 이득을 준다는 것은 의심의 여지가 없다. 그리고 역사적 발전 단계에서 이것에 의해 누가 어느 정도로 이득을 볼 것인가는 계속적으로 변할 것이다. 그러나 자본주의는 모든 형태의 역사적 발전을 통하여 다른 사람들을 착취하고 이들에게 구조적 불이익을 주는 생산양식이기도 하다. 타인에게 구조적으로 불이익을 주는 것을 통하여 일부의 자본가에게 이익을 주는 경향이 남아 있는 한, 자본주의가 자유주의의 핵심적 원리를 쉽게 포용할 수 있을지는 모르지만, 진정한 평등과 진정한 자율성, 진정한 민주주의를 허용하는 조건하에서는 제대로 작동하기 어렵다. 그리하여 국가가 자본주의 국가인 한, 즉 자본의 이익과 자본가 계급의 안전을 확보하고 보호하기 위해 작동하는 국가권력을 발휘하는 한, 국가기구는 자유주의 담론을 합법화하는 동시에 위에서 예시한 그러한 종류의 환상을 창조할 것이다. 이와 동시에 시민들에게 비판적 능력과 자율성의 수준을 부정할 뿐 아니라 국가가 스스로를 규정하고 보존하는 방식인 생산관계의 재생산 과정을 심각하게 위협할 수 있는 그러한 민주주의의 요소들을 부정하려 할 것이다.

참고문헌

Althusser, L. (1984). *Essays on Ideology*. London: Verso.

Aronowitz, S. and Giroux, H. (1985). *Education Under Siege*. Boston: Bergin and Garvey.

Bereiter, C. (1972). "Moral Alternatives to Education," *Interchange*, 3(1).

Bowles, S. and Gintis, H. (1976). *Schooling in Capitalist America*. New York: Basic Books.

Coleman, J. S. et al (1966). *Equality of Educational Opportunity*. Washington: US Government Printing Office.

Engels, F. (1975). *The Origin of the Family, Private Property and the State*. New York: Pathfinder Press.

Harris, K. (1979). *Education and Knowledge*. London: Routledge and Kegan Paul.

Harris, K. (1992). "Schooling, Democracy and Teachers as Intellectual Vanguard," *New Zealand Journal of Educational Studies*, 27(1): 21-33.

Kozol, J. (1985). *Illiterate America*. New York: Anchor and Doubleday.

Lankshear, C. (1987). *Literacy, Schooling and Revolution*. Lewes: The Falmer Press.

Larrain, J. (1979). *The Concept of Ideology*. London: Hutchinson.

Marx, K. and Engels, F. (1976). *The German Ideology*. Moscow: Progress Publishers.

Marx, K. (1971). *The Early Texts* (ed. D. McLellan). Oxford: Oxford University Press.

Mill, J. S. (1964). *Utilitarianism, Liberty and Representative Government*. London: J.M. Dent and Sons (Everyman's Library).

Plato (1986). *Republic*. Harmondsworth: Penguin Books.

Rousseau, J. J. (1966). *Emile*. London: J.M. Dent and Sons.

White, J. (1988). "Two National Curricula–Baker's and Stalin's. Towards a Liberal Alternative," *British Journal of Educational Studies*, XXXVI.

_18

시민교육: 장애 요인과 기회 요인

Patricia White

민주 사회에서 시민교육이 취해야 할 형태에 관한 진지한 견해에 도달하는 한 가지 방식은 우리가 익히 접하고 있는 그다지 민주적이지 못한 사회에서 시민교육이 처한 명백한 장애물이 무엇인가를 숙고하는 것이다. 이런 접근 방식에는 몇 가지 이점이 있다. 우선, 시민교육의 목적에 관한 글에서 가끔 나타나는 과장된 수사학적 태도를 피할 수 있다. 그 까닭은 이러한 접근이 시민교육의 목적을 생각해야 할 필요를 회피하기 때문이 아니라—만일 그렇다면, 장애 요인을 규정할 수조차 없다—우리가 하는 일에 대한 막연한 생각을 좀 더 정확하게 하는 데 도움을 줄 수 있기 때문이다. 그렇게 하는 과정에서, 넓게는 정책 결정 수준과 좁게는 교실 수준에서 기울여야 할 교육적 노력에 특히 초점을 맞추는 유용한 결과를 가져다줄 수 있다.

시민교육의 장애 요인에 대한 두 견해

해리스(Kevin Harris)와 지아렐리(James M. Giarelli)는 앞의 논의과정에서 둘 다 민주주의 사회의 시민교육에 관한 자신의 생각을 실현하는 데 나타나는 주요한 장애 요인을 밝히고 있다.

해리스는 자본주의가 주요한 장애 요인이라고 본다. 왜냐하면, 자본주의는 "진정한 평등, 진정한 자유, 진정한 민주주의"를 허용할 수 없기 때문이다. 자본주의 국가는 항상 "자본과 자본가 계급의 이익을 확보하고 보호하기 위해" 작동한다. 그러나 현재의 자본주의 국가들은(해리스가 든 예는 서유럽 국가와 미국이다.) 이 일을 한눈에 명백히 드러나는 방식으로 수행하지는 않는다. 그들은 "자유주의 담론을 합법화"하고, 그들 국가가 자유민주주의 국가라는 환상을 만들어 낸다. 이 일을 함에 있어서 특히 다음과 같은 몇 가지 환상을 키운다. 즉, '학교는 학생을 교육하고 있다.' '학교에서 가르치는 지식은 중립적이다.' '학생은 동등한 교육의 기회를 향유한다.' '자유민주주의 사회에서 사는 동안 시민은 자율성을 행사한다.' 등이다.

이러한 상황에서 교사는 "변혁적 지식인"으로서, 자신이 이데올로기적 주체로 형성되어 온 방식을 인지해야 하고, 비판적 시각을 수립하는 방법을 배워야 하며, 학생도 그와 같이 하도록 가르쳐야 한다. 자본주의 교육체제 내에서 이 일을 하기란 쉽지 않을 것이다. 그리고 교사는 "한 가지 형태의 교화를 다른 형태의 교화로 대체하는" 잘못을 피해야 할 것이다.

지아렐리가 볼 때, 1990년대 미국에서 공공생활을 위한 교육이 과연 가능한지에 대한 여부는 분명치 않다. 지아렐리는 그의 논문 앞부분에서 이에 관한 견해를 광범위하게 살펴본 후, "공통의 어휘, 논의의 출발점, 혹은 예견되는 결과에 대한 어떠한 합의도 거의 찾을 수 없었다."라고 결론짓고 있다.

그러나 어떤 특정한 구분들을 해체하거나 혹시 수정하는 것이 앞으로의 해결 방안을 제공해 줄지 모른다. 지아렐리에 따르면, 그 구분은 "우리의 정치 · 사회 이론에 침투해 있는 공과 사, 생산과 재생산이라는 전통적인 구분과 평가이며, 이러한 구분은 성차별적으로 기술된 세계와 그러한 세계 안에서 이루어지는 행위의 가능성을 반영하고 지원하고 있다. 이러한 구분은 모든 구분이 그러하듯이 "권력과 특권을 은폐한다."

지아렐리가 볼 때, 이러한 장애 요인을 제거하는 것은 공과 사, 생산과 재생산 사이의 장벽을 무너뜨리고, 그리하여 이러한 영역으로부터 추출된 "다원적 수월성"을 가진 사람들을 교육하는 것을 의미한다.

장애 요인 명료화하기

시민교육의 장애 요인을 확인하는 일은 시민교육 전체를 정확하게 규정한다는 바람직한 결과를 가져올 수 있다. 그 일을 하기 위하여 장애 요인의 특징을 드러내는 일을 정확하고 구체적으로 할 필요가 있으며, 정확하게 왜 그것이 바람직한 상태에 장애가 되는가 하는 점을 철저하고 상세하게 검토할 필요가 있다.

해리스의 설명에 따르면, 자본주의 국가는 자본가 계급의 이익을 보호하기 위해 작동한다. 여기에서 이루어진 대화를 좀 더 발전시키려면, 해리스는 20세기 말 선진 산업사회에 속했던 자본주의 국가의 성격에 관해 좀 더 정확하고 상세한 분석을 제시할 필요가 있을 것이다. 전통적인 마르크스주의에서 볼 수 있는 것과 마찬가지로, 국가가 계급통치의 직접적인 수단—즉, '부르주아의 집행위원회'—이라는 것이 해리스의 견해인가? "이제 음모 이론을 지지할 충분한 이유가 있다."는 그의 주장은 이를 암시하는 것 같다. 그러나 그의 분석 중 상당 부분은 다른 비판가들과 입장을 같이하여,

국가가 서로 모순되는 영향력 사이에 끼어 있는 것으로 파악하고 있음을 시사한다. 국가는 한편으로는 시민권의 확대를 요구하는 조직화된 노동자와 사회주의 정치운동에 의해, 다른 한편으로는 그러한 권리를 지원하는 공동체 서비스를 제공하기 위하여 임금을 확보하려는 정부의 노력에 저항하고자 하는 사적 기업자본에 의해 시달리고 있다. 국가가 앞서 언급한 것 중 어느 하나에 가까운가 아니면 그와는 다른가 하는 것을 올바르게 분석하는 일은 시민교육에서 대단히 중요하다. 예컨대, 첫 번째 견해와 같이 음모론을 취하면, 향후 나아가야 할 길은 자본가 계급을 파괴하고 새로운 종류의 경제 질서와 사회를 건설하는 것이라는 결론을 낳을 것이다. 여기에는 자본가 계급의 재산을 압류하는 방식에 대한 설명과 사회제도의 전면적인 건설에 대한 설명이 '유토피아주의'로 흐르지 않도록 방지할 뿐만 아니라, ('진정한 평등' '진정한 자율성' '진정한 민주주의'에 관한 설명을 포함한) 새로운 질서를 세밀하게 설계하는 것이 필요할 것이다. 그와는 달리, 만약 해리스가 생각하는 것처럼 과거에는 권력과 특권이 정치적 압력을 야기해 왔으며 계속 그렇게 할 수 있다는 것을 받아들인다면, 상당히 다른 종류의 시민교육이 요구된다. 확실히 최근의 연구들은 "경제발전이 모든 사람에게 시민적 · 정치적 · 사회적 권리를 보장하고, 그리하여 효과적인 정치적 동원에 따른 압력에 쉽게 노출되는 유능한 공적 권위에 의해 인도될 때"(Doyal & Gough, 1991; Doyal & Gough, 1994 참조), 경제발전은 복지에 가장 잘 기여한다는 것을 보여 주는 것 같다. 그래서 아마 이러한 분석에 따르자면, 시민교육은 적절한 고용정책, 보건정책, 교육정책, 예술정책을 동반하는 혼합경제를 염두에 두어야만 한다.

지아렐리가 말한 장애 요인 역시 좀 더 탐색적인 분석이 있고 난 후에야 시민교육을 방해하고 있는 것에 관해 판단할 수 있을 것이다. 지아렐리는 공과 사, 생산과 재생산 영역에 대한 전통적인 평가에 관해 말하고 있다. 그가 구체적으로 시민교육을 위해, 어떤 일(예컨대, 자녀 양육, 집안 돌보기,

아픈 가족 돌보기 등)은 사적인 무임 노동으로 지정하는 반면, 다른 어떤 일은 공적이고 보상이 따른다고 생각하는지 알 필요가 있다. 아니면, 이러한 구분이 성별에 따라 역할이 다르다는 생각과 연결되어 있는 것이 치명적인 장애인가? 이러한 구분은 역사적으로 성차별적 역할과 연관되어 왔지만 서로 분리될 수 있는 것이다. 자녀를 양육하고 공정하게 가사를 분배하는 최상의 방법에 관한 질문은 오늘날 명백히 시민교육과 관련이 있는 생생하고 창의적인 토론을 불러일으키고 있다(예를 들어, Okin, 1989; Nussbaum, 1992; Delphy & Leonard, 1992 참조).

여기에서 그리고 다른 글에서 쟁점이 되는 것은 누가 공적인 영역과 사적인 영역에서 일하며 그 일이 어떻게 존중되고 평가되는가에 관한 수정주의적 시각이다. 이는 지아렐리가 자기 논문 마지막 부분에서 모든 구분은 권력과 특권을 은폐한다고 주장할 때 염두에 두고 있었을 법한, 공·사 구분의 전면적 붕괴와는 분명히 다른 것처럼 보인다. 정말 그런가? 그것은 과일과 채소의 구분과 같은가? 아니면 낙엽수와 상록수의 구분과 같은가? 그리고 그것이 적어도 사회적 범주와 관련된 사례라면, 그러한 구분 모두가 붕괴되어야만 한다는 것인가? 급식이나 열차의 좌석과 같은 어떤 혜택을 분배함에 있어서 불운한 자나 약자를 우대하도록 구분을 계획하는 경우에는 어떠한가? 지금 문제가 된 사례, 즉 공·사의 구분에서 그 구분을 철폐하면 어떤 결과가 초래될 것인가? 그것은 낚시할 권리나 개인 소유의 노예뿐만 아니라 친밀한 우정, 심지어 개인적인 일기 쓰기 등 사적인 영역에 관한 모든 관념의 종말을 의미하는가? 사적인 영역은 인간생활에서 가장 소중한 것을 지속시키는 데 반드시 필요하다고 할 수 있다. 그것은 또한 몇몇 최악의 폐단을 숨기는 기능을 할지도 모른다. 어떻게 부정적인 면 없이 긍정적인 면만 가질 수 있을 것인지를 보여 주는 탐구가 필요하다.

이는 하나의 난제로 이끈다. 지아렐리는 출발점과 목표가 서로 다른 사회에서 시민교육의 수립이 어렵다는 데 주목한다. 나에게 불분명한 것은 여기에서 공 · 사 구분의 붕괴 혹은 최소한 수정이 어떤 방식으로 도움이 되는가 하는 점이다. 공과 사를 새롭게 구분하려는 시도는 모두 그 사회 안의 집단들이 가정생활이나 애향심에 두는 가치와 대립하여 그 결과 더 많은 불협화음을 낳는 것 같다.

장애 요인, 사회악, 비관주의

해리스와 지아렐리는 시민교육의 길목에 있는 장애 요인을, 자본주의 그리고 특권과 권력을 떠받치는 영역으로 삶을 구분하는 것과 같은 거시적이고 일반적인 것으로 묘사하고 있다. 이러한 묘사는 몇 가지 결과를 낳는다. 이는 시민교육을 최선의 경우 강력한 사회악과 싸워 이기기 위한 투쟁으로 보도록 하거나, 최악의 경우 불가능한 것으로 보도록 한다. 이는 이 영역의 교육에 관한 비관주의를 낳는데, 이는 충분히 이해할 만하다. 그 까닭은 학교가 학생들로 하여금 자신이 처한 상황을 깨닫도록 하는 것 외에 거의 할 수 있는 일이 없기 때문이다. 그나마 이는 사회적 · 정치적 구조에 대한 정교한 이해를 필요로 하는 과제이기 때문에, 학교교육을 한참 받고 난 후에야 가능하다. 지아렐리와 마찬가지로 해리스의 경우에도, 학교교육 초기에는 시민교육의 가능성이 없어 보인다.

그러나 아마 상황은 그런 정도로 심각하지 않고, 따라서 전망은 그렇게 어둡지 않다. 모르긴 해도, 장애 요인에 대해 좀 더 세밀하게 조사해 보면 현실적인 희망의 근거를 얻을 수 있을 것이다. 이는 "악을 근절시키는 것이 아니라 악의 승리를 막는 것"(Seneca; Nussbaum, 1990: 213 재인용)을 목적으로 하는 정치적 태도를 부추길 수 있다. 이는 악을 용인하는 태도가 아니라 거기에 있는 선을 육성하는 일의 중요성을 강조하는 것이다. 그러한 목적을 위해서 광범위한 추상에 의존해서는 안 된다. 사회 곳곳에 있는 장애 요인에도 불구하고 선을 육성하기 위해서는 우리의 정치적 · 사회적 삶의 세세한 국면을 좀 더 살펴보는 노력을 해야 한다.

기회 요인과 민주적 성향

해리스가 인정하듯이, 현대의 자유민주주의 정부는 전체주의 정부와는 다르다. 또한 지아렐리가 받아들이듯이, 삶의 어떤 영역 안에서는 어느 정도 덕을 실현할 가능성이 있다. 나는 학교제도가 민주적 시민의식의 기저에 들어 있는 기본적 성향을 지원한다는 고유한 정신을 확립하기 위하여, 이러한 기회 요인들을 활용할 필요가 있음을 주장하고자 한다.

해리스가 적절하게 강조한 바와 같이, 민주주의자들은 분명 자신의 상황에 대해 상당한 정도의 지식과 이해를 지닐 필요가 있다. 그러나 그들은 또한 특정한 유형의 사람이 될 필요가 있다. 우리는 모두 친절하거나 짓궂거나, 무기력하거나 진취적이거나, 관용적이거나 완고하거나, 깔끔하거나 깔끔치 못하거나 등의 일련의 성향을 서로 다른 비율과 정도로 발전시킨다. 따라서 공공생활을 위한 교육을 염두에 두면서, 교사는 초등학교 때부터 계속 민주시민에 요구되는 성향을 형성하는 일을 한다고 할 수 있다('관용의 감정'과 같은 시민적 성향의 계발을 감상적인 시민교육이나 냉담한 회의주의에 대한 실행 가능하고 현명한 대안으로 보는 비슷한 견해로는 Callan, 1994 참조하라).

자기 존중, 관용, 정직, 희망, 용기, 인내 등과 같은 적합한 성향 모두를 포괄하여 이 주제를 충분히 다루는 일은 여기에서는 불가능하고, 다만 지아렐리가 공중에게 필요한 요소라고 지칭했던 "다원적 수월성"에 해당한다고 생각되는 것 중의 한 가지에 대해 특별히 언급하고자 한다. 앞으로 가야 할 길은 구체적이고 특수한 길이기 때문이다.

신뢰를 중심으로 이야기를 해 보겠다. 신뢰는 내가 다른 글(White, 1993)에서 상세히 논의한 적이 있다. 타인에 대한 개인적 신뢰이든 제도에 대한 사회적 신뢰이든, 모든 신뢰는 인간의 삶에 아주 중요하다(Gambetta, 1988 참조). 실제로, 베이어(A. Baier, 1985)는 신뢰를 중심 과제로 삼고 있는 도덕이론이 의무와 배려를 사고의 중심에 놓는 현재의 대안적 이론에 들어 있는 통찰을 통합하는 한 가지 방법이 될 수 있을 것임을 시사한 바 있다.

특히, 다원주의적 다문화 사회에서 학교는 그 주요 역할을 학생들이 신뢰할 만한 사람이 되고, 타인에 대한 신뢰를 배우고, 제도에 대한 적절한 신뢰와 불신을 형성하도록 돕는 데 두고 있다.

신뢰는 어떤 사람(특히, 그들의 신념, 성향, 동기, 선의)이나 어떤 것(제도이든 장치이든 간에)에 내가 의존할 수 있다는 신념을 의미한다. 그러한 신념에는 크건 작건 다소간의 위험 요소가 있다. 사람들은 신뢰관계를 의식할 수도 있고 의식하지 못할 수도 있지만, 신뢰관계는 다소간의 차이는 있지만 개인의 헌신을 필요로 한다.

어떤 사람에 대한 신뢰를 학습하는 것은 으레 명확한 시작도 없이 서서히 형성된다. 이에 비해, 신뢰관계는 단 하나의 행위에 의해 파괴될 수 있고 쉽사리 회복되지도 않는다. 왜냐하면, 부당한 취급을 받은 사람들은 화가 나고 실망하며 잘 믿으려 하지 않게 되기 때문이다. 베이어(A. Baier)와 루만(N. Luhmann)은 둘 다 신뢰관계를 유지하고 회복하는 데 필요한 후원적 태도에 관해 잘 다루고 있으며, 그중에서도 예컨대 자신감과 남의 마음을 잘 알고 대처하는 재치, 누구를 어떤 점에서 신뢰할 수 있는지를 알아내는 데 작용하는 섬세한 분별력, 누구에게 무엇을 맡겨야 할지에 관한 탁월한 판단력, 기꺼이 과오를 용서하거나 인정하는 자세 등을 강조하고 있다(Baier, 1986: 238-9; Luhmann, 1979: 74-5).

학교는 학생들이 신뢰관계를 형성하고 유지하며, 그것이 깨어진 경우 회복할 수 있도록 하는 데 많은 일을 할 수 있다. 영국의 대도시 중심부의 저

소득층 거주 지역 내 많은 학교에서 상당수 아동은 초등학교에 입학할 때 이미 다른 집단에 대한 불신에 가득 차 있다. 그래서 처음부터 아주 조심스럽게 신뢰의 구축이 시작되어야 한다. 그러한 신뢰의 결속 없이는 가슴 속에서 우러나는 관용도, 어떠한 시민적 우정의 결속도 불가능하다.

다원론적인 민주주의 사회는 말할 것도 없이, 어떠한 사회도 단순히 개인 간의 사적 신뢰에 기초하여 존속할 수는 없을 것이다. 거기에는 사회적 신뢰라는 기초가 필요하다. 개인적 신뢰의 경우와 마찬가지로, 시민은 사회의 모든 성원을 향한 선의(goodwill)를 알기 위해서는 자신이 살고 있는 사회의 제도에 의지할 수 있다고 믿어야만 한다. 시민들이 자기 사회를 구조적으로 불공정하다고 치부하지 않는 것이 사회적 신뢰의 필수 조건이다(Dunn, 1988: 77). 구체적으로 그들은 사회의 법적 · 경제적 · 정치적 규칙과 절차가 공정하고, 또한 공정하게 적용되며, 만일 그 체제가 무너지면 오류를 신속하게 바로잡을 것이라고 믿을 필요가 있다.

이 점에 있어서, 해리스와 지아렐리가 제기했던 현대사회에 대한 폭넓은 비판은 이러한 사회에서 사회적 신뢰가 땅에 떨어졌음을 시사하는 것 같다. 소수 집단 사이에서뿐만 아니라 대다수 사람들 사이에서도 불신이 확산될 가능성이 높다. 여기에서 학교는 벌어진 틈을 메우고, 예컨대 계급편향적 · 성편향적 · 민족편향적인 방식으로 작동하고 있는 제도에 대한 사회적 신뢰를 북돋우려 노력해야 하는가?

답을 먼저 하자면 '아니오' 다. 학교는 다른 주요한 기관들과 함께 체제에 대한 분별 있는 불신을 북돋는 일을 해야 할 것이다. 루만(1979)과 다른 학자들(예를 들어, Shklar, 1984: 185, 190)이 언급한 것처럼, 모든 시민의 복지를 증진하는 정치체제는 그 체제를 보호하는 장치로서 불신이 붙박혀 있는 제도를 가져야만 한다. 민주주의 사회에는 합법적인 반대당, 독립된 사법기구, 공공의 관심사를 연구하는 독립된 위원회들, 자유 언론이 있고, 만약 교육자가 제 소임을 다하고 있다면, 정부를 그 번지르르한 말보다는 오히려 업적에 따라 판단하는 주의 깊은 공중이 있다.

학교는 이러한 맥락 속에서 학생들에게 근본적이고 절차적인 불신의 가능성에 관해 가르칠 것이다. 근본적인 불신은 체제나 제도의 목적에 관한 것이며, 절차적 불신은 수단과 절차에 관한 것이다. 제도는 만일 그 목적이 받아들여진다면 많은 절차적 불신을 허용할 수 있다. 그러나 근본적 불신은 강력한 파괴력을 가진다. 세련된 정치교육은 학생들에게 (예컨대) 일반적으로는 민주주의 체제를, 구체적으로는 특수한 형태의 민주주의를 믿어야 할 이유를 공부하는 것을 통하여 근본적 불신과 절차적 불신을 배우도록 할 것이다. 만약 어떤 체제의 목적과 절차가, 아니면 둘 중 하나라도 바뀐다면, '그것은 더 큰 신뢰를 받을 만한가?' 라고 질문할 수 있을 것이다. 더 나아가, 그러한 교육은 학생으로 하여금 시민이 정당과 정치, 그리고 체제 내의 기관의 신뢰도를 판단하는 데 동원하는 준거를, 특히 목적과 절차에 초점을 맞추어 잘 따져 보도록 격려하게 할 것이다.

그러나 이는 오늘날의 상황에서 개인적 · 사회적 신뢰를 학교에서 형성하는 것과 관련된 복잡한 쟁점들의 표면만 건드리는 것에 불과하다. 이는 교사교육에서 주의 깊게 다루어져야 할 뿐만 아니라 좀 더 폭넓게 연구되어야 할 주제다. 몇몇 교사들이 나에게 지적한 바 있는데, 사회적 신뢰가 무너져 내리고 있는 상황에서 공립학교는 현재 제도의 일부나 대부분 혹은 전부에 대한 불신이 근본적이어야 하는지, 혹은 제도를 고치고 개선하는 것이 해악보다 이점을 더 많이 낳을 수 있는 길인지 등을 어린 학생들로 하여금 면밀하게 따져 보도록 촉진하는 독특한 포럼을 제공할 수 있다는 것이다. 학교는 이러한 특권적 위치를 차지하고 있다. 왜냐하면, 학교는 전혀 반대되는 견해를 옹호한다 할지라도 서로를 신뢰할 만하다고 생각한 사람들 사이에 토론과 대화가 이루어지게 하기 위하여, 서로 다른 집단의 학생들 간에 개인적 신뢰를 형성하는 위치에 있기 때문이다.

나는 신뢰에 초점을 맞추어 논의해 왔는데, 그 까닭은 해리스와 지아렐리의 분석 중 상당 부분이 많은 민주주의 사회에서 체제에 대한 신뢰의 위기가 있다고 볼 충분한 이유가 있다는 견해를 지지하리라고 생각했기 때문이다. 그러나 나는 이렇게 비관적인 상황에서조차 학교가 공공생활을 위한 교육을 하지 못할 만큼 무기력해서는 안 된다는 점을 내가 잘 보여 주었기를 기대한다. 학교는 구성원 간의 개인적 신뢰를 증진할 수 있으며, 사회적 신뢰에 대한, 그리고 그것이 어떻게 유지되고 치유되고 회복되는지에 대한 신중한 분석을 북돋울 수 있다. 여기에서 학교는 학교 밖의 넓은 사회에 초점을 맞출 수도 있고, 또한 현장의 문제에 바로 대응하는 모델로서 교육적인 역할도 하기 때문에, 주로 학교 자체에 초점을 맞출 수도 있다.

내가 필요하다고 주장해 온 대로, 이 주제를 특수하고 구체적으로 다루기 위하여 나는 여기에서 시민교육의 한 가지 측면에만 집중해 왔다. 시민교육에 적합한 성향에 주목함으로써 시민교육에 적극적으로 기여할 수 있기 때문이다. 신뢰는 희망, 자존감 등의 성향과 연관되며, 학교는 그러한 성향을 모든 학생에게 고취시키기 위해 노력할 수 있다(자세한 내용은 White, 1986, 1991 참조). 예컨대, 희망과 관련된 어떠한 가치 있는 변화가 가능하려면, 사람들은 (냉담한 냉소주의나 막연한 바람에 빠지기보다는) 현실적인 희망을 느껴야 하며, 자신이 그러한 변화를 가져올 수 있다고 느껴야 한다(이렇게 말하는 것 외에 내가 할 수 있는 일은 단지 교사와 학교가 고취시키고 있다고 여겨지는 특정한 성향에 관해 교육철학자나 기타 다른 분야의 철학자들이 쓴 논문들을 언급하는 것뿐이다. 예컨대, 신뢰와 정직에 관해서는 Baier, 1986, 1990, 정직과 비밀엄수에 관해서는 Bok, 1978, 1984, 인내와 용기에 관해서는 Callan, 1993, 자비에 관해서는 Nussbaum, 1993, 용기에 관해서는 Rorty, 1986, 긍지와 수치, 죄의식에 관해서는 Taylor, 1985 참조).

교사와 민주적 성향 그리고 공공생활

민주적 성향의 형성에 특수한 중요성을 부여하는 한 견해에 따르면, 교사는 중요한 역할을 담당한다. 아리스토텔레스의 방식에 따라, 교사는 학생으로 하여금 "적절한 때에, 적절한 대상에 대하여, 적절한 사람을 향해, 적절한 동기를 지니고, 적절한 방식으로" 인내하고 용감하고 자비롭고 정직하도록 고취시킨다. 이를 위해서는 학교의 조직 및 규칙이 의도적으로 혹은 무의도적으로 행동을 형성하는 방식에 대해서뿐만 아니라, 개별 학생과 그의 태도, 행위, 상황에 대해서 주의 깊고 민감한 관심을 쏟을 필요가 있다.

또한 교사는 학생이 성장해 감에 따라 민주 사회에서 시민으로 사는 것이 때때로 쉽지 않다는 것을 절실히 깨닫도록 할 필요가 있다. 민주적 성향을 기르는 교육이 성공하면 할수록, 그리고 학생이 자비롭고 용감한 사람이 되면 될수록, 교사는 서로 다른 가치가 경쟁하고 있다는 것을 더 많이 느낄 것이다. 사실, 교사는 다른 모든 고려 사항은 배제한 채 한 가지 가치만을 강조하는 발언에 대하여, 통상 "그것보다 훨씬 더 복잡하다고 생각하지 않니?"라고 말함으로써 이를 권장하게 될 것이다. 예컨대, 학생은 언제나 그리고 어떤 상황에서도 정직하게 말하는 것에 관해 강한 태도를 견지하고 싶어 할 것이다. 그리고 비록 영국에서 영성교육 및 도덕교육에 관한 최근의 교육과정 지도서(1993)가 '정직하게 말하기'를 절대적 도덕으로 지칭함으로써 이를 지지하고 있기는 하지만, 소임을 다하는 교사라면 누구나 학생이 또한 소중하게 간직하고 있는 다른 가치가 때로는 정직보다 더 중요한 것으로 밝혀질 가능성에 관해서도 주의를 기울여야만 한다. 예를 들자면, 타인의 안위가 심각하게 위태로운 경우에는 (칸트에게는 실례이지만) 말을 자제하는 것이 진실을 밝히는 것보다 더 현명할지도 모른다.

이번 대화에 참여하면서, 나는 민주시민교육의 장애 요인과 그것이 시민교육의 목적에 던져 주는 빛에 초점을 맞춰 논의해 왔다. 내가 시민교육의 가장 큰 장애 요인으로 보는 것은 한 가지 가치 또는 고정된 가치체계에 헌신하고 있는 교사, 무엇이 틀렸는지 그리고 어떻게 하면 그 잘못을 바로잡을 수 있는지에 관해 대단히 확고한 생각을 가지고 있는 교사, 그리고 학생으로 하여금 그러한 방식으로 세상을 보도록 만드는 것을 자신의 의무로 생각하고 있는 교사다. 민주시민의식은 때로는 학생들에게 문제를 복잡하게 제시하는 교사, 학생들에게 그들이 여러 가치에 헌신하고 있음을 상기시키는 교사를 필요로 한다. 이러한 사실은 향후에 나아갈 길을 처음 예상한 것보다 훨씬 더 어렵게 만든다. 이에 대한 해결책은 민주시민은 경쟁하는 가치에 직면하여 무력해져서는 안 되고, 그러한 가치에 비추어 판단하고 행동할 필요가 있다는 것을 학생들이 알도록 하는 방식으로 이 일을 하는 것이다. 이는 그들이 타협을 하려고 시도함을 의미하기도 하고, 때로 유감스럽게도 그들이 어떤 특정한 도덕적 관심을 만족시키지 못할 수 있음을 의미하기도 한다. 여기서 '유감스럽다'는 것은 대단히 중요한데, 그 까닭은 그것이 우선순위에서 밀려야만 했던 가치에 대한 애착을 드러내기 때문이다. 버나드 윌리엄스(Bernard Williams)가 말한 것처럼, 그것은 "도덕의 비용에 대한 민감성을 담고 있다."(1978: 65) 학생들로 하여금 도덕의 비용이라는 아이디어를 생생하게 인식하도록 하는 것이 모든 민주시민교육의 중심 목적이 되어야만 한다.

이제, 나에게 하나의 질문이 남게 되었다. 이러한 교사는 '변혁적 지식인'인가, 아니면 그에 대한 장애 요인인가?

참고문헌

Baier, A. (1985). "What Do Women Want in a Moral Theory?" *Nous*. 19(1): 53-63.

Baier, A. (1986). "Trust and Antitrust," *Ethics*. 96: 231-60.

Baier, A. (1990). "Why Honesty is a Hard Virtue" in O. Flanagan and A. R. Rorty eds. *Identity, Character and Morality: Essays in Moral Psychology*. London: MIT Press.

Callan, E. (1993). "Patience and Courage." *Philosophy*, 68(266).

Callan, E. (1994). "Beyond Sentimental Civic Education." *American Journal of Education*, February 102(2): 190-221.

Bok, S. (1978). *Lying and Moral Choice in Public and Private Life*. Hassocks: Harvester Press.

Bok, S. (1984). *Secrets: On the Ethics of Concealment and Revelation*. Oxford: Oxford University Press.

Delphy, C. and Leonard, D. (1992). *Familiar Exploitation: A New Analysis of Marriage in Contemporary Western Societies*. Cambridge, England: Polity Press.

Doyal, L. and Gough, I. (1991). *A Theory of Human Need*. London: Macmillan.

Doyal, L. and Gough, I. (1994). "Socially Regulated Capitalism Does Best." *The Guardian*, 21 February 1994.

Dunn, J. (1988). "Trust and Political Agency," in D. Gambetta, ed., *Trust: Making and Breaking Co-operative Relations*. Oxford: Blackwell.

Gambetta, D. (1988). *Trust: Making and Breaking Co-operative Relations*. Oxford: Blackwell.

Luhmann, N. (1979). *Trust and Power*. Chichester: Wiley.

National Curriculum Council (1993). *Spiritual and Moral Development: A Discussion Paper*.

Nussbaum, M. (1990). *Love's Knowledge: Essays on Philosophy and Literature*.

Oxford: Oxford University Press.

Nussbaum, M. (1992). "Justice for Women!" *The New York Review of Books*, 8 October 1992.

Nussbaum, M. (1993). "Equity and Mercy." *Philosophy and Public Affairs*, 22(2).

Okin, S. M. (1989). *Justice, Gender and the Family*. New York: Basic Books.

Rorty, A. R. (1986). "The Two Faces of Courage." *Philosophy*, 61(236).

Shklar, J. (1984). *Ordinary Vices*. London: Harvard University Press.

Taylor, G. (1985). *Pride, Shame and Guilt*. Oxford: Oxford University Press.

White, P. (1986). "Self-respect, Self-esteem and the School: A Democratic Perspective on Authority." *Teachers College Record*, 88(1) Fall.

White, P. (1991). "Hope, Confidence and Democracy." *Journal of Philosophy of Education*, 25(2).

White, P. (1993). "Trust and Toleration: Some Issues for Education in a Multi-cultural Democratic Society" in J. Horton ed., *Liberalism, Multiculturalism and Toleration*. London: Macmillan.

Williams, B. (1978). "Politics and Moral Character," in S. Hampshire, ed., *Public and Private Morality*. Cambridge: Cambridge University Press.

찾아보기

⊙ 인명

Adorno, T. 220
Althusser L. 454, 455
Arcilla, R. V. 147, 328
Arendt, H. 46, 50, 58, 59, 61, 69, 225
Aristoteles 480
Aronowitz, S. 464
Austin, J. L. 135

Bâ, M. 364, 385
Baier, A. 476
Bakhtin, M. 36
Beck, C. 309, 318, 319, 324
Bellah, R. 416, 428, 430, 431, 432, 433, 434, 435, 439
Benhabib, S. 194, 224
Benne, K. D. 439
Bernstein, R. 174, 186
Bishop, E. 38
Bruner, J. 362
Buber, M. 48
Burbules, N. C. 176
Butler, J. 39
Butts, R. F. 415, 416, 427

Camus, A. 54
Cavell, S. 335
Cixous, H. 31, 33, 34, 41, 54, 55, 67, 84, 91, 92, 93
Code, L. 200
Conrad, J. 49, 52

Damasio, A. 252
Damasio, H. 252
Derrida, J. 45, 46, 68, 75, 77, 277, 328, 352, 402, 403, 406, 407, 408, 409
Dewey, J. 26, 34, 35, 36, 42, 72, 74, 86, 125, 137, 273, 302, 426, 434
Distefano, C. 224

Eichmann, A. 51
Elshtain, J. B. 441, 442
Ennis, R. 185

Fanon, F. 229
Feinberg, W. 22, 23, 25, 26, 27
Fleming, M. 223
Foucault, M. 33, 60, 61, 90
Freire, P. 36, 229, 293
Freud, S. 274, 275, 345, 362

Gadamer, H. G. 55, 56
Gellner, E. 28, 89, 90, 93, 184
Giarelli, J. M. 414, 415, 416, 417, 419, 470, 471, 472, 473, 474, 475, 477, 478
Giroux, H. 416, 431, 437, 438, 439, 440, 464
Gramsci, A. 234
Greene, M. 22, 23, 24, 25, 26, 27, 28, 67, 68, 69, 70, 71, 75, 76, 78, 83, 85, 87, 89, 90, 91, 92, 93, 94, 95, 363, 444

Habermas, J. 55, 193, 221
Haraway, D. 200
Harding, S. 199, 224, 442
Harris, K. 414, 417, 418, 419, 449, 470, 471, 472, 474, 475, 477, 478
Hartmann, H. 442
Havel, V. 47, 48
Hawthorn, N. 37
Heidegger, M. 89
Herder, J. G. 341, 345
Heschel, A. J. 321, 322, 323, 324
Hirsch, E. D. 416, 431, 433, 434, 435, 436, 437, 439
Hooks, B. 229
Horkheimer, M. 220

Ingram, D. 221

Jaggar, A. 223
James, W. 36, 115, 125, 142, 144
Jefferson, T. 36, 77

Kant, I. 36, 135, 278, 289, 291, 304,

480

Kanter, R. M. 442

King Jr., M. L. 121

Kohli, W. 178

Kuhn, T. 195

Kundera, M. 50, 52

Lloyd, G. 222

Locke, J. 88

Lorde, A. 229

Luhmann, N. 476, 477

Lyotard, J. F. 28, 55, 90, 92, 276

MacIntyre, A. 184, 415, 416, 429, 430, 432, 433, 439

Marcuse, H. 229

Martin, J. R. 441, 443

McCarthy, T. 247, 277

McNay, L. 224

McPeck, J. 185

Mead, G. H. 36

Merleau-Ponty, M. 24, 45, 68, 69

Mill, J. S. 36, 449, 450, 453

Millman, M. 442

Minnich, E. 223

Morrison, T. 42, 46, 229

Newton-Smith, W. H. 92

Noddings, N. 283, 309, 318, 319, 324, 361, 363

Norris, C. 85

Oakeshott, M. 25, 44, 54, 335

Passmore, J. 45

Paul, R. 185

Peters, R. S. 45, 74, 105

Phillips, D. C. 22, 23, 27, 28, 29, 36

Platon 26, 74, 426, 435, 457

Purpel, D. E. 309

Putnam, H. 54, 245

Rabinow, P. 90

Raup, R. B. 73

Rimbaud, A. J. N. 357
Robertson, E. 179
Rockefeller, S. C. 126, 136, 137, 139, 140, 141, 142, 143, 144, 147
Rorty, R. 53, 58, 89, 90, 126, 132, 134, 135, 136, 137, 139, 145, 184, 192, 271, 272, 274, 276, 277, 278, 284
Rousseau, J. J. 26, 36, 74, 341, 345, 426, 434, 453
Rushdie, S. 34, 88, 93
Russell, B. 88, 94

Said, E. 41
Sakharov, A. D. 462
Sartre, J. P. 50, 52, 53
Scheffler, I. 185
Schutz, A. 42
Siegel, H. 185, 328
Snow, C. P. 362
Solzhenitsyn, A. I. 462
Spivak, G. 41
Stevens, W. 57
Stone, L. 328

Taylor, C. 192, 273, 328, 336, 337, 339, 340, 341, 343, 344, 346, 347, 348, 349, 350, 355, 356, 362, 400, 402, 403, 409
Toulmin, S. E. 35, 184, 192

Walkerdine, V. 223
Weedon, C. 227
Weil, S. 294, 298
Wesley, C. 304
White, J. 453
White, P. 414, 419
White, P. 469
Wilberforce, W. 88
Williams, B. 481
Williams, R. 234
Wittgenstein, L. 33, 89, 144, 156
Wolf, C. 51, 52
Woolf, V. 40, 42
Yamato, G. 228

말로 49, 53

⊙ 내용

3C 119

3C 165, 168

5C 169

The Friends School 424, 425

가부장적 요소 39

가정화 108, 110, 113, 117, 118

가치 280, 283, 284, 304, 305, 481

가치교육 279, 304

가치문제 275, 281

감성 223, 372

감성과 합리성 간의 관계 251

감정 289

개념적 지식 436

개방적 토론 284

개별화 415, 429

개인 426

개인적 맥락 320

개인적 신뢰 477, 478, 479

개인주의 416, 431, 453

객관성 196, 197

건국의 아버지 106, 107, 109, 121

결과론자 298

겸손 314

경외 323

경쟁 299, 414, 424, 437

계몽되는 법 429

계몽의 전통 415

계몽주의 219, 233

계몽주의 기획 34

계몽주의 전통 24, 87, 89, 429

계몽주의적 이성 219

고등교육 456

고통 310, 311, 313, 314, 315, 316

고통의 사회적 · 문화적 310

고통의 원인 315, 318

공감 314, 317

공감적 이해 315

공공담론 432, 439, 445

공공생활 427, 480

공공생활을 위한 교육 414, 416, 417, 419, 423, 425, 426, 427, 430, 431, 432, 433, 436, 437, 439, 440, 441, 443, 444, 445, 470, 479

공공선 428
공공이념 415
공공적인 선 438
공과 사 444, 445, 471, 472, 473, 474
공교육 414, 416, 417, 418, 423, 424, 425, 426, 427, 428, 429, 430, 432, 433, 434, 437, 438, 439, 440, 441, 445
공교육의 권위 439
공교육체제 423
공동세계 46
공동의 신념 428
공동의 연대 296, 297
공동체 303, 304, 305, 313, 317, 321, 415, 416, 428, 430, 431, 433, 434, 435, 438, 443, 453
공동체성 435
공동체주의자 303
공리주의자 298
공립학교 414, 415, 424, 428, 438, 478
공부의 목적 456
공적 도덕성 278
공적 목적 414
공적 생활 425
공적 영역 278, 414, 417, 425, 437, 441, 442, 473
공적인 것 426, 427, 431, 433, 441
공적인 교육 414, 415, 424
공적인 덕목 444
공적인 생활을 위한 교육 443
공중 415, 416, 430, 433, 436, 442, 445, 475
공통선 432
공통성 275, 282, 283
공통성의 정치학 347
관계적 존재론 291
관점 145
관점 인식론 199
광의의 도덕성 279
교사 428, 440, 464, 480, 481
교사교육 478
교수 439, 450
교수행위 417, 440
교실 상황 313

교육 417, 425, 426, 427, 443, 449, 450, 451, 456, 462
교육 가능성 437
교육 기회 458
교육과정 424, 457, 458
교육내용 437
교육목표 424
교육받은 공중 415, 416, 429, 430, 433
교육받은 공중이라는 이념 429
교육실천 317
교육을 받은 공중 415, 428
교육의 기회 470
교육의 내용 451
교육의 목적 105, 415, 425, 428, 462
교육의 실천 314
교육이론 314, 417, 441, 442, 443
교육자 316, 417, 477
교육적 권위 439, 440
교육적 실천 440
교육정책 317
교육제도 432
교육제도에 관한 철학 25
교육철학 22, 29, 33, 39, 71, 72, 73, 74, 75, 80, 81
교화 417, 438, 454, 455, 465
국가 426, 450, 454, 455, 471, 472
국가 주도 417
국가 주도의 공교육 제도 450
국가교육과정 434
국가교육체제 439
국가권력 440, 454, 465, 466
국가기관 418
국가기구 418, 454, 466
국내 안정 105, 107, 112
궁극적 목적 136
궁극적 의미 137
권력 445, 460, 471, 472, 473, 474
권리 32
권리의 철학 33
권위 276, 428, 436, 438, 439, 472
권위주의 438
권위주의적 436
규제적인 이상 351
극단적 개인성 315

근대 415
근대 교육이론가 434
근대 도덕철학 303
근대 문명 433
근대 문화 430, 439
근대성 432
근본적 불신 419, 478
급진주의자 462
긍정 300, 301
기본적인 가치 282
기억 공동체 432, 434
기의 43
기표 43
길들이기 158

남성 지배적 441
남성성 116
내면의 목소리 345
내면화된 억압 243
내부자적 견해 272
내재성 245
능력주의적 윤리 312

다문화 사회 476
다문화주의 교육운동 346, 402
다수 435
다수성 428, 439
다양성 275, 428, 435, 453
다원론적인 민주주의 사회 477
다원성 452
다원적 수월성 471, 475
다원주의 274, 428
다원주의적 476
다원주의적 다문화 사회 419
다중언어 게임의 시대 37
단일 435
단일성 428, 439
대안적 공공영역 438
대화 277, 283, 293, 294, 295, 296, 298, 300, 304, 305, 320, 344, 345, 433, 444, 478
덕목 303, 304
덕목의 위계화 303
덕성 190
덕윤리 290

도덕 주체 317
도덕교육 271, 279, 282, 285, 287, 290, 291, 292, 293, 295, 297, 298, 299, 300, 301, 305, 309, 313, 315, 319, 320, 324, 480
도덕교육 모형 302
도덕교육학자 302
도덕성 278, 279, 282
도덕성 학습 279
도덕의 비용 481
도덕의식 313, 324
도덕이론 302, 476
도덕적 가치 272, 276, 289
도덕적 가치의 문화적 결정 273
도덕적 관계 303
도덕적 관심 481
도덕적 담론 317
도덕적 동기 278
도덕적 딜레마 319
도덕적 목적 432
도덕적 문제 313, 315
도덕적 발달 291
도덕적 삶 305
도덕적 생활 291
도덕적 실재 272
도덕적 악행 317
도덕적 의무감 304
도덕적 의식 313
도덕적 인식 315
도덕적 존재 314, 316
도덕적 주체 303
도덕적 질문 284
도덕적 차이 281
도덕적 책임 314
도덕적 추론 297
도덕적 행위자 290
도덕주의 285
도덕철학 292, 302
돌보는 역량 299
돌보는 자 294, 295, 300, 301
돌봄 302
돌봄을 받는 자 300, 301
돌봄의 관계 302

마르크스주의 234, 418, 454, 455, 471
마스트리히트 조약 460
마음의 습관 431, 432, 433
마치 친구인 것처럼 대하는 태도 383, 384, 396
메타 담론 35
명예 339, 347
모더니즘 278
모범 292, 300, 302
목적론적인 전통 432
문해 416, 433, 437, 444
문해자 416, 434
문화적 가치 311
문화적 문해 431, 433, 435, 436
문화적 보수주의자 439
문화적 엘리트 438
문화적 지식 434
민족 어휘 434
민주 공동체 438
민주 사회 439, 469, 480
민주시민 475
민주시민교육 481
민주시민의식 420, 481
민주적 공동체 440
민주적 성향 480
민주적 시민의식 475
민주주의 418, 423, 427, 431, 434, 437, 460, 465, 466, 470, 472, 478
민주주의 사회 437, 470, 477, 479
민주주의자 475

반권위주의 276
반성적 사고 291
반정초주의 272, 273
배려 287, 288, 290, 292, 293, 294, 296, 299, 300, 301, 303, 304, 305, 310, 312, 313, 314, 315, 316, 476
배려 관점 298, 299, 300, 319
배려 모형 293
배려 옹호자 304
배려 이론가 298, 299
배려를 받는 자 295
배려윤리 287, 288, 289, 290, 291, 301, 302, 304

배려윤리 이론가 305
배려의 관계 289, 290, 297, 298
배려적 관점 297
배려하는 역량 298
배려하는 자 288, 295
변혁적 지식인 418, 464, 470, 481
보로 인디안 452
보살핌 290
보살핌의 관계 289
보수적 417, 451
보수주의적 415
보존 454, 455
보편주의 277
복지 453, 472
본성 128, 130
본질주의 155, 366, 376
부정의 313
분석적 교육철학 23
불신 478
불평등 313, 317
불평등한 관계 458
불필요한 고통 311, 312, 314, 317
불확실성 366, 368, 373, 383, 384, 386, 396, 397, 398
불확정성 357, 403, 404
비관주의 439, 474
비권위주의적 접근 283, 284
비판이론 224
비판적 교육 464
비판적 사고 189, 456
비판적인 공공영역 417
비판주의 철학 23

사교육 414, 424, 425, 426
사립학교 414, 424, 425, 426
사상적 · 철학적 담론 23
사생활 427
사적 도덕성 278
사적 목적 414
사적 생활 425
사적 아이러니 278
사적 영역 278, 442
사적인 것 426, 427, 431, 441
사적인 덕목 445

사적인 삶 299
사적인 생활을 위한 교육 425, 443
사적인 영역 414, 417, 425, 441, 442, 473
사회 구성체 454
사회 이동 458
사회 재구성 442, 443, 445
사회 통제 456
사회 · 정치 철학적 담론 23, 26, 27
사회과학 431
사회악 474
사회적 신뢰 477, 479
사회적 지위 458
사회적 · 문화적 구조 315
사회적 · 문화적 맥락 310, 318
사회적 · 문화적 학습 282
사회정책 316
사회화 415, 417, 419, 429, 451, 452, 464
상대주의 438
생산과 재생산 444, 471, 472
생산관계를 재생산 418
생산관계의 재생산 454, 459, 466
생산수단의 재생산 455, 456
생산양식의 재생산 462
생산영역 417
생산을 위한 교육 443
서사 361, 362, 363, 385, 394
서양 근대 429
선 419, 432, 433, 436, 474
선의 개념 416
성 442
성 정체성 276
성별 444, 473
성의 역할 440
성장 개념 139
성적 평등 461
성차별적 442, 443, 471, 473
성차별적인 위계질서 425
소유적 개인주의 432, 436
소통 322
숨은 교육과정 120, 158, 279, 437
시민 449, 450, 452, 460, 477, 478, 480
시민 공동체 425, 435

시민교육 118, 414, 418, 419, 427, 438, 449, 462, 469, 470, 471, 472, 473, 474, 475, 479
시민교육의 목적 481
시민사회 428, 433, 434
시민사회적인 가치 428
시민사회적인 목적 427
시민사회적인 종교 435
시민생활 433, 443
시민정신 418
시민정신 교화 452
시장경제 437
식민주의 사고 41
신뢰 476, 478, 479
신뢰관계 476
신마르크스주의 454
신비로운 자아 354
신앙 323
신프래그머티즘 136, 137
실용주의적 272, 273, 275
실용주의적 자연주의 287, 291, 302
실천 298, 302, 443
실천적 지식 436
실천지 55
심미적 접근 278

아리스토텔레스주의자 303
아이러니 146, 147
아포리아적인 속성 404, 406, 407
암시 455, 456, 457, 458, 459, 460
양도 불가능한 자아 67
억압 228
억압받는 자의 교육 235
언어 343, 344, 350, 356, 401, 406
에덴동산 129, 130, 148
에밀 426
여성주의 287, 289, 366, 367, 371, 396, 398, 411, 442, 445
여성주의 경험론 36
여성주의 인식론 36
여성주의적 222, 417, 441
여성주의적 관점 417
여성철학 302
여성학 417

역사적 전통 434
역사주의적 429, 430
연대 278
연대성 445
영성교육 480
예언자 321, 322
오류 가능성 196, 201
오류 가능주의 408
오리엔탈리즘 41
온정적 간섭주의 276
우정 366, 397
위계의 윤리 312
유토피아주의 472
윤리성 271, 277
윤리의식 316, 321
윤리적 결정 437
윤리적 담론 313
윤리적 배려 288, 289, 291
윤리적 이상 318
윤리적 책임 312
음모 이론 455, 462, 471, 472
의무 287, 288, 289, 302, 318, 476
의무교육 454, 455
의무론적 윤리학 287
의미 있는 타자 343, 344, 345, 353
의사결정 284, 230, 416, 432, 433, 434
이데올로기 455, 456
이데올로기적 국가기구 439
이데올로기적 주체 418, 419, 464, 470
이론 274, 278
이미지 337, 338, 339, 350, 356
이방인 354, 355, 356
이성 288, 289
이성에의 의무 288
이성의 내재성 247
이성의 소멸 220
이성의 시대 35
이성의 초월성 247
이성적 사고 185
이성중심주의 46
이차 언어적 432
이차적 언어 434, 439
이타성 285

인간관계 제도 431
인간다운 생활 417
인간은 누구인가 322, 323
인간의 존엄 312, 313
인격개발연맹 303
인격교육 287, 292, 303
인격교육론자 305
인권 428
인정의 정치학 336, 337, 345, 347, 350, 352, 401
인종적 평등 461
인종차별주의 166
인지론자 305
인지발달론 287
인지적 접근 298
인지적 접근의 도덕교육 297
인지주의적 298
일반화 274
일원론적 관점 452
일차 언어적인 432

자기 성찰 320
자기 이방인화 336, 337, 356, 358, 404
자기 이해 291
자기 진정성 341, 342
자기형성 39
자본 계급 418, 455
자본가 계급 418, 466, 470, 471, 472
자본의 이익 418
자본주의 417, 418, 419, 465, 466, 470, 474
자본주의 교육체제 470
자본주의 국가 414, 418, 470, 471
자본주의 사회 418, 455
자아 32
자연의 거울 33
자연주의적 오류 436
자유 32, 418, 428, 431, 452, 459, 460, 470
자유 교양교육 430
자유민주주의 418, 454, 458, 459, 465, 475
자유민주주의 국가 417, 418, 453, 455, 470

자유민주주의 사회 452, 460, 461, 462, 463
자유주의 453, 465, 466
자유주의 담론 466, 470
자유주의 사회 462
자유주의 이론가 439
자유주의의 환상 461
자유주의자 465
자유주의적 합리주의 453
자율 452
자율성 459, 460, 465, 466, 470, 472
자율적 시민성 453
재생산 442
재생산 이론 455, 462, 463
재생산영역 417
재생산을 위한 교육 443
저항 288, 418, 463
적법한 절차 428
전체주의 418, 475
전체주의 체제 463
전통 321, 432, 433, 439, 441
전통적 혹은 규범적 교육철학 22
절차적 불신 419, 478
절차적 합리성 193
정당성 417, 429
정신적 맥락 318
정의 416, 428, 437, 453
정의 관점 298
정직 480
정체성 337, 339, 347, 351, 354, 355, 405
정초 274, 282, 283
정초주의적 429
정치교육 478
정치이론 417, 441, 442
정치적 가치 428
정치적 공동체 416, 437
정치적 민주주의 416, 437
제도교육 312
제도적 담론 23, 25, 26
젠더 302, 414
존엄성 340, 341, 342, 347
종교교육 300
좋은 학교 414

좋은 삶 453
주변인화 231
주체 366
주체성 437, 438
지배 문화 439
지배계층 454, 455
지배적 가치 456
지배적 생산양식 454, 465
지속성 282
지식 457
지식 생산 276
지식의 중립성 457
지적 곤란 403
지적 난제 352
지적 엘리트 453
진리 457
진리의 체제 33
진보주의 453

차이 228, 281
차이성 275
차이의 유희 276
차이의 정치학 347
참여 428
책임감 324
철학적 담론 26
체계적 차별 458
초월성 245
최선의 자아 319
최악의 자아 319
치유 167

칸트적 전통 272
칸트주의 윤리학 289
칸트주의자 288
콜만 보고서 458
콜버그주의자 303, 304
퀘이커 교 424

타자 350, 354, 356, 357, 401
탁월성 444
특권 312, 313, 445, 465, 471, 472, 473, 474

파이데이아 432
편견 283
평등 418, 428, 465, 466, 470, 472
포스트모더니스트 271, 272, 273, 274, 275, 276, 277, 278, 285
포스트모더니즘 23, 28, 85, 88, 91, 93, 271, 275, 276, 279, 283, 285
포스트모던적 관점 187
폭력 164
폭력의 윤리학 167
프라이버시 428
프랑크푸르트학파 221
프래그머티즘 125, 126, 134, 142, 178, 196, 204
플라톤의 이상 국가 453
필요한 고통 311

학교 416, 418, 432, 437, 444, 456, 476, 477, 478, 479
학교 지식 457, 458
학교교육 25, 280, 414, 415, 416, 417, 418, 423, 424, 425, 426, 427, 429, 436, 437, 439, 440, 450, 451, 452, 454, 455, 456, 457, 458, 459, 463, 464, 474
학교교육 담론 25
학교교육과 공공생활을 위한 투쟁 431, 439
학교교육과정 457
학교교육의 목적 445
학교교육제도 465
학교제도 475
합당성 176, 187, 188, 242
합리성 175, 188, 371, 372, 415, 429, 453
해방적 권위 440
해체 24, 45, 68, 352, 357
해체주의 76
핵심 가치 428
헤게모니 60
현명함 196, 206
현상학적 측면 294
협동 299
협동 학습 299

형식 교육 312
형식적 합리성 193
형이상학 282, 319
형이상학
환상 418, 455, 456, 457, 458, 459, 460, 461, 464, 466, 470
회의주의 425, 432
후기 실증주의 37
훌륭한 삶 282
훌륭함 444
희망 479

| 저자 소개 |

▶▷ **Alven Neiman**

미국 University of Notre Dame 철학과 교수다. 관심 분야는 교육철학, 종교철학, 유대철학 등이며, Ludwig Wittgenstein, Alsdair MacIntyre, Richard Rorty, Saint Augustine의 작품 속에 나타난 교육사상에 관한 논문을 집필해 왔다.

▶▷ **Clive Beck**

캐나다 University of Toronto 교육연구원 교육철학 명예 교수다. 윤리학과 도덕교육, 가치교육에 대한 다수의 저서가 있으며, 대표 저서로는 *Learning to Live the Good Life: Values in Adulthood*; *Innovations in Teacher Education* 등이 있다.

▶▷ **D. C. Phillips**

미국 Stanford University 교육 · 철학 교수다. 주요 관심사는 사회과학철학과 교육연구철학이다. 대표 저서로는 *The Social Scientist's Bestiary*; *Philosophy, Science and Social Inquiry* 등이 있다.

▶▷ **David Purpel**

미국 University of North Carolina at Greensboro의 교육학 교수였다. 교육과정과 도덕교육에 관한 많은 책을 편집했고, 대표 저서로는 *The Spiritual Crisis in Education*과 Svi Shapiro와 공저한 *Beyond Excellence in Education and Liberation: A Critique of Public and Professional Education Discourse* 등이 있다.

▶▷ **Emily Robertson**

미국 Syracuse University에서 교육학과 철학을 연구하는 교수다. 그녀의 주된 관심 영역은 도덕적, 정치적, 사회적 이념 및 지식 이론과 관련한 교육목적의 분석, 특히 비판적 반성 능력과 도덕적 인지 및 판단 능력의 발달 등이다.

▶▷ **Harvey Siegel**

미국 The University of Miami의 철학 교수다. 그는 철학과 교육학 저널에 왕성하게 논문을 발표하고 있다. 그는 최근에 *Relativism Refuted: A Critique of Contemporary Epistemological Relativism*이라는 책을 내놓았다.

▶▷ **James M. Giarelli**

미국 The State University of New Jersey(Rutgers University) 대학원 교육철학 교수다. 사회철학, 윤리학, 교육이론 분야에서 저작 활동을 활발히 해왔으며, *Critical Thinking and Educational Research*를 Peter McClaren과 공동 편집하였다.

▶▷ **Jane Roland Martin**

미국 University of Massachusetts 철학 명예 교수다. 교육철학, 교육과정이론, 여성주의 철학에 관하여 많은 논문을 써 왔다. 대표 저서로는 *Changing the Educational Landscape*; *The Schoolhome*; *Cultural Miseducation* 등이 있다.

▶▷ **Kevin Harris**

호주 Macquarie University의 교육정책학 과장이다. 그의 관심 영역은 지식의 사회적 형성, 학교교육의 정치학, 교사교육, 교육과 학교교육의 사회적, 경제적 측면 등이다. 최근에 저서 *Teachers: Constructing the Future*를 출판하였다.

▶▷ **Lynda Stone**

미국 The University of North Carolina at Chapel Hill의 교육철학 교수다. 그녀는 여성주의적 인식론과 윤리학에 대한 책을 썼고 *The Education Feminism Reader*의 편집을 맡았다.

▶▷ **Maxine Greene**

미국 Columbia University 사범대학 철학 · 교육학 교수를 역임하였으며, 미국 교육학회(AERA)와 교육철학회 회장을 역임하였다. 교육철학, 교육과 예술, 다문화 교육에 관해 많은 저술을 출판하였다. 주요 저서로는 *The Dialectic of Freedom*; *Critical Literacy: Politics, Praxis, and the Postmodern*; *Releasing the Imagination: Essays on Education, the Arts, and Social Change* 등이 있다.

▶▷ **Nel Noddings**

미국 Stanford University의 아동교육학 명예 교수다. 교육, 윤리학, 여성주의 교육철학에 관하여 광범위하게 저술활동을 해 왔다. 대표적 저서로는 *Caring, a feminine approach to ethics & Moral Education*; *Educating for Intelligence Belief and Unbelief* 등이 있다.

▶▷ **Nicholas Burbules**

미국 University of Illinois at Urbana-Campaign의 교육정책학과 교수다. 학술지 『교육이론』의 편집인이며, *Dialogue in Teaching: Theory and Practice* 외 다수의 저서와 논문이 있다.

▶▷ **Patricia White**

영국 University of London 교육대학의 교육철학 Research Fellow이며, 영국 교육철학회 회장을 역임하였다. 관심 영역은 교육철학의 정치적 윤리적 측면이며, 저서로는 *Beyond Domination: An Essay in the Political Philosophy of Education*이 있다.

▶▷ **Philip W. Bennett**

The State University of New York at Cortland에서 17년 동안 철학을 가르쳐 왔다. Ludwig Wittgenstein에 대한 철학적 저술을 출판해 왔고, 최근에는 보다 일반적 청중을 염두에 두고 잘 삶(living-well)과 같은 테마에 대한 책을 집필 중이다.

▶▷ **R. V. Arcilla**

미국 Columbia University 사범대학의 교육철학 교수다. 그는 프래그머티즘철학의 문제들이 교육적인 아이디어에 어떤 의미를 제공하는지를 탐구해 왔다. 그는 특히 리처드 로티의 철학, 형이상학, 비극 그리고 다문화주의에 뿌리를 내리고 있는 문제들이 갖는 교육철학적 함의를 논의하고 있는 교육철학자다.

▶▷ **Walter Feinberg**

미국 University of Illinois at Urbana Champaign 교육정책학과 교육철학 교수로서, 유비쿼터스 학습연구소 소장이며, 『교육이론』과 『교육철학 연감』의 편집장이다. 주요 저서로는 *Understanding Education*; *Japan and the Pursuit of a New American* Identity; *Poststructualism and Educational Research* 등이 있다.

▶▷ **Wendy Kohli**

미국 Louisiana State University in Baton Rouge의 교육과정학과 교수다. 비판적 해석학, 비판적-여성주의적 교육학, 이전 소련의 교육이론과 실제를 다룬 다수의 저작물이 있다.

| 역자 소개 |

▶▷ 곽덕주

미국 컬럼비아 대학교 대학원 교육철학박사

현 건국대학교 사범대학 교직과 교수

〈주요 저서 및 역서〉

현대사회와 교육의 이해(공저, 교육과학사, 2004)

Values Education and Lifelong Learning(공저, Springer, 2007)

반성적 교사교육: 실제와 이론(공역, 학지사, 2007)

▶▷ 김상섭

독일 뮌스터 대학교 대학원 철학박사

현 영남대학교 사범대학 교육학과 교수

〈주요 저서 및 역서〉

학문예술론(조선대학교출판부, 2007)

인간의 미적 교육론(조선대학교출판부, 2007)

현대인의 교사 루소: 루소는 에밀을 어떻게 가르쳤는가(학지사, 2009)

▶▷ 나병현

서울대학교 대학원 교육학과 교육학박사

현 숙명여자대학교 입학전형개발센터 교수/수석입학사정관

〈주요 저서 및 논문〉

현대사회와 교육의 이해(개정판)(공저, 교육과학사, 2004)

'학교교육의 위기와 공교육 이념의 재검토'(아시아교육연구, 제2권 제2호, 2001)

'실천철학'으로서의 교육철학하기: Wilfred Carr의 견해를 중심으로(공동연구, 교육철학, 45권, 2009)

▶▷ 유재봉

영국 런던 대학교 교육연구대학원 교육학박사

현 성균관대학교 교육학과 교수

〈주요 저서 및 논문〉

현대 교육철학 탐구(교육과학사, 2002)

몬테소리 교육의 이해(교육과학사, 2005)

'허스트의 실천적 이성과 교육'(교육철학, 제36집, 2006)

▶▷ 한기철

미국 일리노이 대학교 대학원 철학박사

현 경인교육대학교 교육학과 교수

〈주요 저서 및 논문〉

하버마스와 교육(학지사, 2008)

'이론적인 것'의 의미와 John Dewey 해석의 두 갈래(교육철학, 제34집, 2005)

'Alasdair MacIntyre의 '행위전통' 개념과 그것의 교육학적 활용에 대한 재검토'(아시아교육연구, 제5권, 제3호, 2004)

다문화시대

대화와 소통의 교육철학

2010년 8월 24일 1판 1쇄 인쇄
2010년 8월 30일 1판 1쇄 발행

엮은이 • Wendy Kohli
옮긴이 • 곽덕주 · 김상섭 · 나병현 · 유재봉 · 한기철
펴낸이 • 김진환
펴낸곳 • (주) 학지사
121-837 서울시 마포구 서교동 352-29 마인드월드빌딩 5층
대표전화 • 02-330-5114 팩스 • 02-324-2345
등록번호 • 제313-2006-000265호

홈페이지 • http://www.hakjisa.co.kr
커뮤니티 • http://cafe.naver.com/hakjisa

ISBN 978-89-6330-510-3 93370
정가 18,000원

역자와의 협약으로 인지는 생략합니다.
파본은 구입처에서 교환해 드립니다.